我的父亲
邵洵美

邵绡红　著

上海书店出版社
SHANGHAI BOOKSTORE PUBLISHING HOUSE

新婚，自制拼图

1927 年，邵洵美与盛佩玉新婚照片

1951年，邵洵美夫妇携子女共游北海

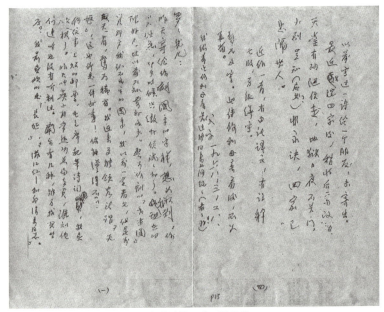

邵洵美给幼子小罗的信札

1930 年徐悲鸿为邵洵美画像

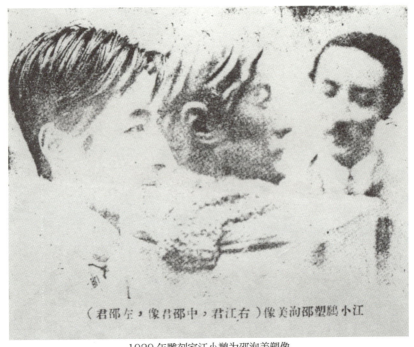

（君邵左，像君邵中，君江右）像美洵邵塑鹕小江

1929 年雕刻家江小鹣为邵洵美塑像

漫画家万籁鸣为邵洵美剪影

画家黄苗子为邵洵美作漫画

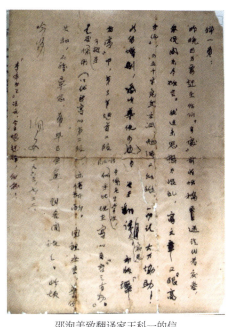

邵洵美致翻译家王科一的信

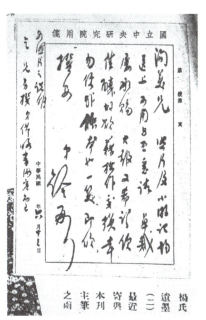

杨杏佛致邵洵美书信

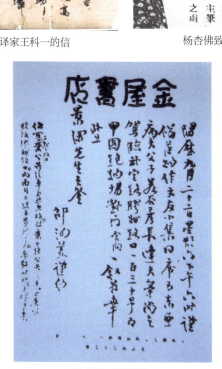

邵洵美致赵景深请柬

徐志摩逝世周年朋友留影。左起三谢寿康，四邵洵美，七唐瑛，九杨杏佛

1933年洵美夫妇与漫画家们。后排左一、二邵洵美与夫人，右一叶浅予，
前排右三张正宇，右五张光宇

2009 年，原上海时代印刷厂的技术工人在北京与笔者相聚，共忆往事。从左至右依次为周永照、姚骏云、何平、邵绍红、沈有生、崔文云、曹连红

《文坛茶话图》，鲁少飞作，初刊于1936年2月《文艺》杂志

图下文字：

　　大概不是南京的文艺俱乐部吧，墙上挂的世界作家肖像，不是罗曼罗兰，而是文坛上时髦的高尔基同志和袁中郎先生。茶话席上，坐在主人地位的是著名的孟尝君邵洵美，左面似乎是茅盾，右面毫无问题的是郁达夫。林语堂口衔雪茄烟，介在论语大将老舍与达夫之间。张资平似乎永远是三角恋爱小说家，你看他，左面冰心女士，右面是白薇小姐。洪深教授一本正经，也许是在想电影剧本。傅东华昏昏欲睡，又好像在偷听什么。也许是的，你看，后面鲁迅不是和巴金正在谈论文化生活出版计划吗？知堂老人道貌举然，一旁坐着的郑振铎也似乎搭起架子，假充正经。沈从文回过头来，专等拍照。第三种人杜衡和张天翼、鲁彦成了酒友，大喝五茄皮。最右面，捧着茶杯的是施蛰存，隔座的背影，大概是凌淑华女士。立着的是现代主义的徐霞村、穆时英、刘呐鸥三位大师。手不离书的叶灵凤似乎在挽留高明，满面怒气的高老师，也许是看见有鲁迅在座，要拂袖而去吧？最上面，推门进来的是田大哥，口里好像在说：'对不起，有点不得已的原因，我来迟了！'露着半面的像是神秘的丁玲女士。其余的，还未到公开时期，恕我不说了。左面墙上的照片，是我们的先贤，计开：刘半农博士、徐志摩诗哲、蒋光慈同志、彭家煌先生。

　　　　　　　　　　　　　　　　　　　　　　　　　　　　　　——少飞

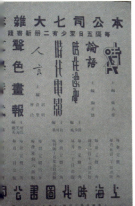

邵洵美创办的部分期刊

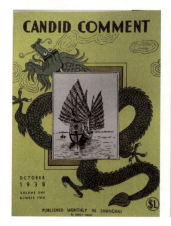

邵洵美创办的部分期刊

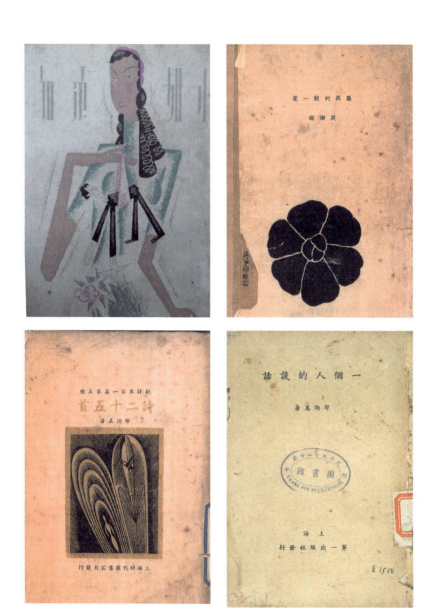

邵洵美的部分著作、译作

邵洵美的部分著作、译作

目　录

序

陈子善

这已是上个世纪80年代的事了。当时上海书店正在影印出版"中国现代文学史参考资料"，规模不小。承主其事的刘华庭先生看得起我，经常向我咨询，哪些现代作家、哪些文学作品可以入选，我也尽我所知，提供管见。有一次提到邵洵美，我就极力怂恿他选邵洵美的自选集《诗二十五首》，因为我们冷落这位30年代的"唯美"诗人已太久太久了。华庭先生起先还有点犹豫，最后还是同意了。这就是1988年8月问世的《诗二十五首》影印本。记得上海书店据以影印的底本还是极为难得的作者签名本，我曾建议保留邵洵美的题签，但没被采纳，至今都觉得有点可惜。

四年之后，随着现代文学史研究的深入，上海书店又约请我主编"新月派文学作品专辑"。我认为邵洵美在后期新月派中的地位举足轻重，于是再选入他的第二部新诗集《花一般的罪恶》，1992年12月影印出版。由于邵洵美这两部诗集的重印，我也许可以大言不惭地说，新时期以来邵洵美作品的整理和研究尽管进展缓慢，我却是起了一点小小的推波助澜的作用的。

我之所以说邵洵美研究的现状很不如人意，是因为20世纪90年代初以降，邵洵美作品未再选编出版，邵洵美研究论文也是零零星星，这项有意义的工作几乎处于停滞状态。近年虽有

《海上才子——邵洵美传》《项美丽在上海》等专著问世，但前者在史实考订和文献征引方面存在明显的错讹，后者则是运用女性主义方式解读项美丽与邵洵美的"惊世恋情"，重点不在邵洵美其人其文。因此，当我读到邵绡红女士的新著《我的父亲邵洵美》时，实在难以抑制我的兴奋和喜悦。可以毫不夸张地说，邵洵美研究由此有可能走上正轨了。

在 20 世纪中国文学史上，邵洵美的名字绝不是可有可无的。他是一位具有独特风格的诗人、作家、评论家、翻译家、编辑家和出版家，也是一位对 30 年代中外文学交流做出了可贵努力的文学活动家。然而，他的新诗集《天堂与五月》《花一般的罪恶》和《诗二十五首》，他的未完成的长篇《贵族区》和短篇《搬家》等等，他的评论集《火与肉》和《一个人的谈话》，不要说至今未得到应有的评价，即使是专门的研究者，恐怕也有许多未曾闻见；他编辑的《狮吼》《金屋》《新月》《论语》等文学杂志，《人言周刊》《时代画报》《自由谭》《声色画报》《见闻》时事周报等综合性刊物，也是至今鲜有人提及，更不要说进行认真的研究了。还应说到邵洵美的文学翻译，他是向国人推介古希腊女诗人莎弗、英国文学插图大家琵亚词侣的先驱者之一，他也是最早把沈从文的《边城》译成英文的人，凡此种种，仍无人关注和探讨。文学史家的这种冷漠、这种忽视，是令人遗憾的，甚至是可怕的。对邵洵美个人来说，当然不公平，而对中国现代文学研究，无疑也是严重的缺失。

有必要指出，20 世纪 30 年代的上海文坛是多元并存的格局，有以左联为代表的"左翼文学"，有"新月派"文学，有"现代派"文学，有"文生派"文学（这个提法是我杜撰的，指巴金和他主持的文化生活出版社的一群作家），还有被新文学视为对立面的"鸳鸯蝴蝶派"文学，等等，各树一帜，各呈异彩。这只是粗略的划分，如果再细究，情况就更为复杂。以邵洵美为例，他先是"狮吼社"的中坚，后成为后期"新月派"的重要一员，新月社风流云散后，他与林语堂等携手合作创办《论语》，又成为"论语派"的领军人物。但是，万变不离其宗，邵洵美钟情新文学，痴迷新文学，为新文学的发展倾注毕生的心血，却是一以贯之的，这也是贯穿《我的爸爸邵洵美》一书的一条鲜明的主线。

当然，研究邵洵美，有一个困惑论者的难题，那就是他曾经数次遭到鲁迅的讽刺和批评。可是，与鲁迅打过直接间接笔仗的远不止邵洵美一位，前有吴宓、陈西滢、梁实秋等，后有施蛰存、林语堂等，这都不是等闲之辈。鲁迅与他们的论战，也都是现代文学史上"笔墨官司"的有名案例。现在，吴、陈、梁、施、林等几位的文学成就和在文学史上的地位已经得到承认，得到确立，那为什么唯独对邵洵美还要延续以往僵化的批判标准呢？30年代新文学的走向本来就是多层次、多方位的，作家的探索本来就是多样化的，更何况由于出身、经历、所接受的教育、所秉持的艺术趣味、所怀抱的文学理想等各各不同，包括邵洵美在内的一部分作家与鲁迅在一些文学问题和社会问题上产生分歧乃至激烈的争辩是完全正常的，没有分歧和争论才是不可理解的。

我想邵绡红女士本无意成为传记作家、文学史家抑或历史学家，她只是出于对生身父亲的深挚的爱，"为了不让邵洵美的名字被云雾湮没"，才花费整整二十余载的时间和精力，查阅了一百多种相关的中英文报刊，采访了几乎所有尚健在的邵洵美的亲朋好友，终于写成这部披露许多新的发现、澄清不少误传和谜团、以史料翔实见长的《我的父亲邵洵美》，以期向世人展示一个真实的丰富多彩的邵洵美，还历史以本来面目。她的态度是真诚的，严肃的。这部书与其说是邵女士个人的回忆录，不如说是一部别开生面的邵洵美传。

文坛名家的子女撰文著书回忆父母亲，当然不自邵女士开始，但据我所见，不少这类著述不是刻意拔高，就是有心回避，可信度大可怀疑。《我的父亲邵洵美》难能可贵的是，能够做到比较真切地反映邵洵美所处的时代、所走过的道路、所作出的贡献和所存在的局限。全书对邵洵美众多的文学创作和广泛的文坛交游作了迄今为止最为完备的梳理，这项属于研究范畴的工作本来应该由专家学者来做，可是他们长期缺席了。诚然，对邵洵美的生活经历，譬如他与美国女作家项美丽的情感纠葛，邵女士的记述很小心，很谨慎，这是完全可以理解的，与其胡乱猜测，大胆想象，不如从史实出发，只写自己所看到的，所知道的。

更令人感动的是，这部《我的父亲邵洵美》其实也是邵女士自己心路历程的记录，她不仅写活了爸爸，也写出了自己。她向读者袒露心扉，写了作家徐讦对她的追求，写了她的初恋和无爱的婚姻，写了她成年以后的种种不幸的遭遇，从而进一步衬托出20世纪50年代以后，像邵洵美这样曾经为中国新文学的发展竭尽心力的作家，虽然努力适应新的时代，却仅仅因为受到过鲁迅的批评，仅仅因为与主流意识形态保持一定的距离，就遭受不公正的待遇，直到莫须有的迫害。邵女士记录了那段沉重的历史，也记下了她的思考和追问。

美国历史学家卡尔·贝克尔说过，失去历史记忆的人是失去心灵的人。《我的父亲邵洵美》是邵绡红女士个人的可珍贵的历史记忆，也显示了她作为邵洵美爱女的美丽的心灵。从这个意义上讲，《我的父亲邵洵美》的出版，证实了贝克尔的一个有名的论断："人人都是他自己的历史学家。"

我们应该感谢邵绡红女士才对。

是为序。

2005 年 5 月 19 日急就于沪西梅川书舍

作者前言

这其实是 2005 年《我的爸爸邵洵美》的第三版。初版是我六十八岁动笔，历时四年完成的。当时我是个没有写作经验的退休医生，上海书店出版社的完颜老师说到，我交到他手里的书稿字迹潦草排列混乱，害得责任编辑郑晓方老师花了许多精力为我整理，誊清；感谢他们的支持，书得以完美出版。然而书到手，欣喜和遗憾同时涌上心头，发现其中许多事情没有写清楚，不少问题存疑。在接着的十年里，我为爸爸出版了九卷文集，读了他的文字，结合他的作为，了解他的经历，捉摸他的思想，品味他为人之道。同时，有机会接触到爸爸的老友、老同事。这期间我又学会了上网，读到许多有关老作家艺术家的资料，过去的许多书刊陆续重版；从而知悉我书里写的有不少疏漏，错误。十年，我厘清了那许多问题，在我的书页上补缀斑斑。我必须更正，以免以讹传讹。在完颜老师的支持下 2015 年出版了增订版，书名《天生的诗人：我的爸爸邵洵美》。现在又争取到再版，有机会再做一些勘误。

这一版为什么改了书名？爸爸是诗人，那是二十六岁前的他。"一·二八"日寇侵华，战争对唯美说不，令他直面现实，写作出版结合时代，办了时代图书公司，出版九份杂志，但连连亏本。纯艺术的大《万象》叫好不叫座。反倒是反映世道丑恶的《时代漫画》和"我笑是为了免得哭"的幽默杂志《论语》半月刊比较热销。"八一三"战乱初始我家就蒙难，我们失去了家。一夕间爸爸失去了家产，失去了他的出版事业；但夺不走爸爸抗日的决心，他在租界秘密出版抗日杂志。沦陷期间他坚守民族大义。胜利后续编《论语》，与新闻自由的钳制斗争，敢于直言讽刺当局。解放后重组时代书局，想结合新时代办出版，但后来的景况他不得不结束一生热衷的出版事业。他重拾笔杆，热忱从事外国文学名著的翻译工作。然而，逃不过 60 年代的厄运，"文革"中他绝望弃世。

纵观他的一生：他写诗，研究新诗理论；作文，重视文艺评论，每每翻读许多书刊引证；集邮，钻进邮学；出版，成了编辑家；翻译，无论名著名篇，名诗名剧，还是图片说明，无论英译中还是中译英，从不轻易落笔，还总结翻译技术、艺术，乃至研究原著的时代背景、生活习惯与语言特点，甚而结合作者的翻译理念来译；写时评政论，他落实到无畏的秘密出版宣传抗日杂志。可见做这些工作他是极其严肃的，岂能仅仅以他具有诗人情怀来诠释？

真是奇了怪了！讲这个故事，每每遇到坎，没法说清的人、事、物，怎么会总是由我巧遇，给我看到，在我手边。那个解开谜团，说清真相，摆出物证的会是我，由我来见证！苍天给这个睁着惊恐迷茫的大眼睛五岁的我，经历八十六年的坎坷来完成这个使命——讲清楚我父亲邵洵美：他原是一个爱书，爱友，爱才，爱国，认真做学问的读书人。

当我回忆往事出现过奇怪的一幕：客厅里好几个人在撕书——翻一本本杂志，撕下一张张纸，纸张胡乱散落在地上，沙发上。我能够清楚记得，那一定已经住在淮海中路的家了。那时爸爸手上只有一本幽默杂志《论语》半月刊。看他们神色慌张，定是有文章触犯了新闻审查。过去《新月月刊》曾被搜去刊物；《十日谈》旬刊"开天窗"；《时代漫画》罚停三个月，主编鲁少飞一度关押；《人言周刊》曾临时抽去文章换一篇，后来又罚停一个月。这次，来不及"掉包"，只好撕掉，看来事态严重了。在我动笔写这一段的时候，我得有根有据啊，于是去图书馆翻查《论语》，想想一定是解放前夕吧；因为那最后的几期，爸爸的"编辑随笔"写得很犀利，一反他的"春秋笔法"。然而1949年出的十期翻来翻去没有缺页。我不禁怀疑是不是真有这回事！可是我明明记得厂里的杏荪师傅当时在场。我不甘心，从胜利复刊118期查起。嗨！果然有缺页，169—170页缺失。那是第121期，目录上是孙敷的《中华官国宪法》。我知道那个时候国民政府正在搞什么《中华民国宪法》。文章讽刺宪法，那还了得！查到了！《论语》撕页不是梦！

在《论语》半月刊第115期爸爸用笔名"忙蜂"刊出一篇别出心裁的《忙蜂室诗话》，印在稿纸上。写道："我读诗毫无成见，新诗读旧诗也读，中国诗读西洋诗也读。说也奇怪，我读西洋诗选本《金库诗选》，不时感到它已陈旧，调子熟而且俗；但是中国《唐诗三百首》却真使我百读不厌，读一次有一次新的发现。……"这《金库诗选》又是怎么样的一本书？真蹊跷，在我先生夏照滨的书架里居然有！那是字典样的一本小书。题目是 *The Golden Treasury* Of The Best Songs And Lyrical Poems In The English Language，那不就是《金库诗选》吗？

《我的爸爸邵洵美》出版两年后我学会了上网。一天，在网上读到：陆灏先生看到我的书里讲到"邵洵美请钱钟书任《自由西报》的主编"，他产生疑问求证钱夫人杨绛先生，杨绛否定了这个说法，我惶恐不已。无中生有，可不是小错！必须找到知情人。编辑《自由西报》的四位编辑知情,他们常来我家。其中有宋衍礼,他去香港编《虎报》前来向我爸爸辞别时我在场;郑少云,回东南亚故国了,我早听说;最熟悉的许国璋老师已病故十多年。那么,第四人张培基呢?我从未见过,但名字好熟。哦,书架里有本《英汉翻译教程》,作者是他。灵机一动,上网:张培基现任《英语世界》顾问。通过《英语世界》我与张先生通话,到他府上细谈往事,了解详情。原来《自由西报》顾问是邵洵美。钱钟书曾为张培基编辑的《*The Year Book* 1944—1945》(中国年鉴)写过一篇《论中国诗歌》,同时刊在《自由西报》,这是邵洵美推荐的。我赶紧写信向杨阿姨告罪。在 2015 年增订版里,我仔细的更正了。

妈妈晚年随身携带的一只蛇皮袋里有许多"宝贝"。没想到其中有珍藏了半个世纪前父亲发表的英文诗论 *Poetry Chronicle*(《新诗历程》)的抽印件,幸亏我识得一点英文,这才知道爸爸曾经为十位诗人出版过一套"新诗库丛书",包括他自己的第三本诗集《诗二十五首》。我顺藤摸瓜找到刊登这篇文章的刊物——30 年代那份高质量的英文学术刊物 *Tien Hsia*(《天下》月刊),了解到编辑部里当年与他交往密切的那批学者,包括有终生之谊的全增嘏。

1949 年上海解放不久我亲眼见到宣传部长夏衍来我家,动员爸爸把时代印刷厂的机器出让给政府。为什么政府认定要我家这套机器,而且那么着急要?具体事情经过是怎么样的?真相难解!1999 年前我常在上海图书馆翻寻爸爸的作品和相关资料。一天,看到旁边的大厅在举办"丁聪漫画展览会"。我挤进人群找到主角,只有机会说了一句:"我的爸爸是邵洵美。"他匆匆在我的笔记本上写下地址,就被人拉走了。料不到五年后我会到北京长住,按址拜望小丁叔叔。更料不到他会讲出一段我再也想不到的事。原来解放前丁聪和廖承志在香港认识。廖承志跟丁聪说好，解放后要办《人民画报》，要丁聪任副总编辑。廖承志知道邵洵美这套影写版印刷机功能良好，所以一解放就要落实这件事，赶着在十月一日毛主席宣布"中华人民共和国成立"之前到手，出版《人民画报》第一期。具体跟时代印刷厂经理洽谈收购价的正是丁聪。印刷机装箱后北迁，其中那块易碎的玻璃网线板是他在火车上一路护着从上海到北京的！

自小我常听到父亲的几个结拜兄弟是他青年时期在法国"天狗会"的朋友。这听上去有点滑稽的"天狗会"是怎么回事？当我扑在大堆《论语》翻阅爸爸一篇篇"编辑随笔"，翻到115期，在不显眼的一角看到"本人最近受约为《辛报》撰著《儒林新史》，逐日分段发表，竟然也有人喜欢看——"这个题目吸引了我，我急忙去找《辛报》。啊，这是解开我心头之谜的一篇回忆录。里面说到"天狗会"的活动、宗旨，和那些"天狗"——年长于他，已有成就的中国留学生。他们和他们的朋友，以及他们朋友的朋友在邵洵美一生中，有的是同路人，有的是指路人，有的极具影响。是《新月》的一班人，《论语》的一班人，《天下》的一班人，"时代"的一班人。

蹊跷事真还不少。有幸遇到不少贵人，帮助我，指点我，支持我，我铭记在心。2014年我回到上海，已经82岁，也该落叶归根了。没料到在故乡的这些年，邵洵美研究竟然落地开花、枝繁叶茂。老年的我信息比较闭塞，就我所知所闻，以及这些年我所做的，有：

（一）邵洵美的作品和出版物的重版

1.《论语》半月刊全套177期重版，携《论语文丛》一套6本，《大画民国》一套3本，2015年上海书店出版社出版。

2.《小姐须知·美术日记》，2016年北京人民美术出版社出版。

3. 诗集《花一般的罪恶》作为"新文学经典"之一，2018年海燕出版社出版。

4. 邵洵美的部分诗歌以及《金曜诗话》分批刊于《诗探索》季刊。

5.《现代美国诗坛概况》在《诗探索》2018年重版（绡红加注）。

6. 新闻出版博物馆争取到出版基金，王京芳编纂，联手邵绡红、张伟和 Carola（项美丽之女），搜集影印 1938—1939 年邵洵美与项美丽在上海孤岛秘密出版的中英姐妹版抗日杂志《自由谭》（1—7 期）与 *Candid Comment*（1—8 期）。2019 年上海书店出版。

（二）邵洵美作品的翻译

1.《潘先生》（Mr. Pan 项美丽邵洵美合著）王京芳英译中，由"读库"2017 年在新星出版社出版。

2. *The Verse of Shao Xun-mei*（《洵美诗选》含邵洵美诗集《天堂与五月》与《诗二十五首》）由山东理工大学外国语学院孙继成与美国 Hal Swindall 教授合作中译英，2016 年美国海马出版社出版。

3. 诗集《花一般的罪恶》城山拓也中译日，收入《中国现代文学杰作选》，2018 年日本勉诚出版株式会社出版。

4. 英国剑桥大学东亚及中东学院 Susan Daruvala 院士 2016 年来上海访我。她和 Paul Bevan 等英译邵洵美的《一年在上海》《儒林新史》《一个人的谈话》《文化的护法》《文化的班底》《花厅夫人》《珂佛罗皮斯》《珂佛罗皮斯及其夫人》《近代艺术界的宝贝》《自由谭与 Candid Comment》并收入邵洵美的英文文章

Confucius on Poetry 已结集，书名 *One Man Talking*：*Sellected Essies of Shao Xunmei 1929—1939*（《一个人的谈话：1929—1939 年邵洵美散文选》）将在美国出版。

(三) 讲座

1. "从唯美诗人到自发抗日，讲述天生的诗人，我的爸爸邵洵美"

邵绡红 ················· 2015 年上海书展东方网讲座

2. 《天生的诗人：我的爸爸邵洵美》讲座及签售

邵绡红 ···················· 2015 年上海图书馆

3. 《时代漫画》被时代尘封的 1930 年代中国创造力与 Tango 的漫画

邵绡红与漫画家 Tango ··········· 2016 年西岸艺术中心

4. 《一代出版家邵洵美》

邵绡红与张伟 ················ 2916 年衡山和集

5. 讲座：《开卷》——"郁金香书系"

含邵绡红《乐爸爸所乐》 ············ 2017 年上海书香建行

6. 《战争对唯美说不》邵绡红

伴邵洵美诗歌朗诵（《季候》、《你以为我是什么人》）

················· 2018 年闵行图书馆"敏读会"

7. 讲座：《项美丽与海上名流》

邵绡红 ···················· 2018 年上海书展

8. 讲座：《项美丽与海上名流》

邵绡红

张伟（上海图书馆）

王京芳（新闻出版博物馆）

邢建榕（上海市档案馆）

薛理勇（上海历史博物馆）

龚伟强（上海音像资料馆）

朱榕（上海市档案馆）……………… 2018 年钟书阁徐汇店

（四）国内外的研究

1.《时代漫画——被时代尘封的 1930 年代的中国创造力》生活月刊编，2015 年广西师范大学出版社出版。（《时代漫画》沈建中编，2004 年上海社会科学院出版）

2. 邵绡红：《天生的诗人：我的爸爸邵洵美》2015 年上海书店出版社出版。

3. 2015 年中央电视台 1（套）综合频道：纪念抗法西斯战争胜利 70 周年第 3 集"东方主战场"报道邵洵美与美国作家秘密出版的 *Candid Comment* 刊载英译的毛泽东的《论持久战》，并出版单行本秘密投送给在沪的洋人。

4. 无锡广电 2015 年拍摄张光宇三兄弟的纪录片，含邵洵美资料。

5.《张光宇艺术研究（上编）追寻张光宇》

《张光宇艺术研究（下编）张光宇年谱》

唐薇 黄大刚著，生活·读书·新知三联书店 2015 年出版。

（《瞻望张光宇：回忆及研究》唐薇 黄大刚编，2012 年人民美术出版社重版）

6. 韩国高丽大学张东天 2015 年来访，他读硕以邵洵美诗歌为课题。出版两本书论及邵洵美在剑桥，邵洵美与画家比亚兹里以及邵洵美接待英国诗人奥登。

7. 加拿大作家 Tares Gresco：*Shanghai Grand* 2016 年在英国圣马丁出版社出版。（2014 年他曾来上海寻访邵洵美故居、厂房，访问邵洵美幼女邵阳，并到邵洵美墓地悼念）

8. 邵绡红："郁金香书系"《乐爸爸所乐》2017 年南京师范大学出版社出版。

9. 上海翻译家协会：2017 年《第 26 届金秋诗会经典》介绍翻译家邵洵美等，并举办展览会。

10. 赵毅衡：《重新发现一位诗论家》，刊于《诗探索》。

11. 谢其章：《逃走了的雄鸡》"前面的话"。

12. 青岛大学文学院周海波著"出版家丛书"《中国出版家邵洵美》2018 年人民出版社出版。

13. 青岛大学刘群在英国剑桥大学寻找邵洵美的足迹，写了多篇文章。

14. 德国海德堡大学研究生李秀棠研究《邵洵美与中国现代艺术史》。

15. 南京大学教授张子清：《最早全面介绍美国早期现代派诗歌到中国来的开拓者：邵洵美——读邵洵美《论现代美国诗坛概观》，刊于 2018 年《诗探索》季刊。

16. 无锡广播电视台 2019 年拍摄纪录片《天生的诗人邵洵美》1—4 集。

17. 2019 年虹口区档案局来了解邵洵美在杨树浦的旧居与印刷厂。

18. 邵绡红：《〈游击歌〉的两个版本》，刊于《诗探索》。

19. 邵绡红：《〈自由谭〉与〈直言评论〉出版的始末》，刊于《新闻出版博物馆》2018 年第 1 期。

20. 邵绡红：《谈邵洵美读书》，刊于《新闻出版博物馆》2018 第 2 期。

21. 英国 Paul Bevan：*A Modern Miscellenay*（《上海风景》）在美国出版。

22. 刘晓溪译《项美丽与海上名流》（*Shanghai Grand*）

2018 年新星出版社出版。

23. 日本渡边新一：《晚年不得志的邵洵美》（韩应飞译）原载于日本《中央大学论集》第 36 号 2015 年 2 月。他 2019 年来上海访问。

24. "国际比较文学学会第 22 次年会"（三年一次）。2019 年由中国主办，地点在澳门大学，2019 年 7 月 29—8 月 2 日。青岛大学外文系刘群发言，题目是《邵洵美留英时期的交游及其意义：以 A. C. Moule，J. M. Edmonds，George Moore 为中心》。

25. 2020 年 2 月 5 日山东理工大学孙继成主讲："再访剑桥《洵美诗选》译路回望"，在英国剑桥大学东亚及中东学院"中国研究系列讲座 2020 年春季学期讲座信息"。

26. 邵绡红：《若无盛佩玉何以成就邵洵美》，刊于 2021 年《家书》丛书 百花文艺出版社出版。

27. 邵绡红：《寻访首发〈论持久战〉英译稿的杂志》，刊于《世纪》杂志 2021 年第 4 期。

或许正如杨扬教授所说："邵洵美是一口井。"我老了，有待年轻人继续去挖掘吧！

邵绡红九十
写于 2022 年春节

第一章 诗 的 召 唤

达 官 之 后

他们是谁？我惊异地望着那幅画像。那画像大得几乎盖满了一面墙，画里是三个穿着戏装的人，面无表情地盯着我看，看得我浑身不自在。那是我第一次在家里见到祖宗的"神像"，那时我六岁。我是个开智晚的孩子，六岁之前的事都迷迷糊糊记不清。随着一年年长大，我才逐渐弄明白自己的身世。那幅"神像"里画有我爸爸的伯父和伯母，他们其实是我爸爸的嗣父和嗣母；而当中坐着的那位官老爷，我该称呼他"大爷爷"。他身着带马蹄袖的五彩团花大袍，胸前挂着一串朝珠，帽顶上有颗大宝石。坐在他两旁的夫人穿戴一样，凤冠霞帔，珠光宝气，是大爷爷的正室李夫人和继室史夫人，我该称呼她们"大好婆"。他们三人之所以这般打扮，是因为那种穿着是他们生活的那个时代即清代的盛装。我大爷爷身着的是二品官朝服。实际上，这并非他生前的官衔，只是按中国的老传统，作古之人，便可以着朝服，那叫作"荫封"。不过定有规矩，只允许穿着比他父亲的官衔低一级的朝服。大爷爷一身官服，一脸严肃，透出一股威严。每年的大年夜祭祖之后，直到正月十五，我们天天得跟随爸妈到"神像"前叩头请安。我挨在玉姊身后，望着"神像"里的大爷爷，总是难以克制地盯着他的眼睛，愣愣地捉摸他眼睛里射出的那股子"能"。那一股"能"像是穿透我的心，能预知我的未来。供台上萝卜粗的那对红蜡烛闪耀着刺眼的亮光，在一闪一闪的烛光下我看到大爷爷炯炯的目光里似乎有一丝微笑，微笑中似是在赞许我，又似是有什么事托付我。忽然，烛光一闪，我看到，他的目光转为冷峻，冷峻中暗藏着一丝警示，似是在告诫我，告诫我要小心，前面的路途荆棘丛生。我不寒而栗……烛光又一闪，他的眼神又回复到似是在看我，又似不在看我的样子。啊！大爷爷，你目光里的玄机我无法捉摸！跪在他面前，我总觉得不自在，我惘然、惶恐。他眼睛里那股致使我心头压抑的"能"，令我每每面对"神像"就像是面对大雄宝殿里的如来、圣坛上的十字架，禁不住虔诚地祈求，祈求他老人家在天之灵保佑我，保佑全家平平安安。

自小我就知道，爸爸是个留过洋的人。平日里谈笑风生，不修边幅，但是，每到过年的这半个月里，他却会破例地"国粹"起来，穿起隐花蓝缎长袍，黑色毛葛马褂，郑重其事地祭祖，一遍遍地斟酒，一次又一次地三跪九叩。或许，一年当中，也就在这半个月里，爸爸才想起祖上的荣耀和先人赋予他的责任。祖宗的"神像"由我家保存。因为在家族里，我爸爸的地位最高。他虽然生为二房长子，却嗣为长房长子。过去，我家保存有许多幅"神像"，从老祖宗到一代代先人的都有。"八一三"烽火起，我们仓皇逃难，只带出这一幅。爸爸便以大爷爷为代表来祭祀列祖列宗。过年，总有亲眷来拜年，他们踏进门第一桩事，就是到"神像"面前去叩头，说我们是来向祖宗祈福的。我家客厅壁炉架上有一只蒙了绸布的玻璃柜，听说里面摆的是《邵氏宗谱》。我从没见打开过，它给我一种神秘感。后来，风风雨雨几十年，那玻璃柜也不知去向了。

我们三代生在上海，但祖籍是浙江余姚，那里的东北隅过去有邵氏祠堂。自光绪八年（1882）太爷爷举家迁沪之后，家里人都不会讲那铿锵的家乡话，全都是一口带苏南绵软口音的上海话。太爷爷名邵友濂，字小村，官至一品。同治四年（1865）中举，同治十三年（1874）在北京总理各国事务衙门任职，其间为普陀峪万年吉皇陵建筑工程监督，后来他经办的几桩涉外事务颇受朝廷赏识。

光绪四年（1878），他以头等参赞身份随出使俄国大臣——吏部侍郎崇厚赴俄。同治十年（1871），俄国借口中国法令不达伊犁，即以维持边境治安为由，强占我国领土伊犁。当时朝中以李鸿章为首的一派主张对俄妥协，力保东南；而以左宗棠为首的一派则主张对俄强硬，兴师西征。朝廷采纳了左帅的建议，左宗棠出师大捷，平定了天山南北。这次崇厚赴俄的重任，就是与俄方商谈收回伊犁事宜。谁知崇厚无能，谈判中一让再让，在与俄方签订的交还伊犁条约中丧失了许多属于中国的权益。邵友濂急报朝廷，朝廷闻讯大怒，拒绝批准该约并勒令崇厚回国。中俄关系一度十分紧张，朝中有人奏请朝廷与俄决战。太常寺卿邵曰濂（即友濂的长兄）连忙上疏："言战者皆一意沽名，以朝廷为孤注，倘轻信其言，恐误大局。"慈禧太后听取了他的意见，另派户部侍郎曾纪泽（曾国藩的长子）兼任出使俄国大臣。邵友濂协助曾纪泽与俄方据理力争，经过半年多的交涉，重新签订正式的《中俄伊犁条约》，使中国收回伊犁地区及其南境的领土，并争回一部分主权。光绪七年（1881），曾纪泽派邵友濂将改订的条约章程和地图送回北京。次年，邵友濂改任苏松太道兼江海关道。光绪九年（1883），中法战争爆发，因左宗棠的推荐，邵友濂被派往台湾，襄办防务，并筹集饷粮，战后以"襄助"和议有功，赏给一品封典。其后又以往香港会商开办洋药税厘。光绪十三年任台湾布政使，在台湾办理清丈地亩出力，赏加头品顶戴。光绪十五年（1889），他因患湿热症返回内地就医，改任湖南巡抚。光绪十七年（1891），调任台湾巡抚。在这六年间，他曾三次奉诏"入觐"，每次进宫，慈禧太后总赏给他白银两千两。他接替刘铭传为第二任台湾巡抚的三年任期内，定台北为省会。这时他的湿热症又复发，于是重被调回湖南，复任湘抚。然而他因病重，并未赴任，只请假在上海治病。光绪二十年（1894），中日甲午战争爆发，清军战败，朝廷派总理各国事务大臣、户部侍郎张荫桓与湘抚邵友濂赴日议和。他们到了广岛，日方故意作难，拖延了十天，日本的全权议和大臣伊藤博文方才接见他们，但又借口张、邵所带的敕书里有"请旨"字样，认为"不足全权委任状"，不与谈判，将他们送回长崎。日方傲慢地提出："须另派十足全权，曾办大事，名位最尊，素有名望者，方能开讲。"这是暗示非得要清廷派北洋大臣李鸿章亲往谈判不可。对此，清政府只得改派李鸿章为头等全权大臣赴日，最终签订了丧权辱国的《马关条约》。

说起来，邵友濂与李鸿章两位大臣还是儿女亲家。李鸿章在其幼弟李昭庆亡故前曾郑重承诺，一定把其儿女当作自己的亲生来看待（乃弟的长子李经方作李鸿章嗣子）。后来，三小姐及笄出阁，是以中堂大人的千金的名义嫁到邵府的。她就是我家那幅"神像"里坐在大爷爷左边的那位李夫人。可后来由于李鸿章不敢抗旨，依然赴日，失信于他，两亲家却形同陌路，最终走到"老死不相往来"的地步。

邵友濂生有两个儿子。大爷爷邵颐为其长子，是一名位微言轻的户部郎中。不过他跟父亲一样，也是一表人才，曾与沈琪象等四人被看作京城里最漂亮的四才子。李夫人不幸早故，只留下独生女邵畹香。邵颐后来又娶了位官府千金史氏为继室。不久，邵颐病故，死于湖北某县任上。老年丧子，邵友濂悲痛万分，想到长子无后，便写下遗言，命次子邵恒日后成家，生下的长子必须嗣给史氏为子，以续其兄长之烟火。

光绪三十二年（1906）农历丙午五月初六，这个担当长孙重任的男孩出世了。他就是我的爸爸邵洵美，那时叫云龙，跟宣统皇帝同庚。云龙尚在襁褓之中，史夫人便按老太爷的遗嘱，征得其祖母柴太夫人和其生父母邵恒夫妇的同意，在斜桥邵府老宅举行了一个简单的立嗣仪式，还请了几位至亲作见证。按传统，长房长子为大，云龙呱呱落地，身份上便高出乃父一头了。

邵友濂没有见到他久盼的长孙。自从日本回来，他辞了官，忧愤加上疾病，于光绪二十七年（1901）撒手人寰。云龙做了邵颐的嗣子，那按谱系说来李鸿章就是他的外祖父了。可是，这位外祖父没能等到外孙出世，也于同年归天。但云龙倒是有缘承欢于跟他有骨血之亲的外祖父盛宣怀的膝下。他的生母、邵恒之妻盛夫人，乃盛宣怀的四女儿。

盛宣怀，字杏荪，号愚斋，中国近代史上著名的洋务中坚人物。他是江苏武进人，父亲盛康曾任湖北盐法道，与李鸿章是好友。盛宣怀年轻时曾应科举，几番乡试落第，后入李鸿章幕府督办洋务，以"施措咸宜"、成果斐然，受到李鸿章的赏识提携，从此仕途通畅，历官会办商务大臣、邮传部大臣，加太子少保衔，着赏头品顶戴。现在研究洋务运动的学者多赞颂他是大有功于中国近代化的第一代实业家。总结其一生所办洋务新政，创下十一个"第一"：第一个官督商办的近代企业——轮船招商局；第一家电讯企业——天津电报局，架设电线遍及全国多数省份；在山东创办了第一个内河小火轮航运公司；第一家银行——中国通商银行；第一条南北干线铁路——芦汉铁路（即今京汉铁路）；

第一个钢铁联合企业——汉冶萍煤铁厂矿公司；第一所工业大学——北洋大学（现天津大学前身）；第一所正规师范学堂——南洋公学（上海交通大学前身）的师范班；第一个全国勘探总公司；他又创议成立了中国红十字会，并任第一任会长；上海图书馆（即后来的"愚斋书馆"）是他自己出资买书公诸同好的上海第一个私人图书馆。

那时他所经办的事业大多在上海，在任会办商务大臣期间也长期驻沪公干，故而他以上海为第二故乡。在上海，他和邵友濂不仅是姻亲，还是近邻。当年邵友濂任苏松太道的时候，上海静安寺一带还是一片荒芜。先有一个外国领事选了这个地方建领事馆，道台衙门也就在旁边造了一幢洋房。邵友濂卸去台抚职务回上海之后，就近置地七亩许建造私宅。那是个有大花园的洋房，四幢连成两进，位于静安寺路124号，在斜桥一带（今南京西路新华电影院附近，大致从凤阳路到吴江路，从石门一路到成都路之间）。盛宣怀与邵友濂往来密切，在邵家花园旁边建私宅是再自然不过的事。他的府第更大（大抵从现今的西康路、武定路到胶州路、新闸路一带），前面是很大的花园，围绕一座两层楼的大洋房。他住在楼上，楼下正中是五开间的大厅，两侧是各为三开间的东花厅和西花厅。东花厅给他四弟和账房先生用，西花厅供祖先牌位，也用于儿孙读书。逢年过节，喜筵寿庆，便把两扇边门打开，三个厅连通，可以摆上几十桌酒席。洋房的后面有三进中式的两层楼房，全家人住在那里。盛府主仆百余口。花园的一侧还有座楼是义庄。静安寺有了这两姓大户人家之后，上海的达官贵人、富商大贾人家也相继到这个地段来建宅第，这里渐渐形成了一个"贵族区"。

盛宣怀共有六房妻妾，元配夫人董氏生有三男三女，但不幸早故。次年盛宣怀娶来刁氏，刁夫人和他共同生活达十五年，夫妻恩爱有加。他遇有官场上、商务上不顺心的事，爱向夫人倾吐，刁夫人为他谋划献策，为他分忧，她又善于与内外宾客应酬周旋，不啻是一位贤内助。遗憾的是，刁夫人只生了一个女儿——藕颐（稚蕙），而老太爷立下规矩：姨太太必须生下男孩才能扶正。盛宣怀惟父命是从，因而刁夫人虽然贤淑多才，却因十多年未再生育，始终屈居偏房。眼见添孙无望，老太爷做主，命盛宣怀回乡纳妾并代为物色，一下子纳进庄氏、刘氏两位姨太太。刁夫人闻讯悲愤欲绝，加之她发现小辈在背后称她为"姨娘"，朋辈称她为"如夫人"。她受不了这样的耻辱，一气之下，悬梁自尽。盛宣怀办完喜事回府，扶枢号啕大哭。他愧疚万分，坚决以正室夫人的礼仪为她办丧事。那两房姨太太中，庄夫人福星高照，因儿子先出世，得到了继室的名分，她后来又生下一个女儿。刘夫人也生一男一女。盛宣怀对她们的感情终不及对刁夫人之一二。之后，他又续纳柳、萧二氏，她们为他生下三儿一女。

长子昌颐，光绪辛卯（1891）顺天乡试举人，从一品封典，二品顶戴，二十几岁时曾为抗日出征朝鲜，是湖北候补道，德安府知府，娶浙江宗氏为妻。他的府第就在盛宫保府第后面，隔一条马路，称作"辛家花园"。昌颐不寿，只活到四十，拥有妻妾六人，还不住寻花问柳。逢年过节全家去老宅向老太爷、老太太拜年请安，府里的阿妈私下戏言："大房里来拜年，姨太太就要另开一席。"宗夫人性格直爽泼辣，但她终究出自名门，在封建的大家庭里她只能容忍。她治家有方，有理有节，小妾和她在一个大宅里生活，都听从她的调排，大家相安无事。在妻妾中，来自苏州的殷氏是昌颐的最爱，他赴德安府任职也带她同去。盛宣怀为昌颐的女儿们取名都选择花名。殷氏生下一个女儿，正值茶花盛开的季节，祖父就为她取名为"茶"。正好这小孙女生肖属

幼年时的邵洵美

蛇，按苏南口音，"蛇"与"茶"谐音。茶宝皮肤白嫩，容貌俏丽，浅浅一笑，那双秀目就像弯弯的月牙，两颊泛出笑靥，十分讨人欢喜。她性格娴静温顺，昌颐对她非常疼爱，说她长得亮丽如玉（后来她的英文教师为她取名为"佩玉"）。宗夫人自己也有两个女儿，但个个脾气倔强，相貌平庸，相形之下，茶宝却得到她的欢心。茶宝喊宗夫人为"娘娘"，娘娘常唤茶宝到身边玩，一如己出。

想不到昌颐染疾，一病不起。一时间上上下下哭成一团。还是宗夫人先冷静下来，张罗举丧等一切后事。她望着跪在夫君灵前那一群弱女子，感慨万千。守孝三年期满，她便把那五名姨太太召到大厅，向她们发话："老爷已经归天，你们各人愿去愿留可以自便。"又说："你们当中愿意离开盛府的，由账房发给丰厚的旅费和安家费，属于个人的首饰衣物都可以带走，但是，盛氏骨肉必须留下，以后一年来盛府看望一次。"姨太太们对大夫人的宽容贤惠、通情达理异常感激，谢过之后一一离府。殷夫人回到房里哭成个泪人，她左思右想彻夜难眠。最后还是无可奈何，只能舍下年方四岁的稚儿回苏州娘家去，后来嫁作他人妇。茶宝自幼受娘娘特别眷顾，母亲离家之后，娘娘便将她放在身边，跟自己两个亲生女儿一同哺养，一同在家塾里读书。娘娘喜欢听书，茶宝理解力强，口齿清楚，常常按清朝的规矩，半跪床头，为娘娘诵读一本本白话方言小说。

拿笔杆子的命

云龙的小名叫"小黑"，其实他的皮肤一点也不黑，之所以得此称呼，或许是因为他的生父邵恒在社会上有个诨名叫"老黑"的缘故吧。小黑生来眉清目秀，自幼伶牙俐齿，聪颖过人，记性、悟性都特别好。他五岁开始识字，六岁进附设在亲戚家的私塾读书。学诗书几遍就能朗朗上口。同在一起读书的孩子中，小黑领悟力最强，又最用功，先生总是给他多上几页书。但他又是个活泼好动闲不住的孩子，总会想出各种点子带弟弟和同学们玩，还招来不少邻家的孩子，自小就显出他好交友的天性。课后他时常独自去外祖父家玩耍。八岁那年，有一次他去盛府，径直走进外祖父的书房。老迈的盛宫保那一天精神颇爽，知道小黑已能识字造句，一时兴起，出了个上联考考外孙，小黑随口就答出下联，老人高兴得直夸小外孙有灵性。自此，外祖父闲来常命人把小黑叫来书房，考问他的功课，跟他对对联玩。

小黑到盛府，阿姨娘舅围拢来，逗他背诗书。小黑开朗合群，喜欢新鲜玩意儿，学到一个新花样新戏法就到表弟表妹面前卖弄，他们看得稀奇，争着"拜他为师"。小黑在邵府更是一个宝贝。邵友濂过世之后，他最末一房继室柴太夫人健在，下一代大房二房没有分家。当大哥的小黑与他的六个弟妹待遇不同，他和祖母及他唤作"好姆妈"的嗣母史夫人住在一幢房子里。他自小就受到祖母特别的关爱，加上又有两位母亲（生母和嗣母）及两位姑姑的呵护，长住在邵府的好姆妈的好友马干娘和老太太的兄弟、总管柴舅公更是对小黑百依百顺。大户人家佣仆丫环几十个，小黑少爷又是含着金调羹出世的，他不知贫寒忧患是什么。虽然在这样娇生惯养的环境里成长，但是云龙并没有被宠成只知吃喝玩乐、不求上进的浪荡子。他跟别的孩子不一样，自幼用功读书。对诗，他有特殊的喜好和领悟。第一次读诗时他才七岁。先生教他读《诗经》，他就喜欢上《关雎》那一章，成天咿咿哑哑，一遍又一遍像唱歌那样不住嘴地哼。十一岁时他读《唐诗三百首》，每一首只需读上几遍就背得出。先生又开始教他写诗，那时他就想着，将来能有一本三百零一首的诗选出版！

说也奇怪，小时候的黑子就对编辑发行感兴趣。还是在第一次世界大战末的 1918 年，他才十二岁，每天家塾散学，他便和弟妹们模仿日报的格式，把当天听到的新闻或谣言，用一张 32 开纸编写《家报》。誊写一式四份，一份给祖母，一份给母亲，还有两份给姑姑。他乐观的性格中的幽默成分也在《家报》里初露嫩芽，这一点可见于他编写的两则消息："小喜阿妈（我四弟的奶妈）昨天重一百二十斤，今天重一百三十斤。因为她将银洋二十五枚，双角子一百枚，单角子二百枚，铜元一千枚带在身上，以便随时逃难。"又："据传绿（注：氯）气炮并非绿色云。"这似乎是他将来要创办中国第一本幽默杂志《论语》的预兆。听说在他满周岁的那一天，小姑姑端来一只装满红红绿绿各式各样东西的盘子，让小黑"抓周"。小黑不抓摆在他跟前的红顶帽（那是象征将来要当官的），也不抓闪闪发亮的金镯子（那是象征将来要发财的），更不要那系着彩穗的铜喇叭（那是象征将来会从艺的），而是硬要挣出奶妈的怀抱，俯下身子，小臂膀伸得远远的去抓角落里一支秃了头的狼毫笔。老祖母看了摇摇头说："唉！小黑是拿笔杆子的命！"

当小黑还是个幼儿时，一天，奶妈带他去花园里玩，有事临时走开一会儿，回来吓得惊叫。一条白蛇绕在小黑的手臂上，小黑正开心地玩着它，居然毫发无伤。大人们听说此事，认定"这孩子将来必成大器"。

1916 年 4 月 27 日，盛宣怀病故。居丧期间，家里做佛事，大人们忙出忙进，迎送前来吊唁的亲朋，还有不少与盛宣怀同朝共过事的官员，少不得也来给宫保大人送行。有的是惺惺相惜；有的是兔死狐悲；还有的是来看冷眼，看看神气一时的宫保大人如今西去，还剩多少辉煌，还有多少故旧会来送别。大人们前前后后忙，生怕礼仪不周，惹人耻笑，又怕怠慢了客人，无心顾及孩子。

盛宫保的棺材要漆一百次，出了钱去巡捕房捐照会，允许灵柩在家里停放一年。老话说："生不带来，死不带去"，传闻他有价值两千多万两银子的遗产和大家庭里的两百七十个仆婢，他再也无法享用了。一年后出殡，规模空前，轰动上海滩。据说花费三十万之巨。抬棺"百人"，是慈禧太后送葬的班子。送葬队伍除亲友同僚之外，官府、租界当局，生前经办的厂矿、企业、铁路、银行、学校，红十字会以及私人所办善事义举的庙宇、孤儿院、图书馆等，乃至和尚道士、贫民乞丐都来送行。队列之长前所未有，首尾绵延长达三里路，前面的已经到招商码头（今十六铺码头）上船，后面的还未踏出府门。沿街各界路祭，看热闹的人山人海，沿马路商店歇业，在人行道上搭看台摆凳子收费，外地人也闻风而来，人潮如涌。英美租界巡捕房专门派巡捕维持交通秩序，出动警车、救护车。"盛杏荪大出丧"举城争睹的场面，几十年后上海人还在议论。

盛府举丧，外孙小黑一早随父母前往吊唁。他穿上孝服，哀伤地走，跟着出殡的行列到苏州，灵柩放进厝。当他到外祖父灵前行大礼。正当他起身整衣的那一刹，无意间瞥见身穿孝衣跪在一旁的表姊妹里有一个陌生的身影。她比别的姊妹来得娇小，看她怯生生地抬眼望自己，小黑不禁朝她多看了两眼。他听母亲说起过，大舅舅有个最欢喜的女儿，名字叫"茶"，想来就是她。这时他见到素裹的"茶"，白嫩的脸庞泛出淡淡的红晕，心里想："真像一朵粉色的花苞！怪不得外祖父给她取了这么一个好听的名字。"那时小黑十岁。长他一岁的茶是听到身旁的青妹妹嘀咕了一句"小黑哥哥来了！"才抬起头来的。她早就听说过祖父夸赞小黑聪明，立时答得出下联的故事，于是也就有意无意地朝小黑看了一眼。她感到小黑射向自己的目光里有一种亲切感。茶宝自父亲故世，母亲被迫离她而去，很感孤独。虽然娘娘待她很好，但是在娘娘身边总感畏惧，不自在，倒是四叔四婶亲，他们的女儿毓青妹妹远比自己同父异母的姐妹亲热。从国外回来带来新式玩具，或是上街买回好吃的糖果蛋糕，总是关照阿妈来辛家花园唤她去老宅，跟表妹毓青分享。她跟青妹妹在一起也远比跟自己同父异母的姊妹们开心，所以，这几天，她跟青妹妹形影不离。

云龙完成了家塾的学业，父亲把他送进了一所洋学堂——圣约翰中学。那是美国基督教圣公会在上海办的圣约翰大学的附属中学，这所学校除教学质量高之外，还有个特点：除了国文课，其他课程大部分都用英文教材。校内有多名美籍教师，中国教师的水平也相当高。这就为云龙的英文打下了良好的基础。在这所教会学校的熏陶下，云龙成长为一个举止温文尔雅，颇具才情的青年，加上他那双透出聪颖的眼睛，挺直的高鼻梁，面带微笑，又时常穿一身当时只有上洋学堂的阔少爷才穿的西式服装，"邵家大少爷"给人的印象是：风度出众。他厌恶父亲那种纨绔子弟的生活方式，但佩服他一口流利的英语。他一生中惟一感激父亲的一桩事，就是把他送到约中读书。

云龙另一桩乐事是：祖母柴太夫人赏给他的特权——允许他随意出入祖父的书房"碑砚斋"（他嗣父寿卿公邵颐喜欢集砚藏碑，也沿用这个斋名。云龙后来写诗作文，有时发表的文字落款处也有"写于碑砚斋"的字样）。他生父邵恒是个整天逍遥在外，沉溺于赌场，不进书房的人。而弟弟妹妹也都不许踏进这间房间，惟有云龙可以独占。书房四壁皆红木书架。书架里一摞摞的书籍摆放整齐，书桌上笔墨砚盂仍按祖父的习惯摆着。云龙坐在

　　＊《盛宣怀档案》是中国近代史的宝藏。盛宣怀及其家族留给后人近二十万件史料，经十年整理，著名学者王元化评论它"补史之阙，纠史之偏，正史之讹"。

祖父的书桌前，用祖父写书信批公文的毛笔练字，做文章，他沾沾自喜，乐在其中。祖父生前一直自诩为官清廉，可惜云龙无缘聆听祖父的教诲，只有在这屋里的遗物中寻找祖父的影子。他在书柜里发现两叠用蓝花布裹着的书信，外面有红绸包扎，扎的绳子上串着康熙铜板，看得出那是祖父珍爱之物。他翻开细看，原来那些全是清廷政要李鸿章、盛宣怀、郭嵩焘、曾纪泽等人写给祖父的手书。后面附上一篇注释，是翁同龢整理后写的。翁同龢是光绪皇帝的老师。据说，他家与邵友濂家祖上有交往。云龙揣着求知欲，一封封细细品读，从似懂非懂到逐渐读懂。从中了解祖辈交往的情谊，也领会到大臣间对时局和朝政的看法。云龙有心汲取他们书信中的文采，精彩的片断他甚至能够背诵。他也欣赏各人的书法，尤其喜爱外祖父盛宣怀的字体。外祖父像是曾临摹过书法家吴子桢的碑帖，云龙闲时常常比照着外祖父的字体练习。云龙的国文老师古文好，教学严谨，加之碑砚斋给他的潜移默化的陶冶，所以他十几岁就能写出像样的文章来。这间书房诱导他走进拓宽视野、观察人生的新天地，也是他一生爱读书，爱藏书，爱著文的起点。

那是 20 世纪 20 年代初，上海已经变成了一个世界闻名的繁华城市，西装革履与长袍马褂相间；各地方言与欧美话语混杂，舞厅、酒吧、回力球、高尔夫、跑狗、赛马、影院、赌场……十里洋场上灯红酒绿，无奇不有。邵恒是个远近闻名的阔少爷，什么时髦玩意儿都尝试，还买了辆福特车，到处出风头。他尤其嗜好赌博，是上海滩出手最大、最有"绅士风度"的赌徒，牌九、麻将、挖花、摇宝，还有什么"三十六门"，样样都来，一天不赌就手痒。他还不时在家里聚赌，一连两三天，输赢比赌场里还大。父亲的豪赌，云龙自幼耳闻目睹，以至于后来他写的文章有几篇描写赌徒心理的，刻画得入木三分。

邵恒，又名月如，自幼读私塾，后来曾聘请几位圣芳济学院的洋教师，跟他们学英文，圣芳济学院即现在上海时代中学的前身圣芳济中学的原称，是美国天主教办的。所以，他英语讲得挺不错，后来一度挂名为该校校董。他交游甚广，也有不少外国朋友，如法国的福开森将军（现在的武康路原名福开森路，就是以他的名字命名的）也是他的好友之一。可以说邵恒除了曾做过一任知县之外，一生游荡，清末时他父亲曾为他捐了个"吏部候补郎中"，后来入了民国，也做不成"郎中"了。他娶了盛府千金，岳父盛宣怀有心提拔他，给了他个美差——"轮船招商局督办"，谁知他终日沉溺于麻将台、鸦片铺，金屋藏娇，一连三个月不去上班，气得盛宣怀只好将他免黜。盛稚蕙模样挺秀气，但她的容貌和心计都及不上她母亲刁氏。她心地善良，但驭夫无术。起先她见丈夫有恶习，还好言相劝，后来只好听之任之，最后，她竟"夫唱妇随"，自己也染上阿芙蓉癖，一榻横陈，日夜不分，借袅袅的鸦片醇香慰藉自己，有时也跟着上赌场，一掷千金。

云龙十六岁那年，外祖母庄太夫人六十寿辰，盛府张灯结彩。一大早，云龙见母亲匆匆出门，抢在宾客登门拜寿之前赶回娘家。原来她是去向母亲借首饰的。母亲大寿，异常隆重，贺寿的亲朋都是有身价的，她拿不出一件像样的首饰佩戴，会受人讥笑的。庄太夫人感到奇怪，虽然稚蕙不是亲生，但当年出阁也不曾待亏她，依老太爷的吩咐，给她的陪嫁相当丰厚，除六万两银子之外，还有她母亲刁夫人遗下的金银首饰，都是上好的。她出嫁不过十几年，怎么会寒酸到如此地步！四姑奶奶告诉母亲，她的好多首饰都给骗走了，借给人家没有还她。她不敢向母亲说是丈夫拿去输掉的实话。老太太倒很爽气，拿出首饰箱，任她挑拣。

庄太夫人寿庆，云龙随父母备寿礼去隔壁拜寿。至亲故旧济济一堂。外祖母喜滋滋拉过大外孙端详，但见他眉宇轩昂，举止潇洒。对答世伯叔舅的问话落落大方，老太太心中暗喜，认定这个外孙将来会有大出息。见过长辈，云龙就被表兄弟拉到后园去闲谈。云龙的妹妹云芝，小名叫"咪阿呜"，就像小猫咪的叫声。她是母亲难产，产下的"龙凤胎"留下的一只"凤"。父母疼爱如宝，唤她"毛毛"。兄弟也只有这一个姊妹。"毛"跟"猫"谐音，后来就喊她"猫咪"。游戏逗乐中就把她喊成了"咪阿呜"。长辈也喜欢用这个逗人乐的名字喊她。这"毛小姐"天生活泼可爱，特别喜欢笑。有她在场，"格格"的笑声不绝于耳。家里只有她一个独生女，见到表姊妹就特别亲热。她顶顶欢喜那个笑吟吟的茶姊姊。这一天，两人一直相伴。茶姊姊立在"咪阿呜"身后，听云龙一个人在绘声绘色地讲他的"山海经"。他知识面广，口才好，兄弟姊妹全被他吸引住了。茶姊姊也听得出神。大家竟然都没有听见寿筵开席的通报。云龙在侃侃而谈之际，目光扫过众姊妹，看到了那双深情的眼睛，不禁怦然心动。多年不见，茶姊姊出落得仪态大方、楚楚动人。这时他便上前去跟她攀谈。茶姊姊略带矜持，莞尔一笑。茶姊姊的笑总会牵动他的心。后来他专门写了一首诗，题为"Z 的笑"，里面有这样的句子：

> 我知道了你的心，冷冷的火焰，
> 像在燃烧的冒着烟的冰窖。
> 你低了头笑，你有意将背心向了我而笑，
> 啊，你蛇腰上的曲线已露着爱我的爱了。
>
> 为甚你不常和我说话，说话，
> 只是不相关地望望又笑笑？
> 你低了头笑，你有意将背心向了我笑，
> 莫非你在我眼睛中已见到了我的需要？

盛佩玉出阁前与母亲殷夫人合影

啊，你的心，你的背心，你的腰，

可容我将指尖儿抓上一抓？

你低了头笑，你有意将背心向了我笑，

我不问你笑些什么，我的心早已满足了。

云龙与茶虽是姑表近亲，却难得相见。云龙在校住宿，难得来向外祖母请安，总也见不着住在辛家花园的茶姊姊。不见面，但也总听得人夸：茶小姐秀外慧中，心灵手巧。茶呢，也常听人夸小黑少爷才情出众，豁达大度。于是两相心仪。今日会面，在一言一笑中灵犀相通。

那天寿筵前，盛府老少与老寿星庄太夫人拍了张合家欢。那一群打扮得花枝招展的姨妈、舅妈、表姊妹立在外祖母的身后，云龙眼睛里只看见貌美的茶姊姊。她身穿一件缀着朵朵茶花，淡红与枣色相间的软缎短袄，衬在一袭镶了花边的枣色长裙上，别有一种韵味。她谦让地立在青妹妹身后。但她那笑容可掬、不卑不亢的神情举止格外引人注目。云龙看在眼里喜在心头，不禁学着基督徒，闭上眼睛，向上帝默祷，祈求上帝赐福给他俩。

第二年，忽然传来骇人的消息，说是云龙犯了大案被捕入狱，下人讲得活灵活现，说邵家大少爷的罪名是：为了一个交际花，叫一批流氓开枪打伤了一个和他争风头的人。茶听了又气又急，她怎么也不相信会有这样的事！她躲在房里偷偷哭泣，寝不安，食无味。直到事实澄清，云龙被释放回家，她才绽露笑脸。原来是四姑夫看云龙这一年考试成绩优异，给他奖赏，同意他在假期里学开汽车，未满十七岁的云龙很快就学会了驾驶，他得意非凡，开着父亲那辆福特轿车，四处兜风。他最喜欢去福州路的书店、霞飞路的咖啡馆，一呆半天。老祖母的内侄阿双跟他做伴，陪着这个阔绰的大少爷游遍上海的名胜古迹，又带他去人头攒动的大世界，游人如织的城隍庙，玩遍各大公园，吃遍名菜名点。这一天，他们去戏院看话剧。这戏院有邵公馆长期包下的包厢，老爷少爷不去看戏时，亲友甚至下人也可以去坐那包厢看戏。说也巧，那天碰见个表兄弟也在包厢里，介绍云龙认识一个交际花。隔了几天，云龙驾车出游，那女子拦路邀云龙去家里吃饭。云龙出于礼貌，带了阿双勉强赴宴。不料席间有多位男客，其中一人与他同姓。那人是这交际花的相好，一个流氓头子。他们在餐桌上讨论如何去报复一个曾经使那交际花下不了台的人。散席后这帮人簇拥着那个姓邵的走了。云龙与阿双被女主人挽留聊天。不一会儿出事了，这帮人回来说，向那冤家大腿上打了一枪。混乱中不知道是谁开的枪。警察要找主使的邵某人。阿双不知轻重，第二天在澡堂里跟人吹牛，夸说，当时他跟邵家大少爷也在那交际花的家里。于是警方就将云龙拘留。同样姓邵，有口难辩。直到找到了元凶，云龙才被放回家。邵公馆一场虚惊，老太太非常恼火。虽然查清云龙无罪，但是他跟交际花往来，还被捉到官里去，败了邵家名声。老太太气得罚他在祖先牌位面前长跪。幸有父亲和四舅从中说情，云龙跪了一炷香之久才得以起身。那交际花居然还厚颜无耻找上门来，以影响她的名誉为名，敲了邵府一笔竹杠。柴老夫人息事宁人，做了冤大头。其实是那帮人做了圈套，请这个不谙世事的阔少爷往里钻。吃一堑长一智，云龙深省自己的无知和不检点，从此不再涉足娱乐场所。为了这桩不体面的事，他没有从圣约翰中学毕业，高中两年后转学到南洋路矿学校毕业。这路矿学校是隶属于南洋公学的一个专科学校。一个近邻叫庄永龄的远亲与他结伴同学。云龙闭门苦读一年后毕业。这一段牢狱之灾实是给他一个择友不慎、受人愚弄的教训。茶姊姊明了了事实真相后，也就宽恕了他。

美 的 追 求

　　作为邵、盛两位达官之后的邵云龙，自幼生活在大户人家的高墙里。他是家族中的"王子"。家有财产百万，尽享荣华，四季尝新，节节宴饮。府中常年亲朋满座，迎来送往，好不热闹。大家族里规矩多，礼仪多，人物多，故事多。云龙眼见他们的生活百态、悲喜荣衰。有继父业光门楣的；有当大官发大财的；有跟富豪攀亲，跟权贵结交的；有出洋留学镀金的；也还有不少不务正业，穷奢极欲，醉生梦死，甚至伤天害理的。他们白天睡大觉，掌灯才梳妆，从鸦片铺移到麻将台。老爷少爷妻妾成群，争风吃醋；太太小姐做客还随身带着装烟丫头；老太太麻将台上抽头钿买个丫头送孙女没啥稀奇；丫头被少爷调戏有了孕就收房或赶出门是小事一桩；主人家对下人颐指气使随意打骂，无人非议；丫头被虐待上吊，出了命案，也不过多花点钞票而已。他们当中声色犬马、挥金如土的大有人在，西装买成百套；赛马养几十匹；更有豪赌成瘾的，一夜间，一百多幢房子的整条弄堂易主也面不改色。府第里为财产明争暗斗，面和心不和，争遗产手足打官司，叔侄见律师，还有为之回娘家封账房的。高墙里面光怪陆离的丑事也不少：亲姊姊夺妹夫；姨太太偷汉被捉奸；甥舅相好；姊弟乱伦；甚至有姑太太在"富春楼"包下妓女"花国总统"，后来引狼入室夺走了丈夫的自讨苦吃的荒唐事。豪门冠冕堂皇的礼仪教养之后，那一幅幅可笑、可耻，乃至令人发指的画面，深深烙在少年云龙脑海。无怪乎他后来创作了《贵族区》和《宗姑太太和她的三个儿子》。几十年后他还想要写一本《大户人家》。他脑子里的故事太多了，总想揭露出高墙后面不为人知的阴暗以儆后世。他曾说自己小时候就像生活在《红楼梦》的大观园里，像贾宝玉那样受祖母、母亲的溺爱（他更多了外祖母和嗣母呢）。不是吗？那邵、盛两府的富贵荣华不逊于"荣"、"宁"两府。府中形形色色的众生相也同样是在道貌岸然的面孔后面滋生着无数的怪事、丑事、恶事与怪人、丑人、恶人，这大富大贵的人家不也同样地走向没落，甚至同样有被抄没家产的事件发生？这一切同样是因为先人积攒的财富太多了。他们竟同样有任"漕运总督"的祖辈。邵云龙的曾祖父邵灿是道光年间任该职的。"漕运总督"是个"肥差"。有万贯家产的祖辈，必有生活糜烂的不肖子孙。那个时候，云龙就觉悟到：金钱是罪恶的渊薮。这就使他逐渐树立起"不爱金钱爱人格；不爱虚荣爱学问；不爱权利爱天真"的人生哲学。他的理想，是要做一个像他祖父、外祖父那样的有才有识之士（这个想法在他后来为长子小美更名为"祖丞"的做法里也有所流露）。然而，当时的上海滩，殖民主义者集聚，西方的科学技术涌现在中国人生活的各个角落。他领会到，惟有像外祖父那样，学西方的强国之策，才能救国，所以学好一门外国语是当前的急需。那个时期，出国留洋是有志青年的向往。贫寒学子考"庚款"出国；富家子弟凭家产留洋。他四舅舅恩颐是到欧洲留学的；姊姊畹香，这时也到英国去游历，令他非常羡慕。好姆妈了解云龙的志向，有意栽培他，同意他留学。云龙选定了去英国，因为英国有莎士比亚、王尔德那些他很崇拜的大文豪。后来有流言，说邵云龙因为交际花犯了案，为逃脱吃官司而出国去，那是有意制造花边新闻，哗众取宠。

云龙热恋着茶姊姊。他像所有心里有了爱的年轻人那样爱好读诗。那时他更喜欢古诗，喜欢借古人抒发情感的诗词来抒发自己的情感。古诗淳朴，几个简单的字连成的句子可以让你意会到很多，句子读完，意犹未了。他去翻《诗经》，读到《郑风·有女同车》一节，竟然看见他意中人的名字赫然跃于纸上。那一句里有"佩玉锵锵"四个字，好像茶姊姊顿时走近了他，她的声音他都听见了。另外一句里面有"洵美且都"四个字。此处"洵美"二字之意为"实在美"，"且都"意为"而且漂亮"。啊！他拍案叫绝。多么凑巧，似乎是天作之合！"洵美"对"佩玉"！太好了！他决定改名"洵美"，以诗寄情。

他把更名的想法先去讲给茶姊姊听。茶姊姊读过《诗经》的，用不着解释。云龙从她含笑不语的表情中明白，他俩的心正如同"洵美"与"佩玉"两个词一样，是互相呼应的。于是他便向家人和亲朋宣布更名为"邵洵美"。

赴欧在即，充满憧憬的洵美却高兴不起来。留洋读书，一去要几年，他放心不下他的佩玉。前思后想，便去央求母亲，请她去向大舅母求亲。那天五小姐关颐正好来辛家花园。她听四姊来为云龙向大嫂求亲，便从中撮合。娘娘自然答应。但她要女儿自己定夺。佩玉低声说了句："他小时候，祖父就很夸赞他……"宗夫人听出佩玉的心思，便同意了这门亲事，这就亲上加亲了。

1923 年 10 月间，这对未婚夫妻喜气洋洋地去拍了张合影，作为订婚纪念。佩玉拿出她织成的一件白色毛线背心赠与洵美，叮嘱他在欧洲开春乍暖时早晚勿忘穿上。洵美领会未婚妻的浓情蜜意。激动之下，他当即写了首诗致谢，题为"白绒线马甲"：

> 白绒线马甲呵！
> 她底浓情的代表品，
> 一丝丝条纹
> 多染着她底香汗；
> 含着她底爱意；
> 吸着她底精神。
> 我底心换来的罢？

白绒线马甲呵！
她为你，
费了多少思想；
耗了多少时日；
受了多少恐慌。
嘻，为的是你么？

白绒线马甲呵！
我将你穿在身上，
我身负重任了！
我欠了无上的债了！
我心窝里添了无数的助燃品了！
这是我永久……诚实……希望的酬报呵！

白绒线马甲呵！
你身价万倍万万倍了！
你得我终身的宠幸了！
你将做我惟一的长伴了！
白绒线马甲呵！
你须将你的本色
代表她底呵！

　　这首描述二人定情的诗歌后来刊于上海《申报》。他第一次发表的诗是《浪花》，刊于《民国日报》"觉悟"1924年3月17日。洵美学写新诗是他十五岁那年开始的。1936年他出版《诗二十五首》，在那本诗集的序言里他讲起自己怎么走上写诗的道路："最初的时期尚以为是自己的发现。我写新诗从没有受谁的

启示，即连胡适之的《尝试集》也还是过后才见到的。"当时，
是因为在教会学校里读到许多外国诗，他用中国旧体诗的格律去
翻译，却屡屡失败，之后便用通俗语言来试译。那是他得到了旧
式白话方言小说的启示。当时他曾译了一首英诗《归欤》（*Come
Home*）发表在 1924 年 7 月 25 日的《时事新报》"学灯"副刊。

其实洵美第一次真正的新诗创作是一首散文诗，题为《二月
十四日》，刊于商务印书馆 1925 年 5 月 1 日出版的《妇女杂志》
（2 月 14 日是西方的情人节）。

1924 年冬，洵美乘船离开上海，赴英留学。他当时的心情
相当复杂。他写过一首诗描述那时的心情，题为《来吧》，诗里
埋怨自己离开思恋多年的佩玉，去异国他乡——一个充满未知的
地方：

> 我便这样离了你，
> 我便这样地离了带泪的你，
> 你是染露的青叶子；
> 我便像那花瓣吓落了地。
>
> 啊你我底永久的爱——
> 像是云浪暂时寄居在天海。
> 啊来吧你来吧来吧，
> 快像眼泪般的雨向我飞来。

然而，洵美实在不屑于像他父亲那般没有作为，他只得像云浪暂
时寄居在天海。眼前就有不少学子出国并学有所成的榜样，回国
后别人就另眼相看，就像"约大"、"约中"的教师和校友，他们
之中有许多卓有成就的出色人才，他要以他们为楷模。佩玉虽只

是在家塾中读四书五经，英文不过初识水平，没有受过现代教育的女子，但却明白事理。她深知洵美不甘平庸，出国留学对他的前途至关重要。

洵美偕一位故旧的儿子同行。那年代交通极不便利，到英国去要途经不少国家。每到一个码头就得停泊几天，他们就上岸观光。洵美每到一地便急匆匆地给佩玉寄一张印有当地风景的明信片。有时也用英文写。他为佩玉取的英文名字是 Edith（爱迪丝），自称 Hart（哈特）。明信片上虽然只能写寥寥数语，却字字深情。他用钢笔写中文，但有毛笔的撇捺，别具一格。

洵美于 1925 年初春到达伦敦，先在剑桥大学附近的 Tung Hiva 大学读书半年，报考了剑桥大学的伊曼纽尔学院（Emmanuel College of Cambridge University）的经济系。那时，中国留学生大多选读经济学。经校长矍尔斯博士介绍，与另一个中国留学生刘纪文一同借宿在导师慕尔先生（Arthur Christopher Moule）家里。慕尔先生是位牧师，曾在中国传道。他也是一位和善的饱学之士，精通希腊、拉丁、德、法、中、意多种外语，是 1934 年出版的《马可波罗游记》编者之一。他见洵美好学，便不倦教诲。洵美非常喜欢这位老师，从他那里学到许多学问。牧师太太是位规矩很大的夫人，比较吝啬。吃惯山珍海味的洵美时常感到三餐不能果腹。不过，洵美从牧师太太那里学到英国人的风俗习惯，也学到一口地道的英国话。虽然同学常听他为饭菜发牢骚，几次劝他换个地方住，但他还是舍不得离开他的慕尔先生。尤其使洵美感到老师亲切无比的是，慕尔先生居然能解开他的心头之谜。

那是他途经意大利的拿波里的第二天，他独自走进博物馆，目的是去看维纳斯的石像，但是在二层楼的陈列室里他却发现了庞贝的遗迹。那神奇的镶嵌画，真是拼嵌得天衣无缝。正在那里出神欣赏的淘美，眼光忽然被一种不知名的力吸引到旁边一块壁画的残片上。这块残片直不过两尺，横不过一尺多，画里是一个赤金色头发的美妇人——希腊的女诗人莎茀（Sappho）。她穿着深绿色的衣衫，桃红色的细嫩的右手捏着一支黑色的笔，笔的一端搁在她鲜红的嘴唇上。那双似乎装着水或是蜜的淡蓝色的眼珠在看着他。不，她是在看这茫茫的宇宙，好像是在寻找什么。她左手持着一本书，好像是找到了这茫茫宇宙所赐给她的诗。淘美被女诗人的神韵撩得神魂颠倒。莎茀的印象从此深镌在他的心坎里。她究竟是怎么样的一个诗人呢？他一路在罗马、翡冷翠、剑桥的书铺以及友人那里打听，他们一无所知，甚至连莎茀的名字都不知道。到底慕尔先生博学，知道莎茀的诗，但是他说，莎茀的原诗因为埋在沙漠里已有两千多年，挖掘出来写在草叶上的诗歌都已残缺不全了，只有两首被旁人列举的还算完整。后来淘美辗转觅得一部莎茀全诗的英译本。慕尔先生带淘美去请教 Jesus大学著名的希腊文学教授爱德门氏（J. M. Edmonds）——那英译本的作者。在与教授的长谈中淘美得知莎茀的三本诗集遗失了，遗下的除了《爱神颂》外都是一些断篇。他曾经把中国诗用"莎茀诗格"写成过希腊文。他认为：中国唐诗和古希腊诗在气质上有极端相似的地方。教授说，从她的诗的译文中绝对无法见到莎茀的真实于万一，原诗的色彩与音乐只能在原诗中领略，莎茀的诗格是诗格中最美的一种。要领略莎茀的美，可去读她的崇拜者史文朋（Algernon Charles Swinburne）的诗。史文朋诗歌集的第一卷第一首是现代作家用莎茀诗格写英文诗最成功的一首。他鼓励淘美把莎茀的诗译成中文。第二天，淘美就去买了《史文朋诗歌集》第一卷。他是继英国诗人雪莱（Shelley）之后第一个抒情诗人，也是第一个革命诗人。他的诗格律之美空前绝后。顷刻之间，淘美的心就被这个作者占领了，这两位诗人成了

邵洵美在庞贝遗址留影，此照片摄于 1925 年邵洵美留英途中

年轻的淘美的偶像。淘美学着借用"莎茀格"写了不少诗。他甚至把他的经济学丢在脑后，废寝忘食，翻着希腊语辞典去尝试把莎茀的原诗译成中文。他体味到她的希腊文原诗的音节之美丽，词句之缱绻，以此衬托那简单、纯粹而又深厚的情感，真是叹为观止。他誉她为"古今中外惟一的女诗圣"，并写了三十多首诗赞美她，甚至还把所发现的莎茀诗（五六十个断篇）凭自己的想象联系起来，写了一个短剧。由慕尔先生介绍，交剑桥的海法书店（Heffers）印刷发行。书印得特别考究，用剑桥大学出版部的手造纸，封面请英国木刻名家吉尔（Eric Gill）先生设计。谁知一本也没有卖掉。不过，从此，淘美有了个"希腊文学专家"的称号。在剑桥，他还写了一篇研究史文朋的文章，认为史文朋诗已经达到了"一切的顶点、沸点、终点，不能再好了"。当时被他奉为金科玉律的诗论，便是史文朋所说的："我不用格律来决定诗的形式，我用耳朵来决定。"他从史文朋那里认识了先拉斐尔派的一群人，又从他们那里接触到波特莱尔（Charles Baudelaire）和凡尔仑（Paul Verlaine）。当时他只求艳丽的字眼，新奇的词句，铿锵的音节，竟忽略了更重要的——诗的意象。他经受着初学者必经的试探：浅薄的哲学，缠绵的情话，肉欲的歌颂。他热衷地一一模仿。

淘美之所以会在其短暂的留学生涯中毅然置专业学习于不顾，几乎全身心地倾注在研究译诗、写诗，源起于在巴黎和徐志摩的结缘。1937 年他在发表于《辛报》的那篇连载的自传性小说《儒林新史》里详述经过。

在剑桥市中心有一片广场，那里遍布摊贩。有个摆旧书摊的老大卫，三十年来他总是笑嘻嘻地坐在那里。他看着年轻学子一个个变成著名的文人。他知道每个剑桥出身的诗人和文学家的身世。可是，每见到淘美，他总要问淘美姓许还是姓徐或苏，因为

"三年前有一个同样面貌的中国人曾经怀着要翻译《拜伦全集》的欲望回黑龙江老家去了"。诗,对于一心想读政治经济学的洵美,当时绝对没有一丁点儿的诱惑;可是,世界上竟会有和自己长着同样面貌的人?洵美忍不住四处打听。在伦敦古奇街的"互助工团"遇见的陈宝锷知道,他说:"做诗的有徐志摩,但他的老家不在黑龙江。"

"一定是老天要把我和志摩拉在一起!"洵美想。1925 年春,他第一次去巴黎,每一个新环境里总会有人对他提起徐志摩。每次提到徐志摩,都使他无形中与之接近一步。打算回国当一等名画家的徐悲鸿一见面就要拉他加入"天狗会",并说太太蒋碧薇以及来欧洲十五年,在研究文学的谢寿康都说洵美"最像徐志摩,那个一品诗人,江南才子"。从南洋来的女诗人蓝小姐提到被她喊作"爹爹"的印度著名诗人泰戈尔(Tagore),也与徐志摩相熟。洵美又听谢寿康谈徐志摩当年从美国毕业第一次来欧洲,在剑桥期间,因其态度讨人喜欢,谈吐又有趣味,许多英国名作家都是他的好朋友,其中和他交情最深的是女小说家曼殊斐尔(Mansfield)。她是社会主义文学批评家墨雷(J. M. Murry)的夫人。仅三十岁左右的她不幸故世,她丈夫出版了她的日记和札记,志摩视作无价之宝。志摩也写日记,据说每年写一本。每本日记专为某一人写。到了年终便把那本日记当作新年礼物送给他心目中的那个人。老谢见过两页,那是志摩为了查考一句说过的话或是一件忘记的事去翻查的时候。看到其字迹之工细,文笔之清丽,老谢不肯释手。听了这些,洵美恨不得立刻见到徐志摩,见到他翻译的《拜伦全集》,见到他的诗和他那一本本日记。

又一个名叫严庄的朋友也说洵美像徐志摩,甚至说志摩是他的"哥哥"。没想到没隔几天,他们竟会在路上巧遇。徐志摩一见洵美就亲热地一把捉住洵美的双手,说:"弟弟,我找得你好苦!"原来志摩是听悲鸿讲到许多关于洵美的事,他也正在四处打听洵美。见志摩初次见面就有"他乡遇故知"的神情,洵美不禁细细端详志摩,发现"两个都是长脸高鼻子,的确会叫人疑心我们是兄弟,可是他的身材比我高一寸,肌肉比我发达,声音比我厚实,我多了一些胡须,他多了一副眼镜"。听洵美说想学政治经济学,志摩并不表示失望,可是又好像有些不相信地说:"真奇怪,中国人到剑桥,总是去学这一套。我的父亲也要我做官,做银行经理,到底我还是变了卦。"这是徐志摩第二次来欧洲,刚离了婚,匆匆地来,又匆匆地和严庄一起乘船回国了。

说也奇怪,洵美和志摩虽然是只交了一个多钟头的朋友,这一个钟头里又几乎是志摩一个人在讲话,可是志摩一走,洵美感到自己在巴黎的任务好像完成了。往常走在街道上,他心里总有一种期待着什么奇迹发生的感觉,现在却逐渐地发现眼前事物的陈旧,天天是一样的声音,一样的颜色。原来他已经看到他所要看到的东西了。

回到剑桥,他的心思再也不能回复到原有的书籍上,去图书馆也只是在放诗歌的架子边徘徊。每天从寝室窗口看到草地里的苹果树,看到隔壁礼拜堂后面的墓碑,洵美似乎感觉到一伸手便可以触到真理,隐隐地明白自己有改行的必要。每一样不重要的事情都会把他领回回忆里,他于是追怀起过去所忽略的愉快和幸福。那种缠绕心头的思虑,他全拿来写成押了韵脚的句子,竟然相信自己是大家所等待着的诗人了。

有一天,在整理一些书籍时,他发现了一张在罗马买的希腊壁画莎茀像的印刷品,连忙配了镜框挂在壁上。这画像又为他造出许多离奇的幻想,写满了诗句的草稿于是越积越多了。接着在旧书铺找到一部莎茀诗的英译本,使他对这位女诗人发生了双倍的好奇心。从此,他最重要的工作便是去译她的《爱神颂》。他先试着用中国古诗的体裁"五古、七古"来译，因为译不成，最后才决定用新诗的自由体裁。新诗便变成了他的信仰和将来。慕尔先生看见他这种积极的变化，会心地微笑。于是便有了在一个周末的下午，未作预先说明，给他引见了那本英译本的作者爱特门氏的一幕。

剑桥优美的环境，浓厚的学术氛围令洵美能够静心读书。他专心攻读英国文学，醉心于英诗。他读高思（Edmond Gosse）、罗捷梯（D. G. Rossetti），读莎士比亚（Shakespeare）。他很欣赏那位散文和诗都令他倾倒的乔治·马蔼（George Moore，注：今译乔治·摩尔）。马蔼说："诗是立于音乐和图画之间的……有许多文字有一种不可解释的音乐的诱惑力……"马蔼喜欢史文朋和雪莱，称颂雪莱的名字是"水晶"。于是洵美去追踪著名的雪莱。但那时洵美太年轻，他的眼界还是被莎莆和史文朋所局限。他时常坐在伊曼纽学院图书馆的石阶上谛听鸟语婉转，目光越过那片草坪，望着前面幽长的池塘畔的树丛掩卷神驰，或是独个儿在伊曼纽尔街旁若无人地踱方步，低头搜索诗句的韵脚。那正是19世纪的唯美主义在欧洲文学中绽开绚丽花朵之时，洵美正值天真梦幻的青年时代，他自是欢欣地在那满园春色中荡漾。在他的视觉嗅觉中一切都是美好的，善良的，满脑子诗情画意的洵美还只是在诗的殿堂门前张望。他在校是读经济的，却沉湎于文学，慕尔先生劝他转系，他不转。可事实上，他根本无心读经济。莎莆伴他过了夏天，又伴他过了秋天；等冬天的考试敷衍完结，她便又伴他上巴黎。

欧洲的艺术瑰丽多姿，洵美时常驻足街头观赏墙头的雕饰；坐在教堂里悬颈仰望穿顶的彩绘，他欣赏一切的美，形的美，声的美，自然美，人工美。欧洲有太多美的享受，促使他产生提高美的鉴赏能力的想法，他决定去学美术，从基本功学起，他想在假期里去巴黎，到最有名的"法国画苑"学习绘画。这是他第二次上巴黎。

第一次巴黎之行带给他很多快乐。虽然没能去学画，却结识了不少终生为伍的挚友，也改变了他的人生道路。

那次去巴黎的机会来得突然。在政治经济系旁听的刘纪文接到广东来电，委以代表中国政府考察欧洲各国的市政。第一站他要去法国巴黎。但是日本某大学毕业的刘纪文连英语也不会讲几句，更遑论法语，便央请英语流利、初识法文的邵洵美作为秘书同行。他们凭一张小纸条找到了当时在巴黎学画的张道藩。张介绍他们认识了一批中国留学生。纪文天天由谢寿康带领考察巴黎的市府设施和公共组织，洵美则独自去语言学校，他学法语进步神速。难得他也跟着纪文他们上巴黎附近小城镇去参观。机关的负责人接待他们时总带着一种怀疑的态度，原因是纪文相貌太端正，看上去过于年轻，老谢衣衫陈旧，不像是做政治工作的人；而洵美则穿了牛津和剑桥流行的大脚管裤子，一望便知道是个学生。他们三个人，说是受政府委托来考察欧洲各国市政，哪里会有人相信？

洵美散课后总是不直接回客栈，一定到"别离"咖啡馆去坐一两个钟头。这家咖啡馆位于地铁站旁边，住在乡下的小姐们上火车前都会在此和朋友"头对头"地坐上一二十分钟。"天狗会"的"大本营"便驻在此。这些留学生行当不一：有研究政治的，有弄文学的，有画画的。可是大家趣味相同，谈话的题材脱不了文学和艺术。这也是法国社会的一种风气。文艺谈话既成了风气，于是要在交际社会里厮混，有新书一定得去读；有新戏一定得去看；有新的展览会一定得去参观。无形之中他们竟成了提倡文化的大功臣。"天狗"们也想在中国的交际社会里造成这种风气。

至于"天狗会"的名称和组织，有文章说："那是因为邵洵美属狗。"其实不然，泂美是属马的。《蒋碧薇回忆录》一书中写道："有一天在咖啡馆，有人提起上海的朋友组织了一个'天马会'（编者注：据《徐志摩与陆小曼》一文提及，留日的美男子、雕塑家江小鹣创办'天马会'，那是上海一家业余剧艺团体，江小鹣嗜好戏曲，与俞振飞过从尤密，常常组织票友彩排演出。他和徐志摩、陆小曼、翁瑞午曾同台演出过《玉堂春》）。这伙年轻人也不甘寂寞，别开生面地组织起一个'天狗会'。他们半开玩笑半认真地订了个'章程'。这章程写得很严格，却经常修改。谁忽发奇想想出一条，大家同意就补上。所谓的'会长'，由会员公选，但他本人毫不知情。这些青年因为不满于国内某些人士的作风，一有什么组织成立，就拼命钻营，想当首领。所以规定，'天狗会'会长的资格必须是：一个'马屁精'。于是谁也不来争权夺位。当时的会长姓韩。会员也非自愿加入，而是他们派定的。"蒋碧薇的书中又述及："他们调皮地给一些会员赐'封号'，赏'官衔'，如刘纪文为'参谋'，孙佩苍为'军师'，郭有守为'行走'，蒋碧薇为'压寨夫人'，谢寿康为'驻德公使'。后来谢回巴黎了，'驻德公使'就由朱一洲担任……"

泂美在《儒林新史》里也谈到"天狗会"："……志希（即五四运动的热烈分子罗家伦）说'古希腊有一群哲学家，他们也自称为狗，我们叫他们做"犬儒派"。他们对于人生采取一种怀疑和讽刺态度，和我们的态度也差不多。'老谢却辩说'这的确是一种巧合。不过我们虽然也讽刺，但是绝对不怀疑。我们相信世界上的确有绝对的真，绝对的善和绝对的美。我们更以为每个人都应当有一种绝对的成就，便是说，我们无论做什么事情都得一百二十分的彻底：研究一项学问，学习一种文学，恋爱一个女人，哪怕是犯一个罪，闯一个祸……'""天狗会"还有许多"切口"，如讨厌的人都称作"男子"；可爱的女人都称作"表妹"；

34

"坐海船"指吃醋等等。淘美也创造了几个。他写道："有一次好像悲鸿回国，碧薇留在巴黎。大家喝足了酒，送他上车。回到寓所便各自找方法来发泄。碧薇会唱京戏，还有一个忘掉是什么人会拉胡琴，于是'洪羊洞'、'三娘教子'叫到天亮。当时在中国，'武家坡'是最流行的曲调，他们离开中国最少的有五六年，只有我是才去的，于是我叫他们拉着西皮，逼尖了喉咙唱青衣花旦，唱到摇板，'老了，老了，真老了；十八年老了王宝钏'。老谢发现我完全是在那里欺外行，于是笑得前仰后合。从此以后凡是欺外行的举动便都叫作'王宝钏'了。"

这班朋友里淘美与谢、张及徐、蒋夫妇最为知己。他们义结金兰，以年龄为序：谢寿康为"大哥"；蒋碧薇为"二姐"；徐悲鸿自然为"二哥"了；张道藩为"三哥"；淘美年纪最幼，为"四弟"。他们几十年如此相称，不忘旧情，亲如手足。

这一次上巴黎，淘美是一个人过海峡的，却遇见两个在牛津读书的中国学生主动招呼淘美。原来是去年许地山在伦敦公使馆碰到过淘美，又看见了他为"互助工团"设计的信笺、信封和雕刻的图章，回牛津把淘美形容给他们听的。因为留学生会写蝇头小楷，比公使能写英文演讲稿更为难得。法文在牛津虽然是必修课，但这两个快毕业的学生却一句也不会讲，幸得淘美之助，安抵巴黎。

谢寿康听淘美讲了改行的经过，就带他去一个叫"黑猫洞"的场所。那里有一个个诗人在钢琴伴奏下咏唱自己写的诗歌。"黑猫洞"的服务人员没一个不是诗人，轮到了便上台唱诗；轮不到便做卖票员或茶房。他们有个风气：每一项表演终了时，总有一人跑来和观众开玩笑——毒骂。毒骂的辞句文雅里杂着粗俗，粗俗里杂着文雅。从那天起，老谢介绍给淘美的全是写诗的。淘美最不能忘怀的是葛莱夫妇。他们两个都是法国有名的诗

著名雕刻家江小鹣为邵洵美做的雕塑，陈列在 1929
年第一届全国美展

人。据说夫人更有名，但婚后她便不再写诗，理由是："结了婚丈夫再能写情诗是世界上最大的幸福；结了婚老婆再想写情诗是世界上最大的危险。"她于是便变成了个画家。他们一家全叫洵美"中国拜伦"，不是因为洵美也写诗，而是因为他也是长脸。那时梁宗岱也在巴黎，洵美听他朗读歌德的《浮士德》。

老谢的"夹袋"里还有画家和音乐家。洵美对于音乐，兴致比较少，而且这许多人大半是制谱的，所以很少接近。平常的诗人也不容易交朋友。天天在一起的，除了老谢，差不多全是画家。江新和洵美会过一面就回国了。回国后他便用江小鹣来署名，常玉和洵美住在同一客栈，有段时期一日三餐在一起，不多时他回老家四川了。也是通过老谢，洵美结识了刘海粟以及孙逸方、孙佩苍、郭有守等人，这班朋友都比洵美年长，但洵美才思敏捷，落落大方，故而他跻身其间也甚投契。

他喜欢上巴黎了，尤其喜欢春日的巴黎。回国后他为《真美善》月刊写过一篇《巴黎的春天》，内中描述他几乎每天下午和好友常玉一起去画苑作人体写生的练习以及他跑旧书铺的乐趣。洵美学画，虽然他没像常玉那样成为画家，可是学画的经历却为他后来对西洋画、国画的高超的鉴赏力打下了坚实的基础，也帮助他后来办出了《万象》那样一份出色的画报，在他的杂志上也不时会有他亲自勾画的插图和题花。巴黎使他陶醉，他甚至为之耽误了回剑桥上课。他宁愿日夜捧读心爱的书，读自己崇拜的乔治·马蔼。那时，在洵美心头，"乔治·马蔼和李太白分享荣耀"。

跑旧书铺也是他在巴黎的一乐。他觅到不少好书，甚至有一次买到一册波特莱尔的十二首诗的墨迹的刻版，他如获至宝。他酷爱读书，也酷爱买书、藏书，那或许是从他嗣父寿卿公邵颐那里承嗣来的癖好。嗣父传给洵美的遗产是两万卷诗书，说是当年花了五万多两银子从杭州、徽州等地收集来的，他死于湖北某县任上，这些书随灵柩运回上海。据说当时还买进不少宋版本，他故世后竟被人卖掉了，剩下的最旧的版本只有明刊。有几部手钞本曾经"阮氏"珍藏，很名贵。但这两万卷书却是洵美的一个累赘，家里没有足够大的书房来陈列，只好装在四十多只大木箱里。在剑桥，他就常常跑旧书铺，他觅到一套 *Yellow Book*，那是英国唯美派杂志，他爱不释手，高价买下。买书读书使他萌生了一个抱负：要效仿英国的北岩爵士（Lord Northcliffe）办出版事业，出版自己写的书，也出版好朋友写的书。

岂 是 官 材

一天，洵美系上领带端坐，让二哥练笔。悲鸿在见到洵美的第一天就说好要给他画像的。这张画像是正面的头像。洵美回剑桥后制成明信片寄赠佩玉。平日里洵美学英国的诗人，头发长长的，还蓄了稀疏的山羊胡子，或许为与比他年长的朋友合群。他怕佩玉吃惊，便在明信片后面写上："须发已薙去　故画中娟娟已非目前姣姣矣　哈哈　不其狰狞可怕与"，并以小楷写了"我底永久的爱　茶"，落款是："你底永久底爱　美"。那是 1925 年 7 月 27 日。

他与佩玉天涯海角只能靠鸿雁传情，洵美常常把自己的照片制成明信片寄回上海，让远方心爱的人略减对他的思念。照片有全身的，有半身的。他魂牵梦系佩玉，为她作了好些诗。一首是《恋歌》：

> 碧玉的天池，
> 白璧的云荷；

云荷只生在天池中，
天池中只生着云荷。

天池便是你，
云荷便是我；
我只生在你的心中，
你心中只生着个我。

淘美了解佩玉也跟他一样爱美，她心细，喜欢收藏美丽精巧的小东西，常常从画报上剪下美丽的图画、照片自个儿赏玩。有一次，佩玉收到淘美寄来的一包邮件，里面是一只很小的盒子。打开一看，只是一只核桃壳。这核桃壳被整齐地剖成了两半，由粉红色的细线连起来打了结合拢的。她瓣开核桃壳，落下一长串折叠相连的照片。那些照片只有指尖宽，拍的是印度尼西亚的风土人情。佩玉饶有兴味地一张张细看。看完一想，怎么没有淘美只言片语呢？她转头寻找，包裹核桃壳的是一块非常诱人的粉红色的缎子，正方形，只有巴掌大小，摊开一看，是淘美的手迹！右上角是他毛笔写的正楷，写得端正秀气，一丝不苟，上书："耶稣复活你我亦当重见光明　区区所以祝将来　姊慧心必可领会也　美　复活日。"佩玉读着从心里热到面孔，旁顾无人，她拿起红缎偷偷一吻。左下角淘美用更纤细的笔写成只有黄豆大小的字，也是笔画端正的小楷："此乃余命琢工特雕者　所以为我之代表耳"。佩玉会心一笑，不禁轻声问道："美，你何日归来？"

朋友们喜欢找淘美，他随和健谈，幽默睿智，跟他闲聊趣味无穷。他的豪爽大度急人所急也是同学里出了名的，乃至于当时中国留学生中谁有经济困难去找大使馆，中国大使馆也会介绍他们去找邵淘美帮忙。淘美总是有求必应，出手大方。当时徐悲鸿夫妇俩在法国共用一份留学经费，本就捉襟见肘，更何况官费时断时续，生活几乎没有保障，不时手头拮据，洵美知道后便慷慨解囊。他借出了钱，从来不想着要人还。他散金济贫从不骄人。好姆妈让账房每月汇给他的款子是足够他去应付那些额外开支的。洵美在《儒林新史》中是这样描述的：

> 这时候法国政府实施了一个新的经济政策，法郎大大地跌价：原先一个金镑换一百五十几个，现在可以换一百九十几个了。我在美国劳易治银行里的存款全是金镑，于是在巴黎大阔起来。可是老谢他们在巴黎的生活本来很俭朴，带我去的地方，不是展览会就是博物院，最多到有名的戏院里去看一两出戏，或是到有名的菜馆里去吃一两次饭：我有了钱竟然没有花费的机会。
>
> 万花楼斜对面有一个卖石膏像的铺子，一切有名的雕刻都有模型；你还可以指定了罗府博物院里某一个雕像，叫他们特地为你去仿造。我早就想买和原型同样大小的弥罗经纳像，现在钱太多了，于是便去定做了一个。当时又买了许多欧洲名作家的半身像。我预备把他们送给国内随便哪一个艺术学校，也是一件有趣的事情。这些石膏像，我都叫他们当心地装好了箱，由法国邮船方登勃罗带回国。哪里知道这条船在苏伊士运河口着了火，我的东西没有保险，从此便"石沉大海"。
>
> 那些名作家的半身像，曾使我有过一个得意的自慰，我所佩服的人总有一处地方和我相像：拜伦（Byron）有我同样的眼睛，但丁（Dante）有我同样的下颌，服尔代（Voltaire，今译"伏尔泰"）有我同样的鼻子，莎士比亚有我同样的胡须，藐赛（Musset，今译"缪塞"）有我同样的

脸盘。我想，假使我的才能也和我的面貌一般，那么，几十百年后人家买起这种半身像时，一定会要多买一个了。

我当时买了那许多石膏像，钱还是多得好像用不完，于是天天担心着市情。因为我家里知道我在巴黎，寄钱来便寄法郎；可是法郎这般地跌价，万一也和马克一般，那么，今天一百个金镑代价的法郎，明天也许会只值一个仙令。我这般地担心着；老谢也这般地为我担心着；每个好朋友都为我担心着；到后来，就连不大相熟的人，见到我，也会问起我那些法郎的消息。有一个大清早，有人打房门把我叫醒，进来了一个完全陌生的青年。他先对我说他怎般地仰慕我；又说他怎般地刻苦求学；最后竟说他是由公使馆介绍来向我借钱的，这种借钱的论调实在太奇怪了；可是我一方面却被这种不可能的谎言所迷醉，终于送了他二百法郎，又称赞了一番他说话的艺术。

送掉了这二百法郎，自己当然把它当故事来讲；不到三天，住在拉丁区的留学生几乎全知道了：我自己便为自己取了个诨号叫做"二百法郎富翁"。

原来我们住在慕尔先生家里，每星期的房饭钱是五镑五仙令，到巴黎里来了便不必再付。五镑五仙令可以换一千多法郎，我于是一个月有四千多法郎可以挥霍。可是我去欧洲的时候，曾经答应佩玉不抽烟；我又不喜欢跳舞或是玩女人，又难得喝酒：巴黎花钱的机会便没有我的份。同时，拉丁区的艺术空气最浓厚，衣服穿得讲究了自己会不好意思；有次我用了条新领带，走在路上连头都不大敢抬：我的钱便越加用不掉了。

用钱的机会终于来了，是圣诞节的前夜，有一个朋友心事重，喝醉了酒，我便把我的床让给他。自己的念头也多，无论如何睡不着，于是独自绕着名宦祠走到天亮。圣诞节又闹了一天，人便感到有些疲倦。第二天醒来时头重爬不起床，老谢按了我的脉搏说有寒热；请医生一看，于是正式生病了。这一病，病了十多天；热度最高的时候有一百〇五度半。

一个人在外国生病，最容易想到家。朋友待你越好，你越是会感觉到和你最亲近的人不应当疏远。为什么要跑到几千万里外来读书呢？一张文凭是不是值得这几年的离别呢？生了一次病会不会再生一次病呢？我在此处生病不对家里讲，家里人生病会不会也不对我讲呢？这种念头，我一天到晚不知道要重复地想过多少遍。我想一遍，自己总会埋怨自己一遍；埋怨到后来，恨不得马上就回家。

生了这般重的病，钱当然用掉了不少；法郎跌价的恐慌早已让别的恐慌替代了去。这时候，我记得，除了医药费以外，还用过一笔不小的款子。热度最高的那天，口也渴得最厉害；要吃中国的水蜜桃和西瓜完全没有办法，老谢便想到一家最讲究的水果铺，拿了五百法郎买了一木箱的生梨和水荔。这家水果铺看见一个破衣褴衫的中国人买这许多讲究的水果，竟问老谢是不是公使馆的厨子。这段小故事后来也变成了拉丁区的新闻。

这个新闻一传出去，我的名声越加大了，有位朋友说笑话的时候，竟然叫我"活银行"；其实这活银行在当时已经快要破产了。

洵美想出《儒林新史》这个题目颇为得意。他把这帮海外学子称作"儒"。这篇旅欧的回忆录是 1937 年连载在姚苏凤的《辛报》上的。

谁料天有不测风云。1926 年春末，洵美忽然接到好姆妈的快信。原来是家里一处房产——牯岭路毓林里的房子突然起火，三十多宅屋烧掉了一大半。这房产是祖父顾念长媳年轻守寡而特意惠赠的，让她每月能收取一点房租贴补零用。那个年代，天灾人祸是没有保险的。史夫人遭此意外失去了主张，于是来跟儿子商量，要他回家处理。这个坏消息对于洵美是个莫大的打击。他必须中途退学，这使他好生难过。但他读到后面老祖母的附笔后，紧蹙的眉头就展了开来。柴老夫人急盼"四世同堂"，催洵美早日回家完婚。

洵美何尝不想回家？两年多未归故土，他想家，想亲人，更思念深恋的未婚妻——佩玉。他马上整理了行李回剑桥，又和道藩约定五天后再来巴黎，接了他一同回国。到剑桥他把决定告诉了慕尔先生，先生仍是瘪了嘴微笑，意思是："还是这样好。"校长给洵美一个特许：六个月内回来，一切成绩完全继续有效。办好请假休学手续，在等待航期的一个黄昏，他写了一首诗，题目就叫《情诗》：

> 两瓣树叶般的青山，
> 夹着半颗樱桃般的红阳；
> 我将魂灵交给快乐，
> 火样吻这水般活泼的光。
>
> 啊淡绿的天色将夜，
> 明月复来晒情人的眼泪；
> 玉姊吓（呀）我将归来了，
> 归来将你的美交还给你。

一向无忧无虑喜喜乐乐的洵美，临别剑桥时哭了，他不禁留恋起英国来，留恋他借住的小阁楼，平日觉得它又暗，又低，睡在里面好闷气，这时他却舍不得离开，在那里他曾夜以继日地读书，苦思冥想地作诗写文；连那个小气尖刻的牧师太太的红鼻子，这时他也感到无比亲切；平日她做的饭菜难以下咽，今天吃最后一顿晚餐却觉得滋味极好，自己也奇怪怎么会一直没有发现其英国特色！伦敦、巴黎、弗劳伦萨、柏林、西西里……他都舍不下。啊，别了，希腊！别了，翡冷翠的旧书铺！再见吧，剑桥！再见吧，我的青年时代！天上云里翱翔的龙降落到地面了！他得回去，回国去负起他的重任，去代父亲还赌债（父亲已经把他自己那份财产赌光了）；去照应老祖母和母亲；去照管弟弟妹妹，他一向是弟妹们的靠山和救星；他得回去娶妻成家。洵美蓄起了胡须，宣告自己已是成人了。

三哥道藩与他同船返航，还有另外一个同学要同行，洵美退掉了头等舱船票，改换成三张三等舱的票。1926 年 5 月 1 日启程。在船上整整一个月。白天，他拉着三哥高谈阔论，谈得最多的是他最最崇拜的古希腊女诗人莎弗。夜里，他独自靠在船舷，凝视月光下的大海，思绪跟着海浪起伏。

毓林里被焚毁，好姆妈少了笔可观的定期收入。虽然这只是家产中的一小部分，但这个意外灾祸给了洵美一个默示，他惊醒了，觉悟了，"我不能像其他富家子弟，只知将莫名其妙由祖宗传下来的钱一个个用光，而不想去运用天赐给自己因以求生的手和脚"。他决心回国后不能无所作为，要自己去创出一番事业来，决不依赖祖上余荫度日。

他最怕看见接风的那种哭不是笑不是的表情，所以事先没通知家里何时到达，独自乘公共汽车回家。带回的许多书箱可以叫人领回。

"大少爷回来了！""大少爷回来了！"洵美一进大门，从大门到花园，进屋一直到楼梯口，一个个佣人满脸堆笑迎他归来。佣人们大声招呼大少爷，同时也是喊给后面候着的另一个佣人听，一路向后传递这个喜讯，向二楼上老太太、大太太（史夫人）和老爷、太太禀报，就像现今拍摄的清宫戏里，一个个太监高声传圣旨一样。洵美也满脸堆笑，三步两脚上楼，先到老祖母和好姆妈面前请安，再赶到自己生父生母房里。弟弟妹妹缠住他，要他讲讲外国的新鲜事，他牛头不对马嘴地敷衍他们，心不在焉地吃完那顿接风盛宴。好不容易挨到能脱身，他整整衣衫，带上礼物，也带了跳到喉咙口的心，拐进盛府去拜见外祖母。七舅八姨围着他，七嘴八舌地向他探问外国的精彩故事。看他答非所问，四舅母知趣，她假装要小黑跟她到房里去看一本外国书，让他溜出后门，到辛家花园大房里去。大舅母见到未来的姑爷，笑得合不拢嘴。小黑长高了，也更加漂亮了，相貌堂堂，衣冠楚楚，潇洒中多了一层含蓄。她明白姑爷来意，爽快地与他商量吉日良辰来迎亲，然后放他去二楼会未婚妻。

洵美到家不多时便接到道藩自旅馆打来的电话，说他正在写一篇文章，叫作《绘画与看画的人》给朱应鹏编辑的《申报》"艺术界"。他又说刘海粟请他后天在"一品香"吃饭，要洵美同去。他又说他译的那部关于艺术的论文已由什么人去和"商务"接洽出版。一共不到三个钟头，他却已办了这么多事情，洵美心想："道藩做画家是不适宜的，假使他把这种迅捷的手段和毅力用在政治上才会有发展他天才的机会。"

"一品香"海粟的宴席上一共来了二十多人，江小鹣和徐志摩都到的，志摩还没有走到洵美面前就喊道："咦！弟弟，你怎么也回来了？你为什么不早几天到中国？你为什么不上北边来吃我的喜酒？我和小曼结婚了！"他约定隔几天要洵美带佩玉一道去看小曼。

在这个人数众多的宴席上，各人想出各种无关紧要的话来陪衬饭菜；有一句动听的，就近几个人都伸长了脖子点几点头。洵美在这种场合里竟会感到人生的空虚："点几点头或是摇几摇头，一世便完了！"但是跟道藩介绍给洵美的滕固的谈话却是实在的。原来他所知道的关于英国文学的要比洵美丰富得多，他讲得又有次序，又有见解，他有着极好的文学史家的修养。他又正谈着洵美这时最狂热着的"先拉斐尔派"。他更能详细地分析罗捷梯的诗和画的关系。洵美也只得伸长脖子点头了。

洵美第一次在中国参加这种二三十个文人在一起的宴席，他感到："世界是空虚的，可是填满这空虚的却是我们人类；你不只是把你的身体填了进去便算完事，你还得把你的身体成为一种活力；你须得要有动作，要有声音，你得要会占据空间，使每个人，每样东西都能感觉到你的存在。"

也是这次宴席上，志摩把他的好友吴经熊（吴德生）介绍给洵美，大家叫他"阿德哥"。滕固说，阿德哥是个极有趣味的人，他是一位文学的法学家。他在法学上有很多新议论，他藏有几千本外国书，几千部中国书。他能随时引用古诗证明他法学上的见解。他是宁波人，同时他也和一切宁波人一样，"江山易改，口音难移"。

吃完饭，洵美和滕固却依依不舍。这几分钟的谈话，已经决定了他们终生的友谊了。

在筹办婚事期间，洵美去拜访了郑振铎，他是与洵美同船回来的画家小高的姐夫，一位文学史家。交谈不多洵美就觉得两人的趣味是两样的：洵美喜欢创作而郑喜欢编辑。洵美相信这种不同是永久存在于一个诗人和一个文学史家中间的。一个有的是热忱，一个全靠冷静。一个相信没有了诗人，文学史便没有材料；一个相信没有了文学史家，诗人的名誉和地位便无所依藉。郑振铎当时给洵美的印象，像是一个收藏小古董，靠小古董吃饭的，而自己那时还是他看不上眼的一件小古董。这个印象到后来仍旧没有模糊。洵美觉得他的文学史纲，他的中国文学史，他的一切研究著作，便是他所收藏的小古董的几部目录。可是他始终是洵美所佩服的一个有毅力有耐性的学者。那天振铎给洵美看了许多古色古香的线装书，那是些海内珍本。当时洵美并不了解它们的珍贵，可是那些精刻的插图却使洵美意识到中国有无穷的小古董是要靠像振铎一般的人去收藏去整理。

回家的喜悦夹杂着烦恼纠结在洵美心里，这个家并非是洵美憧憬的地方。婚前老祖母发话："你成家了，这个家从此就由你当家。"洵美听了心事重重，半夜里他起身写下《爱的叮嘱》，诗里对佩玉倾吐心中的忧愁：

> 你是知道了的，我怎愿
> 我底玉石之书去走进那金银之宝库！
> 进去了时你是知道的，
> 我底有归宿的心又入了无目的的路。

（刚跨进文学之门，在诗的殿堂里悠然自得的他，却蓦然被切断了进阶之径；他不爱金钱，却要他这脱俗之躯陷入他所厌恶的富家子弟那种无所作为的生活）。

> 为什么呢，好端端的鱼
> 要独自在泛滥汹涌的浪滔中去游泳？
> 为什么呢？小小的羊儿
> 要独自在狮洞虎穴狼窝狐窟前游行？

（生性和善与人无争的他被迫回家与尘世间的利权交锋；他

厌恶封建家庭里那些虚伪的礼节和糜烂的生活，他厌恶表面光彩
背底里丑恶的人际交往）。

> 啊使若你心爱的人儿
> 徘徊在比牢狱更可怕的陷阱之周围，
> 你要是是有魂灵的人，
> 可仍像袒腹的荷叶临着秋风般安泰？
>
> 啊已将疲惫而厌烦了。
> 从生之户带着快乐忧愁到死之门前。
> 啊劈开的门户太多了，
> 请勿再问来去的道路而对仇雠乞怜。

（他应付不了那些勾心斗角争权夺利，他预感到这些烦恼的
事，他无法安泰）。

邵盛两府喜气洋洋。男家要筹划喜筵，布置新房；女家要缝
制嫁衣，准备嫁妆。娘家给佩玉的妆奁为一万两银子，生母殷氏
给宝贝女儿许多首饰，其中有一只镶了玉的金如意，还有一串金
刚钻项链，外加一处房产和一笔现金让佩玉做嫁衣。佩玉选购各
色衣料，各种图案的花边，与手工精良的裁缝商量，按她的设计
缝制嫁衣。她早就暗中挑选好各种花样，命绣工精绣，有四季花
卉，包括她心爱的茶花，有鸟雀凤凰等等，有用五彩丝线绣的，
也有用金丝银线绣的。佩玉虽然不曾学过美术，但她选择的色彩
悦目，图样雅致，洵美看了也称赞，说她很有艺术细胞。大户人
家的嫁衣要装满十六只描金箱子，从绫罗绸缎到绒棉皮裘，春夏
秋冬，一应俱全。绣被家什满载满挑，虽然邵公馆是洋房，有现

代化卫生设备，但娘娘仍旧按照老规矩要备上红漆的大小木盆、马桶、子孙桶等等。新房家具陈设也都要女家陪来的，这倒听了留洋回来的新郎的意见，洵美陪佩玉去外国人开的家具店挑选了一套质地好、颜色雅、工艺佳、百看不厌的卧室家具。按照传统规矩，陪嫁的餐具要用红头绳一件件拴牢在圆台面上，由女家扛到男家去。餐具是金的叫作"金台面"，银的叫"银台面"。佩玉的嫁妆里是"金台面"。但这副金台面是借来的。当时正值盛府分家不久（盛宣怀去世后曾经分过家，那时女儿都没份，每人只有六万两银子陪嫁。九年后庄太夫人去世，也正是佩玉出嫁前，儿女们要分家，过去儿子们分到的家产差不多已经挥霍殆尽，就想到要分"义庄"，因为盛宣怀用一半家产办义庄的。这时"女权"已抬头，有女律师了。几位姑奶奶请了女律师，要求男女平权，女儿和儿子一样平分遗产。结果以和解了事。每个姑奶奶分到二十五万元现金。有的姑奶奶已去世，小辈也分到。洵美嗣与史氏，与他无关）。佩玉的大哥毓常是大房长子，也就是"长子长孙"，遗产分得的和他四叔一样，有几百万银洋之巨。但是他很吝啬，姊妹们出嫁，他只给每人一万两银子作陪嫁。买副金台面不过几百两银子，哥哥不肯拿出钱去买。父亲故世早，这一房家底已不丰厚，宗夫人为了撑面子，去向"老三房"借。"老三房"是指佩玉的三叔盛同颐，同颐无后，四叔恩颐遵父命将自己的长子毓邮过继给他。三房里把为毓邮将来成亲准备的金器全部借了出来，放在佩玉新房里陈列，包括金花瓶一对，金烛台一对，金痰盂一对和金台面一副。新婚过了"三朝"，悉数归还。

婚前一天，盛公馆送嫁妆来了，吹吹打打的乐队走在前面，系上红绸的几十副挑子担着嫁妆送过来，可是男家和女家住得太近，于是送嫁妆的队伍特地绕过几条马路，再转回到斜桥邵公馆来。

1927年1月15日（农历腊月十二）表姊弟喜结连理。婚礼在大光明电影院后面的卡尔登饭店举行，婚礼仪式是西式的，在婚礼进行曲伴奏下，西装革履的新郎邵洵美和花容月貌的新娘盛佩玉缓步进入礼堂。那套新娘婚纱是洵美亲自设计了定做的：粉红色的纱裙和拖到地的头盖，满缀珍珠。一位小傧相在前面撒花瓣，四位女傧相跟在新娘身后。这四位美丽的女郎是佩玉的妹妹的中学同学。男方主婚人是洵美的生父邵恒；女方主婚人则是佩玉的四叔盛恩颐。证婚人请的是震旦学院（即震旦大学）的创始人——当时已八十八岁的马相伯。那天，亲朋好友济济一堂。郁达夫在当天的日记里写道："……午后二点，到卡尔登参与盛家孙女嫁人典礼，遇见友人不少。四时顷礼毕……新郎是邵洵美，英国留学生，女名盛佩玉。……"从礼堂回家，这一对新人要再做一番仪式。那是顺从老祖母的意思，按过去的老规矩。虽然那年头已经讲现代文明了，但洵美不愿违拗老太太。所以两人一进家门，马上到新房里去换装。洵美改穿长袍马褂；佩玉则凤冠霞帔。两人装扮好，就到满布喜幛的大厅里去，在龙凤花烛下叩见长辈，向亲眷一一"见礼"。其实佩玉不是外头人，与洵美是中表姻亲，邵家亲眷都认识，只是对亲眷们的称呼要改口：佩玉要跟着洵美喊，自己的姑妈要喊作姨妈，自己的叔叔要喊作舅舅。一不小心出了错，引得哄堂大笑，羞得佩玉不敢抬头。满厅的亲眷故旧，新人跪下行礼无数次。最苦的是佩玉，沉重的珠宝冠压得头胀颈酸，要不是有喜娘搀扶，她跪下去根本就站不起来。洵美众多弟妹，做大嫂的都要送见面礼；邵府众多下人，大少奶都要发喜钿；邵家亲眷，新娘子一一赠送礼品。佩玉出手大方，人人喜气洋洋。《上海画报》在当年1月21日的封面上刊登了"留英文学家邵洵美君与盛四公子侄女佩玉女士新婚俪影"，并登出一段报道，题为《美玉婚渊记》："邵君洵美，长于文学，著作颇富，所作小诗尤隽永绝伦，常散见各刊物，读之靡不令人赞叹。

前曾在英国剑桥大学研究文学多年，故中西文字俱有根底。日前（即阳历元宵）与盛泽丞之女公子佩玉女士（笔者注：报道错误，盛泽丞是佩玉的四叔）行婚礼于卡尔登饭店，一时往贺者冠盖如云，其中尤以文艺家居多数。婚后三朝，由新郎之友江小鹣、徐志摩、陆小曼、丁悚、滕固、刘海粟、钱瘦铁、常玉、王济远等发起公份，在静安寺邵宅欢宴，堂会有江小鹣之《戏凤》，绿牡丹、粉牡丹等之《送酒》、《打花鼓》、《朱砂痣》、《吊金龟》等戏。"

大少爷成了亲，仍旧住在老宅，吃在大锅，日常开支庞大。洵美除了卿卿我我伴新娘，大多数时间钻在自己书房里。他书房的一壁为书架填满，空的墙上挂上了三哥张道藩画的那张得意杰作——《海》，好友常玉的《Nu》（线条画的裸女背影）和他的两个偶像——诗人莎荛和史文朋的照片。他沐浴于爱情中，诗意盎然，写出一首首新作。这时候他作诗有了新的动力：他与徐志摩成了莫逆之交。徐志摩那时已经历了那段脍炙人口的浪漫史，和才情横溢的陆小曼结合了。但他前妻张幼仪的兄弟们仍旧是他的好朋友。张家与洵美是近邻，张家兄弟和洵美是从小的朋友。老八张嘉铸（张禹九）和徐志摩常来访洵美。洵美与志摩见面总有说不完的话。在诗的领域里，徐志摩是前辈。志摩的意见，洵美视为珍馐。志摩对洵美在诗的写作上有很多指点；在学问的长进上有很多帮助。老同学庄永龄也常带好友秦鹤皋来聊天，他们是自小一起捉蟋蟀的朋友。洵美又交了好些新朋友，他听说北四川路那家"新雅"茶室里时常有文人墨客在那里饮茶清谈，于是他也去凑热闹。其中有他的老朋友，老朋友介绍新朋友，他便认识了一大批人，有芳信、张若谷、朱维基、林微音、傅彦长、李青崖、赵景深、方光焘、叶秋原等等。"新雅"也就像福州路的旧书店一样，成为洵美另一个去了就乐而忘返的地方。这自然是他婚前那一段空闲中的事。新婚燕尔，他几乎足足一个月孵在爱巢里足不出户。满月那天，他邀友人来聚。来者多为画家，有刘海粟、汪亚尘、江小鹣、王济远、常玉、丁悚和张光宇、张振宇、曹涵美兄弟（涵美从舅家姓），还有诗人徐志摩和"狮吼"杂志社的章克标等人。他们在新房里一个个诗意画兴按捺不住，画家们联手绘了一幅山水，由志摩题字，以画志喜。淘美心花怒放，佩玉也被他们逗得乐不可支（可惜这幅淘美夫妇珍爱的画被人偷走。听说 2002 年冬广州文物商店拍卖此物，以人民币 1.8 万元被人买走）。不久，旅欧的那班朋友陆续返回上海，好客的淘美忙得不亦乐乎。

正在淘美春风得意，朝文学道路迈步之际，忽一日，刘纪文来访。那是 1927 年 4 月，首都南京成立特别市。刘纪文刚刚被任命为南京市市长，特地来邀淘美去当他的秘书。无意从政的淘美居然被好友说服，去南京赴任。当时，南京市政府只有杨宗炯和邵淘美两名秘书。刘市长办公务时常先跟淘美商量。8 月间，突然战争阴霾笼罩南京。国民党宁汉分裂，政局似有变动的可能。市府机关职员一个个开溜。蒋总司令下令：任何官员不准擅离南京，违者就地枪决。淘美认真地在车站把关。刘市长交给淘美一项紧急任务，命他携款四万到上海添置军火。淘美马上回上海，去找门路接洽购买武器弹药。万万没想到，第二天一早刘纪文来他家。原来一俟淘美动身，刘纪文也乘第二班火车到上海来了。气得淘美一反平日温文尔雅之态，破口大骂，把装着四万元的箱子掷还给刘纪文，说他不干了，发誓不再做官。多年好友，从此天各一方。

小 试 牛 刀

算起来，淘美做官不到四个月。至于做官要有官材这一点，他直到二十年后才弄明白。在《论语》半月刊的163期，他发表了一篇文章《论官材》。但他有自知之明，早选定了走文学之路。那是在他从欧洲回来，途经新加坡，登陆观光，在报摊上发现了一份吸引他的杂志——《狮吼》的时候。那是一本同人杂志，以滕固为中心，编辑章克标，还有方光焘、张水淇、黄中那班人，都是沉浸在当时文学艺术最风行的唯美派的文章里，甚至有西欧的波特莱尔、魏尔仑、王尔德（Oscar Wilde）所鼓动激励的东西，深合洵美的胃口。所以，他一到上海就去找"狮吼社"，和滕固倾谈之下一拍即合，他俩后来成为深交。在1926年光华书局出版的"狮吼"社同人丛书《屠苏》中洵美发表了三首诗：To Swinburne、《恐怖》和《莎弗》，还有一首译自史文朋的诗《匹偶》。当时柴树铎评洵美的诗："……有声，有色，有情，有力，自从有了新诗，这样的诗我还是第一次读到呢。"他在同"狮吼"同人的交往中对写作的兴趣愈来愈浓，对自己写作的信心愈来愈强，心底里那个自己也来办杂志的念头又蹿了上来。他第一次萌生这个念头还是在赴英之前。上海《申报》1924年4月24日有则报道"吴济柔和邵洵美合作创办的济美社出版了《济美社刊》第1期"（笔者注：这刊物如今无法觅得）。1927年5月1日滕固他们出版的《狮吼月刊》第1期洵美参与其事。那是同人杂志。他以编者名义发表《再生的话及其他》。其中还有他创作的和翻译的诗与散文。南京之行中断了计划。如今他离开了官场一身轻，资金不成问题，便接手来办《狮吼》，由滕固、章克标协助，洵美小试牛刀。次年3月《狮吼月刊》第2期问世，其中有他创作的诗《Z的笑》、《新嫁娘》，还有译诗和文章。作为编者，他的《老着面皮说话》是终刊声明，也是出版预告。预告即将出版《金屋半月刊》，然而取而代之的却是《狮吼复活号》半月刊。1928年7月1日出版了第1期。这是他亲手编的第一份杂志。有自己的杂志啦！他恨不得把自己逐年在笔记本里写下的诗歌、文章，肚子里逐年打下的腹稿，脑子里逐年积攒的想法，一股脑儿统统挖出来，印成文字。可是，限于成本、篇幅，以及《狮吼》必须有的水平，洵美用审视他人来稿的编辑的眼光来审视自己的作品。筛选下来，没有任何一首旧诗他认为可以挑出入选。只是在一张金陵美女"莫愁"的画像下他印了一首不署名的配画诗。"呈祖母之灵"的《诗三首》是以笔名"荆蕴"发表的。

他发表了三首新作。《神光》——是他从不认为它好到值得收入自己的诗集的一首，后来却被诗人陈梦家收入《新月诗选》，被蓝棣之收入《新月派诗选》那两本书里，当作邵洵美诗的代表作之一；《风吹来的声音》是他自认为较好的，后收入诗集《诗二十五首》；还有一首他自认为不起眼的诗——《诗人做不成了》，却引起了《真美善》月刊的编辑张若谷的注意。若谷说："看了题目以为是一篇含有感喟之情的散文，哪里会知道是一首诗。诗在我是没缘的，不敢发表陋见。但是既然你在深叹诗人将做不成，而你的叹息，居然还仍旧是诗，真是难得！"他曾猜想那首诗是洵美一本已登出广告的新作《永久继续下去》的结束文。可是这本书跟另一本也刊出广告的小说《妹妹》一样，似乎没有出版。《妹妹》这本小说原已脱稿，但洵美不满意自己写的笔法，要整个儿推倒重写，后来就没有了下文。那首《诗人做不成了》到底是不是那本书的结束文，就不得而知了。从编者将若谷的信刊在"狮吼信箱"里公诸读者这一点来看，大概他是默认了吧？那一个时期洵美的创作欲望很强。有两篇受到赞誉的短篇小说在这本杂志上出现——《搬家》和《缘分》。《缘分》是他以笔名"浩文"刊出的。张若谷评介说，它是"最投合我私人趣味的一篇佳作。当然，我的私人趣味，绝不足以为文学的纪律或好作品的标准的。但是我——至少在我一个近来不大喜欢看流行即兴派小说的读者——觉得对于这一位陌生的浩文先生，只是读了《缘分》就不禁起了一种似乎感动又似乎敬慕的心情"。淘美曾打算把《缘分》印作单行本，后来不了了之，大概因为印出来太薄了。而另一篇诗的笔法、小说结构的散文——短篇小说《搬家》，则受到郁达夫和叶秋原的好评。

淘美是在"狮吼社"认识郁达夫的，他是章克标的朋友，也是志摩杭州的中学同学。郁达夫在写给淘美的信里说："《搬家》大有乔治·马蔼的风味，是近来少见的飘逸的文章。这一类东西，希望多多出现，可以转换空气。"叶秋原在病中读了《搬家》，写信说："不是我恭维你，你的《搬家》的确为我国小说界上开一新纪元——至少发现了一条新光……说起来，淘美，我倒欢喜你多做小说少做诗。我以为你的小说更能尽量表出你的天才；你的小说，实在足以见露了你，认识了你。"叶秋原的鼓励使淘美后来写了好几篇小说。

在《狮吼》里他热心地向读者介绍外国文学家。他翻译了高思（Sir Edmund Gosse）的一首诗以介绍这位兼有小说家、批评家和传记家身份的英国桂冠诗人。这篇文章以"朋史"为笔名，隐喻他与作者一样，也是史文朋的好友。与高思合编《史文朋全集》的崴逊先生（T. J. Wisem）写给淘美一封信（他是珍藏史文朋和罗捷梯等作家原稿墨迹和有作者签名的初版本的人），信中说："假使史文朋仍活着，他知道中国有你这样一个好友，他一定要快乐得不得了。"淘美还非常用功地躲在"碑砚斋"，彻夜不眠，写出两篇有分量的文章评介罗捷梯（D. G. Rossetti）和马蔼。罗捷梯是一位成功的诗人，也是一位成功的画家，淘美对他佩服得五体投地。这位作家的父亲是意大利人；母亲是一半意大利血统，一半英国血统。淘美在文章末尾写道："意大利以为（他）是他们的骄傲，英吉利也以为是他们无上的荣幸。啊，你这世界文坛的骄子，请受我的顶礼。"另一篇，洵美以"纯粹的诗"为题介绍乔治·马蔼（注：乔治·摩尔 George Moore）。马蔼是以散文见著于世的，但他年轻时出过诗集，对诗，他有独特的见解。他为雪莱倾倒，也以为史文朋是"每一阵风都吹出音乐来的芦管"。他认为"诗之所以异于音乐又同于音乐的，是因为我们可以不听得声音而与听得声音一般。音乐是情感的事实，诗是事实的情感。纯粹的诗便是事实的情感"。马蔼说："诗的取材须要是永久的。"洵美与这位他心仪的作家有通信交往，向他讨教罗捷梯的诗。马蔼很器重这位年轻的中国同好。当时他已七十四岁高龄，重病初愈便把自己新出版的一本《一个少年的自白》（*Confessions of A Young Man*）的增订本寄给洵美。洵美非常推崇马蔼，马蔼在洵美的文学路程中有一定的影响。（笔者注：1936 年他在《六艺》月刊第 1 期《我的生活与恋爱》提到乔治·摩尔的赠书写道："我今天的所以能够享受文学的宝藏，完全是他的赐予。"）徐志摩那时在德国，写信给洵美说："我已见到乔治·马蔼，他叫我代他问候你。此老真可爱，我但愿能将他的有趣的谈话写出来。"后来洵美为了答谢马蔼，把马蔼著的《我的死了的生活的回忆》（*Memoirs of My Dead Life*）里的一章，题目为 *Euphorion in Texas* 译成中文，印成单行本出版，仍用马蔼的书名，回赠马蔼。在这两篇评介英国作家的文章里，洵美特地对引证的文字有的不举原文（因为意义易达，不必举原文）；有的不注中文解释（是因为已有旁的句子说明了）；有的原文译文并列（是因为原文美丽的文笔也值得我们欣赏，或是觉得举了原文更能使读者明了些）。一切人名他都不译音，他译的马蔼的《信》里面有许多法文辞句都录存原文而没有译成中文，大概也是出于上述考虑。但张若谷给他提意见，觉得这样处理可能会使读者以为洵美不识法文，他怕读者不能理解洵美不轻易翻译的那些他自己认为文笔太美的句子，不敢轻率亵渎的苦心。后来洵美也觉得这种做法并不高明，把读者群视作全都与自己有同样的外文水平，的确不妥当。

洵美也不失时机地利用《狮吼》这块园地向读者介绍他的文学家、艺术家朋友。他把徐悲鸿为他画的肖像收入其中，还介绍徐志摩与陆小曼夫妇合著的剧作《卞昆岗》，东亚病夫曾孟朴出版的一百八十万字巨作《鲁男子》，等等。他也为中国"卖笔头"者的不值钱呼吁。他希望中国文坛"真伟大的著作家"在最近的将来也能得到与外国大作家相同的荣誉。

为了办好这份杂志，他刻意译了英国西蒙氏（Arthur Symons）办的 Savoy 杂志里的一篇"编辑者言"。他要学习该杂志"以字型来贡献文艺，以插画来贡献美术"。"我们所需求于我们撰稿者的是好作品，而我们所贡献给读者的也只是好作品……若非真的诗我们决不刊登；若非为在人生中所选择出的小说我们决不刊登；若非真有见地与学问以及忠实的判断力的批评我们决不刊登……"这是他用"浩文"为笔名发表的第一篇文章。后来他常用此笔名发表纯文艺的和非政论性的文章。Savoy 杂志编辑的高水平洵美不敢攀比，只能引以为鞭策。在第 1 期洵美发表过一篇文章，回敬别人对他发表在《一般》杂志的一篇长诗——《花一般的罪恶》的批评。他认为"文艺作品绝不都是作者的供状。作者不过是以他自己的透视力去洞察个中人的心灵而发出的一种同情的呼声"。他说，"这里所谓的同情，那是对于一个对象了解后发生的美感。我们可以同情于一个强盗或一个淫妇，但绝不能便说我们是拥护强盗或者淫妇的行为；我们也绝不是因了同情于一个强盗或淫妇而自己便变成了强盗与淫妇……"文章明显地流露出洵美的口才与他那时的血气方刚，年少气盛。

在《狮吼复活号》第 4 期刊出了线条画家卢世侯的一幅画，题为《歌》，此画配的诗摘录自邵洵美的《花一般的罪恶》：

> 多少朵花儿谢了，
> 多少张叶儿落了，
> 多少株树儿枯了，
> 啊我们的上帝。

> 四月带来了五月，
> 十月赶走了九月，
> 青色变成了白雪，
> 啊我们的上帝。

> 忧愁与快乐和了，
> 魔鬼将天神骗了，
> 不死的爱情病了，
> 啊我们的上帝。

洵美把他旅欧期间和刚回上海时写的诗集成一册，题为《天堂与五月》，在上海光华书局出版，其中有好几首充满对佩玉的深情，并且在诗集的扉页上印了"给佩玉"三个字。那本诗集的出版从开始接洽到问世，颇费周折，正像与它同时出生的他的第一个孩子经过十月怀胎那般艰难。儿子出生是 1927 年农历八月十八。按家谱，这一辈取单名，要带三点水偏旁的字。八月十八正是潮汛之日，曾祖母柴太夫人就为她的重孙取名为"潮"。那时她老人家已中风在床，重孙生下的第四天，洵美抱着去给老太太看。柴太夫人总算达到了"四世同堂"的心愿，第二天就安心地瞑目了。

想到出版第一本诗集的烦恼，洵美决心自己开书店。那是在他弃官回来后的 10 月份。起初商定跟张景秋（张嘉铸的七哥）合办，实际是他独资。他在自己家的对面马路——静安寺路斜桥路口开设了一爿书店，为它起了个雅致的名字——"金屋"。经理是毛曾年（一位亲戚，又名毛冬生），金屋书店门面小小的，布置却很精致。金屋书店出版的书也十分注意其封面设计和装帧，故而有人评说："金屋书店出的书籍，是当时最精致，最讲究，价钱也是最昂贵的。"新书预告有：滕固的理论专著《唯美派的文学》、小说《平凡的死》、陈白尘的小说《漩涡》、黄中的小说《妩媚的眼睛》和章克标的小说《银蛇》，还有张若谷的《文学生活》、傅彦长的《十六年的杂碎》、倪贻德的《近代艺术》等，译本有杜衡的《道连格雷画像》、朱维基的《奥赛罗》、徐培红的《一个理想丈夫》等。有朋友送来沈端先的一叠译稿，是日本厨川白村著的《北美印象记》，请洵美帮个忙为他出版，说是"你的同乡，刚从日本留学回来，生活无着，你是否可以为他出版一本书接济他一下"。洵美连稿子也没有看，二话不说，马上拿出五百元给他。那时沈端先在文坛还是个新人，后来他改名为夏衍。金屋还出过"狮吼丛书"，滕固著的《唯美派的文学》就是其中之一。洵美自己的作品在金屋书店出版的有三本：一本是论文集《火与肉》，是他研究万蕾（Paul Verlaine）、史文朋、莎茀、高蒂蔼（Théophile Gautier）和迦多罗斯（Catullus）五人作品的论文。在"自记"里他写道："这六篇短短的论文是我对于五位天才的一点敬意的表示……"（笔者注：这是一本毛边本，封面简单的三个字，贴一块金纸，上面的线条画，寥寥数笔，画的是作者手持笔杆，侧头思索，书摊在面前，背后一座人像，头上绕着花环，似是外国诗人。侧面墙上挂着一幅海景画。平装本这张画是印在封面上的)。另一本是译诗集《一朵朵玫瑰》。他译了九位海外诗人的诗,附有这些诗人的小传,诗共二十五首,并加以注释。那是他为写论文而做的功课。他那时着实下了一番苦功。他把每一首诗赞为一朵玫瑰,可见他当时读那些诗的心态。在"自记"里他说:"有些是我译了给我的小弟弟读着玩的。这些译稿都是他誊清的,现在我把这本译诗赠给他吧。"第三本是他自己的第二本诗集《花一般的罪恶》。诗集的封面上印着一朵黑色的花。他同时印制了少量精装本,墨绿色的封面,书名和一朵九瓣的花朵都是压模烫金。这本诗集里有不少诗是专为佩玉作的。那三十一首诗里包括他从《天堂与五月》的三十四首里挑出的十五首。卷首依然用第一本诗集里的那首,题名由原先的《序诗》改成了《序曲》。

序　曲

我也知道了,天地间什么都有个结束;
最后,树叶的欠伸也破了林中的寂寞。
原是和死一同睡着的;但这须臾的醒,
莫非是色的诱惑,声的怂恿,动的罪恶?

这些摧残的命运,污浊的堕落的灵魂,
像是遗弃的尸骸乱铺在凄凉的地心;
将来溺沉在海洋里给鱼虫去咀嚼吧,
啊,不如当柴炭去烧燃那冰冷的人生。

写这首诗时他刚刚从欧洲归来,才二十一岁,却已经看透了生死,也悟出自己在世的一天就应当有所作为。他热衷于写诗,那时他就立志把新诗做"柴炭",去点燃人生的光芒。他是个理想主义者，他写诗，就是想以诗来"点化"众生。后来这个不再写诗的诗人就以他的笔，他出版的书画，来推动中国文化艺术发展。

出版第二本诗集时他比以前成熟了，对自己以前收在第一本诗集里的诗用各种诗格所做的尝试，感到都是幼稚得可怜，人家一提起他便脸红（赵景深在《一般》杂志第 3 卷第 3 期写了篇《糟糕的〈天堂与五月〉》批评他用错了"什"字，用韵的错误，又有模仿与抄袭之嫌）。其实，淘美知道这本集子里好些诗写得不好，在 1927 年 10 月 20 日他在《申报》"艺术界"发表了一篇"《天堂与五月》作者的自供"，他说："《天堂》里的诗，除了曾在'晨副'（晨报副刊）登过的《我只得也像一只知足的小虫》比较过得去些外，其余都是我自己所不满意的。《五月》里的《春》志摩喜欢……"好些他原不想集进去，他的好友滕固说"第一本诗集不过是为孩童时代的过去留些痕迹的，何必选择。"他最后写道："我实在对读过我《天堂与五月》的，尤其是出了钱买了来读的一班读者抱歉。我现在力求将我以前的过处改去。我已将我的第二本诗集《花一般的罪恶》编好。等我的书店办来，即能出版。那时，我想总能赎我的罪愆于万一吧！"

金屋还出版了淘美以笔名"浩文"译的英国最有名的插图画家琵亚词侣（Aubrey Beardsley，今译比亚兹莱）的一本小小的、薄薄的诗画集，题为《琵亚词侣诗画集》。他的画别具一格。淘美精选的《理发师》和《三个音乐师》这两篇配画的诗也是画家自己写的。诗和画一样的优美，有奇特的神韵。淘美译得也美。这书虽小却印得精致，封面精心设计。淘美在扉页印上："献给一切爱诗爱画的朋友。"这也是一本毛边本。金屋书店出版的书价格昂贵装帧考究，很多都是毛边本，包括淘美自己的《火与肉》、《一朵朵玫瑰》和《金屋月刊》，以及滕固的《平凡的死》、田汉译的《围着棺的人们》、沈端先（夏衍）译的《北美印象记》、倪贻德编著的《近代艺术》等等。淘美也推荐我国的线条画家卢世侯。他曾为淘美的诗——《歌》配画，那是诗集《花一般的罪恶》里的一首，笔法工细，造意精深。金屋为他出了本《世侯画集》，称赞"画家用黑色代表世界上一切颜色，却能让你看到画里有各种色彩"。

《狮吼复活号》第2卷就改名为《金屋月刊》。由邵淘美、章克标编辑。约定的撰稿人与绘图人有：方光焘、江小鹣、朱维基、邵淘美、徐悲鸿、徐蔚南、徐霞村、郭子雄、郭有守、梁宗岱、章克标、黄中、张水淇、常玉、张若谷、张道藩、张嘉铸、傅彦长、叶鼎洛、滕固、滕羽、卢世侯、谢寿康。徐志摩也在《金屋月刊》上发表了几首诗。淘美效仿他最喜欢的那份英国唯美派杂志 Yellow Book，也用金黄色的封面。里面用黄色毛边厚纸，很新颖独特。他新创作的一些诗在这份杂志上刊登，其中有一些自己比较满意的，如《赠一诗人》《你以为我是什么人》等十一首，后来都收入诗集《诗二十五首》中。1929年他还在傅彦长主编的《雅典》发表两首新诗《冬天》和《我不敢上天》。《母亲》是以"荆蕴"笔名发表的，悼念亡母。他又创作了几篇短篇小说：《一年》是以他在南京的经历作背景的；《赌》和《赌钱人离开了赌场》《三十六门》《输》四篇，可以看出他父亲的嗜赌对他心理上的影响。小说描述一个赌徒沉迷于赌博，甚至从牌九里看到了艺术，真是妙不可言，又讲到赌钱人离开了赌场就没有在赌场里那么精。其实，赌钱人进赌场，个个认为自己最精，稳赢，到头来总是输，就像他父亲。把家产输个精光的是绝大多数，但赌徒还总认为自己的"赌经"最灵。

曹聚仁先生在《天一阁人物谭》一连四篇短文回忆老友邵淘美。他说邵淘美喜欢喝酒跳舞；还说有人讲，邵淘美是盛宣怀的孙女婿，盛家子弟豪赌，邵洵美父子似舅家，父子对赌，各以地契为注。——邵洵美边赌边做诗，自己说"你叫我'赌国诗人'吧。"

笔者作为后人，的确听到过父母和亲眷说起邵盛两家长辈好赌的往事。自我记事，常常看到妈妈从首饰箱里挑珠宝首饰去换钱，却从未听到过妈妈抱怨爸爸赌博。妈妈回忆说，她嫁到邵府时，邵府已家道中落。后来因书店开销周转不开，她把陪嫁也贴了进去。妈妈说："夫妻不分你我，你爸爸又不是去吃喝嫖赌，办书店是正当事。"爸爸为出版赔尽家当，妈妈的结论是："他不善经营，又铺得太开。"几十年来，从旧社会到解放初期，节假日偶见亲友在我家打麻将扑克，从未见爸爸在一方坐下。楼下骨牌声喧，爸爸兀自在楼上那兼书房的卧室，沉浸在书的世界里。我读那四篇有趣的文章，觉得他从赌博的技术到赌徒的心理活动描写得又生动，又深刻。或许，因"文如其人"之想，让人不由得会认为作者定是精于赌技出入赌场的常客。

1929 年他连载在《时代画报》上的长篇小说《贵族区》里也有大户人家亲眷在家聚赌的情节。在他身边，这些素材随手可拾。他亲生父母嗜赌成性，万贯家产因而流失，弟弟们都怪他迁就父亲，但传统礼教的束缚，使他始终尊重父母，加之他反对"遗产制"的观点，以致"黄金变泥土"。他虽是富家子弟，却不是纨绔子弟。朋友有难他乐于仗义疏财；朋友相聚，笔会活动，时常是他埋单；办出版他不善理财；一结婚，祖母就命他"当家"。实际上偌大一家子胡乱花钱，总是要他来清账。遵循传统的孝悌，害他不浅，他深受父母赌博的危害。他不是个完人，正如他自己所说："我也觉得人总是人，而人又总是半神半兽的……"然而他从不花天酒地。有人说我爸爸喜欢跳舞。跳舞，非爸爸所好，他也不擅长此道，看他装模作样打拳的笨拙可以知道。我们从未听到过他或家人谈论他去舞池"探险"的故事。至于人称他好赌，有边赌边写诗，越输，诗写得越好之"雅"，那种阿Q似的自诩，或是朋友间的笑谈戏言。爸爸是一个风趣的人，谈吐幽默含蓄，意味深长。听他讲侦探故事头头是道，后来发现他是在即兴创作。他和项美丽合作写的 *Mr Pan*（《潘先生》），素材大都取自他自己的生活，但其中不乏他添油加醋的编造。那是小说，不是新闻。如若有人留存他的"赌诗"，望能不吝赐读，收入他的作品集倒也有趣。作为长房长子，他与其父本应平分家产，事实上，直到只剩"同和里"那一角住房最后处理，父子方才分家。所以手里有地契的时光还不曾分家，"父子二人以地契作赌注"，何从说起？他在《一个人的谈话》中表露："寻快乐，恐怕很少人比我有过更多的尝试；这个，我当然得感谢我的环境。假使把一切的经过写部自传，我相信一定很有趣。我的自传的结论是'利用了环境未必得到快乐'。因为我现在所得到的一些快乐，完全是我故意逃避了我的环境而得到的。"他的快乐就是：读书，写书，出书。

不过，年轻时他并不是完全不沾麻将扑克。30年代有位与冰心齐名的女作家黄庐隐，她不幸中年离世，爸爸为她出了本《庐隐自传》，特地为她写了篇序，其中就有和庐隐打麻将的描写。在《时代漫画》里他写的一篇漫文《几种赌与几个人》里有徐志摩打麻将总赢的生动叙述，也有李青崖创新桥牌语言的笑话。打桥牌倒曾是爸爸的一个喜好。抗战前李青崖、温源宁、全增嘏一度每周六总到我家打桥牌，有时打个通宵。战后也常在张嘉璈弟兄的俱乐部打桥牌，在那里，他和自幼的朋友张氏兄弟及叶公超、胡适之常聚。但他反对身边这种把搓麻将打扑克作为社交应酬的方式，专门写了篇《谈话的衰败》，究其缘由，其一为"麻将扑克。——从前朋友聚会大都饮酒品茗，促膝谈心，谈话的艺术便进步了。现在人相见之下，寒暄几句，便搓起麻将打起扑克来，纸牌到，精神便灌注在手里，赌到天亮，也有一声口都不开的；久而久之，嘴巴除了吃饭便失掉其他的效能了。"

爸爸厌恶他父母及继母嗜赌的恶习，又无可奈何。爷爷才是十足的纨绔子弟，有名的"上海滩最有风度的绅士赌客"。看着爷爷赢了不动声色，输了谈笑自若的派头，爸爸不禁去探究：为何赌博毁家毁人，而又使人沉湎其中？他细心观察分析，进而把赌博写进他的小说，揶揄一番。在《三十六门》里甚至还引用了奥地利作家显尼志勒（Arthur Schnitzler）的长篇小说《破晓》（*Daybreak*）。可见他认真用了功的。据说李欧梵从上海凤鸣书店淘到这本英文小说，书内页有"施蛰存藏书"。书店店主陆灏著文披露，施蛰存告诉他此书是邵洵美旧藏；内页的批语"读了觉得赌钱究竟有意思"是邵洵美的手迹。爸爸一向是有心得乐于和友人共切磋，有好书好画赠同好共欣赏。这是不足为怪的。

那个时候洵美还是常读马蔼的作品，他有马蔼的全集，一排绿色的书，排列在书架里那一排黄色的书的上层。他专门写一篇文章介绍这位作者，又翻译马蔼的《和尚的情史》与《姊妹》，还向读者介绍马蔼译的 *Daphnis and Chloe*（《童男与处女》，原作者 Lonsugs 是以希腊文写的），介绍译者马蔼在序言里关于翻译文学作品的见解："翻译也逃不出天理。正如人一般，要重活便得重生。一本书要有这种好的命运，便得去找一个与原作者有同样天才的人，而让他逍遥在每一场幕景，每一个谈话里……"洵美说这本书他看过多遍，几次想译成中文，但是他"对自己的能力有所怀疑。因为，假使直译这种希腊的故事，文笔每会不期而然地流入生嫩与粗俗，常使一段极美丽的故事，变成一篇极浅薄的童话，所以一提笔想译，总又搁了下来"。还有那希腊文的地名、人名难以译妥。他又说："马蔼文笔的风格艳美清丽，译文像天上的白云，纯洁、潇洒、生动、缠绵……想去追随马蔼的笔法与神韵是梦想，写成简洁流利的中文是我的希望。一句句没有十分了解以前决不动笔是我自己给自己的教训。"洵美过分地被马蔼的文笔所惊而迟迟不敢动手去译，在写这篇文章时他终于开始动笔译这本书了。但是，或许因为他实在忙，抽不出空闲"一口气译出来"，因此搁下了笔；或许是他最终仍旧不满意自己的文笔，不敢让自己的中译本与马蔼先生卓越的英译本并列而退却了。因为我始终没有找到这本佳作的洵美的中译本。马蔼对"诗的取材须要是永久的"这一论点深深印在洵美心里。他写了一篇短文，题为《永久的建筑》。他说，有人以为"吟花咏月的诗人"浅薄，其实他们根本没有懂诗。他认为"诗是一座永久的建筑。长存的自然界的一切才是作诗的最好的材料"，诗便是"天造地设又加上人工制造的情"，"一代代变易的衣服、装饰、器具、什物，一世世交替的思想、言论、风俗、习惯，至多只能当作神前的祭品"，"自然界的一切才是世世代代长存的……"所以，吟花咏月的诗人是不可以污蔑的。洵美另有一篇题为《两个偶像》的文章，是回顾他初识莎菲、史文朋的有趣经过。还有一篇题为《近代艺术界中的宝贝》，他用这个头衔来称谓画家常玉。他说，常玉的裸女素描，"每一条线的灵活能使人的心跟着一同跳起来。尤其是淡描的几笔极简单的白粉，使人顿时觉得触到了肉的热气，有的是生命，有的是力，是活的雕刻"。那张常玉寄来的新作的照片，因为徐志摩先生先一天收到，已经用作《新月》月刊的插图了，洵美只好缩小了嵌在他的文章里。洵美还把自己十三岁在"碑砚斋"写的三段文《偶然想到的遗忘的事情》整理了发表，回忆幼年时养白兔，从小不怕蛇等故事。又为志摩写了一篇散文，题为《夜莺》。

那时期淘美忙得快活。读书，写诗，做文章，编辑《金屋月刊》，也读别人的好文章，还要会朋友。他朋友的名单愈聚愈长了，交游的范围也愈扩愈大。10月28日文人汇集在"新雅"茶室（并不全是预先约好来的）。到的有曾孟朴、曾虚白父子，傅彦长、郑振铎、张若谷等十多位。他们从吃点心一直谈到吃夜饭，淘美自然在席间。"新雅"的饭局常常由他会钞，那是不必谦让的。那天真是一个盛会，大家全都是兴高采烈地谈话，谈国术考试、元曲的孤本、淘美家藏的旧书、包罗多的小说。吃完饭，大家便到郑振铎家里去坐，于是又接着谈，谈到《海外缤纷录》《孽海花》，曾孟朴说他在赛金花的全盛时代，还不过是个孩子……

曾孟朴父子都很有才学，开了爿"真美善书店"，出了本《真美善》（月刊）。曾老先生客气地把淘美列入月刊长期执笔人之名单里，其实淘美只是忙中偷闲为他写过几篇。一篇题为《莫愁之愁》，描述他和滕固、顾苍生一起去南京游莫愁湖，感染上不可名状的忧郁。他写道："……莫愁女和莎茀均是我的灵魂的爱人，她们的传说断篇的身世，本有极相同之点。莎茀是希腊女诗圣，而后人竟诬她为卖淫女；莫愁是卢家少妇，而后人竟诬她为宫前的鬻歌妓。"他想到，"……我也有一元两面的身世，人们眼睛中的我，也是一体两形的，半神半兽的……我想到这里，我那已化作了轻云的矛盾的过去，又凝成了雨珠，一滴滴滴进我的心坎来了——神童，荡子，情种，恶魔，失败，成功，悲观者，乐观者，留学生，诗人，官老爷……"另一篇是《三十岁的妇人》[关于这个题材，淘美说："巴尔扎克（Honoré de Balzac）和乔治·马蔼都做过。可是我说的，他们没有一个梦想过……"]，还有《巴黎的春天》等等。淘美跟曾孟朴可谓是"忘年交"。他们常常在一起谈文章，谈书店，谈出版，谈销路，淘美从中获益不少。当时，曾孟朴父子合译了法国印象派文豪扁尔·洛蒂（Pierre Louys 今译皮埃尔·路易斯）的小说《阿佛洛地德》（希腊爱神的名字）。译本改题目为《肉与死》，因为书中描写女性的解放与幻灭。有人用庸俗的眼光看它，斥之为"淫书"；而用文艺批评眼光看，这却是一本刻画人性的最细致精巧的作品。洵美读后发现，曾老夫子虽然一把年纪，却能把这本书译得如此精彩，实在是因为他仍保持着青春的活力。

钦佩之余，洵美忽发奇想，去跟曾老夫子开了个玩笑。他冒充一个女读者，冒名"刘舞心"写了封长信给老先生，与他讨论那本《肉与死》。洵美特地找出紫颜色的外国信笺信封，模仿表妹的字体和一句三叹的口吻，用新的细笔尖，紫色墨水，对新书的译者表示仰慕，让看信人真以为写信人是个豆蔻少女。曾孟朴得信后将之公开刊登在自己的杂志里，同时还刊出他自己写的回信。如此一来二往，成了《真美善》月刊新辟的专栏了。洵美以为曾老先生上了钩，于是，又想出惊人之举，他说服他那聪明美丽的表妹跟他合作，自己先打电话到真美善书店，晓得曾家父子都不在店里，就叫表妹去书店，假装特意来拜访自己崇拜的老作家，还留下一封信，说自己到苏州去了。接着洵美又托人把"刘舞心"写的信带到苏州去发了寄给曾孟朴，让曾孟朴相信果真有"刘舞心"其人。1935 年曾孟朴故世，洵美为纪念他，把这段逸事写成《我和孟朴先生的秘密》一文，向亡故的老友告罪。文章曾登在张若谷编的《真美善》月刊，林语堂编的《宇宙风》和他自己的《人言》周刊。曾虚白在他父亲去世后在《良友》杂志（后来 1988 年又在台湾的《传记文学》杂志上）发表《邵洵美与刘舞心》一文。提起往事，他说，当时他父亲收到署名"刘舞心"的第一封来信就猜出一定是朋友开玩笑。他见洵美讳莫如深的表情，就猜到是洵美的恶作剧。因而洵美一而再地作弄，他便一而再地利用，把老作家与女读者之间彼此心理探索的书信一再公诸《真美善》月刊，形成一则当时在文艺界流传得沸沸扬扬的浪漫故事，使《真美善》月刊热销一时。而邵洵美却还自作聪明，把他故弄玄虚的这一段故事视作自己顽皮得手的杰作。

金屋书店开得热闹，年底迁到了四马路，还扩大了门面，但是金屋书店并不成功。虽然洵美一开始标榜自己追求完美，艺术至上，可是他热衷于和作家交朋友，后来在来稿的选择上并不像一开始那么严谨，那么看重水准和风格，时常为顾及对方情面，来者不拒，以致金屋出的书极少畅销。"金屋"没有聚金，反而散金。好在洵美办书店开头就没有想营利的念头。他办"金屋"，只不过是以书会友罢了。书本杂志不热销，放在外面的书账不容易收回，资金周转不开，蚀本是必然的了。

茶壶与茶杯

邵洵美是个好客的人，朋友们也喜欢他。他健谈，也善于倾听。他性情随和，谈吐不俗，求知热诚，慷慨助人，出道伊始就赢得那些卓有成就的兄长辈朋友的交情。可以说是全国第一届美术展览会使这些文坛画界的人士密切合作，加深了友谊。这个展览会自1922年蔡元培、刘海粟、张君劢倡议，经过多年努力，终于在1929年4月在上海开幕。江小鹣负责陈列，张光宇设计大门装饰，徐志摩负责会刊的编辑、宣传事务；而编制目录、图片印行的工作由邵洵美等人完成。那时际，江小鹣和邵洵美时相交往。已经成名的雕塑家江小鹣为邵洵美塑的头像陈列在这个展览会，会刊收入这塑像的照片。

装潢雅致的金屋书店是洵美和文人墨客聚会的热闹场所。金屋书店原本还有编选《狮吼丛书》《金屋丛书》和《小丛书》等

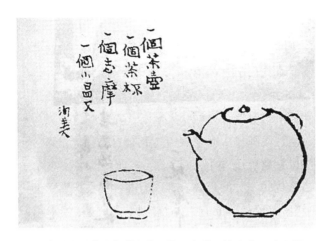

邵洵美作"茶壶与茶杯",并题诗赠予徐志摩、陆小曼

画家张振宇作　上：陆小曼　谢寿康　下：邵洵美　徐志摩

庞大的计划。可是雷声大雨点小，《金屋月刊》后期时常拖期，1930年9月出完第1卷就收场了。当时洵美的注意力转移，去办画报了。那个时候上海有一份《良友画报》，办得很成功，图文并茂。《上海漫画》的一些画家也跃跃欲试，画家张振宇（光宇的弟弟）和作家叶灵凤联袂办起了《时代画报》，想跟《良友》比高低。《时代画报》由中国美术刊行社发行，1929年10月出了第一期，销路就压过了《良友》。然而在欣喜得意之余他们却尝到了资金周转不灵的苦恼，难以为继，就去求助于洵美，要把《时代画报》盘给他。原有人马统统留下，包括美术家们和社里的四个练习生：王永禄、宣国杰、张治良和钱伯明（其中王永禄和宣国杰作为洵美的门生是正式拜师的。宣国杰后来改名为宣文杰，解放之后他成为摄影师，是新闻摄影局拍照片的新闻记者。王永禄则几十年追随洵美在侧，是洵美先生一生出版事业中一个离不开的帮手。他了解洵美，崇拜洵美，肚里有不少邵洵美的故事）。出于对美术由衷的爱好，对美术家们的欣赏和支持，洵美很乐意接办《时代画报》。章克标当时觉得"这像是一件湿布衫脱给他穿，邵仁兄倒很高兴地穿上了"。

他们合股，由邵洵美和曹涵美各出两千元，张光宇、振宇（后改名为正宇）和叶浅予作为技术投资。（据郁风说，当年邵洵美是卖了手中宝贝田黄鱼脑冻投资《时代画报》。）张光宇任总经理、总编辑；经济实权在曹涵美手中；出版业务归老三正宇经管。洵美高高兴兴地盘下这个摊子，和美术家们出谋划策，又邀了许多作家来写稿，热热闹闹办起这份画报来。《时代画报》第4期与《上海漫画》合并，更名《时代》。张光宇是漫画界的"大哥"，有他的号召力，上海乃至各地的画家、漫画家给《时代》投稿蜂拥。《时代》的编辑室里人才济济，有张氏三兄弟：光宇、振宇和曹涵美，王敦庆、叶浅予、陆志庠、季小波、鲁少飞、胡考和丁悚、丁聪父子以及黄文农、郑光汉、张大任等，还有摄影记者郎静山、美术家万籁鸣。张光宇的漫画颇具特色，为图书公司（"时代"）许多书刊设计的封面让人过目难忘。他不仅是漫画家，也是工艺美术家，他不断创新，许多新颖的奇特的创意都得到洵美的赏识，在"时代"得以实践。开辟场地让这些有才有艺的画家任意驰骋，邵洵美与他们同乐。画报有影剧版，不少电影明星、京剧演员也时而出入其间，好不热闹。洵美一度在这份画报上花了全副精神。他认为办画报非常重要，为此专门写了一篇文章——《画报在文化界的地位》。他写道："办画报的目的，是使人感觉到，这是一种快乐（指读这种读物），而不是一种工作。我们要增加识字的人对读物的兴味；我们要使不识字的人，可以从图画里得到相当的知识。同时，假使他们是有灵魂的，他们一定还会觉得光看图画不能满足，而开始想要识字。这时候，画报的功绩是多么伟大。所以我们先要养成一般人对于读书的习惯。"他还认为："图画能走到文字所走不到的地方，或者文字所没有走到的地方"；"从画报着手，应当算是最好的办法。用图画去满足人的眼睛，再用趣味去松弛人的神经，最后才能用思想去灌溉人的心灵。办画报是一种冲锋的运动，一种牺牲的工作……"从第 2 卷起洵美自己的名字就列入编辑名单了，那是1930 年。到 1932 年末他因为别的刊物缠身，就不具体负责《时代画报》的编务了。一直出到第 11 卷，编辑名单多次更迭，参加编辑的人除洵美外，有张光宇、张正宇（即振宇）、叶浅予、叶灵凤、章克标、黄文农、王敦庆、张大任、陆志庠、郑光汉等，最末的编辑为梁得所，其中叶浅予编辑的时间最久。他创作的长篇滑稽画《王先生》在画报上连载，后来出版单行本，热销上海滩。《王先生》中笑话百出，滑稽非凡。那主角王先生面形酷似洵美的生父邵恒，长长的脸，头发稀少、高鼻子、尖下巴，两撇胡子。洄美的朋友们都称呼他"爷叔"，背后则称他"爷老头子"。"王先生"又高又瘦，配上矮胖的"王太太"，非常发噱。和"王先生"一搭一档的小陈是四方脸，一副大眼镜，画得很像章克标。连环画《王先生》在旧上海可谓家喻户晓。张氏三兄弟的艺术天分都高，各有特色，"时代"的画刊常有他们的杰作。光宇的彩色漫画颇具抽象派意味，在《时代漫画》里有他独创的漫画《民间情歌》连载，后来结集出版，还出版了他的《近代工艺美术》。他二弟曹涵美却工于工笔画，他的工笔画《金瓶梅》在《时代漫画》连载，洄美特地为之结集出版，题为《曹涵美画第一奇书金瓶梅全图》，十开本铜版纸双色精印，古色古香。前有两篇序文：一为画家贺天健撰；一为洄美亲笔草书手迹，序里说"看了插图，我觉得没有再去读原书的必要"。"时代"还出版了叶浅予的《王先生》画册、《浅予速写集》，黄文农的《文农讽刺画集》等。张乐平的《三毛》、黄尧的《牛鼻子》也在《时代漫画》连载。《时代画报》趣味性强，并结合社会动态。其中有许多好文章、好图画、好照片。它的封面和插页用三色版，图画和照片用铜版，纸张要求高，成本也高。从第2卷起，洄美改用影写版，由上海的德国印刷馆承印。影写版做出来的画网点小，很像照片，纸张要求又不高，可以降低成本。所以后来洄美特地从德国买来一套影写版印刷机，由自己的印刷厂印刷《时代画报》。

　　洄美被徐志摩深深吸引，包括他的诗，他的文采，他的学识，他的才气，他的为人。他灵感如泉，满腹珠玑，洄美认为中国新诗诗人当中，没有一个及得上徐志摩的。志摩比洄美长十一岁，也曾留学剑桥，洄美尊他为老师，视他为兄长，两人亲密无间。志摩喜欢的，洄美也爱之；志摩厌恶的，洄美也憎之。志摩是国际笔会中国分会的发起人之一，任理事，洄美也积极参加笔会的活动，后来任会计。志摩是中英文化基金会委员，洄美也跟着和那一些人熟悉了。志摩喜欢搓麻将，搓起麻将来异常激动，似猛虎攫食，他上场总是输，结账时总归赢。三缺一时洵美也会奉陪打两圈。他两人在一起，更多的时间是探讨学问，切磋诗句。与志摩交往，洵美的学问、见识增添了不少，诗作也明显长进。志摩那班"新月社"的朋友陆续从北京来到上海。那个"新月社"是先前他们那些文学界、教育界的人士在北京搞起来的。志摩的好朋友胡适之、梁实秋、闻一多、叶公超、潘光旦、罗隆基、全增嘏、余上沅、曹聚仁、方令孺、林语堂、沈从文等人后来也都成了洵美的好友。那"新月"二字的来历，传说因为志摩有个好朋友——印度的文学泰斗——诗人泰戈尔著有一本诗集，书名是"新月集"。1924 年泰戈尔第一次访华时，志摩和林徽音（即林徽因）陪伴他。他各处演讲，志摩和林徽音（即林徽因）为他作翻译。泰戈尔曾赠志摩一件印度袍子，一顶印度帽子，还给志摩取了个印度名字——Soo Sim。

1929 年泰戈尔第二次访华，政府机构不接待，志摩私人招待他，请他住在自己的家里。佩玉随洵美去徐府拜会这位老前辈。小曼告诉她："志摩为了让老人不觉得在客地过夜，特地将一间房间布置得有印度风格，室内不放家具，壁上挂了毯子，地上铺了厚毯，放了大垫子做靠枕。谁晓得这老先生情愿睡在我们的中国式卧房里，我们俩只好自己去睡在那间特地为客人布置的印度式卧房里……"志摩很推崇泰戈尔。有人说，志摩有几首诗，可以看得出是受泰戈尔影响的。洵美夫妇和陆小曼自然相当熟。陆小曼并非因有闭花羞月之容而使志摩如此倾心，她是个极富感情的才女，自幼学油画、国画，她的山水画曾得中外人士的称赞。她又通英法两国外文，翻译泰戈尔的小说，文笔秀丽，还写得一手好散文。有一天，朋友们在志摩家欢聚，大家为小曼题诗作画。洵美也去，出门前匆匆走到桌前。佩玉见他拿起毛笔，摊开纸，不假思索，蘸上墨，落笔成画。他用笔尖轻轻勾出一只茶壶，一只茶杯，一笔下去，不作添改。画旁写了两行字："一个茶壶，一个茶杯，一个志摩，一个小曼。"佩玉看了，立时想起洵美的《狮吼》里有一期登出的《苦茶》周刊的广告，那是张禹九和梁实秋合编，洵美帮他们在金屋出版的。广告中写道："读了他们的文章，恰似一杯苦茶，刚到嘴，又苦又涩，细细品尝之后，韵味无穷。"洵美对这本周刊很赞赏，说它是中国最早期的幽默杂志，称誉张梁二人是中国的"幽默先驱"。不过，《苦茶》只出了大约十期就销声匿迹了。佩玉这时想起《苦茶》，是因为那篇广告里也画了一只茶壶，一只茶杯，但画得跟洵美的不一样。那是像中国乡间用的老式的茶壶茶杯，瘦高形，线条也勾得粗糙；而洵美画的却是家里那种细瓷的茶壶茶杯，扁圆形，线条也流畅，一气呵成。放下笔，洵美就出门了。当时佩玉问洵美，画这茶壶茶杯的用意何在，洵美说，志摩和小曼如此相爱，就像茶壶与茶杯，壶不离杯，杯不离壶啊！那天洵美回来异常兴奋，说在志摩家遇到不少朋友，大家兴之所至当场题诗作画。洵美也为大家的兴致触动，又拿起笔作画，用支中楷胡乱涂了几笔，又拿支小楷画了几道，然后规规矩矩在另外半张纸上题了两句："长鼻子长脸，没有眼镜亦没有胡须。小曼你看，是我，还是你的丈夫　洵美"这纯粹是开玩笑。粗看，简直是个墨团；细看，真画了张脸。大家哈哈大笑。后来，朋友们那天的诗画题字被集合起来，印在一本叫做《一本没有颜色的书》的小册子里。原有的色彩全印成了咖啡色了。连封面、封底，也不过二十六页。其中胡适之作的小诗很有味道：

> 不是怕风吹雨打，
> 不是怕美烛照香熏，

只喜欢那折花的人，

高兴与伊亲近。

花瓣儿纷纷落了，

劳伊亲手收存。

寄与伊心上的人，

当一封没有字的书信。

诗后还有一段说明：这是 1925 年作的瓶花诗寄给小曼的，后来又稍修改了几个字，今天重写了送小曼。

这本小册子里还有曾孟朴、俞平伯、章士钊、陈西滢、吴经熊、江小鹣等人题的诗；闻一多、杨杏佛作画题诗。印度诗圣泰戈尔的作品占了两页；他作了一首印度文的诗；又作了一张画，并题上小诗一首，特地从印度寄来。志摩题了两首诗，其中一首以"黄狗"作笔名。小曼自己也画了花卉；还用她娟秀的小楷录下了《红楼梦》里的黛玉咏白海棠诗。张振宇画了谢寿康、徐志摩、陆小曼和邵洵美四人的头像，草草几笔速写，画得很像。洵美信笔画的那两张也被收入那本小册子。后来晨光出版社 1947 年出版的《志摩日记》里，除了志摩的《西湖记》、《爱眉小札》（那是徐陆两人往来的书信）及《眉轩琐语》（那是他们新婚时志摩记下的），后面还附有《小曼日记》和《一本没有颜色的书》。

洵美和志摩的老友——当时北大文学院院长胡适之（即胡适）熟了起来。说来有趣，胡适的父亲胡傅曾经是洵美的祖父邵友濂的幕僚。这样算起来，胡适应是长洵美一辈的，他年纪也比洵美大好多，两人却仍能投契地谈天说地，成为朋友。中国嘉德拍卖公司的拓晓堂先生透露出一个有关邵洵美大度助人的例子。他数年前应上海博物馆之请，鉴定胡适收藏的甲戌本《红楼梦》，见到胡适的媳妇。甲戌本《红楼梦》是胡适建立新红学的资料基石。当时实因胡适的公子老年病长期住院，花费甚巨，无奈才将此珍藏出让。那天拓晓堂正好约了邵洵美的女儿邵阳夫妇的饭局。胡太太得知，惊得出神，说："真是天意啊！胡适先生当年看到了脂评甲戌本《红楼梦》时，欲收入囊中，可惜手头银两并不宽裕，就是找的邵洵美借的钱，才花大钱买下了这部《红楼梦》。"

"新月"成员到上海，开设"新月书店"，胡适之任董事长。那是 1927 年的事。第二年，徐志摩、罗隆基、梁实秋、闻一多、饶孟侃等人又办起了《新月》月刊。到了 1929 年，新月书店因为亏空太多，要招新股。张禹九来拉洵美入股。那时每股一千元。后来弄不下去了，实际上由洵美独资。洵美为此结束了自己的金屋书店，去帮志摩办新月书店，一度还任书店的经理，其实，是要他起调拨资金的作用。后来请林微音去书店上班，管理日常事务。《新月》月刊是一本文学刊物，撰写文章的大都是比较有名望的老作家。洵美当时还只是一个年轻的作家，自是未敢贸然把自己的作品送投《新月》。他在《新月》发表过一篇附有评介的译文——莫洛华（Audre Maurois）的《谈自传》，还在"书报春秋"栏里以笔名浩文发表过三篇书评。一篇介绍英国劳伦斯（D. H. Lawrence）著的《逃走了的雄鸡》（*The Escaped Cock*）；一篇是评介袁昌英著的《孔雀东南飞及其他》，那是一部内含六出剧的戏剧集；还有一篇题为《小说与故事》，评介郁达夫的《薇蕨集》。洵美认为，小说里面都应当有篇故事。"真的文学者才能把件事实写成篇故事；而假的文学者却把篇故事写成件事实了。一个是情感的，而一个是理智的；一个有引诱力，而一个没有。读达夫的《薇蕨集》，便感觉到他是善于创造故事的人……北新书局的老板把这本书卷首的题辞抽去了。听说有题辞的只剩下二十本留给作者自己。题辞里写有作者之所以摘'薇蕨'为题，是因为'……现世的逆民，终只能够写点无聊的文字来权当薇蕨。薇蕨之集，也不过是想收取一点到饿乡去的旅费而已'。"洵美特地把这篇被抽去的题辞录下，"以作几百年后文学考据的材料"，真可谓有心人也。

陈梦家着手编《新月诗选》，洵美助其一臂之力，为他书写封面，直排的两个黑色条幅：右边大字是题目和编者，左边密密麻麻地抄着十八位入选诗人的姓名，洵美的毛笔字有其特点，如此简单的设计，倒也能吸引读者。1931 年 9 月新月书店出版。

为《新月》，洵美确实费过心力，1931 年，第 3 卷第 8 期罗隆基一篇文章触犯了当局，北京分店抓走了两个职员，收去了千册杂志。经斡旋，人放了，书不知去向。罗隆基愤而发表《什么是法治》，又犯了禁忌。徐志摩 9 月 9 日给胡适信里说："昨付寄的 400 本《新月》当时被扣，并且声言明日要抄店，幸亏洵美手段高明，不但不出乱子，而且所扣书仍可发还。"

洵美一头栽在书刊里，大家庭的银钱收支他从来不闻不问。虽然他享有长房长子之名，邵氏家产有他一半，但他内心深处并不以为然。他反对遗产制，说："不论是小钱大钱，若非是你自己赚来的，你便绝不能据为己有。"祖母柴太夫人在世的最后一段时间，她老人家要自己来当家。但她年事已高，根本弄不清楚，实际上，家当都掌握在儿子邵恒手里。老太太故世之后，邵恒并不曾把账本向洵美公开过。因为终究是晚辈，所以洵美从来不开口问父亲究竟家底还剩多少。他只知道在家乡余姚有两千多亩田地，是"邵氏义庄"经管的。"邵氏义庄"是伯祖父邵曰濂和祖父邵友濂遵照曾祖父邵灿的遗命，在光绪十九年（1893）捐立的。他们在余姚的东水阊建庄屋一座，置田地两千多亩。当时经礼部奏请，光绪帝赏御书匾额一方，上书"旧德先畴"四字（笔者注：这是余姚县志上记载的）。洵美和佩玉 1928 年送祖母灵柩回乡，看到邵氏义庄前悬有大匾，上书"八省军门"，乃皇帝所赐（因洵美的曾祖父邵灿在咸丰年间任漕运总督）。大厅上梁有三只楠木盒子，内藏从道光到光绪历代先帝御赐邵氏祖先文靖公、太常公与筱村公的圣旨及诰命书。祖父又在当地创办了一所"邵氏小学"供族中子弟免费就读。那田地和小学均由义庄管理。1930 年，迁校址至江南学弄邵氏宗祠，洵美和他父亲将校名改为康节小学，以纪念邵氏"洛阳之始祖康节公邵雍"，并废止一姓招生。现在的余姚市实验小学的前身就是康节小学。邵友濂在余姚设有育婴堂、牛痘局、因利局。他在上海道台任内还在上海南市创办了一所"万竹小学"（在现青莲街）。到了民国初，据说镇上半条街的地皮都属于邵家。田地的收入除办学之外，还用来周济有困难的族人。祖父为了防止义庄财产败在不肖子孙手里，便在义庄管理条款中规定："不得由邵姓人氏管理义庄……"洵美是长子长孙，按庄规非"庄正"，但义庄要事需向他汇报，因而这份家产是公开的。在余姚，另外还有四百多亩田地属洵美和父亲两人名下，托义庄代管。但是这些年物价高涨，办学经费大，族人中生活困难的多，而田租又难以收齐，义庄几乎年年入不敷出，所以他们这份田地的收入无形之中也由义庄挪作公用了。每到年终，总有一位头戴瓜皮帽，身穿长袍马褂，名叫沈俊夫的老人，从余姚来上海见洵美。他一口铿锵的家乡话，神情严肃，毕恭毕敬，出示一大本账本。账本上几乎年年赤字，洵美也懒得翻看。老先生总是结结巴巴，深表歉意地拿出一小叠钞票奉上。洵美拿到，就送一半给父亲。他作为"庄正"，按规定，可以向义庄领取工资，但洵美从来不取分文。余姚，他是每年要去一次的，但为的是扫墓祭祖。

洵美知道的家产再有就是在镇江的当铺。祖母曾经告诉洵美，邵家在镇江有两爿当铺。一爿名叫"仁裕当"，一爿名叫"忠裕当"。那"仁裕当"的事，洵美从来没有听父亲提起过，他也不便问，而"忠裕当"的情形，家里人人皆知。那当铺有很大的房子，据说，楼上楼下，大大小小，有九十九间房。大厅里的柱子是楠木的，称作"楠木厅"。听说那个时候这爿当铺所有，价值就有十五万银洋之多。不知什么缘故，父亲把"忠裕当"的东家名字列了不少，除了洵美的大弟云鹏具的是真名外，其余全是假名。这爿当铺是交给云鹏经管的，年终，云鹏便到镇江去把红利取回。父亲到手，便两房各分一半。上海市内的房地产，除了自家住的占地七亩多的邵家花园外，还有许多，洵美也不曾弄清楚过。只晓得奥林匹克电影院（现新华影院）也在内。阿妈带大毛头（邵潮）去看戏，门口职员总是笑嘻嘻地说："啊！小东家来了，请进，请进。"从来不用买票。这一排房子一直延到后来叫"鸣玉坊"的地皮都属邵家产业，老朋友都晓得。鸣玉坊的地皮有邵家花园的五分之三大小，应当值几十万两银子，但是父亲告诉洵美，他已将它送给了舅老爷，四舅恩颐，后来不知怎么的到了五舅重颐手里。五舅为了纪念亡故的爱女鸣玉，造了弄堂，题名"鸣玉坊"。父亲怎么会赠舅老爷这么一笔重礼？那是不言而喻的。这郎舅二人是最要好的，一起抽大烟，一起赌。

家里还有一只小皮箱，是祖母交给洵美的，说里面放的是房契、地契，洵美从来不曾打开过，倒是父亲对之颇感兴趣，不时开启翻看。忽一天，他来翻腾了半天后，一脸失望地对洵美说，有些地契丢了。洵美很担心，因为谁偷了去就可以拥有那些地产的。两天之后，洵美明白了，原来偷地契的是父亲本人，他偷出去还赌债。那债主在律师那里表态，愿意把那些地契卖还给原主。洵美张罗了一个多月，筹足了款去把地契赎了回来。

有一天，一位每到过年总会来邵府向父亲拜年的老先生来访，说有要事，父亲出门去了，由洵美出面接待。原来，来人是上海一爿很有名的大银楼——杨庆和银楼的经理。因为杨庆和突然发生了危机：大批存户前来"挤兑"，要取回存款。经理拿不出那么多现款，来请示老板如何处理。洵美这才明了，原来自己是这爿大银楼的大股东。他却从来不曾听父亲提起过。他想起，此人每来拜年，临走总会拿出一只信封压在桌上的香炉底下，他准是送红利来。洵美不由得心里好一阵难过！父亲竟然向他隐瞒家产！他难过，倒不是因为自己没有分到应得的那些钱，而是父亲那种做法使他实在伤心。现在银楼出了事，父亲却不声不响去避风头了！洵美只得硬硬头皮，挺身而出，出来料理银楼的烂账，莫名其妙地卷入一场诉讼。最为可笑而又可悲的是：带头去银楼挤兑的大户竟然是洵美的姊姊邵畹香（云瑛）！姊姊跟他一样，也是被蒙在鼓里，不晓得杨庆和银楼是自己家的。洵美不免心里怨怪父亲：你若不守这个秘密，杨庆和何至于会被逼倒！后来，银楼倒闭。所幸归还了存户的存款，付清了职员的解散费等等一切款项，还能余下八万多银洋。父亲回来，笑嘻嘻地拿走一半。这银楼于是从那秘密的账本里抹去了。父亲究竟还有没有别的产业瞒过洵美的？洵美不想追究。后来，上海人有个说法，讥笑那些有大家当，常常受骗上当，胡乱花钱，败了家的富家子弟为"杨庆和小开"。这话就是源自那个令洵美啼笑皆非的故事。

父亲仗着"万贯家产"有他一半，恣意挥霍。他沉溺于赌，反正输一百，自己只输五十；赢了一百，全数属他。他曾无意间向儿子吹嘘，他如何一夜豪赌，输掉虹口七爿当铺，照样眼都不眨的气派。邵氏偌大一份家产，就像蚕蚀桑叶，一张一张被蚀空。当年上海滩闻名的富户，如今是家道中落，虚有其表而已。人口多，开销大，排场还要照旧，佣人还有十几个。母亲说："都是多年的老佣人，不好意思打发。"这时父亲让洵美当家，是让洵美为这一大家人负起责任来。父亲随意支取，弟弟们随意在外赊账，到年终洵美不得不动脑筋筹款去结账还债，大弟夫妇认为父亲这样胡花滥赌，总有一天，家产会被他败光。他建议，要限制父亲每月取用的钱数。但洵美不同意，他认为父亲在世一日，家产应当属他所有。可是父亲不时在外面开空头支票，或者借钱不还，要儿子去了结，洵美甚感棘手，又无可奈何。"父债子还"，天经地义！当时他难免心头不快，时过境迁，那些烦恼和窝囊感又全都被抛诸脑后。他照旧对父亲和颜悦色，照旧和兄弟有说有笑。

　弟弟们长大成人，上大学的，娶亲的，各项开支愈来愈大。他父母来找他商量。这时家里惟一值钱的只有邵家花园了。老洋房年久失修，大花园几成荒郊。他们说，何不学盛家，推倒老宅，建弄堂房子出租生财呢？于是将邵家花园地皮向公平洋行抵押贷款一百万两白银，用这笔钱将老宅改建成弄堂房子出租。这弄堂前面是静安寺路（现南京西路），后面靠白克路。剩余的一角地皮建了一幢楼房，大房二房合住。弄堂左隔壁沿马路一块地造了幢门面房子租给一个外国人开了爿汽车行（那就是今上海礼品商店原址）。建房的过程中，全家权且在邻近租房过渡，那是1929 年的事。不料，没等住进新屋，5 月间，洵美的生母盛夫人突发急病，请来名医牛惠霖，诊断为"猩红热"。这急性传染病是来势凶猛的重症，未及治疗，她便离开了尘世，时年不到半百。前一年，好姆妈去杭州灵隐寺做"水陆道场"，超度洵美的嗣父邵颐，母亲是灵隐寺的"大护法"，陪着去灵隐料理一切。当时她跟史夫人讲定，次年她要去常州的天应寺或者宁波的普渡寺，为自己做佛事。谁知道，她回上海不到半年，竟会一病不起。洵美非常悲伤。虽然他自幼嗣给伯母，和嗣母同住一屋，但他对生育他的母亲，依然情深。洵美写了一首诗哀悼亡母，抒发他对母亲的爱。那首诗是以"荆蕴"为笔名，刊于《金屋月刊》第 6 期，题为《母亲》：

……我不相信菩萨，但是，一定有尊佛

会在天宫里指给你一条路去找快活

要是你能找到凤凰，啊，最好是白鸽

千万别忘了寄封信给你的小黑。

诗里他以"小黑"与"白鸽"押韵，那是用了母亲的常州口音。

天上掉下一颗星

1930 年，新屋建成，弄堂口门头上题了"同和里"三个字。这三个字是洵美费了几天的思忖题的。他盼全弄居民同和，也盼自家父子手足同和。那三个字是他自己写了让工匠比照着刻的。第二年阴历正月初八，佩玉生下女儿"玉玉"。儿女成双，洵美夫妇喜上眉梢，史夫人也高兴得眉开眼笑。

志摩和小曼常来同和里，多数时间是志摩一个人来，和洵美在书房里一谈就几小时。施蛰存也是喜欢来夜谈的一个，遇上志摩，便一起畅谈，到深夜还不尽兴。郁达夫和王映霞夫妇也不时来访。美术家江小鹣也爱来，他 1929 年为洵美塑了一个头像。执意要洵美颈子里绕条围巾，结果英俊非凡，像个飞行员，小鹣非常得意，在洵美书房陈列了半年多，后拿回去放在自己的工作场。1929 年，上海举办的全国第一届美展的会刊里刊出了这塑像的照片。洵美的面容，特别是他那笔直的高鼻梁常会激发艺术家的创作欲。江小鹣曾为陈英士和谭延闿等塑过像。画家季小波也时常来。他编了本《西洋画史》，其中除欧洲绘画史外，他还专诚收集了印度、日本以及阿拉伯等国油画家的作品。当时他想在自己的"小波书店"出版，已经做好了十多块彩色铜版，却发

盛佩玉在上海同和里家中

现资金不足，出版不了。为难之中，他首先想到找淘美帮忙。他提了一捆彩色铜版到同和里，想以此抵押，向淘美借点钱。淘美听了来意，笑着说："小波，我会帮助你嘛，你押了彩色铜版，又怎么出版书呢？快点拿回去吧！"随即淘美如数拿出小波要借的钞票。后来季小波虽然因为战乱，未能如愿地出版那本画史，但淘美见朋友有难就慷慨帮助的豪情，一直记在他心间。

同和里也常传出摄影家郎静山嘶哑的笑声，他的作品常在《时代画报》刊出。他曾经多年在上海《申报》馆广告部工作。淘美办的各种杂志、出的书上面登的广告都是靠他拉来的。两人交情极深。郎静山摄影技术高明，还有创造，他把风景照暗室加工得像山水画，称之为"集锦照相"（Composition picture）。他写了一篇文章，淘美为他润色并译成英文，帮他在国外发表，他因而获奖，成为英国皇家摄影会的终身会员，他在国内摄影界就此闻名。后来他在1931—1939年间，先后参加国际影展二百八十次以上，获得荣誉奖状、奖章、奖杯共四十八次。他是英国皇家摄影会、美国全国摄影会会员；也是比利时、荷兰摄影会的名誉会员。那帧获奖的，一如山水画的黄山风景照，淘美非常欣赏，一直挂在书房墙上。郎静山的女儿郎毓琇是个女高音歌唱家，淘美也曾撰文向读者介绍。她唱的那首《天伦歌》传遍全国。后来她去比利时学声乐。

还有一位名叫石世盘的摄影师常来，他的摄影技术也好。他为佩玉拍的一张黑白照片，色泽层次多，很有立体感。他抓住佩玉很自然地笑吟吟的一刹那，颧骨上那浅浅的笑靥也拍得清清楚楚。淘美请石世盘放大了挂在卧室一角。石世盘那时在研究有声电影摄影技术。国外早有有声电影，但技术不肯转让给我国。淘美资助他研究。当时他没有研究成功，倒是另一位名叫颜鹤鸣

的，研制成功了有声电影摄片机，命名为"鹤鸣通"。中国第一
部有声电影就是用"鹤鸣通"拍摄的，片名《春潮》，上海亨生
公司摄制，主演：高占非、李丽。石世盘后来研究成功，摄影机
取名为"爱迪通"。

还有不少朋友会来同和里住上十天半月的。滕固从德国回
来，在淘美家住了将近一个月。闲来无事，他就帮淘美整理那四
十多箱古籍书，全部翻出来整理编目，目录抄了六大本。

徐悲鸿在南京中央大学任教，他夫妇俩不时来上海，就在淘
美家小住一两日，那还是在邵家花园时。大哥谢寿康 1929 年从
国外回来，到上海，自然来四弟家歇脚。他一到，就写信请他太
太来上海团聚。徐悲鸿和蒋碧薇也特地从南京赶来一起为大哥接
风。大嫂是童养媳，大哥出国去，她在家乡苦守十八载，有人戏
称她是"现代王宝钏"。淘美择斜对过那爿西餐厅"沙利文"为
大哥洗尘。佩玉见大嫂衣服不雅，进西餐馆似乎不合适，借件衣
裳给她穿，可是大嫂身材矮，腰部很粗，连邵家老妈子的衣裳也
穿不下，只好依旧让她穿自己那身衣裳去沙利文。大哥却毫不介
意，与她一路携手同行，恩爱有加。过后，谢寿康去南京中央大
学任文学院院长，后来出使比利时、瑞士等国，最后死于台湾
"驻罗马教廷大使"任上。他在南京中大时，跟徐悲鸿都住在中
大宿舍，在丹凤街，近石婆婆巷。

淘美搬进同和里第一年，二哥突然一个人来上海。淘美看他
神情有异，一问之下，才知因夫妻失和。淘美只能委婉地规劝。
大哥也从南京赶来劝说。后来二嫂蒋碧薇来了，悲鸿便随她回
宁。然而夫妻感情已生裂痕，只是暂时和好而已。这一次，二哥
在淘美家住了约有一个月，他又一次为淘美画像。上次是 1925
年在巴黎，画的是淘美的头像，这次为淘美画了张半身像。画中
淘美侧身远眺，神采奕奕。他穿着件衬衫，系了领带，袖口却没

徐悲鸿 1930 年在上海邵洵美家作

有扣上，右臂挽着件外套，潇洒倜傥。二哥又让佩玉坐下，为她画。那天佩玉穿了件花衣裳。或许她是初次呆坐被人画像，显得不自然，容貌画得也只有三分像。但是二哥的画，洵美爱之，有时也挂在客厅里。顾苍生来玩，悲鸿也为他画，画了张奔马，徐悲鸿是以画奔马著称的，那张马一直挂在洵美的客厅里。悲鸿还为洵美的妹妹"咪阿呜"画了一张鸡，因为她生肖属鸡。

也就在这个时期，志摩办起了《诗刊》，由新月书店出版。在 1931 年 1 月创刊号的"序语"中，他说："……我们这少数天生爱好与希望认识诗的朋友，想斗胆在功利气息最浓重的地处与时日，结起一个小小的诗坛，谦卑地邀请园内的志同者的参加，希冀早晚可以放露一点小小的光。小，但一直的向上；小，但不是狂暴的风所能吹熄。我们记得古希腊阿加孟龙王战胜的消息传归时，帕南苏斯群山的山顶一致点起燎天的烽火，照出群岛间的雄涛在莽苍地歌舞。我们对着晦盲的未来，岂不也应有同样光明的指望……"

洵美就是志摩所期望的，有共心的、愿意共同开拓诗坛的志同者。他俩的私交的确激发了特殊的动力。洵美跟着志摩一起为出版《诗刊》忙碌。洵美和陈梦家一起帮志摩征集稿件；和孙大雨一起帮志摩编选诗歌；和光宇、振宇一起帮志摩设计图案……

在《诗刊》，洵美陆续发表他的新作，有《洵美的梦》《女人》《季候》《人曲》和《小诗一首》。洵美对志摩提出的意见一向非常重视。但志摩，或者是出于爱护和鼓励，对洵美总是称赞的多。1936 年，洵美出版了自己的第三本诗集《诗二十五首》，他在自序里提到："……后来和徐志摩有了深交，但是从他那里我只得到过分的奖誉。在这个时期里我出版了《花一般的罪恶》。听说徐志摩当时在我背后对一位朋友说：'中国有个新诗人，是一百分的凡尔仑。'这几句话要是他亲口对我说了，我决不会到了五年前，方才明白我自己的错误……"洵美在和志摩一起办《诗刊》的过程中学到了许多。他后来的创作也有了不少改进。有人说，从邵洵美、孙洵侯、尺楩等那时的诗作，可以看出，他们是"在步徐志摩的后尘"；"名字出现在《诗刊》的年轻一辈诗人，如卞之琳、方玮德、邵洵美、方令孺，是徐志摩在文学花园中栽培出的花朵"。受了志摩的影响，洵美的诗有了变化。他承认自己过去的诗比较浅薄，受词藻的诱惑，沉醉于声调里。他说过去自己的诗"大都是雕琢得最精致的东西，除了给人的眼睛及耳朵的满足以外，便只有字面上所露示的意义"。他说，"这种'少壮的炫耀'写了《洵美的梦》便尽竭了。"

第 1 期《诗刊》销路非常好，再版。第 2 期就赔了本；第 3 期也是如此。原因是：诗稿来得多，志摩他们喜欢极了，挑来挑去，几乎都不忍舍下，刊物出来，比原计划的厚得多。物价上涨，成本算下来该五角，但刊物定价不能涨。无怪乎书店经理着急说："真是一班诗人，一点生意经的常识都没有！"

徐志摩曾留学英、美两国，深受哈代（Thomas Hardy）、拜伦、雪莱、莎士比亚和尼采（F. W. Nietzsche）的影响，崇尚"爱、美和自由"。他和陆小曼这一对鸳鸯是诗的联结。他们相爱得如痴如醉，缠绵悱恻，魂萦梦绕。两人各自舍弃了原有的家庭喜结连理。可是到后来，他们的婚姻却是迷惘寡欢的。小曼染上阿芙蓉癖，并且很会花钱，志摩在上海光华大学和南京中央大学两处任教的收入还不足以维持小曼的需求。老友胡适当时任北大文学院院长，邀请志摩去北大兼任，可以增加收入，更重要的，是让他到北平换换空气。那时，多数老朋友已纷纷离开上海，他看志摩孤零零地在上海，家庭状况又非常不愉快，长久下去，怕他会颓废。然而志摩到北平教书，依旧心系上海。到了月底，领了薪水就送回上海，他如此往返于两地。有一次志摩要回家乡硖石，时间较长，大约几个月，请洵美为他代课。志摩在光华大学英文系任教授，教授英国文学史、英诗、英美散文、文学批评等课程。这些内容洵美都熟悉，不用费力备课，于是一口承诺。但洵美想到自己只有二十五岁，走上大学讲坛，怕压不住阵，特地去买了副金丝边眼镜，装作老成。那时他正好足踝扭伤，他一路跛行去光华授课。没料到，洵美在课堂上从容不迫，中英文脱口成章，滔滔不绝，妙语连珠，大学生们都聚精会神听课，对这位代课老师相当满意。后来在上海办良友图书公司的赵家璧也是这个班上的学生，几十年来他一直很尊敬洵美，尊他为师。洵美对赵家璧的评价很高，说赵家璧学问好，办出版有眼光，一是《良友》杂志办得出色，二是主编出版了《中国新文学大系》。

那个时期，有位女作家丁玲，和另外一位作家胡也频同居。沈从文是他们的好朋友，他们三人一起写文章，办刊物，如《红黑》月刊和《人间》月刊等。突然，胡也频被捕，因为他是共产党员。丁玲和沈从文四处打听，许多日也得不到一丁点儿消息，焦急异常。沈从文就来找洵美，请他想办法。洵美打电话给当时国民党上海市党部主任委员刘健群，要求保释胡也频。刘健群不同意保释。洵美跟他争执起来，非要保释不可。刘健群是 C. C. 的人（C. C. 指二陈，即陈果夫与陈立夫），张道藩也是 C. C. 的干将。洵美与张道藩是结拜兄弟。二陈极看重名士，他们和洵美也是老相识。况且洵美是国内知名出版家，又是文艺界、新闻界很有影响的人物。刘健群自是不敢得罪，只得道出真相——胡也频早于前几天就被枪决了。洵美不信。刘健群提出，有照片为证。洵美要看照片，刘健群只好答应，把照片送给洵美看，洵美就通知沈从文来看照片，沈从文看了，把凶讯带回给丁玲，如此，秘密枪决胡也频的事就公之于众了。

胡也频遭难，丁玲也处于危险之中，加之乳儿嗷嗷待哺，她简直陷入了无以为生的困境。她跟沈从文商量，只有把婴儿送到湖南老家，托自己母亲照应。可是，维持生计都难，何来盘缠？沈从文从朋友王际真那里收到一笔款；急公好义的徐志摩帮助丁玲卖了本书稿给中华书局。可这些仍只是杯水车薪。那时志摩自己手头也不宽，自顾不暇，只好请洵美帮助接济他们。洵美跟他们素有交情，就拿出一千元给他们作盘缠。这不算借，也谈不上要他们还。沈从文这才陪着丁玲母女回湖南。志摩总爱会写文章的人。他说，丁玲是个勇敢的女性，说"这位女性胆大得惊人"。他写了篇短篇小说《珰女士》，登在《新月》月刊第3卷第11期，写的就是丁玲这一段故事。

1931年11月19日，徐志摩在去北平的途中，在济南党家庄附近，飞机遇雾，触山坠毁。洵美闻讯，撕心裂肺地哭："为什么呀！为什么呀！志摩这么结实，生龙活虎一般，一下子把他摔死了，太惨了！太惨了！"

沈从文赶到济南去处理后事，见到志摩头顶上有一个大洞，手脚都烧焦了！志摩的灵柩运回上海，洵美去灵前吊唁。回家对佩玉哭着说："听说，志摩的指甲里都是泥，可见飞机坠下来的时候，他没有就死啊！他还有一息，还用手挣扎呢！"洵美连连说："真舍不得啊！真舍不得啊！他死得这么惨！……小曼为什么要叫他回来呢！……"徐志摩去世时才三十六岁。

失去师友的洵美，悲恸之中写了一首长诗悼念他，刊在他跟陈梦家等一起张罗出版的《诗刊》第4期——《志摩纪念号》，于当年12月出版，诗的题目是"天上掉下一颗星"：

> 假使天上掉下一星，我不懂
> 这该是谁的产业。老虎有眼睛；
> 游火虫也有她底下的一点红；

诗人会掏出他太阳般的灵感；

处女也会说她有光明的纯洁；

就连那将尽的柴烬，未熄的灯蕊，

也都会熙嚷着这是他们的名分……

你爱朋友，可是你走进了

一个不能和朋友拉手的世界：

这世界里有寒凛的孤单，我怕

你不能忍受。你只能在阴空中

向身后瞟上一眼，看你的朋友

都在逼近他们自己的终点；……

啊，志摩，谁相信当秋深的夜半，

一群幽绿的磷火里会有你！

那期《诗刊》里发表了志摩未入集的两首诗——《领罪》和《难忘》；还有志摩最后的断篇——他翻译的莎士比亚的《罗密欧与朱丽叶》的第二幕第二景。洵美对志摩与他合议翻译莎剧的往事记忆犹新。当时，他们二人有合作翻译《莎士比亚全集》的计划。志摩先选中《罗密欧与朱丽叶》，试译了一段。洵美懒，又没有耐心去埋头苦干，于是便挑了《仲夏夜之梦》，因为那是全集里最短的一个剧本，同时又是比较容易译的一个。然而，待洵美想动手了，细读之下，却感到剧中歌词极多，大半注重字面的美丽与音调的甜蜜，要译成另一国文字，则原文的精华会完全失掉，譬如那最有名的第二幕第二场，众仙子的催眠歌。因而洵美觉得他无论如何不能译得满意，迟疑再三，始终未敢动笔。如今，志摩走了，没有了志摩的鼓励和催促，洵美不再考虑译莎剧的事了。

这年，洵美和志摩还有一个共同的计划：他们两人都非常喜欢英国作家赫理斯（Frank Harris）的自传《我的生活与恋爱》，两人想合作把它翻译出来。赫理斯做过《晚报》、《星期六评论》、《虚荣市场》杂志的编辑及《半月评论》的主人。他和王尔德及萧伯纳都是莫逆之交，并曾为他们每个人写过一部传记。志摩和洵美两人有一次在上海一爿西书店看到赫斯理的传记，当时志摩想跟洵美合资买下来，但是定价要三百五十元，两人想来想去，究竟太贵了，没有买成。后来，洵美在五年之后，狠狠心买下了，快活地细读细品之后，写了篇文章，以书名为题，登在上海《六艺》月刊的创刊号里，向读者介绍这本书和它的作者，也是为志摩完成一个心愿。那已是 1936 年了。

《诗刊》出了第 4 期，就跟它的主人志摩一样，从此在诗坛销声匿迹了。洵美说，志摩一去，谁能负得起对《诗刊》的责任呢，徐志摩只有一个。志摩走后，洵美再也不想写诗了。直至两年后，他才在朱维基办的《诗篇月刊》上发表了几首诗，分别是《自然的命令》《声音》《天与地》《自己》《在紫金山上》和 *Undisputed Faith*。

《声音》和《自然的命令》是"五步无韵诗"的尝试；《天与地》是"十四行诗"的尝试；*Undisputed Faith* 是"四步无韵诗"的尝试。洵美对这三种格律的不同进行分析，他在《诗二十五首》的自序里写道："但是我的格律的尝试，是性质的，不是形式的。譬如'五步无韵诗'的特点是在使情境的力量延长，它可以有更自然更复杂的变化；它也有间断，但气韵是连贯的，读的人即使在中间休息一下，甚至搁置几天，但是当他要继续读下去的时候，精神仍旧能会聚。正像是水上行船，那河道有时笔直，有时弯曲，有时宽，有时狭，有时要经过桥洞与山峡；悠长是这条流动的路程，两端的距离即使有几百里几千里，但是它的生命是一根不断的蛛丝，狂风暴雨也破坏不得它一分一毫。用这种格律，长诗会觉不到长；去欣赏它，当然要有健康的心灵，而希望一刹那的刺激的却只能怨怪自己的病弱。'四步无韵诗'变化可能少，太长了会单调，但是它的情致更来得亲切，更来得素朴，适宜于更天真的意境。'十四行诗'是外国诗里最完整最精练的体裁，正像中国的'绝诗'一样，'麻雀虽小，五脏俱全'，它自身便是个完全的生命，整个的世界。去记录一个最纯粹的情感的意境，这是最适宜的。它比中国的'绝诗'更多变化，用它来练习新诗的技巧，可以得到极好的成绩。我当然不劝人家去就什么范围，但是字句的秩序是不可不有的。'诗是最好的字眼在最好的秩序里'，我始终信任柯勒立治（Samuel Taylor Coleridge）这句话。"

对于邵洵美早期诗作的评论，陈梦家在1931年出版的《新月诗选》的序中写道："洵美的诗是柔美的迷人的春三月的天气，艳丽如一个应该赞美的艳丽的女人（她有女人十全的美），只是那缱绻是十分可爱的。'洵美的梦'在滑稽庄严下发出一个疑惑的笑，如其一块翡翠真能说出话赞美另一块翡翠，那就正比洵美对于女人的赞美。"1935年，应赵家璧之请，编选《中国新文学大系》（诗集）的朱自清引用1930年沈从文在《现代学生》创刊号的一篇文章里对邵洵美的诗作的评价："以官能的颂歌那样感情写成他的诗集。赞美生，赞美爱，然而显出唯美派的人生的享乐，对于现世的夸张的贪恋，对于现世又仍然看到空虚。"这两本著作几乎被视为经典，引导了读者。后人多据以评论邵洵美的诗，并冠以"唯美主义诗人"的称号。实际上，这阶段他写的诗句里间或也透露出他要从幻美的梦里觉醒过来的顿悟，却被大多数读诗的人忽略了。

志摩不幸罹难的打击令洵美再也没有心思作诗。从此，他只是默默地研究起诗的理论来。

生不逢时的我

《新月》月刊第 4 卷第 1 期也出了《志摩纪念号》。在第 4 卷第 5 期上陈梦家写了篇《纪念志摩》，说起"洵美要我就便收集志摩没有入集的诗，我把他的《爱的灵感》和几首新旧创作合订成一本，为诗集题名为《云游》，想起来使我惶恐，这曾经我私拟的两个字——'云游'，竟然做了他命运的启示……"

志摩走了，洵美仍执著地继续为他的《新月》出力，第 4 卷第 2 期起，编辑由梁实秋改为叶公超，洵美以邵浩文的名义作为刊物的发行人。第 4 期起，洵美加入了七人编辑小组，这七人即：叶公超、潘光旦、胡适、梁实秋、邵洵美、罗隆基、余上沅，刊物由邵浩文出版，仍以新月书店为发行者，由洵美的时代印刷厂印刷。不言而喻，是洵美出大力出版的，包括财力、物力和精力。失去了徐志摩这个中心人物，《新月》也失去了凝聚力和活力，又出了三期，到 1933 年 6 月 1 日第 4 卷第 7 期，《新月》只好停刊了。洵美又认真地把全部《新月》合订起来，出版合订本，使志摩经手的这份工作有始有终。

可能在志摩出事前后，新月书店出版了一本薄薄的《声色》创刊号，封面上刊名是红色的手写艺术字。里面没有发刊辞，目录上有邵洵美的论文《水晶的符咒》和诗《蛇》，有徐志摩的散文《一个诗人》，有朱维基的诗五首和林微音与芳信的散文。封底只有"新月书店发行，四马路望平街口"字样。没有印发行人和发行日期，却有《自己丛书》的广告，内含《志摩诗集》、洵美的《诗与女人》等（笔者注：洵美在 1930 年《金屋月刊》第 8 期发表过一篇《诗与女人》，同题的单行本没发现）。

那个冬天，对洵美来说，是多么幽暗、漫长、失落与郁闷。

突然，风云骤变，日本侵略者在上海燃起战火，"一·二八"事变爆发。苏州河畔炮声隆隆，火光冲天。邵公馆里的一大家子人，有的惊慌，有的焦虑，有的没有了主张。洵美倒处变不惊。《时代》虽然停刊了，但日军的猖狂进犯使他怒火中烧，他一定要用笔说话。他把王永禄召来商量，要把发生在闸北的事件、把前线的消息向老百姓宣传。于是师徒二人挽起袖子，出版《时事日报》。那只是一张小报，以图片为主，发行的量也小。这份报全由洵美一个人写，一个人编；由王永禄负责印刷、发行，只出了十六期，就因日本人的干涉而停刊。

邵洵美之所以独立出版《时事日报》，也是他自觉执行笔会的决议。前一年的"九一八"事变，群情愤慨。中国笔会为应否发表宣言谴责日人侵夺我东北几次开会讨论，研究英法世界笔会的章程。终因章程中有"会员不得假借本会集会为政治活动"的提法，因而不便以笔会名义发表宣言及其他有关政治之文件，决议改由会员个人参加上海文艺界救国会共同努力于抗日救国工作。

十九路军在蔡廷锴将军指挥下保卫大上海，一时间伤兵接连从战线上送下来。市内的医院收容不迭，宋蔼龄与宋庆龄姊妹俩紧急筹办两所临时医院收治伤员。盛公馆出资建了一所。这一段往事，洵美的表妹毓青记得很清楚。她在八十四岁高龄时回忆亲身经历的"一·二八"，她说，因为她的五姑妈盛关颐和宋蔼龄相熟，五姑妈义不容辞，就跟恩颐、昇颐（毓青的父亲和七叔叔）等人合资办了一所临时医院。地点就在盛公馆后面，新闸路口的一所学校里。医务人员少，主要是当时上海著名的牛惠霖和牛惠生兄弟俩，一位是内科医生，一位是外科医生，护士工作由他们的太太担任。南京的励志社派来两人负责管理，在医院分值日夜班。英租界工部局卫生部也有两位外国人常来。宋蔼龄姊妹俩每隔几天就来看望伤兵，指点医院工作。她们通常穿深色旗袍，两人之间说话用英语。毓青和她哥哥毓邮、弟弟毓度、妹妹毓珠天天到医院帮忙：给伤兵喂饭、喂药、打水、洗脸，代他们写家信……毓邮还陪他们下棋。社会上捐款的市民接踵而来，慰问品堆积如山。毓青他们就帮着整理造册。他们还去工厂募捐手帕发给伤兵。不少青年也主动来参加医院工作。因为医务人员人手少，一位女学生自告奋勇充当手术室护士，谁知在手术台旁，看着惨不忍睹的情景，她忽然晕倒，被抬了出来。战争越来越激烈，这个临时医院的一百多张病床都满了。治好的伤员一批批走，新的伤员又一批批来，络绎不绝。一车车伤员被送到这个临时医院后，只好都先放在操场地上。望着他们血肉模糊的躯体，听着他们痛苦的呻吟，毓青心如刀绞。她印象最深的是，她看到一位伤兵的一条腿给炸断了，只挂着一点点筋和皮连着，血流如注，毓青看着实在心疼，急得去求医生，请医生先给这位伤兵手术。可怜这伤兵，虽然被送进了手术室，截去了断肢，却还是因为失血过多牺牲了！还有一位伤兵，面部被"达姆弹"打得七穿八孔。毓青给他喂汤，汤从嘴里进，又从伤口流出来。她望着他，忍不住哭了。截下的断臂断腿一木箱一木箱地从手术室抬出来。日寇残酷，枪炮无情，但爱国将士毫不退缩，他们不怕流血，不怕牺牲。不少人伤口还没有长好，军衣洗了还没有干，就急急要求重返战场。不久，伤兵都要撤退了。他们不能穿着军装出去，一个个改换便衣。最后，军民一起在操场上集合，拍照留念。

淞沪抗战鼓舞了上海人民。奋不顾身、血战抗敌的将士们的形象深深铭记在老百姓的心间。然而政府在敌人的进逼中节节退让，英雄们的鲜血换来的却是让步的"和约"。

"一·二八"事变影响到洵美的印刷厂，刚刚从德国进口的影写版设备在杨树浦刚安装好，十九路军和驻在当地的日军开了火，淘美急命工厂临时迁到法租界，《时代》被迫停刊。事件平息之后，印刷厂迁回原址（此前，淘美在市区开办过一个印刷厂，实际是个铅印部，承印时代图书公司和新月书店的书刊，后来关掉了）。亦师亦友的徐志摩的逝去对邵淘美打击巨大，接着"一·二八"的炮火血腥震惊了他，现实使他从唯美转身，他盘下《时代画报》，也就是看中"时代"这块牌子，文学艺术要结合时代。他把全部精力投入时代图书公司。《时代》复刊了。淘美在第 2 卷第 10 期发表了一篇署名文章，题目是《容忍的罪恶》。他写道："千百年来对于做人的方法，老先生只教了我们一个'忍'字。孔子所谓'忠恕之道'，也不过是教你逢到一件事情，总得先容忍下来，再设身处地为人家想想。设身处地一想，天大的过错也可以原谅：强盗抢钱不过是为了没有饭吃；卖国贼、奸商不过是为了姨太太多，家累重；根据同一种道德的标准，因此人家把闸北轰得精光，我们还是笑逐颜开地和他们欢饮香槟；人家把东三省抢得精光，我们也不过用一个无抵抗的口号去对付。人家打你左颊，你再把右颊给他打：这应当是因袭所谓的最伟大的人格。'容忍是错了的！'国民异口同声地这样喊着。他不能容忍一切的侮辱……要改良，要反对，要抵抗，要革命。有革命才有进步。假使千百年来没有了那般不耐烦的英雄，我们哪里会有今天这样一日！……我们要有不耐烦的品性，我们要有不耐烦的行为，这是我们惟一的出路。"

淘美又在一篇《自己笔记》里讽刺政府的不当作为："中国做渔翁的时候，他看着鱼儿把饵食吃完，不把钓鱼竿拿起来；中国做鱼的时候，他吃了饵食就睡在钩子上。……"

正在这个时候，长期患有心脏病的好姆妈患起伤寒症来。她没听几天炮声，就与世长辞了。虽然在战争年月，家里仍旧是一番大排场地办丧事。丧事一过，多年陪伴史老太太的马干娘离开了邵公馆。淘美夫妇整理好姆妈的遗物时，发现先前看见过的她箱子里那些很值钱的首饰古董，竟都不翼而飞了。淘美素来不计较金钱，当时吃了一惊，未免纳闷，过后也就没放在心上。

就在这个春节，大年初一，佩玉生下了第二个女儿——"三毛头"，那就是我。我来得不是时候，老话说："大年初一出生的，命硬！"又有个说法："年初一生的人是讨饭命——一世穷。"而且听说，那是指年初一"午时"后出生的孩子。我是卡在中午十一点刚过落地的，真是"生不逢辰"！外祖母担心我命不好，怕将来要拿"讨饭棍"，特地关照阿妈去左邻右舍要点饭，算是事先代我讨过饭了，将来不再会受穷。那正是兵荒马乱的年头，哪里去找奶妈呢？说也巧，正好有个从苏北农村逃荒来上海的女人，她刚刚生过小孩，愿意当奶妈，托同乡寻生意，辗转托到邵家的厨子。过去都从荐头店（即职业介绍所）雇奶妈，妈妈有点医学常识，都要她们先去医院查身体验血，但现在这个当口哪里还能这样讲究？幸而我这奶妈身体壮实，奶水足，我被喂成个胖娃娃。

爸爸为我取名"小红"。这时哥哥上幼儿园了，邵潮是他在家谱里的名字，上学后改名为"小美"，姊姊玉玉自然取个学名叫"小玉"，他们是继爸妈的名字。可是，我为什么取名"小红"呢？在跟爸爸共同生活的二十多年中，我从来没想起要问这个问题。后来我问妈妈，问姑妈，问哥哥，他们都不知就里。而今，年近古稀的我搜肠刮肚忆往昔，记忆的角落里却出现了一幕情景：那是1948年，我坐在爸爸的书桌旁，看他手持毛笔在练字。忽然他心血来潮对我说，他要把我们姊妹的名字改得正式一点，雅趣一点。我姊姊小玉的名字要改成"礼玉"；大妹妹小珠改成

"传珠"；二妹妹小燕改成"书燕"……而我小红改成"诗红"。噢，原来，我名字里的"红"字是和他的诗联结在一起的！他的诗里有玫瑰，有桃花，有胭脂，有珊瑚，有火，有热，有太阳。可见爸爸最喜欢那红的色彩。我没有诗一般的容貌，生就一双不讨人欢喜的大眼睛，圆圆的，像两粒大桂圆。小时候那大眼睛的瞳仁里成天充满的是惊讶和恐惧，老是瞪大了眼睛，环顾四周，看着大人的说话举止，看着家庭的起落，看着世界的变迁。爸爸有意为我取"红"字为名，或许是意欲将那夺目灼手的红色揉进我的未来。他是祝福我有诗一般美丽的人生吧？可是他不是先知，人生有时并不如诗啊！

1932 年夏末，淘美夫妇出门去了，为的是决定《新月》的命运。志摩走后，《新月》群龙无首，那班主要撰稿人大多不在上海，稿件的征集、编选拖拖沓沓，刊物一再脱期。新月书店又连年亏损。当时淘美接办这亏本的书店，全是为了志摩的交情，如今志摩已经作古，再背这个包袱有什么意思？况且各人意见不一，志摩生前办《新月》的方针与淘美一致，不主张把它办成政治性刊物，而罗隆基、梁实秋他们却意见相左。而今淘美孤掌难鸣，又何苦把这份自己不喜欢的刊物继续办下去呢？淘美夫妇北上，顺道去南京拜访二哥悲鸿和三哥道藩。徐悲鸿这时任中央大学教授，张道藩仍在任"党国要员"。刘纪文还是在当他的南京市长，淘美没去拜访。到北平，淘美夫妇去拜访《新月》主要负责人胡适，又见了叶公超夫妇。叶夫人身材窈窕，容貌秀丽，跟佩玉很谈得来，两人在花园里留了影。他们又去见了只有一条腿的潘光旦教授以及全增嘏、梁实秋、沈从文和梁宗岱。罗隆基在天津，淘美夫妇也专程去拜访他，虽然彼此办刊意见不合，但还是有深交的，为《新月》也得征求他的意见。淘美转了一圈，综合大家的意见，决定结束《新月》。回到上海，洵美便着手《新月》的善后事务，月刊停刊；新月书店的存书也移交上海商务印书馆。这样，洵美便抽出身来办自己的出版事业，《新月》的时代从此结束。

在结束《新月》的同时，洵美跟朋友们酝酿办另一本杂志——《论语》半月刊，那是一本幽默杂志。为此，在洵美家客厅里朋友们商谈多次，参加的有林语堂、李青崖、全增嘏、沈有乾、林微音、章克标和曹涵美、张光宇、张振宇三兄弟。后来又加上了潘光旦和叶公超。这本杂志出版发行都由洵美的书店、印刷厂承担，资金方面，一开始林语堂和洵美出了一点，第 10 期后就由洵美独资了。由于开头主编是林语堂，人们常常说："林语堂的《论语》"，其实是个误会。在战后出版的第 142 期《论语》上洵美写了篇《一年论语》，文中他回忆说："最先的几期是章克标先生编辑的，后来他为了要专心撰著《文坛登龙术》，于是由孙斯鸣先生负责。到了十几期，方由林语堂先生来接替。这时候《论语》已日渐博得读者的爱护，销数也每期激增。林语堂先生编辑以后，又加上不少心血，《论语》便一时风行，'幽默'二字也成为人人的口头禅了。"但林语堂忙于别的事，自第 26 期起改为陶亢德任主编了。"此后，林语堂先生又与徐讦先生合编《人间世》，接着又与陶亢德先生合作《宇宙风》，为了外来的稿件不易分开，于是陶亢德只得与《论语》脱离"。洵美从第 82 期起，便请郁达夫来继任编辑，但郁达夫到福建去做官了，实际上，是洵美亲自出马主编《论语》。后来又有读者林达祖协助编辑。洵美没想到这本杂志一开始就受到读者热烈欢迎，创刊号一连重印几次；也没想到这本杂志会如此长寿，战前战后一共出版一百七十七期；也没想到这本杂志能始终坚持不脱期，并持续畅销。

　　当时为了给这本杂志定个既平凡又容易记住的名称，大家真是挖空心思，讨论了好几次，最后还是章克标先生俏皮地想出这个名字。他回忆"那是好几个夜晚，十来位新月社文友聚在邵洵美家里商讨，可是大家提了一大堆刊名，林语堂就是不满意，弄得大家不免泄气。一旁的章克标心想，你林语堂也太狂了，看来这刊物就叫'林语堂'你才满意呢，'林——语'，对，谐音不是'论语'吗？办刊物不就是论论议议？……"他提出以"论语"为刊名，众口称好，大家拍手叫绝。《论语》这本书是我国春秋时期，孔丘的门生记载夫子在课堂上讲授的内容与课后的训辞而编著的。以这样一本传之万代，为我国立国之本的儒家经典的名称来作一本幽默杂志的刊名，不翻开杂志，也会令读者会心一笑。起初只用两个普通的老宋体字印在封面上，后来林语堂找来郑孝胥的书法。封里印有《同人戒条》，作为编者自儆的规章，读来令人忍俊不禁。《论语》的编辑名单先后有：林语堂、陶亢德、郁达夫、邵洵美、林达祖、李青崖。林语堂编《论语》，起先没有编辑经验，请陶亢德帮忙。陶亢德笔名"徒然"，他原是邹韬奋《生活》周刊的编辑。《生活》是本很好的杂志，却被迫停刊。当时，张道藩和刘健群要找韬奋谈话。洵美和韬奋是好友，为保证韬奋的安全，谈话地点设在洵美家里。《生活》停刊后，生活书店要结束业务，洵美出资帮助书店善后（洵美是个热心人，郭沫若的"创造社"善后，他也出过力）。

　　许多知名作家是《论语》的长期撰稿人，也有原来不知名，通过《论语》，后来成长为知名作家的。比如徐讦当时刚刚大学毕业，常向《论语》投稿，林语堂很赏识他，后来林语堂脱离《论语》，去办《人间世》，他和陶亢德是其左右手。

　　创办《论语》之初就出了一个事故：原来这班朋友办这份刊物，意在效仿英国老牌幽默杂志 Punch（《笨拙》），商定半本文字，半本漫画。孰料林语堂一时失着，宴请漫画家黄文农，把名字错写成王元龙（名演员）。气得黄文农甩手辞请，半本漫画的计划从而落空。一幅幅漫画只能填补留白或以封面为领地。正因为这一失误，造就了专门出一本漫画杂志的动机。《论语》里，漫画只是点缀，《时代漫画》却实践了半本漫画半本文字的梦想。他们称这些短文为"漫文"。漫画与幽默文章是同出一辙的，只是手法不同而已。作家海戈说："时代愈乱，《论语》愈能风行，材料也愈加精彩。"《时代漫画》也是如此。二者同样销路逾万。张光宇说："这是一个漫画的时代。"

《论语》的封面上常写古代名家的名句、格言，常常是洵美、林语堂或林达祖的书法。其中漫画则先是光宇兄弟的，曹涵美一度任艺术设计，由漫画家们发表一些小幅作品。后来多为丰子恺的作品，丰子恺用笔简洁，古朴风雅，寓意深长，印在"论语"二字旁边很相称。《论语》中的文章和漫画多为针对时弊政令，或是对生活中常见的人与事抒发感想，其幽默存于含蓄，读来令人莞尔，过后又不免深思。洵美非常喜欢这份杂志，为之着实费了不少心思和气力。第 1 期封面上的字就是洵美的书法。第 10 期起封里印上的《论语社同人戒条》也是洵美的手书。戒条有十条：

一、不反革命。

二、不评论我们看不起的人；但我们所爱护的，要尽量批评（如我们的祖国。现代武人，有希望的作家，及非绝对无望的革命家）。

三、不破口骂人（要谑而不虐，尊国贼为父固不可，名之为王八蛋也不必）。

四、不拿别人的钱，不说他人的话（不为任何方作津贴的宣传，但可做义务的宣传，甚至反宣传）。

五、不附庸风雅，更不附庸权贵（决不捧旧剧明星，电影明星，交际明星，文艺明星，政治明星，及其他任何明星）。

六、不互相标榜，反对肉麻主义（避免一切如"学者"、"诗人"、"我的朋友胡适之"等口调）。

七、不做痰迷诗，不登香艳词。

八、不主张公道，只谈老实的私见。

九、不戒癖好（如吸烟，啜茗，看梅，读书等），并不劝人戒烟。

十、不说自己的文章不好。

《论语》初期洵美忙于其他的事很少刊出他的文章。他那时正在为《时代画报》和《十日谈》撰文，在写长篇小说《贵族区》。

《论语》成功的喜悦并没有减轻洵美对亡友志摩的思念。他特地赶赴志摩的家乡——浙江硖石，参加"徐志摩周年祭"。他托胡秋原先生把一叠照片带给施蛰存。施蛰存选了其中四张（诗人遗像，梅坛——诗人停柩处，硖石小学——诗人幼年时代曾经就读的母校和赴硖举行周年祭的人物）刊于他主编的《现代》杂志第2卷第3期。照片里祭台前和两侧布满鲜花和悼念诗人的对联和横幅。横幅上写着"白日飞升"四个大字。照片里的徐志摩面带微笑，看了令人心碎。与此同时，洵美又在他的《时代画报》第3卷第6期发表了志摩的遗作《眉轩琐语》。洵美在文前写道："去年十一月十九日志摩在济南遇险，匆匆已一年了。在这一年中，一切都有了很大的更易，志摩有灵，亦当惊讶这世界真会变化。可是志摩所一手栽培的诗园里，到现在还只是畸畸零零的几朵，奈何！最近小曼交予志摩所遗日记数册，嘱为编就付印，赶十九日出版，分送亲友。《眉轩琐语》乃新婚时所写，特选出登本报以作纪念。"

志摩亡故之后，洵美和佩玉不时去探望陆小曼。逐渐小曼在徐志摩遇难后，从悲痛、悔恨中冷静下来，带病要为志摩与她的"未了心愿做就，留下一些不死的东西，不负他爱我之情与朋友盼我之意，我即去天边寻我的摩，永远的相亲相爱，那时想众朋辈一定不能再有怨我之处了。只是这二年内我再不能受经济之苦了"。她给胡适写信，倾诉她的心情和期望，请胡适帮助她，一方面是经济问题，另一方面是请他帮助集合志摩的信、日记和文章。

洵美曾经很认真地要为小曼出版《志摩日记》，后来他办的《人言》周刊上还登出过新书广告，介绍说："要出版的《志摩日记》，卷首有小曼的《忆摩》及邵洵美的《志摩日记三种书后》一文。邵为徐诗人知友之一，所记述之事多为朋友中所不详者，其价值之可贵，自不待言……"然而，这本《志摩日记》最终没有在洵美的第一出版社出版，而是由志摩的高足赵家璧的良友公司出版，书名为《爱眉小札》，后来1947年，赵家璧的晨光出版公司又以"晨光文学丛书"第六种出版了《志摩日记》。

志摩对洵美的影响是多方面的。徐志摩在上海曾发起成立"笔会"。那是国际性文化组织，简称"P. E. N. Club"。P代表Poets（诗人）；E代表Essayists（散文家）（笔者注：有人谓E指Editors编辑）；N代表Novelists（小说家）。这个国际笔会每年举行一次会议，各个国家轮流主办。它的目的在于摒除种种国籍或种族的隔阂，谋求文艺家友谊的增进。国际笔会中国分会的总会理事为七人，蔡子民（元培）任会长。他们提出："抛开仇恨怨毒，寻求光亮景象，一切文字职业者握了手吧！"上海笔会是1930年11月16日成立的，选出理事七人：蔡元培、叶誉虎、徐志摩、郑振铎、邵洵美、戈公振、郭有守。互选蔡元培为理事长，戈公振为书记，邵洵美为会计。据秦贤次《"国际笔会中国分会活动考"一文补充》称，参加上海笔会的差不多只有文学研究会、新月社、真美善社、论语社这四社社员为主要分子。

1933 年，英国著名戏剧家、幽默大师萧伯纳乘坐昌兴公司漫游世界班轮"不列颠皇后号"作远东游，2 月 17 日到达上海。上海各文化团体到码头上迎接。《申报》报道，那天在新关码头等候的有电影、戏剧界代表洪深、应云卫等，还有学生和崇拜萧氏的青年男女四百余人。他们欢迎"革命艺术家，和平之神萧伯纳"；欢迎他"同情中国土地完整，中国独立解放"，欢迎他"反帝国主义，反对日本进攻华北，反对第二次世界大战"。报道又说："民权保障同盟林语堂、邵洵美、中外新闻记者二十余人亦鹄候莅临访问。"那天有一部分人还走错了码头，扑了个空。原来宋庆龄与萧伯纳同为世界反帝大同盟的名誉主席，故孙夫人清晨同杨杏佛等上轮船，在船上共进早餐之后在杨树浦码头登岸。笔会是东道主。但是上海笔会没有什么经费，花销常常由当时任会计的洵美个人掏腰包，这次招待萧伯纳自然也是如此。那天上午，先去拜访了蔡元培，后萧翁应宋庆龄之邀，到莫里哀路宋宅去做客。《现代》杂志刊登萧氏抵宋宅下车时的照片，第一个伸出右手迎上前去的是身穿西装的邵洵美，他挽了件大衣。中午假宋宅午宴，那是一桌素宴，因为萧翁不吃荤，伴萧翁进餐的，席上除宋庆龄之外，还有蔡元培、鲁迅、杨杏佛、林语堂和邵洵美。午后，笔会在世界学社举行欢迎会，那是在福开森路 393 号，前门在霞飞路，沿马路有宽宽的大石梯上去的大洋房里。参加欢迎会的文化界人士有五十多人，除午餐的陪客外，还有叶恭绰、张歆海夫妇，全增嘏、宋春舫、谢寿康、洪深、张若谷等，另有几位外籍人士。著名京剧演员梅兰芳博士和上海名媛唐瑛也列席。在会上梅兰芳等与萧翁一问一答，由洪深翻译；萧翁作即兴发言，张歆海为之翻译。最后是笔会向萧翁赠送礼品，由洵美做代表，一盒京剧大花脸的脸谱模型，另有一件花旦戏装是送给他夫人的。会后，萧翁又回到宋宅花园里接见记者。洵美张罗了一天，傍晚回家，他把白天的经过讲给佩玉听，他说，萧伯纳有大幽默家之誉，可是无论在餐桌上还是会上，听其发言，一点也不幽默。又说萧伯纳是吃长素的，所以我们请他尝尝功德林的味道。洵美还谈起，这次是他第一次见到鲁迅先生。出来时正在下雨，天很冷，他见鲁迅站在屋檐下，像是在等车，冻得脸都发青了，洵美就主动上前邀请他上自己的汽车送他回去。后来洵美说："我跟鲁迅先生并没有个人恩怨的过节。"可是鲁迅与新月派之间在报刊上笔墨相向是人所共知的。其起因有一说：当年志摩译了波特莱尔的一首诗《死尸》在《语丝》第3期发表，鲁迅读后，在《语丝》第5期上发表他写的《音乐》一文，讽刺徐志摩。志摩保持沉默。鲁迅后来坦承："我做了一篇杂感，和他开一通玩笑，使他不能乐，他也果然不乐了。这是我和后来的'新月派'积仇的第一步。"（笔者注：见《徐志摩新传》）

萧伯纳来上海，媒体大造舆论，众人大张旗鼓地欢迎；但他老人家虚晃一枪就走了。嗣后，《论语》第12期出版了"萧伯纳游华专号"，除介绍他的生平，报道他在沪一天的活动外，撰文的还有蔡元培、林语堂、鲁迅、全增嘏、洪深、宋春舫等。洵美在前一期《论语》写过一篇《萧伯纳》作事先的介绍；这一期写了篇短短的《我也总算见过他了》，说到萧翁在世界社二十分钟演讲，说了不到二十句话等等。施蛰存的《现代》杂志第2卷第4期对萧翁访华也有报道，并刊出照片。其中一张拍的是在世界社后门口，众人送萧翁出来，似是在安排车辆，洵美立于萧翁的左后方，穿着棉袍。

鲁迅先生不是笔会会员，但对这一次萧伯纳访华极感兴趣。他不但自己参加活动，还写文章谈感受，除在《论语》上发表之外，在《现代》第 3 卷第 1 期还发表了他的《看萧与看萧的人们》。那是许霞译自日本的《改造》4 月特辑，由鲁迅校订过的。鲁迅还跟瞿秋白把那时期报刊上有关萧伯纳访华的文章整理编排，加上注释按语，集成一本《萧伯纳在上海》。

民族危机日益严峻，政府的治国无方以及无视民众权利的倒行逆施的行为把洵美从"艺术至上"的狭小天地驱赶到广阔的社会生活中来。1933 年 5 月，国民党特务秘密绑架了丁玲和潘梓年。洵美和蔡元培、杨杏佛、邹韬奋等二十九位上海文艺界知名人士联合致电当局表示强烈的抗议。6 月，洵美和蔡元培、柳亚子、杨杏佛、郁达夫、鲁迅等十九人联名发表《为林惠元惨案呼冤宣言》，其经过是：1932 年 12 月，宋庆龄、蔡元培、杨杏佛等在上海发起成立中国民权保障同盟，林语堂应邀参加，被推为同盟的全国执行委员之一。1933 年先后在上海、北平成立分会。鲁迅和林语堂都参加了上海分会的活动。该组织提倡言论、出版、结社、集会自由；反对特务横行的白色恐怖；营救被拘捕关押的革命者及进步人士。是年 6 月，林语堂的侄子林惠元（龙溪抗日会常委、民众教育馆长），因爱国抵制日货，严办了采购日货的商人简孟尝医师而遭逮捕，未经审判，即以"通匪"罪立即被枪决。中国民权保障同盟致电有关领导，提出为林惠元彻底昭雪要求。同时，上海文化界名人发表了上述宣言。洵美与蔡元培是亲戚。蔡夫人姓周，是洵美的表姊，其母也是洵美的干娘——周干娘。洵美对这位德高望重的表姊夫一向敬重，他说的话，洵美句句都听，他的正义主张和行动，洵美自然赞同。何况洵美生来一副侠义心肠，他与林语堂又是交情深厚的老友。6 月 18 日，同盟总干事杨杏佛遭特务暗杀。洵美把这个凶讯和追悼会的照片登在《时代画报》上，公之于众，以示抗议。他还不顾自身安危，毅然将杨杏佛写给自己的信刊在其中。1936 年 6 月，洵美与洪深、茅盾、何家槐等 111 人发起署名发表《中国文艺家协会宣言》。署名的包括郁达夫、叶圣陶等人。《宣言》中指出："团结一致，抵抗侵略，言论自由，民众组织救国团体的自由。光明与黑暗正在争斗，世界是在战争与革命的前夜，中华民族到了生死存亡的关头"，"要求更多的作家们共同负起历史决定了的使命。把我们的笔集中于民族解放斗争吧！"

第二章 时代的兴隆

九 种 刊 物

父亲又来找洵美，因为家里一桩连一桩的红白喜事，加上他的开销大，手里的钱又将告罄，向公平洋行借一百万两白银的高利贷，利息也付不出。于是，再向公平洋行"增押"四十万两，还去前欠的利息和建房所需的余款，结算下来，剩余的四万两，父子两房各半。洵美自己也从同和里迁出，房子出租。从此，洵美与父亲及弟弟们分开住，自己组织小家庭，而妹妹云芝尚未出阁，就陪在大哥大嫂身边。洵美一家先是搬到巨籁达路（现巨鹿路）122号。早些时，他把牯岭路那片焦土变卖所得兑换成美金五万元，向德国订购了全套影写版印刷机，包括照相设备。为了便于运输，洵美在杨树浦地区靠近公兴码头的平凉路21号租了一排房子，成立了时代印刷厂。影写版机器运达上海，安装好试印，却不成功。高薪聘请的留法印刷专家解决不了问题，洵美只好看着说明书翻译，经理盛毓贤依此步骤一一操作，反复多次，总算摸到门道，最终试印成功。时代印刷厂正式开幕，那是1932年9月1日，这是我国第一部影写版印刷机。在金屋书店结束时，洵美把它过户到了"时代"。

新月书店结束，上海时代图书公司正式成立，那是1933年

幼年的绡红睁着大眼睛，惊讶地望着。想不到
这世界变化多端，会有那么多的不解有待她来探索

1月1日。淘美家住市区，到杨树浦厂房来往不便，就买了部汽车，是棕色敞篷的 Nash（纳许牌）跑车，牌照号码 8168。那巨籁达路的房子有个大花园，房东是苏格兰人，夫妇俩极爱整洁，把花园、草坪收拾得非常干净，淘美家人口多，来客多，颇受拘束，加之房子沿马路，白天车水马龙，人声喧闹，夜里犬吠猫叫，淘美苦于夜不能眠，提笔又难成章，索性把家搬到杨树浦麦克利克路 47 号（今临潼路）。他与佩玉商量，搬去离厂房近，又远离市区，朋友来访也少些；可以静下心来，多读点书，多写点文章；也可以节省点汽油费。谁晓得那座房子的东邻住着三个美国工头，都是单身汉，夜夜酗酒，喝醉回家后就大吵大叫；西邻住的是白俄，一家二十七口，孩子哭闹打架，大人呼喝相骂，嘈杂之声不绝于耳。淘美只好再度迁居，这次迁到麦克利克路 3 号徐园。徐园和时代印刷厂只隔一条马路，淘美可以随时去印刷厂，刚印好的书刊，可以先睹为快。而且徐邨是个宁静的住宅地，一大片草坪，四幢楼房，没有篱墙相隔。淘美住在第 2 幢，4 号。房子三上三下，一、二层都有封闭阳台，三层楼有个大晒台。屋子附有两层楼的汽车间。搬到这里，淘美先是修房子就花了一大笔款子。朋友来访是少了些，但也就因为远离市区，如果有朋自远方来，就少不得款待茶点，留吃便饭。编辑部先在九江路中央大厦，原《新月》编辑部，后来时代图书公司成立，迁到福州路，又搬到霞飞路近嵩山路的一幢沿马路的房子里，楼下设书店门面，楼上是编辑部。淘美为约稿、编辑事务，为和友人交往，仍旧不时往市里跑，汽油费也省不下多少。不过，这徐园安静，他在这里能安心写作。此外，大花园一侧有只大笼子，养了一对孔雀，孩子们欢喜，可以免得带他们去兆丰动物园；另一侧还有个网球场，可供两对人同时打，全增嘏、温源宁和李青崖那三位教授常来一起打网球、打桥牌。他们几乎每隔三天来聚一次，有时相约去市里西康路（现五四中学操场）打网球。

　　在徐园，我有了个妹妹——毛毛。因为她属猪，爸爸为她取名"小珠"。她比我小三岁，妈妈特别宠她。或许是因为尝过失去的痛苦，才更加珍惜得来的宝贝。因为在我之后，妈妈生过一个"四毛头"。小咪咪生来有双亮亮的眼睛和逗人爱的小嘴，可怜她才两个月就夭折了。妈妈心疼得天天哭，她看见我瞪着大眼睛看她就非常生气，好像我是把妹妹赶走的灾星似的。老阿妈后来告诉我，妈妈不喜欢我，就是因为我有双令她看了不舒服的大眼睛，也因为我好哭。姊姊玉玉是个"讨喜包子"，能说会道，也很好强，哥哥总是让她三分。哥哥上学了，取名"小美"。他脾气好，模样长得很像爸爸，但笑起来跟妈妈一样：颧骨上有两颗笑靥。我们一家六口，加上姑妈"咪阿呜"，还有外祖母，妈妈的生母殷夫人，她自寡居后就一直住在我家，帮妈妈照看我们。家里还住着我爸爸的表弟，也是我妈妈的堂弟盛毓贤，我们喊他"元元叔叔"。他原在公平洋行当学徒，后来一直帮助我爸爸管理时代印刷厂。另外还有一位姓郑的伯伯，这郑伯伯成天无所事事，在我们家晃悠。据说他原是一名骑马师，爸爸一度曾想学他的四舅恩颐养赛马，后来，一心扑在书堆里，那养赛马的想法早就给忘到九霄云外，但是这位沾点亲的骑马师却成了他的"门客"，一直以我家为家（直到后来他让我家的一个年轻丰腴的女佣阿二怀上了他的孩子，才不怎么体面地带着她离开我家去自立门户）。那时，家里佣仆、奶妈、厨子、车夫近十人，其中还有一个是我爸爸的奶妈或是自小照顾爸爸的老保姆，我们喊她"爹爹姆妈"，她是不做下人活的，在邵家养老。这么多人住在我家，所以这么一幢大洋房并不显得宽敞。在我朦朦胧胧的记忆里，有一些"三号里"的场景：我记得自己蹒跚地急着上饭桌，绊在地上那只热气腾腾的大饭锅上，烫伤了小肚皮；记得自己挨在邻居门边，好奇地看那个日本老太太念经，她转过头来朝我笑笑；记得自己推着一辆放着个洋囡囡的藤制小推车沿着围绕大草坪的宽宽的车道，走到大门口，那守大门的头上缠着布的"印度阿三"笑着逗我说话；我还记得自己住在医院里（那时我们三姊妹同时出麻疹，我并发了肺炎，住在天主教办的圣心医院里）。那里有穿白长袍、披白头巾的白嬷嬷和穿黑长袍、包黑头巾的黑嬷嬷。外祖母也住在这医院里，她来看我，伸出舌头给我看，说："三毛头，我舌头上这粒东西破了，我就要死了……"（她是患子宫癌，住院作镭锭治疗，当时她的癌肿已经转移。这自然是我长大了才懂的）……可是我一点也不记得那个时候爸爸的形象。我们住在徐邨的那段时间是 1934 年到 1937 年，"八一三"之前，那正是我爸爸最最忙碌的时期。我的记忆里没有爸爸，或许因为我见他的时间太少的缘故吧。

那个时期，由于战争的阴霾笼罩，上海民众的情绪在惶惶不安和激昂愤怒反日之中交替。租界表面上很平静，市面还很兴旺。处于这个相对安定的时局下，洵美以作家敏锐的嗅觉，抓住时机，利用手里有限的资金，大办出版事业。他认为：歌舞升平的太平年月，有文学兴旺的契机；但愈是灾难、战争、失意等逆境，愈是能激发文学家的创作热情。他们可能写出出色的、甚至不朽的史诗来。屈原、司马迁、李煜等，无不如此。洵美摩拳擦掌办出版，是为了推动中国文化的前进，为了自己爱好的文学艺术，也为了爱好文学艺术的同好，使和他一样的要倾吐自己感受、观点的同好有挥毫之地。虽然很多刊物因经费难以为继而告退，洵美却不惜拿出他仅有的财富投入。洵美知道，那个时代，文学难以得到人们的欢迎。因为战争使人们犹如惊弓之鸟，人们在日日担心柴米油盐，哪有心思读书？但是，人们总要有个听话、说话的场地。他在那个时期先后出版的杂志达九种之多：《时代画报》《论语》《十日谈》《时代漫画》《人言周刊》《万象》《时代电影》《声色画报》《文学时代》。他陆续发表的文章近四百篇，包括三个长篇小说以及一本散文集、一本诗集等等。他逐渐成熟了，花了不少心力研讨文艺理论，写出好些有见解的理论性文章。然而，洵美跟民众一样，脱离不了残酷的现实，他以笔名"郭明"写了许多时事评论，有时比较重要的文章也署名。他一面怀着爱国热忱，一面也颇为冷静客观，一篇篇地写。他明知自己一介书生的呼吁是无力的，"文学家想用文学来改良政治是不识天机"，"自己是小百姓，一知半解，何必对党国大事作三言两语的批评"。但是出于对中国命运的关注，他仍然不懈地写下去，针对国际国内发生的事，针对当时政府的政策法令、社会时弊等等，文中不乏针砭鞭策之辞，有时义正词严，有时讽刺揶揄。他反对不抵抗主义，主张一致御侮；他反对独裁政治，官僚腐化，反对文化统治，外商控制……他不怕激怒政府得罪人。他认真分析国际形势，指出第二次世界大战发生的可能，提醒人们："中国应有准备！"他从写作中获得快活，获得自信，获得自我的价值；也体会到林语堂的话："要做作家，必须整个人对时代起反应。"他的文章有不同的文体，文笔有时严肃，有时活泼，嬉笑怒骂皆文章。为了出版他的杂志，他倾注了几乎全部精力和全部财产。他搞写作出版原不是为了从中渔利，反倒是做着赔本生意。他做生意像作诗，目的在抒情，不在乎为此家产流失。佩玉支持他，从不埋怨他一头栽在书本、稿纸里，全不管家务、儿女；也从不埋怨他为办出版用空家产，她把一切承担下来。她跟他的弟妹们一样称呼他"大哥"，大哥说的总是对的。她佩服大哥的才华文采，佩服大哥的胸怀大志。她甘愿依顺他的意愿，大哥想做的事，佩玉无不配合。她拿出陪嫁来的银子帮助淘美办出版，她相信大哥办出版会成功。大哥在写作、出版中的乐趣就是她的乐趣，她把他的每一点成功都当作自己的成功，分享喜悦。

《时代画报》一期接一期出版。淘美以笔名"郭明"写过十几篇，以"浩文"写过几篇，而自己署名的文章则更多，其中有一篇《戏剧色彩的政治》说："……我于是感觉到政治一定得带有戏剧色彩。要知政治是不能离开群众的。既有主张成文取信于他们的意志于前，复得有声音色相以能触动他们的感情于后。"譬如说，英皇的出巡，美总统对无名英雄碑行礼，领团到南京谒陵，再有我国党政机关举行的纪念周，哪一样不带有戏剧色彩？聪明的政治家在这时候便得运用他的手腕了，那便是说："他便得带有戏剧色彩。他或是用激昂的神气，或是用诚恳的态度对群众演说，而取信于他们，使他们在被感动的一刹那确信他是他们理想中的元首，他的思想信仰是他们的金科玉律。"淘美随后笔锋一转，以蒋介石在武汉纪念周上的演说为题材，指名道姓地挖苦，"我佩服蒋先生有戏剧天才"。

还有两篇文章是介绍他的外国友人，意在介绍外国文化。一篇题为《花厅夫人》（注：指沙龙主人），介绍莪丽茨夫人（Mrs. Chester Fritz）。谈到这位匈牙利人，"留华有年，嗜文学，著作甚富，自小在美国，与各国大文学家多相往还，在上海《中国评论周报》主持文学栏两年，极受赞许，最近大光明音乐会亦由她主持。她对于中国的文学艺术提倡尤力，曾组织'万国戏剧社'，成绩亦佳……"莪丽茨夫人曾将熊式一英译的京剧《红鬃烈马》搬上舞台，戏名《王宝钏》（*Lady Precious Stream*），薛平贵由一位姓凌的先生扮演，淘美的三个弟弟和那位姓郑的朋友都在剧中跑龙套，王宝钏邀唐瑛扮演。唐瑛是著名西医唐乃安的女儿，毕业于中西女塾，她英语娴熟，在卡尔登戏院演出，是中国有史以来，以英语演出京剧的第一次。那次演出，有京剧的服饰道具、锣鼓京胡，却不用京剧唱腔，全是英语道白，声调如话剧那样夸张，动作表情如京剧，请梅兰芳指导，洵美翻译，演出十分成功。洵美在文末写道："但愿我国诸交际领袖，把麻雀扑克的约会，易为文学的谈话，起而与莆丽茨夫人分头合作，则真正的文艺复兴，不难实现也。"显而易见，洵美仍然在向往"艺术至上"那种天真的理想的境界，他一时又忘却了现实：在敌人磨刀霍霍之际，岂能臆想什么"中国的文艺复兴"？

另一篇是介绍墨西哥画家珂佛罗皮斯及其夫人。珂佛罗皮斯（Miguel Covarrubias）经常在美国杂志 *Vanity Fair*（《名利场》）上发表他的作品，有"漫画界王子"之称。他从未进过艺术学校，他的成功全凭自己的观察和练习。洵美看过他不少作品，他擅长画民间风土人情，风格特殊，感到他观察力之敏锐，技巧之成熟，叫人惊奇。漫画家说，他最崇拜"中国画的纯粹的艺术的态度"，"没有一条线杂有一些名利的念头。中国画不在形似上费心血，笔一着纸，艺术家便把灵魂完全交付给手腕，这原是一种指挥下意识的神秘方法。在这一方面，中国艺术家得到最大的成功"。洵美给他看中国木刻，宋版的《列女传》。漫画家夫妇在上海的几天里，洵美几乎天天与他们会面，渐渐熟了。洵美带他去古拔新村张振宇的住所，那是朋友们的一个"小小的俱乐部"，把他推荐给张光宇兄弟等漫画家，那天饭后，漫画家说："洵美，我来为你画张东西。"他为洵美画像，一张又一张地画。他说："要捉住一个人的神气绝不是一张画可以成功。"他画了许多张，正面的、侧面的、笑的、板的都有。他说要回去仔细揣摩。第二天早上竟送来两张漫画像，一张黑白，一张彩色，彩色的那张一直挂在洵美客厅里最显眼的地方——客厅的壁炉架上。珂佛罗皮斯把洵美的神情、气质、风度都捉住了。画里的洵美穿着他偏爱的咖啡色袍子，敞着领口，额前的头发微鬈，薄薄的嘴唇上下蓄着山羊胡，画像突出了他的"希腊鼻子"，手里夹了根香烟。弯似新月的眼睛虽然没有画眼珠，却让人看到洵美眼神里温和的笑。真是画得惟妙惟肖，形似又神似，好一副淡定洒脱，闲庭信步的样子。洵美在文中说这位漫画家"是个情感热烈的人。在他的画里显露着生命的活跃。他画中线条的净洁与刚劲可能是从他酷爱的玉雕中得来的启示"；"他是一位伟大的艺术家，也是一位民俗学者。他没有成见，但是他有方向。他的漫画不是一种讽刺，而是一种安慰"。洵美也欣赏珂佛罗皮斯夫人的摄影。"她是一位摄影家，又有充分的文学修养。她的摄影作品的长处是剪裁。她明白，天然的图案有遗漏的，也有多余的。于是她利用光与影来补足或是修删。在这一点上她成功了。"珂氏的来访，对《时代漫画》的画家们影响很大。看得出后来张光宇的作品，包括其漫画《民间情歌》里都有借鉴。叶浅予在自传里写道："张光宇吸收了他的夸张手法，我学得了他的速写功夫。"叶浅予看了珂氏在上海所作的社会速写草稿，引起自己对速写的热情，后来出版了《浅予速写集》。黄苗子说："珂佛罗皮斯对张光宇的艺术道路感到浓厚兴趣，他带来自己的作品同光宇观摩。由于他的启发，光宇的画风就更加趋向简练隽永和具有浓厚的装饰性……"（见《瞻望张光宇：回忆与研究》）

　　洵美的《我的书斋生活》，是一篇有趣的自传性质的文章，让你看到，他的生活几乎全在书斋里。在他那三层楼洋房里，有"楼上书房"、"楼下书房"和"三层楼书房"。到处是书，会客室里、卧房里、楼梯边上，连三层楼的洗澡间里也是堆着书。一定要指出哪一间是书斋，那可不容易，也许他卧房隔壁一间最像。但是他生活随意，书又太多，所以弄得书架里放不下，便放在桌子上；桌子上放不下，便堆在椅子里；椅子里放不下，便叠在地上。他从不整理他的书籍，买到了新书就随便放，看过又随便丢；假使为了写一篇文章，需要参考时，每每费半个、一个钟头去寻觅。佩玉老是去碰他的书，看到他的书压住了什么账单之类的字纸，便总把那本书放进书架里，等洵美要找的时候，便像"侦探去捉罪犯一样，查问，推敲，猜测和追求；有时又会当面错过，于是我的文章只能改换一个题目了"。从这篇文章里也可以看到洵美那时写文章非常勤奋，常常整夜写。他说"从去年秋天（注：1934年）搬到此地，真名假名的文章，将近十五万字了"。朋友要文章，总是满口允认，因为他最明白编辑的痛苦，"要二三千字我总肯为他赶写"。他喜欢用毛笔写文章，"我又不会用钢笔写文章。用钢笔写，我总嫌太滑，太快；它几乎不容你思想。你下一个种，它就为你长出了花和叶。你会不认识你自己的文章。我喜欢毛笔，它总伴着你，有时也许比你快一步，可是你追得到"。那个时候洵美已近"千金用尽"之时了。在这个书斋里"墙上只挂了一张叔华（笔者注：即凌叔华）画的水仙，浅淡的笔姿给你一种清高的空气；偶然在看书的时候，想到自己不久要穷得不成个样子，它就会显示你一个最伟大的希望。所以有几个晚上，我简直就呆对着这张画"。

接着洵美一连为《时代讲话》专栏写了至少十五篇文章。有同情工人生活的《杨树浦的声音》；有谈对钱财看法的《第五条街》；有谈对书的看法的《晒书的感想》，那是他"忽然被李太白所迷醉了，希望得一部好刊本……忽然想起自己的家藏，再看书目，竟然有几部太白集。同时刘大杰也要寻几部买不到的晚明小品，于是便约定了在上个星期日去探访这个宝窟。当日天气特别热，书目上（滕固曾为他整理过这些古书，书目抄了六本之多）可是没有注明箱子的号数，看情形非一箱箱都寻过不可；于是索性乘这个机会来晒书了"。……"这次晒书我却得到了一种感想。我的感想是因了有许多书上的题字而发生的。这些题字都是寿卿公（注：嗣父邵颐）的手迹，他的笔法是那样秀丽而坚挺。题这些字的时候，他大概不到三十岁，处处可以见到他锋芒太露。我的感想不是叹息他去世得太早，也不是敬慕他笔法的完美，我只是想到书与人的关系。我想到人世间既然有了书本的刊行，那么，人是免不了受书本的影响的。我们可以把人分成以下几种：（一）不看书的人；（二）不看书而想做书的人；（三）看书而不想做书的人；（四）看书而想做书的人；（五）做书而不看书的人；（六）看书而做书的人。寿卿公过世太早，从题字上看，他只能属于第四类。假使他可以多活几年，无疑地，他是属于第六类的……第六类人最完美，他们一方面接受遗传，一方面又去制造将来，古往的文化能得到发展是他们的努力。我的希望是每个人都能有看书不做书的修养；看了书又做书，做了书仍看书。我们也不必怕书太多，世界上每一朵花每一枝草都有它欣荣的季节。"淘美自己是在努力做那第六类人。所以他爱买书，爱看书，也爱做书。他看了书每有心得就牢记在心，后来练就出口成章、落笔成文的本领。这篇文章的插图是淘美在晒书时自己用毛笔画的速写，他说："我画图的艺术幼稚，不过这种会集（注：和友人、家人一起晒书）是值得留些纪念的。"

抗日救国的呼声日益高涨，淘美也满怀爱国热忱，投身时代的洪流。在《天机一条》中，他对南京政府徒托"绝不放弃责任"的空言极尽讽刺："三言两语可以御敌，若非精神文明发达到极点深明禅理，了解空间的作用，曷克臻此？"在《破坏战争以维持和平》中，更作单刀直入的呼吁："要和平，恐怕和平已无望，识时务者应当利用这一股血气来给野心人一个重大的教训。这血气的力量可以排山倒海而有余，处置的方法只有开源，而非节流；这力量放出去可以收到种种的效果。假使筑了堤挡住了，那么，便是个不可救的危险。中国人已经不要和平了。国际的形势已经显明，救中国的只有中国人！"在另一篇题为《爱国不是投机，爱国不是反动》的文章中，洵美针对某些心理阴暗分子对文化界爱国活动的恶意中伤，据理痛斥："现在的报章杂志上，爱国论调的确已兴奋到了极点，这完全是时势造成的，绝对没有人从中挑拨，况且挑拨人民爱国也绝不是一种错误……我们有几位当局却又以为里面有什么人在利用，他们相信这后面有反动的背景，所以前几个礼拜，便有代表向各出版人及编辑人解释、劝导及警告……因爱国而有投机的罪名及反动的嫌疑，真是希世奇闻……'绝对言论自由'的奢望，我们也早已几乎放弃了；奸淫盗贼，我们已不大敢斥骂；卑鄙龌龊，我们已不大敢指摘。但是最低限度的'爱国'是非讲不可的！"

《人言》不说鬼话

洵美在《时代讲话》里写过一篇《木版画》。他有一阵受人之托在八仙桥青年会帮忙筹备一个展览会，那是中苏文化协会筹办的苏联木版画展览会。洵美是一个对一切艺术都爱好的人，借此机会，他可以一睹苏联近代木版画的精华，鉴赏苏联该项艺术的宝藏，这同时又激发他对木版画的历史和价值进行了一番研讨。他说："至于木版画的历史及其价值，最近我国杂志报章上也有过不少的文字。王敦庆、叶灵凤等都曾经花过苦心与毅力去研究。木刻的发明乃是印刷术的起源。而我国印章的运用，远在秦汉。所以要探求木版画的始祖，又应当说是我国的出产……但是尽量发展而使之成为一种'独立的艺术'的，我们恐怕又得归功于日本了。我国现存的木版画，除了一些书本的插图便只有信笺的花样或神道的画像；而在日本则可以看见有几十色套版的浮世绘。欧西各国虽然极早已有木刻，但是在近代成为风行一时的艺术，未始不是受了日本的点示与鼓励。我们的国粹，往往由日本来收藏保存，发扬光大，这又是一个例子。苏联木版画的复活也还是近年来的事，像他们的文学及绘画一样，他们表现着极浓厚的地方色彩与国民性。"洵美不无感慨地指出，"我国的近代作品，采取了外国的技巧，同时却失去了自己的个性……我们可以不满于我们政治的现状，但是我们绝不能拒绝我们历史的光荣；我们可以羡慕，甚至采用外国的艺术，但是我们绝不可毁灭了本人本地的性格。"最后，洵美不无感触地说，"我国有的是几千年文化的历史、艺术的熏陶，但是在士大夫占了长时期的优势以来，在文化的各方面，无不舍本求末，多少艺术的技巧因之颓废，因之遗失！从木版画艺术在我国失传而在异国复兴一点看来，我们应当觉悟了。"

早在1930年，洵美还尝试过写长篇小说。他以"唐尧"为笔名发表的那篇《贵族区》就在《时代画报》第2卷第11期起分段连载。他把那个年代的富家太太小姐们生活中糜烂的一面描述得栩栩如生，淋漓尽致。当时编者（就是洵美自己）写了一篇《长篇小说与杂志》："我总觉得要是调查一国的文化而到教育部去要些印刷品是最滑稽的事情。要知道文化的消长是随时随地可以看到的：走路人的一行一止，妇女们的一颦一笑，都能对你说这一处的教育程度的高下。从巴黎小姐太太们的谈话里，我们可以知道法国人爱好文学与艺术；从上海人走路的慌张情形里，我们可以知道中国的一切是都在紊乱状态中。但是假使一定要在出版物中去找，那么杂志是一个最大的功臣了……编杂志便是去寻求全宇宙每一角落里的新闻奇迹，便是去选择最有时代性的材料……杂志上登载的长篇小说需要：情节里寄托人类的声音，背景里反映时代的个性，登载的目的是在逐渐地把我们所存在的宇宙里的一切解剖与显示出来，俾读者能彻底明了那出最大的戏法的诀窍……唐尧先生自身是时代中人；近二三十年来中国的一切运动，几乎都直接或间接地与他有关；我们相信只要他把所见所闻，不加润饰，不加渲染地叙述出来，已是一部难得的作品了。"

《时代画报》到"八一三"前夕停刊。

由于画报编辑部里画家多，其中漫画家又占多数，淘美又兴致勃勃地办起《时代漫画》来，让这些漫画家施展天赋，以简洁生动的笔触绘出人生百态。《时代漫画》由鲁少飞主编，张光宇作发行人。创刊号是1934年1月20日出版的，至少出了三十九期。1936年3月因主编鲁少飞画的第26期封面讽刺政府对日屈膝外交，《时代漫画》被罚停刊三月，鲁少飞一度被关押，邵淘美和张光宇一方面营救鲁少飞，一方面敦请画家王敦庆（王一榴）临时接任主编，改刊名为《漫画界》面世。三个月后《时代漫画》复刊，仍由鲁少飞主编。未几，第30期封面又因讽刺老蒋，鲁少飞差点再陷囹圄，经淘美周旋，罚了款方了事。《时代漫画》全部用最精铜版纸和玉色象牙纸印刷，封面、封底用彩色铜版精印。每期内附四页彩色画，出自名家手笔。《时代漫画》是轻松的读物。为了刊物的生存，主编鲁少飞不得不插入一些软性的作品。其实，30年代西方艺术已经东渐，漫画家们思想很前卫，裸体画不足为奇（想不到60年代的人们却以此批评这本刊物带有色情）。这些人不了解这位备受漫画家尊重的主编。他主张："漫画是为正义活着的，为公道拿画笔是我们的天命。"历时三年出版三十九期的这份刊物，其中许多作品在引人发笑的同时，传播了艺术理念，发出了正义的呼声。他们画生活里的乐事、趣事、丑事、不平事；也对令人不满的时局政令予以讽刺抨击。在它出版三周年时，淘美想为漫画界别开一个新生面，特别向无名作家征稿；又征集儿童画，说那是"真正的天趣，思想自由的画稿"。在第 35 期出版了"全国无名作家专号"，同时向读者附送"时代儿童漫画"。那种做法不啻掀起了一个"漫画热"，促使人们爱看漫画；鼓励人们学画漫画；把无名的漫画作家介绍给读者，介绍给社会；又培养了儿童学习绘画的乐趣。从推动中国漫画发展的角度看，那次活动发掘了一批漫画人才，无疑是一个极有意义的尝试。那时期，漫画人才辈出，在《时代漫画》刊出作品的画家达百人之多。1936 年在南市半淞园秘密组织的全国漫画家协会，以及筹备在大新公司举办的第一届全国漫画展览会的担子自然就落在《时代漫画》（漫画界）的同仁张光宇、王敦庆的肩上。《时代漫画》是一份畅销万册的刊物，影响很大。（笔者注：1937 年"八一三"淞沪战争爆发，时代图书公司那时尚存的四份刊物一夜之间被迫停刊。《时代漫画》主编鲁少飞和助手宣文杰连夜把投稿来他们刊物的作者名单制成一本通讯录，这批漫画家后来成为宣传抗日救亡的主力军。他们结成深厚的友谊，1984 年《时代漫画》创刊五十周年，共聚胡考家，宴请当年主编鲁少飞，大家笑谓"罗汉请观音"。见毕克官《漫画的话与画》。）

淘美自己对漫画也很感兴趣，在《时代画报》他自己写的文章里有时也插有他自己作的漫画，如《现代女性》、《晒书的感想》的插图。在《时代漫画》第 2 期上他发表了一篇《几种赌和几个人》，他用文字刻画一个个人，让你如同见到一幅幅漫画人像（鲁少飞称之为"文艺漫画"）。他画了徐志摩在麻将台上先输后赢，如"老虎尾巴"；画章克标、施蛰存和茅盾，他们都是在陌生人面前沉默，就跟那名叫"古龙巴"的回力球球员相似，表面安闲，内心热烈；又画李青崖打桥牌，他是最聪明的人，常常创造出新的叫牌语言，但反而使对家误解，笑话百出。他们把这些杂在漫画间的文章叫做"漫文"。这种"漫文",洵美还有两篇,《关于旅行》和《真心话》。(笔者注:让我深思的是,他的《真心话》下页有黄苗子的漫画,题目也是《真心话》。经过对照同时期《人言》里邵洵美的一篇《汪院长辞职问题》,我弄明白其中缘由。从中得到启示:读者如果只看文章的文字描述、图画的艺术,而不去联系作品创作的时代背景、新闻人物、政局动态,是难以理解一些漫文与漫画个中的真意的。)

洵美十分赏识这批漫画家,跟他们结为好友。他还以"浩文"为笔名与张光宇合作编了一本逗人的小书——《小姐须知》,用动人的漫画笔触,配上别有含意的趣文,描述少女的心,风趣地指点恋爱中的少女,入木三分,幽默而隐晦,令人莞尔。这方形的小画册很精致,图画和花边全是粉红色的。(据王文祯回忆:当时邵洵美为了此书有特殊意味,文字不用铅字印,是请他父亲王永禄用小楷抄录,他父亲屏息聚神一气呵成,看不出一丝瑕疵。六十年后笔者在《时代画报》看到《小姐须知》的出版预告:浩文(邵洵美)文,光宇绘,1930年美术刊行社出版。黄苗子对笔者说,希望《小姐须知》能够再出版。笔者去上海,求得好友帮助找到,拍摄了,翻印好,一张张收在照相册里送给苗子。苗子喜欢极了,把它赠给三儿大刚、唐薇夫妇,作为他们结婚纪念的礼物。这是他的两位好友合作的精品。唐薇是清华大学美术学院的教授,研究张光宇的专家。黄苗子认为引他上路的张光宇吸纳古今中外多种艺术精华,于漫画、绘画、设计、电影美术、动画美术多方面很有成就,并穷其一生,不断探索,开创了被称之为装饰艺术其实是中国式现代艺术的画派。他的艺术成就影响几代艺术家。2011年九十八岁高龄的黄苗子获得"中华艺文奖",他把所颁的一百万奖金全部转给人民美术出版社,专款用于《张光宇集》的出版和宣传推广,"以彰显张光宇的艺术,完成众好友的夙愿"。2012 年 4 月在北京举办的"张光宇艺术回顾展"上，笔者遇见了张光宇的儿女大羽兄妹，这对老友的第二代人而今都已白发苍苍。）

光宇跟洵美还有一次合作。他作了一张画：一个阿拉伯人长着邵洵美的面孔，手里捧着一只鸡。这是他为邵洵美翻译的一本书设计的封面，刊在 1934 年的《美术》杂志第 1 期，书名是《逃走了的雄鸡》。那是英国著名小说家劳伦斯 D. H. Lawrence 的有争议的一本书。1929 年洵美在《新月》发表过一篇书评，说起这本性题材的书，在英国被认为是淫秽作品；当时又因为有诋毁耶稣亵渎神圣之嫌，一度被禁。洵美对劳伦斯很感兴趣，1934 年在《人言周刊》有一篇《读劳伦斯小说——复郁达夫先生信》，他和郁达夫讨论《却泰莱夫人的情人》(Lady Chatterley's lover) 版本的研究，还有小说的结构和文笔，以文艺眼光欣赏这部杰作，认为作者写这本书目的在宣扬他的哲学。他告诉达夫"前年秋天曾经翻译那篇《逃走了的雄鸡》"。可是我们是在 1938 年在徐迟编的《纯文艺》里才看到他的译作，那段描写耶稣复活的文字令人战栗。可惜没能找到全文，更没法找到张光宇设计封面的那个译本。

与此同时，他又办起一份《时代电影》。洵美办刊物看似兴之所至，突然来个念头，或是朋友里有人出个点子，他就会办份新的杂志。新开炉灶对他来说并不烦难，反正身边有的是有才华、有特长、有兴致的作家、画家、摄影家和记者们。他们跟电影界原也很熟，读者当中影迷肯定多，办份电影杂志又有趣，又受欢迎，何乐不为？于是请宗惟赓、龚天衣做主编（后来改成包可华，他是包天笑的儿子），张光宇最起劲，又认真，请他担任发行人。

1934 年 5 月份，时代又出了另一种刊物，名字叫《万象》，发行人也是张光宇，编辑是张光宇和叶灵凤。出版《万象》，洵美不惜精力财力，目的是想办一份内容充实、外表精致、水准较高的图文综合的刊物。那是一份大开本、印刷精良的刊物，介绍中西美术、古今名画、讽刺画。内有林语堂、施蛰存、全增嘏、徐讦、张若谷、吴祖光、叶灵凤、穆时英、高明、郁风、叶浅予、黄文农、胡考、丁聪等作家、画家的作品。洵美为每一期都写一篇文章。如《感伤的旅行》是他有事返乡半个月后回上海写的。那天天还没有完全亮，他怕把家里人闹醒，特地在马路上转悠，一路上"走进了一个幻想的区域"。他想起三年前，"志摩站在一座七层楼的窗口，指着远处没有云也没有景物的天边，说生命的永久；可是诗人和他的夸口现在都已消失在太空里了"。他又去"寻找那失去的时光"，列举着每一所房子的历史，他默背着朋友的地址——"光旦的梅园有没有被枪炮打坏？语堂的新居一定很难找；达夫搬到杭州去了；老谢结了婚总得自己去租房子；灵凤又到哪里去了呢？增嘏是不是仍旧肯放声笑？杜衡有没有学会了几句应酬话？"……他走到了斜桥路，"眼前是三年前的老家，现在是谁住在里面？这小巷的名字，还是我费了几天的思忖给它题的，它认不认得自己的主人？疏远它当然是我的无情，可是谁有方法来挽救？不久，也许第二个主人会跟它改个名字，惋惜与追怀的怕只有我！"

这本大家都说好的《万象》连出了两期就停刊了。编者在《论语》第 53 期登了一段"万象停刊启事"。编者痛苦地表示："总以为中国读书界对文艺作品的欣赏兴趣已提高到水平线上，对杂志的购买力已非常高，所以《万象》从内容与印刷力求新颖与豪华。及创刊号问世，的确震撼中国出版界。虽拥护者不为不多，但营业统计报道失望。苦斗下，第 2 期虽然出版，销数上升，但损失已出乎杂志界同人意料之外。慎重考虑，决定暂时停刊，以有限精神努力经营《时代画报》、《论语》、《时代漫画》与《时代电影》。这不算是我们的惨败。的确是我们冲锋太勇敢，希读者原谅。"那个时候，除了《万象》，时代图书公司出版"五大刊物"之外，淘美尚有第一出版社的《十日谈》（旬刊）和很吃重的《人言》周刊，淘美的财力和精力的确受到很大的牵制。不过，《万象》停顿了一阵，又决定复刊，那是1935年6月，出版了第3期，由张光宇主编并兼任发行，他们除"力求材料与印刷方面更加充实与更加新颖外，售价从五角减售至三角。所以减轻读者诸君的负担，而鼓动大众欣赏的兴趣，实为惟一的目的"。编者随笔写道：这一期封面上几张"虫鱼鸟兽图"和"雕纸"染色的图画，鲜艳可爱，是丁济南特地从北平寄来的，说明"中国人用虫鱼鸟兽等形状巧妙地组成吉祥图案，对宇宙万物，随处祝福，中国真是一个爱好和平的民族"。这期图片里面，"有吴天翁先生募集的清代十一画家图像与小传，非但名贵难得，而且是很整个很完备地介绍出来，足以抵得有清一代正统派的画史"；"编者已商得吴先生的同意，将其所集名人画像，允为逐期刊登"；"由本期起光宇每期为'中国神话'画一巨幅彩色图，神话是最美丽的装饰主义，在文学史上占极重要的位置，西洋画泰半撷取希腊神话做题材的。中国也有不少美丽的神话，可惜没有人肯发愿做一部神话全史，当然把整个的神话画完全也不很容易，不过尽心的努力一下，也许会有成功的希望的"。遗憾的是《万象》没有再出版下去，那"清代画家图像与小传"与"中国神话画"连续性介绍的计划终成泡影。这一期里有一篇张光宇记的《吴稚晖先生谈世界画报》，说当年的"世界画报不但做了后来画报界的开山鼻祖，而且，它宗旨的纯正，取材的广博，也值得我们资为参考的"。为了采访吴稚老，淘美和光宇、正宇一起到世界学社去，并与吴稚老合影留念。这第 3 期相当精彩，但这只是"回光返照"！随后，《万象》真正地"寿终正寝"了。淘美没能达到他的奢望，他追求完美，却又一次失败了，损失匪浅。第 3 期降价出售也"不叫座"，实在是淘美他们过高地估计读者的购买力和艺术鉴赏力。几十年后胡考说，张光宇当时模仿美国一本大杂志编《万象》，出了三期，前两期都有我的作品，算是得意之作吧。但是《万象》赔钱，时代图书公司别的刊物都赚钱，却因编《万象》垮掉了，画家们都为《万象》的失败惋惜。丁聪回忆光宇说，1957 年，他一心想恢复《万象》，搞一本文图、摄影高品位的杂志，未获认可。1958 年终于创办了《装饰》，《装饰》实际上是《万象》的变种和继续，可见张光宇的执着。（见《瞻望张光宇 回忆与研究》）黄苗子曾对笔者说，希望把《万象》全部彩色复印，作参考。但《万象》失败，淘美并不泄气，他精力充沛，同年 11 月 10 日时代图书公司又出现一份新的杂志——《文学时代》。时代图书公司有了画报、漫画、电影，再添上"文学"，文艺方面可说几乎齐全了。《文学时代》是一本纯文艺月刊，由储安平主编，撰稿者有方令孺、老舍、郁达夫、赵家璧、张天翼、陈铨、孙洵侯、宗白华、田汉、臧克家、梁宗岱等。淘美在这月刊里发表了自己译的诺以尔·考特（Noel Coward）的《夫妇之间》和项美丽（Emily Hahn）的《美国小说的几种倾向》。大概出了六期，这本杂志又是虎头蛇尾，没有能坚持下去。其后储安平到英国去了。他是徐志摩光华大学的学生，也听过淘美的课。1933 年他任中央日报副刊"中央公园"编辑时曾刊出徐的一首未被收入集子的诗《远山》，诗云：

远山上有一抹的停云，

紧偎着个玲珑的尖峰？
那尖峰是你在我的心中，
我的恩情是偎着你的云。

江天里激起一柱的惊涛，
在风光中翻成晶莹的珠雨，
那江水是我，
那风光是你。

隔了一天，同一版面刊出邵洵美的一首《诗》：

人和人的距离够多么远——
荷叶在水面上，
信笺在书桌上；
一个在地北，一个在天南。

心和心的颜色够多么像——
我刻着一首诗，
你刻着一首诗；
这一首寂寞，那一首凄凉。

读这首诗感觉到，他明显的是对《远山》作出的回答，是邵洵美
思念挚友徐志摩，发自心底的呼应。

文字工作是马虎不得的啊！洵美作为诸多刊物的主人，每一
份他都要关心，尤其在刊物创办之初，他更是费神，从制定编辑
方针到挑选编辑，从组织撰稿人阵容到分头约稿，乃至具体的编

务、出版他都事必躬亲，有时连封面设计、广告用词都参与意见。编辑们常常到他家里来跟他讨论到深夜。那时，他还刚到三十岁，他才思敏捷，挥洒自如，一篇篇文章从他笔尖下流出。为给他的各种杂志做宣传，他也为推销存书想了不少点子，如"订一赠一"——订《时代画报》，赠《文学时代》；订《文学时代》，赠《论语》等等。

上海时代图书公司这时共拥有七份杂志：《论语》、《时代画报》、《时代漫画》、《时代电影》、《文学时代》、《人言》和《声色画报》。这七份杂志出版日期不一。所以每隔五天时代图书公司至少有两种杂志出笼。期间他设立了第一出版社，出版《十日谈》旬刊等书刊。1937 年《十日谈》已告结束，而《人言》周刊正在风头上。第二年他又创办了一份别致的《声色画报》。他自己担任《人言》和《声色》的编辑，负此重任的同时，还答应了《时代画报》每期为"时代讲话"写一篇文章。其时他还不断有其他稿约，真是忙得不可开交。

关于另设"第一出版社"是有缘由的。在 1933 年 8 月，洵美突发奇想地出版了本《十日谈》。因为当时《时代画报》是份月刊，又常脱期，时有老朋友久违之感，他等不及下个月再见面，于是办起旬刊来，由章克标、郭明主编，谢文德发行（后由杨天南即章克标主编，沈同发行）。这刊名是借欧洲中世纪作家卜迦丘（Giovanni Boccaccio）的一本名著的书名。洵美一直想学习英国新闻大王北岩爵士成功的办刊经验。爵士是从八开本的周刊《回答》（*Answers Weekly*）开始办刊的。这本《十日谈》一开始也是八开本。后来因为考虑读者不便携带而改小了。这本旬刊是一本"横冲直撞"的刊物，"给青年人发泄愤怒之用"，先是用中国美术刊行社名义发行，到第 6 期成立了"十日谈旬刊社"来发行。到第 15 期，由于文章里芒刺太多，为免生出事端，殃及时代其他出版物的正常刊行，就另外设立了个"第一出版社"。"第一出版社"设在平凉路平凉新村 26 号。1934 年元旦那期《新年特辑》是洵美以郭明的名义亲自编辑的。那阵子，他与王永禄夜以继日地干，二十四小时不休息。这一期请了二十一位作家从各个方面小结民国成立二十二年以来的状况，自己写了篇《新年特辑编者赠言》。在这本刊物里洵美以笔名发表了近十篇时事评论，如《究竟有没有蓝衣党》、《请宋部长说真话》、《头脑简单的元首》、《领袖的人选问题》、《蓝鹰运动与统治经济》等。署名文章有一篇介绍珂佛罗皮斯，其他三篇：一篇是《写不出的文章》。他说自己是个"对生活极满意的人，并不如人以为的是因为经济宽裕"；"这个人根本不能了解我。当然我是不会把人欠欠人的单据去给每一个人看的。况且，有钱的人很多，为什么他们都不能满意呢？有人说我根本没有吃过苦，所以觉得生活甜蜜，这句话恰好相反，我吃过的苦是不可以计算的。真正知道我身世的人一定会同意。但是我无论吃到什么苦，总很快乐……我不是一个怀望着'苦尽甘来'的乐观者。我更不希望吃苦会得到什么报酬。要我吃苦我便吃，我并不想表示什么不满……我觉得我所做的一切事情，从没有一件对不起自己，从没有一件不忠实于自己"；"我知道我是一个天生喜欢文学的人，在任何环境下我总没有把它冷淡过，一有机会，我就飞过去接近它。有人奇怪我为什么一天到晚手里带本书，原来他们没有知道我的苦心……有许多朋友，起初费了十多年功夫学艺术，结果丢了油画板去批公文，还有几位曾立誓要成大哲学家的，眼睛一霎竟挂了皮带在做纪念周。环境使他们对于自己的志向失节，我只有对他们表示怜惜"。他写这篇文章是讲一个人为了名利，和真实的自己永别。（笔者注："一天到晚带本书"的邵洵美具什么"苦心"？也就是说，他抓住点滴空闲都在读书。为什么他有这样的紧迫感？笔者追溯他的一生，发现，他有这个必需。他必须持之以恒地读书，来充实自己，提高自己。读他的文章，倚马千言笔底生花；听他的言谈，旁征博引滔滔不绝。他那些渊博的学问哪里来？他学历不高，高中没有毕业，在南洋路矿读了一年出国。负箧英伦不到两年，在剑桥正式上的是经济系特别生，假期里在法国游学。是导师慕尔先生夫妇对他在学识上、语言上的指导，再加上他自己课外钻研英国文学，并在与学识丰硕的文友交往中，主动讨教、时相切磋，才积累了丰富的知识，所以说他是自学成才的。归国后他凭着谙熟的英语和掌握的文学知识，写诗作文办出版，如果没有日积月累的文化底蕴，没有观察国内外风生水起的各种事态的敏感触觉，他如何写下偌多的诗歌文章？如何完成新诗理论研究？如何编辑主打幽默专题的《论语》和主要分析国内外形势的《人言周刊》？如何与中外饱学之士，具有远见卓识、文笔犀利的作家应对？他需要不懈地读书，不断汲取，才能与人分享。故而他"煞费苦心"。）

第二篇题为《文人无行》（"文人没有职业"之意）。他以为目前文坛上有很多人是因为"没有职业才做文人。因此，他们的目的仍在职业。一些人借文艺宴会的名义极力拉拢大人物；借文艺杂志或副刊的地盘，极力为自己做广告，但求闻达，不顾羞耻"。

第三篇是《不能说谎的职业》，讲到如今"弄文的说谎，不免形之于笔，倒霉也是活该。最奇怪的是不弄文的，也偏爱去学弄文的样，横一篇宣言，竖一篇告民众书，结果函电全属虚辞，文章无非空谈。曹子投机，汇集而成《食肉者言》等幽默文选，大发其财。'口说无凭'原是天机一条；空头支票，假庄票式的文章，属（终）究以少写为是"。

《十日谈》旬刊曾因洵美那篇《究竟有没有蓝衣党》在广东、

河南被查禁。第 37 期有插图"开天窗",接着第 38 期《十日谈》专栏一篇以"记者"署名的文章《盖和压》也留下一片空白。("记者"是洵美的化名)第 39 期封面的漫画《天下太平图》又开了天窗。一般文章遭查禁,编辑只好无奈地抽掉,但《十日谈》编辑却强硬地照样印出题目,留下空白,向读者诉说其愤怒与不平;也是对当局无理的新闻审查做无声的抗议。后来常常脱期。出到第 48 期停刊,主编杨天南等发表《停刊启事》:"什么缘故,恕不能公开为限,编者的无限伤心,无限感慨,也只好各地读者心领神会了。话多说也无用,我们将来再会必是有期的。"那是 1934 年年底。想来编者的苦衷,老读者定会领会的。

1934 年年初,洵美另外在"第一出版社"出了份《人言》周刊,成立了"人言周刊社"。他为什么要出这份周刊呢?一度在该刊负责编务的曾迭(周壬林)在第 3 卷第 1 期写过《人言101 期》说到《人言》的产生:"第一出版社第一个定期刊物是章克标编的《十日谈》,它是一个有名的横冲直撞的刊物。我们这班青年,又在困难严重时期,有一处可以大放厥词的地方,自然趋之惟恐不及了。然而我们总觉得《十日谈》不过是给青年人发泄愤怒,至于理论的建设,平心的探讨,如其用于气力都在愤怒上发完,只剩了'强弩之末',那也未必是健全舆论之道。于是邵洵美先生又有《人言》创刊的计划了。郁达夫先生常说邵洵美先生是一个'不肯把说出的话收回来的人',这观察一点也不差。于是说办《人言》,就办《人言》,计划版式的计划版式;核算成本的核算成本;拉稿的拉稿;写发刊词的写发刊词。过后,无非是发稿的发稿;校对的校对,贴样,看样,而最吃重的是邵洵美先生一人,也不必'我的朋友'了(笔者注:'我的朋友'指林语堂)。不过,这时候邵洵美取笔名为'郭明'罢了。"洵美办《人言》还有一层缘故:他跟韬奋有深交。韬奋的《生活周刊》被迫停刊了，洵美想把《生活周刊》的读者吸引过来。洵美当时的设想颇具豪情。在《人言》的《发刊词》里写有："《人言》是想摈绝一切鬼话……想对于社会的现状有所贡献"，"枝枝节节的指摘，无补于大体，一定要探本求源，搜寻病的症结，病的根源，方可言之成理……《人言》是想用诚恳的态度来估量一切社会现象……国家大政，也是社会现象之一，但不及国计民生之重要，我们虽不故意回避，但也不故意触到……《人言》为社会大众所有，将说社会大众希望说的话，说大众一吐为快的话……"一开始，"郭明"任主编兼发行，编辑有谢云翼、象恭，发行人为章建之。编辑同人：林语堂、全增嘏、潘光旦、徒然、章克标、邵洵美。特约撰稿人：胡适、郁达夫、叶秋原、曾迭、顾苍生、谢保康、丁文江、孙斯鸣、沈亮、李青崖、周壬林、岂凡。《人言》每周一期，一年五十期。后来任编辑的还有仓圣、曾迭、孙师鸣（即孙斯鸣）、但荫荪；任发行人的还有谢文德、沈同。自第2卷第41期起主编兼发行改为顾苍生。洵美不管赔不赔本，只顾往刊物里塞文章，多多益善，内容尽量丰富，许多页用六号字排，字数增多，又有画页（每期插有四页影写版的画页），绝少广告，有时篇幅加倍，售价照旧，以致有读者来信，对《人言》发生疑问，问"亏本的钱究竟来自何处？"编者不得不说明："这是私人集资创办，目的为大众有一说话的场所。故宁牺牲，不作别想；一时虽不能收支相抵，但同人自当极力维持；未满一年，决不四出揽广告。"

洵美在《人言》的第1、2卷里几乎每期都有文章发表，其中以"郭明"署名的有五十多篇，如《中国始终是中国》系列（八篇）、《民主与独裁》、《真正的元首》、《政制问题讨论》等，多以调侃笔法点评新闻时事或人情世态，凡"统制经济"、"法西斯蒂"、"独裁元首"等南京方面开出来的种种救国药方，都在讽刺之列。在《新名词》、《亡国话》、《自由地》等文中，则流露出对民族虚无主义的批评，对治外法权的愤懑。

淘美又以笔名"郭明"写了许多时评，提出《小百姓的三问》：政府对溥仪称帝的"伪国"究竟抱什么态度？国际形势逐渐紧张，我国究竟有没有准备？小百姓在民主政体中究竟处在什么地位？日本当局为寻找扩大侵华战争借口而炮制的所谓"藏本失踪案"真相大白后，他马上撰文指出，"我们应当作为一个严重的教训⋯⋯"其后又借评述中东路事件的机会，疾呼对日本扩大侵华战争保持警惕，"否则猛狼入室，姜太公也没有办法"。在《对外与对内》一文中，他呼吁"我国此后的政策，对外尤重于对内，与其硬使政治统一，不如力谋土地完整。况且一致御侮可以免除成见；与其防制人民思想自由，不如细察外人对我表示的意见，贡献的技术，否则反而被人来操纵"。应该说这已经是对"攘外必先安内"政策的公开批评了。此外，他还写了《言论自由与文化统制》等文章，抗议出版物莫名其妙地被制裁。第1卷第27期的目录上郭明的《待宰的羔羊》下面印有"抽去"二字。刊物里代之以目录上没有的一篇《外国话》。到了第2卷第9期，《人言》被罚停刊一月。很明显，第2卷第6期《政制问题的讨论》反对独裁制度，第2卷第7期他那篇《哲学在今日之任务》里对蒋介石发起新生活运动有异议；怎么能通得过新闻审查呢？在其第2卷第10期的"复刊词"里编者依然明示其出版《人言》的宗旨。他也大胆地抗议白色恐怖，第1卷第40期，刊出短评《悼史量才先生》。史量才是《申报》的主人，遭特务暗杀。

"闲话"不等闲

在《人言》的署名文章里有那篇记载了淘美与曾孟朴开的玩

笑，为纪念他而发表的《我和孟朴先生的秘密》。淘美跟孟朴先生太熟悉，太亲近，才会如此唐突，没老没小地跟他开起玩笑来。淘美实在是非常尊重这位老夫子，非常欣赏他的才学。他写道："其实，孟朴先生和我中间还有许多秘密，那是他一件件口述的有趣的故事，牵涉到不少生在的人，现在尚不便发表。"

淘美在《人言》还发表了《徐志摩的玛女士》以纪念志摩。淘美写道："志摩有许多工作只开了一个头。《万牲园里的一个人》，他译了不上二十页，以后就没有兴趣去完成。这篇小说讽刺得真深刻，好在有原文，将来一定有人会翻出来。《玛女士》是志摩更奢侈的尝试。他想写个长篇，可是就只发表了十六页半，连标点不过一万多字。这是他朋友的一段故事（笔者注：指丁玲），当时最感动的是他。这故事我们全知道，不过后来情节变得更奇怪，只有志摩的笔才能对付。这一万多字发表在《新月》月刊上，下一期没有续稿，读者也就没有想起。万多字故事只开了一半场，这是志摩的老脾气。他是诗人，有故事他先捉他的神韵，情节本来不是他希罕的。诗人心思简单，是新闻都会叫他惊异。一头平常的鸟，假使在他窗口上多叫了几声，他就会快乐得发了疯。这头鸟，定有灵性，许是仙人豢养过的，他相信。"淘美说曾和"玛女士"提起志摩写的故事，"她不肯承认是她。我说不继续下去可惜，她也说可惜"。淘美接着说，"今天再读《玛女士》，我想为什么我不去继续写，志摩一定也愿意。志摩的文笔不能学；我只想去讲完那段故事"；"这故事开展起来，牵涉的人真不少，希望他们看在文学面上，不要见怪：我们并不有取笑人的意思。假使我续文的笔姿能有一些志摩的意味，那是我敬仰他的原因；假使完全不像，那是我能力的薄弱。谨在此先求大家的原谅"。

他先将志摩那篇刊出，而后发表他续写的故事。他一气呵成，在《人言》连载二十五期。这篇小说原来的计划共分三部，每部自成首尾。第一部七万余字，自珰女士听到繁被捕的消息起，至谣言的真相显露为止。志摩当时写《珰女士》时曾经把写这故事的构想与淘美谈过，所以淘美循着志摩的思路往下写。可是，淘美也没写完《珰女士》，连第一部也没写完。在《人言》的第 2 卷第 40 期刊出了《为停刊〈珰女士〉启事》。说自第 41 期起，编辑方面略有改革，当将《珰女士》停止登载，明春将会出版第一部的单行本（笔者注：未曾发现）。

《人言》创刊号上，淘美还开辟了"艺文闲话"的专栏，凡有关文化界、学术界之一切现象及各种新闻，均有特殊之意见发表。他自己以"浩文"笔名，写了《诗坛并不沉寂》，并署名发表了《新诗与"肌理"》、《诗与诗论》、《不朽的故事》、《小说与故事》等多篇文艺批评，对现代诗坛的成就和不足、文体与题材的关系、新文学创作的源与流等当时的文坛热门话题，一一发表个人的见解。

《新诗与"肌理"》刊于第 2 卷第 41 期，时间已是 1935 年年底。他写道："近来我对于文学，好像又回到了几年前那种热狂的时期。储安平先生编辑《文学时代》的创刊以及巴金先生主持的《文化丛书》的发行，都使我得到异常的愉快。可见我们的著作界出版界非特不被一个紊乱的时代所慑服，反因之而更兴奋了。记得爱尔兰大作家沁孤（John Synge）曾经说过：'一个战争似的、多变化的、悲郁的时代，是诗人最好的题材，也是诗人最坏的环境。'诗人固不以环境之恶劣而终止他的倾吐，但是在这种时代里而没有像爱默生（R. W. Emerson）所说的'新的供状'出现，也是一件奇怪的事情。虽然有一般人们叹息着它的沉默，或竟像陈子展先生说出'许多先进的新诗人都丢下了笔，无疑的都是承认自己失败了'那种话来；但是我却始终是乐观的

（是有根据地乐观的），我相信新诗人正因为这社会上争权好胜的英雄太多，所以暂时退到他清静的位置里去埋头工作……"《诗坛并不沉寂》则介绍了许多诗人的新作品。

第3卷第2期又一篇《诗与诗论》发表，他写道："正在我们几个朋友决定大规模地印行一部新诗丛书的当儿，《自由评论》上发表了胡适之先生与梁实秋先生等关于新诗的文字，这虽然是偶然的巧合，但我们也可以说，现在是什么人都在感觉着一种诗的需要……其实，历史上每有一次大革命，文学艺术总要挨受一次寂寞。等到革命成功，社会状态复元，大家便又旧情重燃，群起拥护……所以我国自革命纪元以来，当局对文学艺术非特没有诚恳地表示尊敬与爱好，简直还轻蔑地显露厌恶与鄙弃，足见国家尚未上轨道，粗暴分子须让时光来淘汰。因此新诗坛的热闹，从各方面看，都是个极好的现象。至于新诗的技巧，进步是显然的，可见有不少诗人是始终不被环境所支配。读卞之琳先生的《鱼目集》，我们便能知道，初期白话诗的秧苗已成熟地结实了：形式已更丰富，意境已更扩大，技巧已更完善。之琳先生的诗，在技巧方面，可以说比徐志摩先生的已更进了一层：形式已不仅是结构上词藻上的美丽，而是有意义的美丽了；意境已不仅是有含蓄，有动作，有图画，而是更能与诗人自己的人格合拍的表现了。韵节已不仅以悦耳为满足，它已被利用为传达及点示的力量。新诗已不再是对旧诗革命的产物，它本身已成为一件新艺术了。"洵美又提到梁宗岱的《诗与真》，"读了可以明白'象征主义'原来是艺术最高的理想，它非特没有堕落，并且还过于高超"。又提到朱光潜在《天地人》杂志里说的极有发明的话，"文学的表现可分三种：第一种是自言自语；第二种是一个人对一个人说话；第三种是一个人对许多人说话……"洵美说：诗是属于第一种的。他认为："几年来新诗的一切，其进步是不必疑问的。

今天的复兴准给许多伟大的成就一个表现的机会，我们也准会发现不少健全的议论。适之先生，实秋先生，他们从事文学的时光曾让别种工作占去过很多，关于诗及诗论，现在应当虚心地向后起之秀去学习了。"

《不朽的故事》，是赞扬沈从文的。他写道："从文的文字，一向是那样的清新简洁，初学写作的人模仿了他，会变得平淡枯燥；这是九炼的（笔者注：原文如此）纯钢，不是打光的白铁。《八骏图》的内容形式都表示作者对于创作态度的认真，他是怎样地想把自己的技巧，训练到最最成熟。《柏子》、《雨后》是作者亲热的题材；他曾经多少次用过，像是一种和我们有密切关系的曲调，每次拨弹都会使我们回味到某种甜蜜的记忆。这题材的发展，是他那不朽的中篇《边城》：这是中国近代文学里第一篇纯粹的故事。《有学问的人》、《某夫妇》、《来客》也正和《八骏图》一样，是作者对都市人的调笑，这调笑里有深切的了解，透彻的同情；可以叫一般以为讥讽便是幽默的人得到一个借镜或是教训。作者从不板起脸孔说教，可是我们认识他调笑里的严重性（笔者注：即严肃性，当时习惯用这个词）。我常说'小说一定要有个故事'。故事，即是把一切的东西写得活起来。写棵树，不一定说风来时它会摆动就完事，我们还得给它生命；非但会动，还要会活。写人不一定会动作，会说话就完事，他还得会呼吸，会思想。从文的小说里都有我所说的那种'故事'；一个活的境界的创造。"

论艺谈文之外，淘美也写触及时事的文字。在第 3 卷第 1 期的"每周人言"栏，他发表了《驯良的百姓》一文："中国历史上曾经有过好多次的革命，但是每次都是为了自由而革命；政见的分野或主义的争执全只有纸上的热闹。从这点上，我们可以明白中国的人民极少政治意识，而对于生活的了解却为任何民族所不及的……我常说中国的百姓乃是全世界最最驯良的，做中国的元首便也较任何国家来得容易，只要他有办法，统治起来不必用什么手段……大众要求的是安逸的生活，谁愿意来顾问这些头痛的勾当。只要我们生活的权利不被无故攫夺，只要我们生活的自由不被无故剥削，我们便绝不再有旁的要求了。"接着，他还以伪满政权的成立、《塘沽协定》的签订为例，对南京当局的愚民政策与专制手段极尽讽刺。这期"每周人言"栏还有行安的一篇《治安紧急法与救国运动》，文章对当局旨在镇压抗日救国宣传运动的所谓《告国人书》和《维持治安紧急法》愤起抨击，作者写道：此次《告国人书》及颁布的法令，"皆起因于学生之救国运动，事实甚为明显……然此种法令，不颁布于华北汉奸大肆扰乱之时，而颁布于救国运动方在萌发之日，使我人对于国家前途，抱无限之忧惧。惟我人犹忆先前当强敌加紧对我侵略之际，国府忽下一《敦睦邦交令》，则今回有此紧急法颁布，当亦非如何希异之事……今后一切救国运动，势必遭受一大打击。我人瞻望国家前途，深虑民气将因当局之压制，从此消沉下去。若不然，我人更不敢想象倘人民之救国运动继续发展，则此运动在治安法令下，不知将造成如何之惨剧。"

在这一期上，淘美写了一段文字，内有"《人言》生出来只说人话，不说鬼话……《人言》是继续说人话的刊物，它绝不是偷生怕死的弱者"。

在1936年的《人言》第3卷第7期上，淘美发表了一篇时论《激昂慷慨的文字忽然少了》，文中写道："以前如'二十一条'等侮辱条约，当局守秘密，人民无从知其究竟，而现在却是明目张胆地东三省被强占，华北的存亡又全在人家手里，即使是三岁的小孩，也可以懂得这事件的非常。所以这一次杂志报章上的激昂慷慨的文字，和以前杂志报章上的激昂慷慨的文字，其性质完全不同。以前是唤醒民众的警钟，而现在却是民众呼声的反响。以前是作者以先知先觉的身份对着民众的说话，而现在是作者以共存共荣的态度代表民众的呐喊。以前是唤到力竭声嘶的时候会静止，而现在却即使叫得口枯舌烂也不会休息，但是为什么半个月来这种文字忽然少了呢?"——提出问题后，洵美笔锋一转，直截了当地指出，当局对爱国运动的压制是最根本的原因。列举当局利用所谓《维持治安紧急法》等反动条令干涉媒体、钳制言论等种种事实后，洵美呼吁道:"当局方面应当先弄清楚这国家真正的主人是谁。'将在外，君命有所不听'是可以的，但是因此把'君'的嘴巴来扎哑，眼睛来蒙瞎，耳朵来塞聋，也似乎有犯了'舍本逐末'的错误。"这篇文章同时在《时代画报》刊出，一稿两刊，说明洵美希望此文能够广泛地引起读者的重视。

我比黄山高七尺

洵美办刊点子不少，他为《人言》发明过一个专栏，叫做"七日日记"，意思是:"凡关七日中之政治状况，社会情形，私人生活，如有感想，均可自由发表。此栏议论，不必与本报之态度苟同，盖有些顾忌，则真情未必能毕露也。"先后为"七日日记"专栏写稿的，除洵美打头阵外，尚有象恭、孙斯鸣、全增嘏、洪深、汪英宾、李青崖、叶秋原、林语堂、徒然（即陶亢德）、谢云翼、但荫荪、曾迭、仓圣、章克标等。

自第 1 卷第 38 期起，杂志还设了附刊，分现代政治、国际评论、时代知识和文坛等版块，分别由孙斯鸣、但荫荪、章克标和邵洵美任编辑。洵美在"文坛"第 2 号刊出他写的《谈翻译》一文。文章回顾了晚清以来中国人翻译世界文学作品的五波热潮，分别以林纾的《茶花女》、郭沫若的《少年维特之烦恼》、易坎人的辛克莱（Upton Sinclair）小说译作和洪深的《西线无战事》等为标志。然后对文学翻译界争论不休的翻译风格和技巧问题发表了个人的见解，认为"翻译是一种运用两国文字的文学工作，缺一不可。所以第一个条件应当是对于原作的文字要有彻底了解的修养；同时对于译文的文字要有充分运用的才能。知道了原作的一句话或是一个字的正确解释，力量与神韵；同时又知道了怎样用另一种文字去表现时，什么'意译'、'直译'、'硬译'等问题便根本不值得讨论了"。

在论述了翻译者"为他人"的"客观"态度的重要性后，他表示，"在我个人的意见，我是更赞同徐志摩等的，我相信，至少，中文是足够去表现它所要表现的一切的。以我个人的经验，我翻译一种作品的时候，我从没有感觉到文字上的困难；同时我又确信我能充分地表现着原作的神韵"。

1934 年是"杂志年"，《人言》第 2 卷第 1 期介绍了一些杂志的主编，如《正论》的翁率平；《现代》的施蛰存；《论语》的陶亢德；《大众画报》的梁得所；《时代画报》的叶浅予；《良友》的马国亮；《人间世》的林语堂。洵美深深了解编辑出版一本杂志之不易，他了解编辑的辛劳，编辑的喜乐与愁苦。他说："编辑写要写得多，讲要讲得少，似乎都有二重人格。"施蛰存在这一期《人言》上写了一篇《我的编辑经验》。洵美也应施蛰存的邀请在《现代》上写了篇《现代美国诗坛概观》，刊于第 5 卷第 6 期《现代美国文学专号》。他关注美国的诗坛。说到许多人认为惠特曼（W. Whitman）是美国的诗父、先知、前驱、革命的英雄，和灵魂的解放者，邵洵美却用另一种眼光来看。他以为"一般人所取笑的那个美国诗的模仿时期，却正是他们走向最后光荣的正当过程。美国的历史是这样短，他们没有什么'文学遗产，可以继承，于是一方面尽力把英国诗的精华选择与模仿，俾能得到一部酷肖的副本；一方面又尽量把古典名著移译与重述，以充实这一个完美的宝藏。另外台勒（Taylor）及吕德（Read）等便在技巧上用功夫：完备了新诗创造的一切工具。《诗》杂志出版以来，陆续发现了许多新的诗人。他们虽然同样地采取自由或比较自由的格调，但是各人有各人描写的对象；各人有各人走向的目标；同时，各人也有各人对于时代的反应"。他把美国诗分成六种：(1) 乡村诗即"田园诗"，也可叫作"平民诗"(2) 城市诗 (3) 抒情诗 (4) 意象派诗 (5) 现代主义的诗 (6) 世界主义的诗。他说，"美国的一切是在高速度地进展，美国人的知识便走着一种跳跃的步骤。暴富的事实常有，破产的机会很多：一切都在不停地变化，社会的不安定是一种显著的现象。信任已不能在人与人中间存在，一切东西都要拿目的来作标准。无论什么都可以商业化，灵魂真的有了代价，诗集便竟然能和通俗小说去竞争。其结果，美国的诗坛分成了两条路。诗人便有所谓'向外的'与'向内的'。鲁宾孙（Robinson）与爱略特（T. S. Eliot）以及后期的威廉·卡洛斯·威廉谟斯（William Carlos Williams）便代表了这两种诗人。所以前者的作品出版，有时候可以销到几十万本；而后者的作品则几乎有使一般人不能了解的情形。前者是去迎合一般人的趣味，而后者则是去表现他自己的人格。前者是时髦的，而后者则是现代的。前者是在现代文化中生存的方法，而后者则是在现代文化中生存的态度。前者是暂时的，而后者是永久的。

"大战也给予现代美国诗一个极大的影响：不是战壕里的经验，而是战后的那种破碎的状态。所以他们没有像英国的沙生（Siegfried Sassoon）及白罗克（Rupert Brooke）的战争记载；若只有像爱略特一班人那种幻灭的叙述。太容易的死亡，使他们对现实生活绝望；于是进而推求事物的永久性质：所以像爱略特的作品，我们可以说是对过去的历史，可以说是对现在的记录，也可以说是对将来的预言。但是一个工商业发达的美国，暴发户众多，他们为要挤列进知识社会以增加自己的地位，于是不得不把一切的知识来生吞活咽；出版界便尽多一种常识的书籍，后期的鲁宾孙便是这些暴发户所崇拜的诗人；浅明而容易背诵的诗句，生动而浪漫的题材，这是一种现代美国人的高尚装饰。

"我以为艺术品的成功，虽不一定要完全商业化，但是一种经济的鼓励是需要的。翡冷翠的成为'西方的雅典'，不能不归功于米地西（Medici）一家人：结果的种子，是他们对金钱的爱好与对艺术的爱好。艺术有了'人趣'它才会在人类里生长。现在的美国诗坛已有了它富裕的赞助者，和努力表现自己的趣味和人格的诗人：桂冠从此将为西半球的荣耀了。"

《人言》的文章对当局的抨击太明显，太刺激。在当局"图书审查会"的压力下，原拟发表在第1卷第27期上郭明的一篇《待宰的羔羊》被迫抽去，临时换成了《外国话》。1935年3月30日，《人言》第2卷第9期刊出《奉命停刊一月》，到4月6日复刊出版第2卷第10期。《人言》最终没有出完第3卷就不再发言了。

那个阶段洵美不时为友人的刊物写稿。他是朋友中有名的写稿"约期不爽"的人。叶灵凤他们的《文艺画报》于1934年10月创刊，他写过一篇《渺小的经验》，他说"中国文坛无异是非洲草莽，这时代写文章，真像在非洲旅行一样，到处都有危险，每一张树叶，每一朵花的后面，都埋伏着冷箭和含血喷人的东西……"纵然如此，洵美在一年里用真名、假名写过的文章近十五万字。他对于自己那时专注于写作的生活，在《时代》一篇题为《我的书斋生活》的文章中有过描述。文章说："我平时读书写文章，都在夜间。所以坐在'楼上书房'的机会多，因为它最近我的卧室，倦了，跨几步就到床上。但是当我准备要全夜写文章的时候，便只能耽在'楼下书房'了。那时候两个大房间里只有我一个人，咳嗽，刮洋火，便不会闹醒人家，天亮了，自己炖杯牛奶，或是走到对面弄堂里买些油豆腐，谁都不会觉得讨厌。写文章、读书，本来是最个人的事情；也许老婆可以了解你工作的价值；可是为她想，总是一种无谓的牺牲。你工作的时候，她不好意思来缠扰；工作完了，你又得休息，嫁给你一百年，至多只有五十年在一起。尤其像我这样喜欢惹是生非的人，白天总是不在家的时候多，一回家便寻了书读；书拿到手，电话又来了。朋友又喜欢要我写文章，因为我最明白编辑的痛苦，要二三千字我总肯为他赶写。我于是要茶、要水、要香烟；忙了老婆一阵子，结果她又只能把我一个人留在房里，关好了门，去叫小孩子不要笑出太大的声音，隔了一个钟头来张一张，看我仍是伏在桌上写，于是再关上门；要是我已躺在椅子里睡着了，便把燃着的香烟头先丢在盂子里，再把绒毯子轻轻地盖在我身上。想到这种情形，我便十二分惭愧：一个人究竟不应当自私到这种田地。可是看见一本心爱的新书，便总买回来读；朋友要文章，总是满口允认。但是，无论如何，我白天是写不出文章的。'楼上书房'的光线太大，多耽了会头痛，用了太厚的窗帏又会闷气。'楼下书房'事实上又是会客间，我的客人又多，文章写到一半，来了几个朋友，反而大家不舒服。我写文章还有一个坏习惯，和吃饭一样不能停，一停就吃不下；有一次写一篇关于现代诗的文章，中间来了一个朋友，到现在还没有把它续完。所以假使有什么副刊编辑要我写那种分期登载的长篇小说，他一定会受累。但是夜里写文章，一忽便会天亮；一天不睡，三天都不能使精神恢复，我于是时常头痛……"

可是在淘美，有朋自远方来，总是"不亦乐乎"，从不厌烦。他爱友识才，来稿尽量择机发表。有几次还热心把他们的书稿推荐给其他书店。（笔者发现两封他给中华书局舒新城的信。一封是力荐芳信译的英国沃尔特·佩特（Walter Pater）的《文艺复兴》的书稿。希望中华书局能够为他出版。指出"此书为文学批评最重要的作品，为我国出版界所不可少的。芳信君译笔亦为弟所钦佩，曾有序文一篇，登芳君自办的《绿》杂志上，嘱先寄奉以做样本"。他还特地帮作者争高稿酬，请求舒新城："如蒙中华采用，版权费至少五元"。还有一封是为"林君"说情，提出"林君拟为中华译著书集，及有关文学上的理论，或小说、剧本，均所乐为。贵局近来生意大好，宜特别注重文艺用稿……"但凡朋友创办刊物，他都会捧场，在他们的刊物第1、2期投送稿件，给予鼓励。这种捧场的文章我们找到的不下二十篇。）

淘美埋头写作，佩玉从不干扰。淘美有时想出得意之句，或是突萌一个点子，便会马上拉佩玉来说给她听，以前写诗也是如此。他在《诗二十五首》的自序中写过："写成一首诗，只要老婆说好，已是十分快乐；假使熟朋友再称赞几句，便是意外的收获；千古留名，万人争诵，那种故事，我是当作神话看的。"淘美把佩玉当作第一个读者，当她是知音。佩玉有的能听懂，甚至提出点修改意见；不少时候，她并不能理解文章的含义，但能品得出文笔是否流畅动人，词句是否高雅得体。有时，佩玉也会代淘美写点什么，比如1935年元旦，淘美买了本新的日记本。那日记本前面有一页印着"新年感言"四个字。淘美举笔思索了半天，不知从何写起。他平日感言极多，谁知到了这个新年，却哑然无言了，于是想到请佩玉代言。佩玉拿起笔，在上面写了二十二个字："今天是一月一日，一年又过去了；又增加了一年的感想。"这最末的一句，淘美说，看来平常，但仔细赏味起来，真可以说发现了一个真理。后来这句话引发他写了一大篇文章——《感想的权威》，登在《时代画报》第 9 卷第 3 期上。

佩玉确实了解洵美工作的价值，她对洵美的感情无比真切。她尽力为洵美创造较好的写作环境，对他的生活起居也照顾得无微不至，为洵美，为这个家她舍得舍弃自己所有的一切。她有惜物如金、不图奢华的好品性，除了出门，她从不刻意打扮自己。老式家庭过节、待客铺张的习俗她不能打破，但家庭开支她尽量紧缩，孩子们也跟她一样穿着无华，春秋天的毛线衣都是佩玉一针针编织的，孩子一个接一个，毛线衣一件接一件，她手上从来不空。她把家布置得舒适幽雅。这三层楼的房子，每层大小十间房间，都有不同的窗帘，全是她亲手缝制。佩玉是个脾气温和、与人无争的人，在娘家，她从不介入姊妹间的纷争；到了夫家，也从没跟婆母、妯娌、小姑有过什么口舌。老式家庭都信佛，佩玉从小依顺地在初一、月半吃素，跟着大人烧香拜佛。有一次她跟娘娘一道去镇江金山寺进香，寺里的觉因大师看出佩玉有"慧根"，收她为徒，在她左臂内侧烫了几个香洞，还赐她个法号——"敬善"。佩玉是个敬善之人，她心地善良，与人为善，也跟祖父一样乐善好施。她在自己家里也供了一尊如座钟大小的、白瓷的千手观音，用玻璃盒罩着，一尘不染。每到初一、月半和观音菩萨生日，她便去烧一炷香，吃一天素，祈求全家平安。然而，她并不迷信。洵美说，佩玉跟他一样，"并没有什么宗教信仰，她并不默念'阿弥陀佛'或是'上帝爱我'，她只信仰我一个人"。

这两年佩玉的体质大不如前，小珠刚满周岁，佩玉倒又有喜了。她突然患上了"支气管哮喘病"，不知道是吃了什么东西还是服了什么药引起的。奇怪的是，两个女儿后来也犯这个病，小珠很快痊愈，小玉则终生为之所苦。那似乎是一种有家族史的遗传病，洵美的父亲和四弟、六弟也有同样的病。这病不发作时一切如常，发作起来上气不接下气，十分痛苦，胸脯起伏如大海里的波涛。洵美坐在一旁看着佩玉呼吸急促的样子，觉得自己的呼吸也困难起来。佩玉发病时，洵美一般寸步不离。他在家，佩玉便能安静地卧床休养；他外出，她就心里烦躁，心里一烦躁，病势就加重。洵美有一次跟友人说笑时引用《论语》中孔夫子的话："父母在，不远游，游必有方。"他说："我是父母不在，也未必可以远游，游也未必可以无方。因为我的老婆爱我之切胜于父母，而责我之严也胜于父母。所以凭我的情形而论，老婆在，也同样的不可远游，即游也不可无方。"引得朋友哄堂大笑，在一旁的佩玉听了又羞又喜。

洵美偕夫人出游次数不多。第一次出游是在小美周岁之后，那是1928年9月，他俩去杭州作"蜜月之游"，就便去拜访洵美在剑桥时的老师慕尔先生的哥哥G. T. Moule。这位慕尔先生也是一位传教士，他热情招待洵美夫妇。他赠佩玉一件礼物——一只英国制造的大瓷碗，墨黑色，坯子很薄，但是很沉，碗的外面一周的浮雕是圣经故事。虽然洵美告诉佩玉，那并不是古董，佩玉却当它是件文物般珍藏。（笔者注：1933年弟弟A. C. Moule去剑桥大学的曲尼狄学院（Trinity College of Cambridge University）任中国历史学教授。）1932年秋，为了结束"新月"的事，两人同去平津，顺道去南京看望故友，那时佩玉产后不久，没有体力去名胜古迹游览。那几年，洵美仍年年去余姚扫墓，也曾有一次带佩玉回故乡看看。余姚出过一位知名的学者王阳明，也出过教育家蒋梦麟。余姚盛产羊毛、竹笋，却依旧不富饶，农户还是年年交不出租。由于家乡已没有老房子，夫妇俩上过祖坟，谒过祠堂，洵美便陪佩玉到阳明山下县城里转转，满街都是卖草帽的，因为那里的人家十户有九户的母女都是编草帽的能手。佩玉挑了几顶，又买了点家乡特产：干菜笋和盐水虾干，大包小包地带回上海送亲眷。其后回余姚是为副母史夫人落葬。

1934 年淘美曾单独去余姚半月，那次是遵父命去的，扫墓之外还办理卖田地的事。那里有四百亩田地不属义庄，是淘美和父亲共有的，可是要去卖掉其中的一半还挺麻烦。祖父遗训规定：要动义庄产业必须经"庄正"同意，但这份田地是私产（淘美是长房长子，应关心庄事，事实上他从不过问义庄的事），父亲要卖去他自己名下那两百亩田地，儿子当然不能不同意。父亲说他卖地是为了还债。淘美思忖，同和里卖去不久，父亲还不至于手头紧到如此地步，或许只是一个托辞，父亲是想把属于他所有的那份财产攥在他自己手里吧。也罢！于是淘美便出面去交涉，但义庄的沈老先生提出千百条理由不同意卖，因为义庄入不敷出，一向靠这部分田地的收入填补亏空。淘美只好回乡，当面谈判。沈老先生不容易说动，淘美与他商量争辩，谈了三天，唇破舌烂，沈老先生总算同意了。淘美接着找买主、谈价钱、丈量土地、办理手续等等。办完这桩事，淘美立感轻松不少。因为每年年终义庄结算，收入总是不足以维持支出，总要从他们父子私有的田地收入中刮下大半去补贴。为此，父亲总是责怪他，怪他糊涂，不去查账；怪他软弱，受人欺骗；怪他无能，不去争他应得的权益；怪他不为家庭着想，特别是不为父亲着想，不孝……淘美确实从不查账，他总是相信别人，相信义庄管理人员都是好人。他认为义庄是为族人谋福利，挪用他的钱去贴补也应当。虽然田地是他们私有的，但是他们自己不去耕种，也不去管理，纯粹是不劳而获。管理义庄是极不容易的，那两千多亩田地、房产、小学，多少责任，多少琐碎，多少奔波，多少口舌，多少麻烦，都由那些老先生们担待了；物价又飞涨，康节小学开支庞大，义庄庄董邵之炳亲任校长，全校师生住校，学校设备、教学质量不输城市学堂。洵美引以为傲。年终得区区之数，也当心满意足了。每年洵美总要为此挨父亲一顿训斥，心里很不痛快。如今，父亲的田地卖了，义庄挪用的是属于洵美一人的两千亩地的收入，与父亲无关了。即使沈老先生一分钱都不送来，他也无所谓，他可以不再为此事头痛了。

洵美不是个喜欢游山玩水的人，有时却与友人结伴出游。旅行对于他只是"徒有虚名"。他到杭州去过二三十次，却连九溪十八涧都没去过。不论到杭州还是苏州，他一进客栈，便几乎足不出户。他到旅游胜地并不是去观赏风景，而是借车外的山水田野激起一股兴致，从大自然汲取灵感启示，引发他的文思。所以一到目的地，他便迫不及待地躲进客房去写文章。他每次旅行总要带上十几本书，稿纸笔墨备齐，同行的人都取笑他，要写作何必受车马之累到客地来写，他却反过来取笑那班喜欢旅行的朋友，离家几百千里，从一个山头再走到另一个山头，回来便把一处处的名胜，参考了前人的游记、当地的志书，加些描摹，再加些赞叹的词句，写上一篇几千字的文章，这种勇气或傻态几乎有些不近人情。可是1935年的9月，他居然正正式式旅游了一次。

那次他约了十几个朋友游黄山，包括郎静山、仲长、刘旭沧等。这次洵美可是真的游山观景，他拒绝乘坐轿子（注：滑竿），坚持自己一步一步登上山，虽然累得浑身发痛，但他真正领略了黄山的壮丽、雄浑和气势。他满头大汗，气喘吁吁地登上鲫鱼背，环顾四周，极目远眺，见群山都在他的脚下。他摸出一支烟，俯视一个个云绕雾漫的山头，体味到一种前所未有的自豪，情不自禁脱口吟出：

　　一步跨上黄山巅，
　　黄山吐雾我吐烟。

我比黄山高七尺，
黄山比我早成仙。

这次到黄山，他们是经沪杭公路到杭州再转达的。前一年，他也曾走过这条沪杭公路。但那一次并不是为了游山玩水，而是要办一件"大事"。当时蒋介石在南昌提倡"新生活运动"，各处便都响应起来，报纸与杂志上也接二连三地进行批评和议论。洵美觉得，这一个运动，虽然注重的是道德及卫生方面，而要它成功，却和任何一种政治运动同样的艰难。他说："中国民族到现在这种衰靡的情状，绝不是一朝间的颓废；它是历史的，是根深蒂固的：所以要达到目的，不但是一种改良，简直是一种革命。"洵美认为，"新生活运动"不符合当前的需要，不能起到救国的作用。他有自己的一套想法。正在这时，陈立夫写了一部《唯生论》出版，洵美读过后，认为该书的精髓与自己的想法颇有投契之处，于是便去找陈立夫寻求支持。陈立夫听了洵美的想法，欣然同意，商定来一个"新秩序运动"，认为这会更有效。

陈立夫是他南洋路矿学校的校友，老相识，这个时候是浙江省教育厅厅长，约好洵美到杭州见面，和他一起商讨起草这项运动的细则。1935 年 12 月，洵美兴致勃勃地动身，随身带了许多资料，和孙斯鸣一道赴杭。虽有司机阿奎同行，他自己要先开一段路，孙斯鸣坐在其旁闲聊。车过谨记桥，沿沪杭公路行驶。不料，将近杭州时，在黄湾附近，汽车出了毛病：有只轮子的一只螺丝松了。疾驶中那只轮子飞出汽车。三只轮子的汽车立刻就失去了控制，滑离了公路，翻倒在田埂下。汽车经这一翻一滚，车侧的反光镜破碎，击破了车门玻璃，一块碎镜片嵌进了洵美的左颊，伤口约有半寸长半寸深，流血不止。洵美急中生智，翻出行囊里的牙粉，用手绢蘸上牙粉压在伤口上，血才止住。他们拦了辆路过的卡车赶到杭州，去医院为洵美缝合伤口。发生车祸的消息传回上海，佩玉吓得不轻，急得直哭。她不知洵美的伤势如何，要马上动身到杭州去看洵美。她叫小美向学校请了假，请毓贤陪着，急急赶赴杭州。幸而洵美除面颊上的伤之外，未伤及其他部位。第二天，一行人便返回上海，阿奎则留在杭州，等汽车修好，再驾车回来。经此打击，洵美兴致索然，不再与陈立夫搞什么"新秩序运动"了。他的面颊上从此留下了一道小小的疤痕。他照着镜子说，"像是比剑被刺伤落下的疤"。

一个人的谈话

为了出版《十日谈》旬刊和《人言周刊》，洵美特地设了个"第一出版社"。为了让这个出版社出一点有分量的书籍，他动足脑筋设计出一套"自传丛书"。起意是 1931 年 1 月笔会常会上听了胡适的演讲。胡适说："中国缺乏传记文学。"有心的洵美就记在心里。原计划请十二位知名作家写自传。他亲自登门约稿。几番努力，终于有五本面世。其一为《从文自传》，沈从文著。洵美为推荐这本自传写出如下文字："天才而又多产的作家沈从文先生，已名满大江南北，无远弗届，而且多才又多艺，其生平想必为人所乐闻。殊不知沈先生乃贫苦出身，读书甚少，大都由刻苦自修中得来，更兼生长蛮荒之邦，受着大自然的陶冶，故为文诡奇多姿，令人神往。先生从小曾当过兵，在军队中做下级工作，这些都是异于其他作家的地方。他的能有今日的成就，确非幸致。本书是他的自述生平刻苦上进的历程，不但趣味横生，而且获益良多，实为有益青年的无上好读物。"

其二为《巴金自传》。洵美介绍说："这是巴金先生的杰构。巴金先生的作品，充满了人间的苦闷与哀愁，但有一贯的对人间的爱的感情流注着。他这一种对于人间的爱，对于真理的热情，是怎样孕育产生呢？缘先生为四川世家子，来自上层阶级，每多革命前锋，因他们才能真知灼见自己一类的罪恶，而同情于被压迫者。因为厌恶自己，人生途中便到处是悲哀；又因为同情于他人，所以有爱的流贯。一切文章作品，都和作者的环境有着很深关系的。《巴金自传》读过后，你便能真个了解巴金的作品和为人了。"

其三是《资平自传》，张资平著。其四是《庐隐自传》，黄庐隐著。洵美为这位年纪轻轻，三十七岁就因难产去世的女作家的自传写了一篇序，说她"这么一个作家最适宜去写自传了。第一，她对自己特别感兴趣，于是会细心去观察自己而写下几乎是大公无私的评语；第二，她有充足的脑力去记忆或是追想她的过去；第三，她有勇敢去颂扬自己的长处及指斥自己的弱点；第四，她有那种痴戆或天真去为人家抱不平及暴露人间的丑恶；第五，她有忍耐同时又有深刻的观察力去侦视这人生的曲折；第六，她有生动的笔法，可以使一切个人的事情使别人感到兴味；第七，也是最难得的，便是她是一个'自由人'，她不用在文章里代什么人说话或是为什么人辩护及遮蔽，所以这一本自传值得我们去宝贵了"。以上四本都是 1934 年下半年出版的。第五本《钦文自传》，许钦文著。这一本是后来第一出版社结束之后，1936 年由时代图书公司出版的。另外曾作过新书预告的有《达夫自传》《洪深自传》《蛰存自传》，都没有出版。洪深与施蛰存太忙，没有动笔；郁达夫倒是认认真真"在杭寓闭门写传"，他曾写信告诉洵美，他已经写了三万多字了。原定在 11 月出的，后来便拖拖沓沓没有了下文，好像后来由别的出版社出了。另外，由第一出版社出的书籍有：胡适的《中国新文化运动》；潘光旦的《人文史观》；陶亢德的《徒然小说集》（韬奋序）；顾苍生的《欧行杂记》；章克标的《文坛登龙术》；朱维基译的弥尔顿的《失乐园》；杨云慧译的《文艺家之岛》等等。淘美那篇在《人言》连载的两万余字的《一个人的谈话》也印成单行本出版。这本书是以活体字排印的，用120磅黄印书纸印制，硬面精装，极为美观，是淘美最得意的创作。朋友们也赞赏。他曾将其中几段为黄苗子写在扇面上，苗子六十年后还能背诵：

"诗意的来临像是天上的云：有时是一块洁白的结晶，不动，准许你神往地仁视；有时是一群琐碎的粉片，你要捉得快，一秒钟它就会变幻几十百种形象；有时是一层透明的薄翳，在你灵魂里轻微地荡漾。

有了充分的经验，一粒谷里可以看见宇宙：热闹里有人生，静寂里也有人生；石头会说话，草会有感觉。这时候你已是一位完全的艺术家……"（苗子告诉笔者：淘美为我写过十首诗。他的字好，我将他的墨迹印在我编的《小说半月刊》上。）

淘美在《一个人的谈话》的自序里说："这是我的有连续性的备忘录。"书里他对诗、小说、戏剧、批评等都有独到之见。文章具有淘美独特的风格，自成一体。关于题名，用他自己的话来说："《一个人的谈话》，这是一个多么好的题目！在这个题目之下，我可以和人谈话，而不被人家的问句来难住；我可以一个人说话，而不会像独白般的感伤；要谈什么便谈什么，说错了，不见得和演讲一样不好意思更改。"在这篇谈话里，淘美谈了许多题目，写的却是一篇体裁自由、头尾相连的文章。你没工夫，可以分段去读；有时间，一口气读下来也觉察不到淘美在这长篇大论当中有过停顿。沈从文便是一口气读完的。他读后写信给淘美说："淘美啊，你的《一个人的谈话》是我所看到的最美的散文诗。"（笔者注：祖丞曾经问爸爸，"为什么称作散文诗？"淘美说："他是指诗一般的散文，散文形式的诗。乔治·摩尔写过这样的作品。"）洵美在文中有时回忆往事：谈傅彦长的警句，林语堂的调子；谈三年前与徐志摩的一席对话；谈九年前在法国访雨果（Victor Hugo）的故居，看但丁的画像。有时说一段故事：乔治·摩尔的《一个讲故事人的假期》，有时又穿插进自己计划写的诗剧《西施》的构思。还提到洪深与应运卫丢下话剧去做电影导演；欧阳予倩为潘金莲翻案等等。

　　洵美在这篇原是他的"备忘录"的文章里叙述了他对文学各个方面的理论性的探讨，文中重点谈诗。他说，诗的定义不好下。他曾经以为，诗或许是"基于第六感官的一种滋味，一种声音，一种感觉，一种形体，一种气息"。但是，什么是第六感官，他自己也说不上来。他说："诗是昙花一现的真理的尽人力的记载。"定义难下，他便来阐述诗的功用和使命。对于功用，他提到琼生（Jonson）的话："诗给我们一种生活的规则和方法。它帮助我们来适合社会的各方面。当我们年青的时候，它给我们培养和指导；当我们年纪老了，它给我们安乐；我们富的时候，它给我们光彩；穷的时候，它给我们安慰；在家，它是娱乐；出门，它是伴侣。"他又引用爱里奥脱 T. S. Eliot（今译"艾略特"）的话："诗可以去点缀一个公共的聚会，可以去参与大小的宴集，可以去装饰一个宗教的仪式，可以去使群众快乐，可以去做一切的事情。它可以去影响每一个时代所需要的感受性的改革；它可以帮助我们去破坏一种传统的观念及论价的方式；它可以使人们看到一个新鲜的宇宙，以及宇宙的一个新的部分。它可以使我们逐渐领会到我们内心的那种说不出名字的感觉，因为我们的生活惯常是对于我们自己的一种逃避……"洵美认为孔夫子的话更深切，"诗可以兴，可以观，可以群，可以怨，迩之事父，远之事君，多识于鸟兽草木之名"。而对于诗的使命，洵美说：

"诗不是叙述，是点化。"

关于诗的欣赏，他谈道："有人以'看不懂'三个字来抹杀新诗，显然是没有对旧诗下过一些工夫。"又说，"写诗是诗人的事情，看诗是读者的事情，他们中间不必有相互的代谋。一首诗能被一切人欣赏，当然也是诗人的愉快；正像是一个创痛可以由人家代替你去忍受一样。"他认为，欣赏诗就像爱里奥脱谈观看莎翁的诗剧："平凡的观众可以欣赏它的情节，比较有思想的可以欣赏人物的描写，有文学兴趣的可以欣赏词句，有音乐感觉的可以欣赏韵节，而最高明的则可以欣赏逐渐显示出来的意义。"其实以上这些感觉每个观众同时享受到，只是程度的高下不同罢了。洵美又一次提到《论语》，说"孔子讲别的东西不过一两次，讲诗却有十二次"。他说，"诗的重要本不在于形式，用白话写自由诗可以，用文言写律诗也可以；现在人对新诗有成见，多半因为看不惯它的形式，我劝他应当去读《论语》"；"或许他们对于诗里的意象及联想缺少经验去理解"。

洵美又谈到怎样写诗，他说："新诗是创造"，"所以诗人在诗里边所说的话务须是人世间第一次听到的，它一定是去泄露一种为平常人所从来未领悟过的神秘……我们得用前人所没有用过的方法，去写出前人所没有写过的东西来"。他说他自己跟爱里奥脱一样，随着年龄和经验的长进，对诗的趣味也长进了。他说："哪一天你的趣味长成了，哪一天你便会有真正的自己的作品。"他承认自己"对一切现代诗人的作品，还是最近五年里面才认识的"。他还说，"我希望我现在已跨进了爱里奥脱的第三个时期"。

谈到自己写诗，他说："我自己便是一个从没有一忽疏远过诗的人……我的记忆里早积上几千百行，我相信我随时可以写下来。"可是洵美这段时间发表的诗很少。三年前他曾九个月只写出两首，他问志摩，是不是自己绝不是做诗人的材料。志摩说："你写不出诗，恐怕还是因为你生活太满足了。"在这篇文章里淘美吐出了一个秘密，说："天下哪有对自己生活满足的人？"他明白自己并不是因为对生活满足而不能落笔成诗，而是因为"喜欢幻想"。他说，"人家在现实中所不能满足的常在梦里得到，但是梦不能由你自己作主，所以结果还是不满足。我却把幻想来代替了梦"，他在幻想中得到满足。"幻想竟然叫我把一切事情想穿了。我的诗便只剩了一线生命，那全靠我忽然有什么的要求而没有空闲给我去幻想的时候。近两年写诗，大半在这种际会里写成"。另一个原因他自己也知道，是因为太忙。"爱忙也是我的天性，可是我喜欢没有目的的忙，我喜欢有不速之客来打断我的文思，我喜欢有新奇的书名来停止我写了一半的诗：只要不拉我出门，我倒不希罕有多少闲暇"。淘美在这期间的确忙：办着多种杂志，又写着那么多文章，忙得正像他自己取的一个笔名——"忙蜂"，自己找来那么多的忙，他又如何能有多少闲暇来吟诗？

关于小说，淘美认为写小说和写诗不同。"写小说是一种理智的工作，不论是经验或是理想，你得用心思去整理，不像诗，诗会带着秩序和层次一同来"；"小说应当是客观的观察的结果，而诗则是最主观的感觉的供状"。他接着谈道："写小说要有冷静的头脑与细腻的手法"；"没有丰富的印象，你的书中人不会有个性；没有活泼的文笔，你的书中人不会有生命"；"写小说需要灵感，但是更需要观察。片段的印象，形成了整个的观念，小说便在这时候成功"；"用字的准确便是对一切事物的论断准确，你会明白怎样去捉住灵感"。淘美认为写小说是一种"成人的工作"，"有了相当的年龄，记忆里的疆界也大了，人物也多了。有了充分的经验，一粒谷里可以看见宇宙，热闹里有人生，静寂里也有人生；石头会说话，草会有感觉，这时候你已是一位完全的艺术家，写下来的便是完全的艺术"。

淘美自己写过一些小说，短篇的如《搬家》《缘分》《绍兴人》，得到过好评，然而长篇小说，他却总是不能写到它完结。淘美何尝没有志摩一样的毛病：写小说有始无终。在《时代画报》连载的《贵族区》是如此；在《人言》周刊为志摩接下去写的《珰女士》也是如此。先前有本小说《妹妹》，已经写完并且发了新书预告的，却想改换文笔重写，一搁就没有了影子。忙，是一个原因，在这里，淘美分析自己写小说除了缺少决断与耐性之外，还存在一些别的问题，他说："我看见的东西实在太复杂，太矛盾，我绝不会相信只有一个上帝"；"所以我提起笔来，一想到故事没有个完日，便气馁了。我曾经开始过一部小说，写了二万多字，总没有方法叫一位小姐走下楼。她有许多要下楼的理由，但是她也有许多不要下楼的理由，结果我只能把草稿丢进抽屉里，让她一个人留在楼上。这个经验，使我更明白了决断的价值"；"我的书中人又时常会对我反抗，违拗我的意志！我要他笑，他偏不快乐；我要他哭，他偏不悲伤，倔强到我发了脾气，世界便又只得静止了"。除此之外，他认为自己写不完长篇还因为，自己的情感太丰富了，总不能理智地客观地写。"我明白我在太兴奋的时候，自己会拉不住自己"；"我虽然曾经接触许多东西，但是欣赏多于观察"。另外，"也许我太想了解人，往往把小说里的人写得没有一个不是好的，没有一个坏蛋不有他的苦衷，结果当初很干脆的念头竟受了潮，讨厌的人变得可爱又可怜，换了一副原谅人的心肠。文章当然便写不出"。淘美说到傅彦长的一句警句，"我不想打死什么人，所以我一个字也做不出"，也许这是他不能写小说的一个最好的解释。

淘美也很想写自传。因为在他的生活环境里接触到很多人和复杂有趣的事，真要是能写出本自传，一定有趣。他设想用小说体裁来写，"我可以用理想去招回一般不见了的朋友，或是给一般讨厌的人一个结束，我可以用笔尖来戳穿那些虚伪的笑容，我可以用稿纸拭干那些冤枉的泪水。但是开了几次头，总没有写下去"。除前面所述的原因之外也因为想想自己现在还年轻，"这世界有趣的事情尽会接二连三地发生"。他相信自己"早晚总能写成一部小说，至少可以像绪尔斯罗曼（Jules Romains）的《好人》一般，跟随着记忆写出许多段似乎是断片的东西，会合起来是一个整个的人生"。

关于剧本，他说可以有两种，一种是可以上演的，一种是不可以上演的。对于后者，作家是把戏剧作为文学的一种形式，作者不相信一个人可以完全扮得像另一个人。这种剧本"人家读了，会闭了眼睛，各自去想象出一个各自的宇宙，使剧本和他们中间更少一层扮演的幕帏。枕头半边的一滴眼泪，比戏院中间的一阵掌声，更能安慰作者的苦心"。淘美认为，剧本上演假使成功，"五分以上的光荣，应当归于演员。演剧是一种人模仿人的艺术，它使我们在没有反省的工夫中能反省自己"。

淘美发表了以上这些见解后，又说"文学是整个人格的文字的表现"，"要成功（笔者注：原文如此，上海话）一位艺术家，他先得培养一个艺术家的人格"。他引用吉勒柯契（Sir A. T. Quiller-Couch）的话"一个真正的人，不论伟大的或是渺小的，他总在作品里留有自己的痕迹"。雷里爵士（Sir Walter Raleigh）也说："没有一个人能走出他自己的影子。"淘美说，"有高尚的人格才有高尚的作品"，"人格与天才一样，是不可能强求的，但正像天才要加以修养一样，人格也要锻炼"。他认为人格可以培养，"一方面寻求增加经验，一方面因艺术的感受，而提高所谓的'反应水平'，养成一种高尚的习惯"；"所谓'文如其人'，我们是怎样的人才会有怎样的风格，文章的风格是趣味的表现。人家也便会从你的风格里被你的趣味感化";"趣味有高尚的与低级的,高尚趣味是建设的,低级趣味是破坏的,无论你代表哪一个阶级说话,低级趣味总是要鄙弃的"。他讲到通俗剧"至多只能给人家一种肤浅的刺激。它不是去表现自己的趣味,而是去迎合人家的趣味"。他担忧地指出,"雕刻家都变了裁缝,这是中国文学的根本征象"。他又谈到批评,"一个有秩序的文学界,批评家是一个不可缺少的角色……我时常说,编文选和诗选的人是最聪明的批评家"。

淘美终于一个人谈完了那么多的话。这么长篇大论他并非随意谈谈,他十分认真,十分用功,文中引述的书籍文章近二十篇,介绍的中外作家、诗人、戏剧家五十人。在这篇长文里他也透露了一个想法,他认为有的工作完不成是因为他缺乏耐心和毅力(譬如他曾计划写《李太白传》等等),有的却是因为他不想去写"低能儿给低能儿看的"书。他一连谈了十四次,作了结束,却意犹未尽。在"按语"里说到其中有的意见"还得等到将来去伸长,补充及解释"。他说出的话总是算数的。次年,他又一连发表了多篇文学评论:《小说与故事》指出写小说一定要有个故事。伟大的作品因他们的故事而深入人间,因深入人间而不朽。他们每每是雅俗共赏的。文笔的功绩也不可抹杀,有了故事而文笔差一点尚有补救的方法;假使只是文笔好而没有故事,则小说便不成其为小说了。《不朽的故事》赞扬沈从文的《边城》是中国近代文学里第一篇纯粹的故事。在《伟大的晦涩》一文,他认为,伟大的作品一定是对人性深刻了解的表现,决不能归入某种主义、某种意识的旗帜之下,读这种作品,才会读了一次再想读一次,读一次有一次的新发现新经验。所以批评家在批评一本书的时候,不应当故意去为作者戴上一个镣铐,涂上一种色彩。伟大的作品决不会像他们理想中的那样浅薄,那样狭隘。

《写作人的观察》说写作人的眼光里，天下万物都会是有灵魂的，对一切的东西发生了感情，文章然后可以动人。你要看出他们的活力，他们存在的理由，等你用生命灌注进一切事物的时候，他们便自己走进你的作品。

至于人们常说，五四以来新文学的发展差强人意，他反复推敲，写了《文学的过渡时代》，与大家来讨论。说"旧文学是死文学"，是开始提倡新文学的几位先生，为了使人对新文学感兴趣而说的。于是一般人就觉得应当永远不让旧文学再出现。尤其"畏难"的青年，一方面"白话"容易写，一方面又可以得到借口不必再读古文。他们兴高采烈地把旧文学都丢进字纸篓。这大概是提倡新文学的几位先生始料不及的。后果是新文学家便多半从未见过旧书，他们对于文字的知识既然完全从新式教科书及新的文学作品里得来，技巧便有了限制，新文学极少完美的作品。他们因而不承认任何权威。还有一些翻过几本外国书，查过几页字典的人，便说中国的文学一无足取，用了次序颠倒的笔调，竟然想改造中国的文字。而一班沉湎于旧文学中的人，一切的新作品大半使他们失望，于是把新文学的功绩一笔抹杀。青年失却有理性的指导，新作品永远没有机会可以给旧作者领略，旧作品便也缺乏人为它们做新价值的估定；双方的发展都有一种停顿的可能，这中间缺少一座桥梁。而"整理国故"的学者，只是在考据作者身世，作品年月，以及鉴别版本上用工夫，都没有把文学作品本身的美点展示出来。新文学运动到现在已这许多年，留学国外专事研究文学批评的也有这许多人，但始终没有一个对旧文学做系统和透彻的欣赏。洵美觉得，"新文学的出路是一方面深入民间去发现活辞句及新字汇；一方面又得去研究旧文学，以欣赏他们的技巧、神趣及工具。我们要补足新文学运动者所跳越过的一段工作，造一个文学的过渡时代"。他还有一篇《文体与题材》，说到一个作家，虽然文章处处有作者的个性（人格）的痕迹，但他的文体是可以改换的。他个人曾经有这种尝试，而且还认识了它的必须。"我写诗时是一种文体，写《贵族区》时又是一种文体；用了'浩文'笔名而写短篇小说时又是一种文体；写《珰女士》时又是一种文体；用了'郭明'笔名，为《人言周刊》撰文时又是一种文体。并不一定是故意的，但是当你运用不同的题材或是写不同的文章时，文体自己会变，虽然气质是始终一样的。这种变动时常不容你自己作主，但是作者事先的修养越充分，运用起来便越自然。文体的准备足了，个人的意境也会扩大。无论什么题材拿到手，不会无法处置；即所谓'下笔千言，倚马可待'便是懂了这种诀窍。"

还有一本杂志也是洵美的第一出版社出的，后来纳入时代图书公司出版，那就是作为《人言》姐妹版的《声色画报》，1935年9月1日创刊。取名《声色》，并非有"声色犬马"之好或"放情声色"之意，洵美是想把这本杂志办得有声有色，吸引更多读者。它是本中英文对照的月刊，封底有个英文名字——Vox（声音、舆论）。这是一个新的尝试，起初是本画报，是洵美和来华不久的一位美国女作家项美丽合作创办的。他们自任编辑，后来编辑改为张大任，发行人沈同。这本画报薄薄的，只有三四十页，半本中文，半本英文，图文并茂，这样的设计既是为中国读者考虑，也是为外国读者考虑。中文封面自左向右翻，在它背面是英文封面，则自右向左翻，以附和中外读者不同的习惯。其中有的文章中英文对照，大多数不然，只是在中文文章的标题下编一段英文摘要，照相图片下中英文诠解；英文部分则相反。封面是彩色的，图片都用影写版印制，文字印成棕色，很别致。其内容多为中外文化艺术，因为办这份特别的刊物，目的在于促进中外文化交流，增进友谊。大部分是介绍中国的文化民俗，有中国名胜，如黄山、瘦西湖的风景；有中国名画，如徐悲鸿的《马》，庞熏琴的《裸女》，张善孖的《洪水》；有中国名花，如各式各样的菊花。也介绍上海的秋季时装表演，中国的电影明星，还有京剧净角金少山饰楚霸王"化妆的十五个步骤"，乃至上海城隍庙形形色色的店铺，北平闹市店堂奇奇怪怪的招牌。也有新闻报道，如全国运动会概况，美国大使晋见林森主席，介绍新近来访的外国人和未来居民，以及张道藩编剧的《摩登夫人》，陈大悲编导的《西施》，上海业余戏人联合公演《钦差大臣》的消息，还有追悼名记者戈公振的大会。文章有关于上海导游、蒙古素描、中国名城杭州的几篇以及顾苍生写的《归国舟中》等，外国作品也有几篇，有介绍各国画报（自然包括中国的《时代画报》）、欧美现代派绘画、植物在建筑设计中的运用，以及金刚钻矿的历史的。项美丽有一个长篇连载，题为 *Practically Anything*（"图实惠"之意），表达出美国人对中国人的一些看法。

值得一提的是，在这刊物里有英国小说家桃乐赛·勃莱克（Dorothy Black）写的一段短文，她对中国处处醉心于西化极感不满，她觉得中国故有的文明，已足以使全世界人钦仰，但是中国却不知道去发展和利用它，只一味模仿还不如它的一切，照此下去，她怕中国会丧失掉所有光荣的过去。要知道，拿从西洋学来的文化去和西洋比较是一件愚蠢的事。

洵美在《声色》发表署名文章。在《我的外交》一文中，他强调"人与人间是有一种天生的感情。国界不是一种障碍；语言与习惯的异别才是隔膜的原因。中国是最大的国家，情形当然复杂；况且近海的商埠也必然有一种异样：不必诧异，也不必惭愧。四处是中国，北平是，上海也是，你只见到一角不能说已见到全局。"他说外国人"应当用诚恳的意思，不可用好奇的心肠，来和中国人交往。则真正的友谊才有得到的一天"。他在《中国的仇敌》一文中谈到几年前在美国有一班东方学者组织了一个团体，叫"中国的朋友"，发表的多为颂扬中国文明的文章，淘美觉得他们是基于爱护中国而忽略了中国的弱点，但过分的恩宠会使我们的神经麻木，只有知道自己的错误，我们才能进步。他希望世界各国能有"中国的仇敌"这一个组织，公开指斥，当面奚落中国的缺点。这样，他们倒成了真正的"中国的朋友"。淘美还风趣地举出一些外国人对中国人的"误解"，如中国人不守信，没有时间观念；中国人柔弱，不敢与人争辩，受了欺侮不敢抵抗；中国人没有冒险精神等等。他幽默地一一"强辩"，说中国人最务实际，极守信义，尤重时间观念，只是与外国人有所不同罢了。在中国商店里记账的折子执在顾客手里，一年三节，每节结账，按时交割，从不赖账。而宴会迟到是客人谦谢尊敬主人之举。他也说中国人体弱但脑子坚强，你们是手役心，我们是心役手。就因为中国人的好争辩，所以中国才有礼教来管束，使我们受了欺侮也不抵抗。谈到冒险性，中国是大陆，人民安居乐业，不过沿海如广东一带的人民会四出探险，试查全世界有多少广东人？广东话比世界语还普遍哩！还有第一个发现美洲大陆的是广东人，不是哥伦布啊！至于说中国人没有宗教，则是因为中国人最懂得做人之道，懂得享受生活，不稀罕死后升天堂，最大的愿望是不死，不能不死便希求死后能再变人，于是欢迎轮回之说，所以佛教在中国兴盛。

另一篇题为"中国之谜"，是针对两个月前英国纳喜（Nash）杂志上勃克夫人（Pearl Buck）（赛珍珠）发表的关于中国青年的文章写的，她说中国青年服从因袭的礼教，不过因为家里一切经济责任是家长负责，所以中国青年自小过安定的生活，无上的幸福，便绝对放纵。淘美说，"作者是真心爱中国，同情中国，撰写关于中国的小说《大地》、《分家》而得名，可以算是中国的好朋友，但是她对中国的生活只见了冰山一角。洵美承认，中国的大家庭制度养成青年的依赖性。但这只限于大富之家，而现在的大家庭也不容有这许多寄生虫，经常有身拥巨万的将子弟送到钱庄布号去做学徒。一般家庭，家长对子弟的求出路更其注重，而种田人家，一家老小几乎个个都为家庭出力。"洵美说，时至今日，"中国的豪富人家大都住在上海。上海繁华甲中国，可以挥霍浪费的地方真多，豪富多吝啬，子弟从家长那里索来的金钱总不够他们挥霍，所以未成学业而急谋职业的比比皆是。至于中产阶级，家长失业或蚀本，产业动摇，子弟教养费都成问题……外国人至多只见到一些外表，不会看到这么多，即便是知名的高等华人，在家写文章，盛暑之天也会如劳工之辈一般赤膊赤足（笔者注：指他自己）。我们快活，也绝不会在外人前放肆；我们痛苦，也绝不会在外人前丢脸。外人所见的是罩了一层面具的中国人的生活，勃克夫人也不会例外"。

以笔名"辛墨雷"写的有《最近来华的四文人》（介绍瑙埃尔·考德 Noel Coward、艾米莉·哈恩 Emily Hahn（即项美丽）、白来克女士 Dorothy Black 和麦克福 J. P. McEvoy），还有《外国通》和《欺洋人》。这份双语刊物里中英互译的工作无疑都是出自洵美之手。

这本《声色画报》一开始很热销，外国读者比中国读者还多，在上海的洋人圈里一时间出现几乎人手一册这样的新鲜事，开始还远销南洋和美洲。但这本月刊，后来却疲疲沓沓，总不按月出版，所以总共不过出了三四期，1936 年就改版为《声色周报》（*The Vox Weekly*），主编是陆钟恩（上海足球名将），项美丽仍任英文编辑，洵美自己实在忙不过来，中文编辑就改请陈福愉担当，由声色周报社发行，上海时代图书公司总代售。这份周报格式如前——半本英文，半本中文。因为陈福愉是名体育记者，所以其内容除了介绍中外科技文化之外，体育新闻的报道占了很大的篇幅。此刊还介绍曹涵美画的《红楼梦》等中国古典式美术作品，也有不少文字是描述当时中国的现象，以纠正外国人对中国的误识。项美丽在每期"时事"栏目里选一些上海各报的新闻，摘要译成英文刊出，其中不乏她自己的理解与观点（当然她是用外国人的眼光看事件的）。但这份中英文合璧的刊物也没有能维持多久，大概出了十期左右。因为不识中文的外国人只能看半本，不识英文的中国人亦然，而中英文都看得懂的读者又何须一本书看两遍？所以销路愈来愈不好。加之英文稿源少，于是只好放弃了。这正应了一位美国记者狄肯（Dickon）的话，他曾写信给项美丽说："你们办这样一份杂志，真是勇敢。不过，我想，你是不是走得太远了吧。……"

当时《声色画报》夭折是有缘故的。项美丽是作家，没有编辑经验，加之，稿件的收集也由不得她，她说，"全得仰仗淘美的恩赐。"那时节，淘美正忙得不亦乐乎：在《时代画报》开辟的"时代讲话"专栏，那一年一连写大块文章近十篇。笔会接待了英国的著名戏剧家 Noel Coward 考德，淘美特地翻译他的剧本《夫妇之间》，下了很大的功夫，把原作的幽默情趣用中文表达出来。淘美还用了很多心思请八位著名作家写自传。起意是因为胡适 1929 年在《新月》发表他的自传几章，1931 年一次笔会胡适又大谈"自传文章是最好的文学体裁之一。中国缺乏传记文学"，有心的淘美就记在心里。1934 年出版了《自传丛书》四本，还要再努力。他又得抓时间把去年写的文艺评论《一个人的谈话》修订了出版单行本；还得为明年出版十本一套的《新诗库》组稿；并整理自己的诗作，集成他的第三本诗集《诗二十五首》辑入，十分专注地写一篇《自序》，那是一篇很吃重的诗论，是小结中国新诗的发展情况，也是回顾他自己学习新诗的成长历程。挚友志摩虽然离世已经五年，他依然无法释怀。他为志摩续写小说《珰女士》，不得不排挤睡眠时间，静下心来，幻想，构思。洵美在文艺的海洋里畅游的同时，不时听到东北、华北传来的坏消息，关心日军动静、国内政局、国际动态，他心情难以平静，夜深人静，写时评政论……编辑部和印刷厂还有许许多多事情要找洵美出主意、拿主意；那个时候资金时常周转不灵，洵美必须动脑筋想办法去"拆头寸"。他的周围朋友总是络绎不绝，他再忙也放下笔，兴致勃勃地与他们谈笑风生。此外，翻译沈从文那本小说《边城》，他的确花许多时间跟项美丽一起切磋。在这种情况下，他实在腾不出时间来帮项美丽编这本《声色》了，项美丽也理解，《声色》只好不了了之。但通过合作办刊，她终究得到许多快活，结识了不少时代图书公司里的中国人——洵美的文学界艺术界朋友；她也的确通过这两份自己参与编辑的双语刊物，对中国的文化有了不少新的认识。

洵美好客，朋友也喜欢他，与他交好的朋友各界都有。1936年漫画家鲁少飞画了一张《文坛茶话图》，刊在《六艺》杂志创刊号，图画里邵洵美作东的大餐台周围坐了22人：茅盾、郁达夫、林语堂、老舍、张资平、冰心、白薇……墙上的画像有"我们的先贤"，刘半农、徐志摩……窗外门口还有人在探望，田汉、丁玲……鲁少飞的漫画技艺真精湛，简单几笔，容貌神情一个个对得上号，这幅画实在是其成功的杰作。其实画中人还仅仅是邵洵美文坛友人的一部分，都是作家。作为出版家、编辑，与他的作者自然有共同语言。凡是有一稿之雅的，他必然热忱接待，往往还邀到家中做客。新知旧识济济一堂。这张画里他的学术界、新闻出版界的朋友尚未入座；其他如艺术界、音乐界、影剧界、金石界、摄影界也还不在内。在30年代的上海滩，他们共同为推动中国的文化艺术的发展，洒下无数心血。友人之所以誉他为"孟尝君"，不仅因其友人之众，其助人之忱，诚心诚意帮朋友们发表作品，也有感于他为正义敢于出头。当年邵洵美开书店办杂志不断大量投入，他毫无营利企图，一点也不懂得生意经。图书公司连年亏损。（笔者注：诗人卞之琳1989年回忆，邵洵美"衣带渐宽终不悔，玩印刷技术赔光家业"。有人称他是"文学纨绔子"。实则他是个理想主义者，痴心想效仿英国新闻大王北岩爵士获得百万读者的成功经验，甘当"天狗"，做"文化的班底"，促进祖国文化艺术的进步。）

幽 默 的 真 谛

项美丽原名 Emily Hahn（艾米莉·哈恩，即"蜜姬"），是个美国作家。初来中国之际，她就是美国 *New Yorker*（《纽约客》或《纽约人》）杂志社的通讯记者。她是跟姊姊 Helen（海伦）作远东旅游，从东京转道来上海的。这是她初次来中国，那是1935年。她原不想在中国久留，上海给她的第一个印象并不好："到处是霓虹灯，到处是大块红色的金字招牌，真是一个俗不可耐的地方。"但姊妹俩一到上海，就受到老朋友的款待。在上海住了五年的那位弗丽茨夫人一再挽留，要她留下来，认识认识中国这个有趣的国家。热情随和又风趣健谈的哈恩小姐很快就成为上海滩这班洋人中间备受注目和欢迎的一个，她的令人刮目相看的历史背景也吸引了大家的兴趣。

在那个年头，像艾米莉·哈恩那样勇敢开放，喜欢冒险猎奇的女子，即使在妇女解放较早的美国，也是比较少见的。她生于波士顿，是第一个在美国威斯康辛大学获得采矿工程学位的女学生。在哥伦比亚大学读研究生之后她教过书，写过稿。当她拿到

她出的第一本书 *A Beginner's Handbook*（《初出茅庐者手册》，一本幽默读物）的稿费之后就去实现自己的心愿——到非洲去旅行。她跟着红十字会工作人员在比属刚果一个医院的前哨站工作了两年；曾在丛林里矮小黑人的部落里生活过一段时期。1932年回到美国之后，她又去牛津大学读研究生。出了学校，就开始了她的写作生涯，为好莱坞写电影脚本；出了两本描写非洲生活的书：*Congo Solo*（《刚果独奏曲》）和 *With Naked Foot*（《光脚人的悲歌》）。她还一度担任过英国、欧洲、北非一些报刊的通讯记者。这样一个年仅三十岁就有如此传奇色彩、如此丰富阅历的女作家，在上海洋人圈内自然颇为出众。她是那交际广阔的弗丽茨夫人的文艺沙龙里不可或缺的贵宾。那圈子里尽是些西方各国的外交官、银行老板、洋行大班、新闻记者之流的人物，还有上海闻名的外国财团首脑——沙逊（Victor Sassoon）及哈同（S. A. Hardoon）等犹太富商和他们的内眷等。沙逊对哈恩小姐尤为青睐，特地赠她一辆新汽车代步（沙逊爵士是上海的房地产大王，上海的 Palace Hotel，Cathy Mansion，Cathy Theater（国泰电影院）以及四马路的 Hamilton Hotel 等都属他的产业。在印度、香港他也都有不少产业。胜利后，他曾告诉洵美，时钟每滴答一声，他就收入六千美金）。

　　姊姊海伦去北平、南京玩了一圈，在东安市场买了一些小玩意儿和几张大大的关公像、钟馗像画轴就回美国了。艾米莉决定留下多看看这个陌生、新奇、异于西方的古老国度。她的生活是无虑的，凭她收到的从美国不断汇来的稿费，在那时物价低廉（对她来说）的上海，她可以生活得很自在。但她还是去找工作，一度在美商的"大美晚报馆"（Evening Post and Mercury）和英商的"字林西报馆"（North China Daily News）任专栏编辑；为了加快熟悉中国，接触更多的中国人，她还在上海海关学校等学府任英文教师。

在那个年代，能涉足洋人生活圈子的中国人很少，只有少数外交人士、洋行买办、外国银行的高级职员、经纪人和留过洋的中国知识分子才可以，而能出入沙龙的更是极少数，洵美是其中之一。他有希腊式美男子的鼻子，能说话的眉心；他既有中国才子的翩翩风度，又具西方绅士的潇洒礼仪；他一口纯正悦耳的英语，与洋人交谈起来没有国界的隔阂；他通晓中国古今文艺概况；他高雅的谈吐，新颖的见解，征服了那一班自认不俗的洋人。经弗丽茨夫人的介绍，哈恩小姐认识了邵洵美。那时，哈恩小姐正对这个对她来说充满"异国情调"的中国，由没有好感逐渐转为好奇。遇到这么一个能说流利英语，又写得漂亮的中英文文章的中国同行，她便能很方便地去了解中国，了解中国人的风俗习惯、文化艺术，乃至中国人的人情世故。在洵美的引荐下，她涉入中国知识界，结识了不少上海文化界人士。洵美还给她取了个中国名字：项美丽。两人萌生了合作办刊物的念头，于是就试办了那份《声色画报》。在洵美的朋友里，有几位留过洋，精通英文的饱学之士，如温源宁、吴经熊（即吴德生）、全增嘏、叶秋原等人。他们与洵美有深交，与项美丽也就成了很熟的朋友，他们不时去宁波路江西路口上海银行大楼楼上她的寓所聊天。在聊天中他们酝酿创办一份英文的杂志。1935 年 8 月，英文的 *T'ien Hsia*（《天下》月刊）创刊号问世了，这份杂志旨在促进中西文化交流。那是南京中山文化教育馆主办的，编辑部设在上海愚园路 1283 号，主编是温源宁，编辑有吴经熊、全增嘏、林语堂，后来又加上姚莘农。吴经熊是执行编辑。这份英文的月刊一年十期，除 6、7 两月外每月 15 日出刊。这是一份脱俗的学术性的文学杂志，装帧无华，只有两个中国大字"天下"作为点缀，内容却十分丰富。孙科为创刊号写了"前言"。文章有全增龈写的《评介曾国藩》，吴经熊的《莎士比亚研究》，林语堂译了分次连载的《浮生六记》，姚莘农译的《雷雨》，有冰心、俞平伯、许地山等作家文章的译文；也有钱锺书、滕固、温源宁等的文章，还有卞之琳、孙大雨、戴望舒、梁宗岱等的诗的英译。

淘美的一首诗《蛇》，由哈罗德·艾克顿（Harold Acton）和陈世骧合译成英文刊出，题目为 *The Serpent*。艾克顿当时在北京大学任教，陈世骧为其学生。后来陈在美国加州大学伯克利分校任中国文学教授。淘美还有一首诗《声音》（*Voice*），是他自己和艾克顿合译的。Arno L. Bader 和毛如升合译了淘美的诗《昨日的园子》，题为 *The Garden of Yesterday*。这三首译诗分别刊在第 1 卷第 1 期、第 5 卷第 1 期和第 10 卷第 2 期。淘美以 Shing Mo-lei（辛墨雷）为笔名和项美丽合作译了沈从文著的中篇小说《边城》，题目改为 *Green Jade and Green Jade*（以小说中女主人翁翠翠的名字为题），从第 2 卷第 1 期起分四次连载。淘美非常喜欢沈从文这本《边城》，有一个时期一直将它放在枕边，睡前总要读几段，仔细琢磨。淘美为它的故事感动，为它的文笔陶醉，他特地写了篇专文《不朽的故事》刊在《人言》周刊，向读者推荐此书并给予极高的评价。为了向外国人介绍沈从文这部成功之作，淘美萌生将之译出来的念头。他知道自己的英文翻译水平还有一定的不足，所以跟项美丽合作，其实是他译好之后请她修改润色而已。《天下》每期有好几篇书评，有林语堂、全增嘏、温源宁、吴经熊、刘斌侠、钟作猷等写的；也有外国作家 John C Ferguson（约翰·福开森）等人撰稿的。项美丽应邀为《天下》写了不少书评，到 1940 年下半年的第 11 卷，她写的书评有三十多篇。

由于这份杂志对稿件要求甚高，淘美必定要写出有分量的文章才肯送投。《天下》出了个专题"中国文学艺术的发展历程"，请数人分头写，温源宁写了《艺术的历程》；洵美写了 *Poetry Chronicle*（《新诗历程》）（刊于第 3 卷第 3 期）；接着叶秋原写了《考古的历程》；姚莘农写了《电影的历程》与《戏剧的历程》。在第 5 卷第 4 期上洵美又发表了第二篇《新诗历程》，那是 1937 年秋，"八一三"之后了。到 1938 年下半年洵美在第 7 卷第 2 期发表了他的《孔子论诗》（*Confucius On Poetry*）。

1935 年 9 月，与洵美共同艰苦创业的张光宇与张振宇（即张正宇）忽然退出时代图书公司，另办独立出版社创办《独立漫画》。叶浅予在他的自传里说，他们分道扬镳是因为时代图书公司亏空太多。七十年后黄苗子回忆，或是因为画报里摄影占了太多篇幅。笔者拿到 2004 年上海社会科学院出版社"老期刊经典"沈建中编的《时代漫画》上下两册选编本，在后期看到十多幅摄影作品。可见主编鲁少飞当时有创新尝试，容纳具有幽默或讽刺意味的摄影作品占有《时代漫画》一席之地。或许在这一点上发生了分歧，成为二张离开时代另辟阵地的由头。黄苗子可谓一语道出了天机。《独立漫画》第 5 期的封面可能也有助破解这个疑问。汪子美画的彩色封面，题目是"诗人游地狱"，图中，在敌机、坦克的背景里，百姓在水深火热中，青面孔的邵洵美吸着烟卷，手持一书，书名"小品文"。这是不是影射邵洵美在战争的环境里还有心思放在小品文上面？张光宇兄弟之所以离开时代图书公司，缘在对刊物出版的侧重有分歧？另立门户，谓之"独立"，顾名思义，股东间有矛盾。我们看《时代画报》的名称多次更迭：从《时代画报》月刊—《时代》半月刊—《时代》图画半月刊—《时代》月刊再到《时代》图画半月刊。反复更名，无疑存在争论和妥协？（笔者注：也就是 1935 年，陈望道出版了《小品文和漫画》。他认为"现在是小品文和漫画在中国的流行期，也是二者在中国的转变期。种种争论，大概都由转变激成"。

他以此为题集稿，为《太白》出本特辑，看看各位作者最近的见解，收集到 58 篇文章，其中不乏知名作家、画家的作品。其中几篇字里行间述及林语堂。）

不过，张氏兄弟脱离时代图书公司之后，跟淘美个人之间的感情依然如故。佩玉在其回忆录里写到自己三十岁生日（1935年冬，就在《独立漫画》第 5 期出版后的一个月左右），因为家住远了，亲友来聚不方便，倒是张氏兄弟起劲，主动要给佩玉做寿。"他们送的那只生日蛋糕特别大，怕压坏，大老远的坐三轮车，兄弟俩托着蛋糕到杨树浦来"，佩玉一直记得他们的盛情。几乎同期，邵淘美写了《一个艺术家的劝告》刊在《人言》。他对《独立漫画》丑化他的形象并没有生气，只是善意地指出："忠实于艺术研究的张氏兄弟的刊物的封面上，有这样的表现，我心里确乎感到说不出的难受。无聊的诗与小品文是有的，正像无聊的漫画在市面上也数见不鲜；但是因此对诗与小品文或漫画，表示讥讽，似乎便失却了艺术家诚恳的态度……万般事情，假使你没有能力去理解，你总会觉得可笑。但你假使有一个真正的艺术家的了解力，你便会看出他们各自的苦衷，而加以同情或怜惜。伟大的艺术家都有这种宽大的气量，只有被'名利'所指挥的艺术家才会固执或倔强。艺术的至高价值便在这种地方。"他自己也确有这个气量。

如此这般，人们或以为他们间的感情会不如以前，实则不然，艺文论争无损友情。抗战期间兄弟俩都不在上海。抗战胜利后不久，光宇和振宇哼哈二将来霞飞路淘美家。和以往一样，二张一到，家里就热闹，谈笑声震屋宇。他们拿出画册，三人凑在一起，观看一部新出的《民间情歌》，议论《小姐须知》。

1936 年年初，淘美摆脱了与项美丽合办的双语刊物，出版了《新诗库》，光宇精心为十本诗集设计了一套别致的封面，那时他有多种杂志在手，其中最吃重的是《论语》半月刊。在这之前，淘美很少在《论语》上发表文章，比较突出的是一篇译文：他以笔名"郭明"在第 9、10、11 三期连载的《碧眼儿日记》是他译自 Anita Loos（路丝）著的 Gentlemen Prefer Blones（《金发女郎、君子好逑》）第四章《姨太太日记》中的"巴黎是好得来"的几段。原著以一个美国姨太太的口气写她游英、法、奥诸国的感想。作者写得妙趣横生，实在是描述姨太太心理的成功之作。那本书是 1926 年出版的，当时博得社会一致称道。淘美深得个中妙旨，以道地的苏白译出，句句令人忍俊不禁（该书 50 年代由美国二十世纪 Fox 电影公司拍成电影，影片译名《绅士喜爱金发女郎》，主角由玛丽莲·梦露（Marilyn Monroe）饰演）。这时由于陶亢德被林语堂拉去办《人间世》和《宇宙风》，淘美便自己去接手。刚开始，为了要保持《论语》的一贯风格，淘美请郁达夫与他一起来编辑这份他很看重的幽默杂志。但是郁达夫远在福建省政府任职，抽空回上海帮助淘美组稿，还亲自编辑了第二辑《论语文选》。达夫实在忙，淘美便一个人把《论语》的事担下来，其他杂志一一交给友人去具体负责。从第 83 期《论语》起，淘美便全身心投入，着意组稿，潜心编辑。起初还有他自己的文章，每期必有一篇，如第 84 期的《一位真正的幽默作家》，专门介绍英国的幽默作家——《璜在美国》的作者 Eric Linklater（林克莱脱）。《璜在美国》是林克莱脱把 17 世纪西班牙的大情人唐璜（Don Juan）搬进他的作品，把璜植于 1905 年，让璜漫游各地，并在美国好莱坞邂逅一位中国小姐，由对她单相思进而开始对东方的追求。那本书雅俗共赏，充满英国人的幽默。这次林克莱脱来上海仅仅几天，与淘美畅谈数次，淘美陪他去城隍庙，坐在茶馆里品著听书（苏州评弹）。林克莱脱一点不懂中国话，却听得津津有味。他悟出："消磨在酒店里的人是'嘴的享受'；消磨在茶馆里的人是'嘴的刺激'。"洵美希望他再写一本书叫《璜在中国》，供给了他一些资料（一年后，在英国出版消息上居然出现了这部书发行的预告）。对这位作家，洵美给了一个总评："笑话放在肚里，浑身便是幽默；幽默饰诸外表，浑身便是笑话。"

洵美在第 90 期《论语》栏目写了篇短文叫做《幽默的真谛》。洵美说："'幽默'真难解释，也不可以提倡。提倡幽默本是最不幽默的事；反对幽默却近乎幽默。幽默感觉几同天性表现；所异者，前者是经验的锻炼，后者是天真的露示。二者一样可贵……幽默所以难解释，大概是因为她有两位同胞姊妹，而貌极相像，每易使人误认：一位叫做'讽刺'，一位叫做'诙谐'。讽刺比幽默泼辣，火气太旺；诙谐又比幽默狂放，可以不负责任"；"大概幽默者不以自身为众望所归；不以自己的一言可以兴邦，也不以自己的一言可以丧邦。真正幽默又每想达到知足常乐的境界，倒不如口口声声以道德礼教为言者，背后藏着个不可告人的野心"；"幽默感觉是经验的锻炼；真像仙侠书里的青铜利剑，火功不到，难奏神效；道行既深，便变得柔软，竟可以藏在耳朵里，如非入了邪道，决不出来肇祸破戒"。在第 96 期的《论语》中，洵美发表了篇《幽默的来踪与去迹》。文中说，"幽默乃是最纯粹的艺术，它应当是十二分客观的……站得远了，观察便更来得完全，其所显示的人生便也更来得真切。在这个世界里已是无怨无仇，一切事似乎已经看穿：像是老年的回忆，疤痕依然，但已不再创痛；更像是死后的回忆，关于人间恩怨利禄，已无所关心。所以'幽默'得到了最高的境界，好像参禅已经入悟，回归天真了。"他编了一段两个鬼的谈话，生前他们是情敌，死后却能像第三人那么客观地谈论往事。洵美说："这种谈话，多少幽默。人世间是绝没有这样豁达的言论的。妙处就在他们已经不再让一切人间所留恋的东西来束缚了。这是最上乘的'幽默'。"最后洵美说到幽默的去迹有两个可能："一个是大家了解了它的'人生价值'，它便得以永生；一个是让有志之士'晓以大义'，它于是便寿终正寝。"

洵美以这篇文章作为他 1936 年编的一本"论语丛书"之一《幽默解》的"代序"。《幽默解》一书的广告说："四年前由论语社同人呼出了'幽默'两字，直到现在，它的重要一天比一天更明显。幽默是 humour 的译音，不能算是道地的国货，对于它的解说，便引起了许多人的讨论。这本书把几乎在《论语》中发表过的讨论幽默的文章辑合在一起，看过这本书，你就能更清楚什么是幽默了。"

从第 91 期起，洵美很少另立题目写文章。他取消了原有的"论语"专栏，新辟了"编辑随笔"，从第 94 期起又增设了"你的话"专栏以代替林语堂的"我的话"。洵美常借"编辑随笔"和"你的话"的园地来抒发自己的意见。在他的"编辑随笔"里也有说到"幽默"的，如第 93 期，谈到"幽默的生命力"，文章说："人都觉得《论语》是个专谈'幽默'的刊物，人又都为我们担心'幽默'的不能持久。其实，'幽默'是生命的活力：有它便有生命，有生命便有它。可是它虽然没穷尽，而大家担起心来，生命会没意思，它也因此会完结。我们思前想后，便找个新题目（笔者注：即《鬼故事专号》），来给生命一些活力，叫人明白'幽默'是无往而不有的。在此地说来倒的确是为了'要遗忘什么悲哀'，陈子展先生是对的，我们要大家遗忘'幽默也会死'的悲哀。"第 100 期洵美谈到"是非只为多开口，烦恼皆因强出头"，说《论语》"不想强出头，却爱多开口，但是开起口来，宁愿含泪苦笑，不愿忍辱埋怨，况且我们的眼泪也早已干了。我们连悲哀都让人家掠夺完尽，所剩的只是不值钱的快活几分。明白了这'几分剩下的快活'的滋味，才是《论语》中人"。

《鬼故事专号》居然要出下册，他在第91期他的编辑随笔预告第92期重要文字，提到："尚有徐志摩遗著，谈郭沫若一段韵事：名士风雅，故事确实，但为某人看来或将指为鬼话也。"第92期不见徐志摩的文字。淘美写道："这期为了稿件拥挤，所以只得留给下期了。志摩先生散文的美妙已有定评，他日记的文笔更是这几十年来的珍宝。上月良友公司曾发行了他的《爱眉小札》。最近商务又有刊印《志摩全集》的计划，已由陆小曼女士着手整理。我藏有他的日记两册，是小曼三年前交给我的，为了种种关系我未能把它出版，现已还给小曼，以备加入全集。本文似乎也是他的日记，原稿在我处，乃最名贵之文坛逸话：里面讲及胡适之、郭沫若、汪精卫、陈西滢诸先生，兹请鲁少飞先生绘得插图，准于下期发表。"

《论语》第93期我们见到了徐志摩的日记，鲁少飞的漫画是：徐志摩在风雨交加的孤岛上，光着脊梁赤着脚，一手捧着大叠著作，一手竭力撑住一本厚厚的书：《志摩诗集》。诗集的背后阳光灿烂，鲜花盛开，一个口衔雪茄的胖子坐在安乐椅上，悠然自得地读着书报。邵淘美为他好友的日记加了个题目：《儒林新史之一页》。当时邵淘美大概已经动笔写他的半自传小说《儒林新史》了。那是连载在1937年《辛报》上的。笔者不经意地在其编辑随笔的一角看到，寻来一看，居然是他青年时期旅欧期间的回忆录。他在那里结识的这些中国留学生归国后都成为文坛艺坛政坛的名士要人。他把这些与他交往的朋辈称作"儒林"。徐志摩也是儒林中的一员。这几页日记，记录下徐志摩五天与34个朋友交往的情节，描述生动，历历在目。他无意间留下如许历史人物青年时代的剪影，今日读来倍感唏嘘。尤其想到汪精卫、

《论语》"鬼故事专号"上、下册

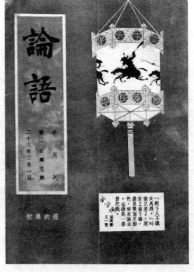

《论语》"家的专号"、"灯的专号"

瞿秋白、胡适之、郭沫若，后来步入不同营垒的几个，年轻时光竟然如此亲近，不免惊讶，叹息。另有一篇志摩命题为《回国周年纪念》，记载他读了"最敬爱的友人——冠"的六页信后，引起他对父母、对祖母的思念和愧疚，忍不住"独自地吁嗟，独自地流泪"。这悔恨连篇泪迹累累的自白，不知他是在向何人诉说？谁是他那最敬最爱的朋友——冠？日记没有写年月。从他途经日本归国计算，那是 1926 年。这几页文字或许是他 1927 年写的吧。这许多内容着实可以供有意研究近代文学史的学者推敲。

编 辑 的 苦 乐

《论语》第 100 期刊出了《家的专号》，这是征集读者意见定下的专号题目。来稿的作者竟达几百人。洵美在"编辑随笔"中说："这次的专号，在出版人及读者方面，一定又会承认是成功的；但在编辑者方面，却自己明白是一个大失败。这失败当然不是指这里面所发表的许多文章的内容——每一篇都是精彩的。也不是指编排、印刷等方面——谁都看得出有显明的改良。这失败是指，从出题目，撰征文启事，以至所收到的投稿而言……除了由专函特约的，十分之九都把'家'解作'家庭'。把'家'解作'家庭'原不要紧，可是描写的却犹不是'家庭'，而是'家庭的痛苦'，为《论语》太伤心了。还有一部分是喊着'国破家亡'的，还有一部分是喊着'家破人亡'的；还有是喊着'国破家未亡'，或是'家破国未亡'，或是'家破人未亡'，或是'人破家未亡'的。总之，满眶眼泪，满纸辛酸；与其说是强者的咆哮，不如说是弱者的呻吟，《论语》如真把来发表，《论语》将不成为《论语》了。"洵美说："这几百篇稿子正是几百个人的血泪的供状。我们虽然为了刊物性质关系不便把来发表，但是这几百位作者已经得到了我们的同情与感激了。"他诚恳地表示抱歉，每人赠一册《家的专号》以示谢意。

接着1937年新年来了。《论语》出了特大号，即第105期出版的《灯的专号》。在那期"编辑随笔"中，洵美写道："这次收到的文章，几乎大半都是有相当分量的。""作者、读者、编者正好像一群稔熟的朋友，早晚聚在一堂；谈天说地，《论语》无一日不有诸位，诸位无一日不有《论语》，这才是我们的理想。本期的材料便是--个极好的表白，我们读每一篇文章，好像同时听到每一个作者说话的声音：不因文字的一层屏幕而使我们的天真变为虚伪，这是我们的新戒条。"洵美本想写一篇文字，叫做《如意灯》的，他说："要代表国内朝野人士说几句心愿话，因为假使我们能得到一盏像《天方夜谭》里所说的'阿拉廷'的如意灯，中国便一定有救了。"

关于言论自由方面的话题，洵美在好几期都有议论：第101期，说到"是非只为多开口，烦恼皆因强出头"，"我虽不想强出头，却爱多开口。原来多开口与强出头，此中的界线实在不易划分，正像爱国与反动同样难以使人辨认一般。居然有几位平时也喜欢多开口的人惹出是非来了"，并举出当时沈钧儒、邹韬奋、李公朴、沙千里等救国会"七君子"被捕的实例。第102期又谈及胡适创办的《独立评论》杂志，因为登载了张奚若的一篇《冀察不应以特殊自居》而被禁。他写道："其实刊物的被禁止，往往是编辑者求之不得的事情。（一）我们搜肠索肚写了几十篇论文，而读者所得的印象未必深刻，但是当对方一纸禁令传到，刊物停止发行，读者们顿时为它感动：证以论文所言，不啻得了个强有力的实例，顷刻间编辑者的目的以达，可以名之谓'被动的苦肉计'。（二）办刊物办上相当时间，编辑者每会从兴趣变成责任，责任变成束缚；苟被禁刊，落得藉端下场，还我自由。

（三）以后再办刊物，销路可增无数。（四）可以间接提示同胞，我们所得到的言论自由的限度。（五）会投机的编辑者可以因此得到意外的收获。"

在第 107 期的"编辑随笔"中，洵美更按捺不住地表示："要知道写文章人的笔是活的，尤其是受过'春秋笔法'的中国文人的笔。你不准我说天，我会在'地'字上用功夫；你不准我多说，我会在'少话'上想办法；你不准我说□□，我会在××上达到目的。结果是掩蔽了一些真相，却产生了不少谣言。作者读者之间既不得'言传'，便群相意会。于是不通的文章变为杰作；写错的新闻目为事实。幽默事件便充溢宇宙；幽默文章便风行天下。"

自第 94 期起，《论语》新辟了一栏，叫做"你的话"。在小序里洵美说，"原因只是因为自己太喜欢写文章：自己没话说，便说你的话"；"有许多人要研究一个时代的文化、政治及社会状况等，每每注意到那个时代所有发表的言论。一个时代的言论，有时简直可以代表一个时代的历史。不要说一篇文章的本身，即连那篇文章的题目也会表现着当时的风气与忌讳。历史上有许多文字狱，都是因文章的题目而惹起的。再譬如说《斥倭奴》、《告日本》、《略谈××》，这三个题目不表现着三个时代吗？"又提到"年前王造时先生曾著关于清末中西文化接触以后的政治变化一文，题名为《由真命天子说到流氓皇帝》，《新月》月刊竟被查禁。王先生为什么要用这个题目？为什么这个题目，虽然文章一无触犯谁何之处，而竟被查禁？这些都是有趣的问题。我相信千百年后，有人看到这段史实，当能一目了然于当年的一切情况。还有'生活周刊'的变成'新生'，再变成'大众生活'，再变成……我们就从这些题名里，已能看出编辑人的态度，读者的要求，社会的环境，政治的状态，以及文化的程度"。七七事变以后，言禁渐开，"你的话"也愈益摆脱了隐晦的色彩，直抒呼吁抗日反对投降的心声，受到广大读者的欢迎。

1937年幽默杂志《论语》半月刊夹带了两本文字迥然不同的"论语小册子"免费赠送订户。熟悉那幽默读物的订户也正处于那时代的风暴中，也和这位捧着炽热的心的编者一样，心头沉重，他们很自然地接受这两份赠品。

第一种是《和议不屈》：1936年"双十节"，正是"九一八"之后，"国事紧张，杀机已伏"之时，也是"和议的风声极其紧张"之际。他翻出家藏古籍南宋郑忠愍公的《北山文集》，发现这是千古不朽之作，文章不但言之有理，而且有先见之明。他觉察当时的局势与彼时的情景何其相似乃尔。郑公反对秦桧与金议和，冒死一再奏谏，主张"议和不屈"。因而他写了一篇文章《和议不屈》，刊在《论语》第98期，发表自己对国事的意见。次年翻印了郑忠愍公十四篇奏疏和两篇传记，出版论语小册子第一种《和议不屈》，此文作为序。

1937年7月1日他又推出论语小册子第二种《蒋委员长西安半月记，蒋夫人西安回忆录 读后感》。

这本小册子，如果不细读，会以为邵洵美在奉承蒋氏。殊不知他与新闻审查的周旋可以说经验丰富：他的《十日谈》不畏强权开天窗，终遭查禁罚停；《人言》秉笔直言对当局多有冒犯，曾经抽去文章，也曾罚停一月；《时代漫画》讽刺对日的屈膝外交遭到罚停，主编鲁少飞一度被拘，不得不临时改为《漫画界》度过三个月；1931年他就曾为《新月》文章犯了忌，两度斡旋解困。为《论语》，他想出"乐而不淫，哀而不伤，谑而不虐"的点子，以春秋笔法来争取发言。如今面对这两本国内外影响重大的文件性册子，他岂能掉以轻心！既要吐露心声，又能回避惩处，只得给二人贴金。熟悉《论语》文笔者，必能领会"过誉即讽刺"。他在《前言》故作重要声明，不希望"引起人误会"和

"神经过敏者的联想"，就是有所指的。

在书中，他特地强调八条研读方法。作为写作家，肯定了蒋氏夫妇二书的互相证实，互相补充，相得益彰。他认为："几十百年后，当一切的事情都成为历史上的过去，政治的效用随着时代淘汰了，这两部书也许便会靠了他们的文学价值而存在。"作为出版家，对版本进行研究的深入，或许令当时读者惊讶。原来这两部书都有英文版和中文版。二书首先是在美国的《纽约时报》英文连载，后由中国出版公司发行合刊本，据说二者词句有相当的出入。（英文的合刊本今天在旧书网上有售：中式线装，宣纸印刷，红色硬面，烫金字样，上方有英文字：SIAN：A COUP D'E TAT，中文书名下有"中正题"。）而中文版，据说蒋介石在国民党三中全会上印送的《半月记》和后来由正中书局出版的合刊本里的完全一样，但两稿均非最初原稿。《回忆录》原稿是英文的，洵美研究认为：其汉译稿和《半月记》从修辞上看出是经过同一人整理和润饰过的，那梁任公派的近代文言，一定出于名家手笔。二书合一的英文版，他也在修饰方面看出有共同点，认为润饰者一定是那位写序言的史道德先生。

当时洵美参考邵元冲的研究，以为蒋氏的《半月记》是逐日记载的，自己备忘性质，不是专门预备发表的，然而他所以大篇幅讨论"日记"的性质，笔下就透露出疑问："假使你的日记是真为自己写的，它的真实性便绝对可靠。"那时他自然不知道该书与大众见面的背后的确花费了作者许多心计和编者许多辛苦。他也参考邵元冲介绍蒋氏治学之勤，专门写一节议论其读书融会贯通，学以致用在《半月记》的体现，达到了"不战而屈人之兵"。笔者今读《陈布雷回忆录》和《陈布雷大传》证实蒋氏作为著作权人的作品代笔人是陈布雷，《半月记》亦然。从《国民党"军机大臣"陈布雷》一书可知《回忆录》也经其修饰；之所以二书先现于国外，中文版延迟面世有其内情。

邵洵美指出要注意作者的注重点、文笔的含蓄处、旁衬的显示、文字的晦涩处等，其实我们读他这《读后感》也宜如此。他称赞蒋，正是旁衬张学良，前者绝食、拒绝化装的作态，笔下道貌岸然，盖不住张将军为国为民的大义；前者训斥，感化的告诫，笔下正气凛然，难掩饰其利用张学良对人真诚和对他尊重的天真诱出口供的老谋深算。张学良实在天真，竟忽略了兵谏情同威逼，罪不可恕。《回忆录》里宋氏评说张学良的一段话增加了世人对张的了解，也表露了她对张的态度异于蒋氏，这是邵洵美解析二书之谜的另一个要点。

当时他在《论语》的"编辑随笔"里有不少关于西安事变的文字。这震惊世界的事变发生时，他静观待变；达成国共联合抗日的结局时，他欢庆拥护。事后，他恢复了冷静，期待中透露担心和不安。他期待对日战争的开打，他担心张、杨的安全。看到有报纸"大喊清算张学良"，令他不安；他预感下文不妙，潜伏危机。邵洵美当时忧心读二书，不无道理。从《半月记》里完全拒绝讨论"八项主张"，蒋氏离开西安，在三中全会就不谈"八条"协议等内容，他察觉到蒋氏日记留下的伏笔。我们读《读后感》察觉到他的忧虑。邵洵美不是政治家，也不是史学家，当年，作为文学家，他从文字语句里品出滋味；作为出版家，一个局外人，不知内情，然而从版本的研究里发现疑点。

时代图书公司的七大杂志这个时期还有四份在运行，其中只有《论语》一直维持热销，尚有盈利；《时代画报》、《时代漫画》和《时代电影》一直都是亏本的。洵美不得不时常为经费奔波，跑银行贷款，向友人调头寸。在《论语》第106期的"编辑随笔"里，洵美谈阴阳历问题时写道："阴阳历的问题，我想，或者会影响到那个'统一救国'吧？因为在这点上，我们便很不容易统一的";"借钱给人的人情愿用阳历；借人钱的情愿用阴历；不借钱给别人也不向人借钱的没有成见；而像我一般的人则阴历阳历全没有分别，因为我是天天在过年三十的，没有一天不有人来讨债。像我一般的人是无所谓过年的了，我们不再去想哪一天是阴历年底，哪一天是阳历年底：我们只知道过一天是一天。我们也想不到怎样去对付我们的债主，我们只等债主怎样来对付我们。"写到这里洵美笔锋一转，话头又转回到《论语》，说："但是我们编《论语》，却不能编了一半便作数。这也是个债，少一些不可，迟一些也不可；不过这是一种快乐债，还的人越还越起劲，心里只想能永远还下去。"诗人卞之琳了解邵洵美说的是真话，他在《追忆邵洵美和一场文学小论争》里道及："抗战还未全面展开，（他）就陷入了拮据境遇……"洵美在 1937 年 2 月写过一段小记，讲到自己五年中三次搬家，迁至沪东工人区，翻出祖父珍藏的"曹全碑"，颇有感触："……心随年老，运与地异。写作之余，复出旧碑摹临。'曹全'为我家传至宝。祖遗之物十载中已变卖殆尽。穷不我弃者，半屋书，几箱帖，老婆一个，儿女五人耳……"

洵美办《论语》感到其乐无穷，可是作为编辑有时也有苦衷。有的读者指责他"埋没天才"，用太多名作家的文章，指责他出题目抹杀投稿人的个性。洵美说："名作家文章不一定好，好文章不一定出自名作家之手，这当然是不会错的。不过我以为一个作家的成名，绝少是侥幸的——成名的程度当然有高下的分别，这要视读者的趣味而定。他一定有他的成绩。同时名声也不能专靠一篇文章；他继续享受荣誉，是因为他继续的努力。同时名声的维持，和偶然受人赞赏也不同，那一定是得力于技巧方面的……名作家比无名作家占便宜的地方也在此地：因为一篇技巧完善而内容平淡的文章，究竟比一篇内容丰富而技巧恶劣的文章容易受到原谅。况且名作家还有比无名作家更占便宜的地方，那便是为了某种心理的作用，名声的确有时可以遮蔽内容的弱点。"洵美又为自己辩解说："要知道本人对于'戕贼天才'--类事也是绝对痛恶的"；"投稿人对于编辑者时常有一种误会，他们总说后者选择文章有私心；他们以为陌生作者的作品是永远邀不到'青睐'的……其实一个'正式'编辑者，他哪里肯让一篇好稿子轻易错过！他是无时无刻不在希望着能遇见一位生疏的天才的。第一流的东西当然难得；但是通常的投稿中，只要有一篇多少有些'创见'的，他已视同至宝了。好稿子，为无论哪一个编辑者，都是一种'当前的急需'。所以编辑者对于来稿，非特不敢冷淡，或许反而有过分迁就的嫌疑呢"；"不过从投稿人的方面来说，他们也真是迁就，他们急于要自己的稿子发表，他们又相信一个编辑者的趣味就是一个刊物的灵魂，于是抹杀了自己的个性，只以刊物里表面上所露示的编辑者的爱好为依归……最大的证据，是每次出专号征文时，来稿特别多，这当然是因为投稿人要迁就编辑者的趣味，同时也可以说明他们是怎样的希求你能给予他们一个范围，一个标准；同时也可以知道多半的投稿人撰文的目的，是在'发表'，而不是在'发泄'。正像女人的装饰，与其说是为了要满足自己，不如说是为了要满足人家：是一种虚荣的安慰（也许这就是人类真正的安慰）"。

洵美编《论语》，除了新辟"你的话"和"群言堂"之外，还有几个改动：一是从第 92 期起不再用简字。《论语》中有的简字和如今通用的简化字相同，如："还"、"乐"、"迁"、"归"等；也有的不同，如"样"写成"㨾"，"达"写成"连"，"发"写成"㲾"，"兴"写成"奠"，"总"写成"揔"，"艺"写成"菣"等等。洵美说："本来改用简字是一件很幽默的事情，最大的证据是提倡简字的林语堂先生自己的杂志《宇宙风》里并不用简字，所以我们也决意免除写作者、排字者和校对者的麻烦了。"另一个改动是停止了"论语"栏目。洵美认为:"……刊物的编辑者,议论越少越好;有人还会把你的议论作为刊物撰稿人大家的主张,那么,你又何忍拖人下水!"第三个改动是:从第 106 期起《论语》底页上印的编辑者不称"编辑",改称"文字编读",这是洵美的别出心裁。他解释说:"这区区四个字是表示着编者一些心愿的。因为我们希望一个编者不要把寄来的文章,看看作者的名字,看看题目,再约略看看内容,便把来'编辑'起来。一个'编者',同时须得有'读者'一样的耐心和诚心:他须和读者一般,也能有欣赏每一篇文章的机会。所以我们把'编辑'改为'编读'了。最大的证明是《论语》的编辑方法,假使留心一下的会看出来,是有它最严密的组织与系统的,一本《论语》,在编者的心目中,是一篇文章:它给予读者的力量是一个整个的声音。这是一种集团的表现。一个编者不仅以把许多文章'编辑'在一起便可满意,他还得'读',还得'读'出神来。《论语》能避免一切'编辑'的弱点的便在此地";"我们进一步的希望是'读者'都能变成'读编'。他非特读,还得带着编;便是说,他应得随时把自己所希望于《论语》的,让我们知道,使《论语》成为他'趣味的寄托'。这时候编者与读者的合作方奏大成"。从第 111 期起,洵美请林达祖帮忙编辑《论语》,林达祖是苏州的一名读者,后来常向《论语》投稿。第 85 期上的《谈谈子路》就是他的作品。他从《论语》的"读编"变成了"编读"。

1937 年 8 月 1 日《论语》出到第 117 期,正是卢沟桥事变之后不久,不少人探听"这次会不会真的打起来"?洵美分析其言下之意,人们是想知道"这次会不会又像上几次一般,先是'刀枪相接',经了许多'日本通'、'支那通'在中间通来通去,到后来却变成'觥筹交错'了"。接着华北战事发生,日机轰炸天津北平，我军反攻，收复丰台和廊坊，全国狂欢，大放鞭炮。洵美说："有得多放炮仗，不如多放大炮：炮仗所象征的欢喜不够实质。"

不久"八一三"战事发生，《论语》被迫停刊。

天 高 任 鸟 飞

回想这些年洵美以个人的力量创办如此大规模的出版事业，经过的苦乐真是难以言表。为了把自己的思想、作者的笔墨传之于人，他真是苦心志，劳筋骨，把推动文化事业作为天降于他的大任。然而，在当时那种艰难的时局要群众来买他们的杂志，来读他们的文章，又岂是易事。营利非他所欲，他期望的是能够有读者的共鸣。他和时代图书公司同人集思广益，用足心计，出尽点子，除了在杂志的质量、水平和花样上动脑筋，辟专栏、出专号以提高读者的兴趣，不惜工本加大容量，改进印刷装帧予读者以实惠之外，他们还采取多种多样的手段，向社会推荐，向市场促销，譬如：给《论语》订户赠送《论语小册子》；给《时代漫画》订户赠送《时代儿童漫画》；《时代电影》买一赠一；《十日谈》悬赏（能在所刊画面找出全部错处者得赏一百元）以及给全年订户赠送其"学校生活特辑"半价券。《人言》周刊创刊时，"特价征求订户一万户"，并举办"《人言》试阅"活动（只要来信附上邮票，就可免费得到一本创刊号试阅）。谁知索阅者纷至沓来，创刊号再版也瞬时告罄，后来者只好得到最近期的《人言》……他们以此种种方法来扩大读者群。虽然洵美不可能如他心仪的北岩爵士那般拥有几百万读者的巨大社会影响力，但是在当时的中国出版界也可谓佼佼者了。办杂志实在也有难处，他说："跟赌钱一样，先是兴趣，后来变成一种维持局面的性质，花钱费时又费精神去支撑。"但他仍然乐此不疲。

淘美对他的时代印刷厂情有独钟。他特地把家从市区迁到杨树浦来，原因之一就是为了能就近照管他的印刷厂，把好出版物的最后一道质量关。印刷机隆隆的转动声，汽油、机油、油墨混杂的气味，对于他是那么熟悉，那么亲切。大卷大卷的进口新闻纸印上了字、画，在"嘶嘶"声中裁开，装订成册，一本本书、一本本杂志、一本本画报就这样产出了。每次淘美捧读一本新诞生的书刊，涌上心头的快活、安慰、骄傲，把为之付出的辛劳、代价，受到的委屈、烦恼全都冲刷干净，掂掂那本书刊，他笑了："花再多的时光、金钱，也值得！"巨大的印刷机使原本还算宽敞的厂房显得窄小黝暗，大白天这里也得点灯。走过心爱的影写版印刷机，他总会习惯地伸手抚摸。它是上海最棒最复杂最精致的印刷机，是全国独一无二的啊！拥有它，他甚为得意，他为之投进了几乎大半资产。这是他惟一能迅速得到回报的一份投资，也是使他的书刊能格外完美的手段之一。不顾手上、身上沾到油墨，他俯身细看：卷筒像咬紧的牙关，上下牙齿之间吐出的卷纸上印着彩色的日历，颜色是那么柔和，画面是那么清晰。他抬头环顾四周墙上贴着的画页、照片，这些是近两三年来印得最满意的。

另外一间里有一部小印刷机，那是印制一般报纸杂志的那种，旁边还有一间房是专门贮存新闻纸的。淘美小心翼翼地跨过一堆堆旧印刷品，一个个废用的零部件……登上吱吱作响的楼梯。楼上有间照相室，一张有大大的玻璃台面的桌子，那是照相制版专用的。一张大桌上叠放着各种照片，大的，小的，黑白的，彩色的，每一张都包含着他快乐的回忆。他忆起当年和印刷机同时运达的这套照相设备试机时的情景：那天他心血来潮，移好灯，自己站在照相机前，为自己拍照，那两张侧面的照片，印出来非常满意，清晰得连他下巴上稀疏的胡须都丝丝可见。这破旧的，到处是灰尘的老房子的楼上曾是《时代画报》编辑部，现在是他个人的办公室。那里似乎长年无人打扫，他从不看椅子上的灰尘，也不管书桌上如何杂乱无章，抓起台角上一本本散发着油墨香的书刊就坐下，检查起印刷装帧的质量来，然后又忍不住沉浸在它的内容里。他时而发现编排的问题；时而萌出新的主意；时而又促成写作的劲头，一到那时，他就抓起笔杆，不到肚子饿时不归家。

那时候时代图书公司一直由张氏三兄弟管理（张光宇名义上是总经理，但时代图书公司的经济实权操在副经理老二手里。老二涵美，因舅舅家无嗣，过继给舅舅，故姓曹。出版业务则归老三正宇经管）。公司是 1936 年 9 月 16 日从福州路 300 号迁到霞飞路 240 号的。这座旧屋早就被列为危房了，但是租金低，能在这地段的沿马路开爿书店，淘美已相当满意了。跨进书店，淘美就把一切烦杂的心事全抛诸脑后，因为这里有他更紧要的活。一楼是书店门面，书架太多，伙计太多，通道窄，他只能侧身而过。穿过人堆、书堆，他走到后间，桌上、地下横七竖八地放着整装待发的书刊。乱，书店的后房总是这么乱的，生意忙，读者多啊。淘美兴冲冲地登上那一步一震的楼梯。上得楼，眼前豁然开朗，一大间长形的房间，房间里摆满一张张写字台，这里是他的编辑部。几种杂志的编辑集中在此工作，既可省点开支，又方便互通音讯与资料；可以随时召开编辑会议，也可分头商讨，这是一个充满智慧与才华，充满热情与欢乐的地方。淘美一到，这里的宁静气氛就打破了，编辑们一个个从稿件、画页上抬起头来跟他打招呼，一阵欢声笑语之后淘美便到一张张书桌前去，或是三言两语关照，或是坐下仔细研究一番，或是促膝长谈。在这里，他常常一待一整天。这里有太多的工作，太多的信息，太多的快活；这里有难能可贵的相互了解、共识和友情。这些编辑与洵美合作多年，集思广益，共创了这番事业。洵美要求他们当中写作者要能动手画一点，艺术家要能执笔写一点，使一本本杂志愈办愈增色。编辑部、印刷厂、图书公司，这三根线在洵美的协调努力之下拧成一股绳。

时代图书公司这么些年确实出版了一些好书。那一套"论语丛书"脍炙人口：有《老舍幽默诗文集》，那是从他多年优秀作品中选出来的精品，内容包括《救国难歌》、《长期抵抗》等诗歌十首，《祭子路丈母文》等小品文二十五篇，均极为幽默可喜。有林语堂的《我的话》上下册，购者踊跃，纸贵一时；有老向的《庶务日记》，内有小说、散文和说唱作品，幽默的笔调，辛辣地讽刺"九一八"后政府机构的官僚与腐败。有林语堂编选的《论语文选》和郁达夫编选的《论语文选》，还有邵洵美编选的《幽默解》。

时代图书公司还出了一套《时代科学图画丛书》，在其第一集有一段"编印缘记"写道："20 世纪已到了这个年头，别人在主催生活科学化，社会电气化，鼓励大众去略取天空与海洋，去克服霉菌与疾病，并且努力要使所谓化学的时代实现。然而我们还浑浑噩噩地求神拜佛，恪守天命，读经存元，讲究王道，怕终不是强种卫国之道理……今日中国人需要的绝对不是'迷信'和'复古'一类的东西，而是科学知识的介绍。因此本公司根据时代的要求，数年来搜集世界科学名著数百册，聘请专家执笔，将一般科学知识，用简洁的文字，系统的写真，编译而成，贡献给我们这极其渴望要产生科学头脑的社会……"第一辑原计划出版六大集：1.《现代战争的秘密》2.《科学的秘密》3.《航空的秘密》4.《生物的秘密》5.《山海的秘密》6.《显微镜里的秘密》。这套丛书由时代编行委员会编，编辑成员有邵洵美、邵云骏

（注：洵美的二弟）与画家鲁少飞、王敦庆、曹涵美、张大任，由许幸之翻译。可是，最终只出了两集：第一集《现代战争的秘密》和第三集《航空的秘密》。

1937年2月，时代图书公司还出了一本《上海轮廓》，全是一幅幅影写版制的照片，记录了当年上海滩许多重要的建筑，并附有说明。这是一本很有价值的历史参考书，既有当时上海市政府、博物馆、图书馆的照片，也有外滩、跑马厅、大世界、城隍庙、国际饭店的照片。此书还记录了帝国主义的罪证：有一张照片里有个"和平女神像"，那是为纪念欧洲和平建的，它后面正好有一艘外国军舰，颇具讽刺意味。这张照片成为写照30年代上海外滩的经典之作，迄今在各种画册中仍反复出现。一张照片里是"黄浦江里排列成行的帝国主义军舰"，另有一张"租界当局在每与华租（华界与租界）交界要隘处建筑炮垒"的照片，附有一行说明"帝国主义者在上海越界筑路的统计：31条，长554 590尺"。有一张照片是"大时鸣钟"，它在海关最高层，说明词为："每十五分钟敲一次，满一小时大敲一次，钟声洪亮，似是在呼喊着：'打倒列强！打倒列强！'"还有"上海警察"的照片，那是公共租界、法租界的华捕（中国籍巡捕）或"印度阿三"的照片。书里并有"五卅流血地"和上海租界里惟一的纪念地"孙中山故居"，以及"上海二巨富"：程公馆和盛公馆（注：后者即洵美的丈人家）的住宅的照片。时代图书公司另外还出了一本胡主荫主编的《儿童年鉴》，1936年初版，1937年再版，内有陈鹤琴的题词，内容颇丰，方方面面都涉及。

青年诗人徐光摩的《小鱼集》也是时代图书公司出的。洵美爱诗惜才，不但为这位新诗人出版他的第一本诗集，还为诗集写了一篇长序，以书信的形式赞扬作者对新诗的真诚："虽然别人的影响在你诗里随处可以发现，但是你始终努力你自己的独创。

你有圆熟的技巧可以叫人得到快感；你更有你率直的诉说可以叫人钟情你的天真。我敢说你走着的路会领你到美满的成功。"在这篇序里，洵美还写道："一个年青的诗人，有的是新鲜的灵感，天真的兴奋，他应当尽量在他自由的环境里去努力他的创作；外界的争论，会叫他气馁，会叫他被一时的虚荣所诱惑，会叫他发生意气而忽略了他自己伟大的使命。你要明白，一个真正的诗人，是天神最骄傲的手工，我们都有去保护他，不让他被任何凶恶的势力所摧残的责任。"

洵美为了要"鼓励新诗人更兴奋的努力，求得社会上更普遍的认识，贡献读诗人更圆满的欣赏"，不惜牺牲金钱与精力，计划由时代图书公司陆续出版新诗专集数十种，集全中国新诗之大成，定名《新诗库》，公诸同好。在 1936 年 3 月 7 日出了第一种，计划每月出版四种，还公布了第一辑十种的题目，这十种是给十位诗人，每人一个机会：一人一集。他之所以将之题为《新诗库》（*Poetry Treasury*），是他受了牛津大学出版社出的那本 *Golden Treasury* 的启发：翻开本本诗集，就如走进宝库。

第一种是《玮德诗文集》，作者方玮德，一年前去世了。这四十多首诗是他的全部遗作。他的姑母方令孺（她也是一位诗人），写了篇悼辞，被重印出来作为引言。洵美说："从悼辞中可知方玮德是著名的桐城派学者方苞的嫡裔。方玮德从五岁开始读古诗，写古诗。大约二十岁时他进中央大学，跟徐志摩学习外国文学。徐志摩将他引进当时惟一的新诗社团——新月社。方玮德开始用白话写新诗。他那有名望的祖辈素以用词丰富风格高雅著称，而在 Masefield（梅斯菲德）身上方玮德找到了他曾祖父的西方化身，作者的诗里，这位英国桂冠诗人的痕迹随处可见。"第二种是《一切的峰顶》，是梁宗岱翻译的歌德（Goethe）、雪莱、波特莱尔、尼采、魏尔仑（Verlaine，即凡尔伦）和芮尔克

(Rilke) 等人的作品。梁宗岱在引言中谦虚地说："这些译诗只能算是一个诗歌爱好者的习作……至于谈到技巧，这些译文或多或少只是字面上的翻译而已。而且，除了几首诗而外，我不仅是逐行逐行地直译，而且是逐字逐字地直译。我甚至还尝试着模仿原作的节奏与韵脚。这种做法可能是很笨拙的；但是，我有一种不明确的信念，你或者可称之为一种迷信，那就是伟大诗人所安排下的词序是最好的词序，绝不应该加以更动。"第三种是陈梦家的《梦家存诗》，陈梦家曾就读于徐志摩。第四种是金克木的《蝙蝠集》。前者是形式主义派的，而后者是意象派的。这四种诗集都是 3 月份出版的，4 月份又出了四种。

第五种是淘美自己的《诗二十五首》，这是他的第三本诗集。在其"自序"中他写道，自己"十五年的诗只有二十五首可以勉强见得来人……我的兴趣多，喜管闲事；结果是自己吃了亏，人家还是不愿意；写文章的时间大部分让别种东西占去，到今天仍没有退缩的勇气：有时候简直怀疑自己和诗的缘分"；"我写新诗已有十五年以上的历史，自信是十二分的认真；十五年来虽然因了干着吉歌德（Don Quixote）先生（笔者注：西班牙语"堂"即先生）式的工作，以致不能一心一意去侍奉诗神，可是龛前的供养却从没有分秒的间断，这是我最诚恳最骄傲的自白"。

第六种是《永言集》，朱湘著。朱湘也是形式主义派诗人。淘美赞朱湘，说他是"对中国新诗最诚恳的一个人。他作品的严谨，正像他做人的朴实，可是他情感是这样的热烈，思想又是这样的高超！他终于看不过这社会的黑暗，世界的肮脏而委身清流，剩下给我们的是他许多心血的结晶，格律严正的诗歌"。赵景深为《永言集》写的序里说到淘美这套《新诗库》的出版："凡是喜爱新诗的人，连我在内，都应向他感谢。"他说淘美打电话请他为这本诗集写序，"因为我最不擅长的是写序，只好老老实实把编辑这本诗集的经过写出来，姑且当作序文。题名是亡友朱湘自己定的"。第七种是《龙涎》，为朱湘的亲密好友罗念生所著。淘美介绍："他是一位研究古典文学的学者，在北京大学讲授希腊文学。他的诗受到自由体诗人和中国意象派诗人的强烈反对，他也在试验用外国的正规形式写诗。这本诗集是他的各种诗体的一次大展览，包括：十四行诗、无韵诗、四音步双韵诗、五音步双韵诗、斯宾塞诗体、民谣和意大利八行体诗。"第八种是《海上谣》，侯汝华著。他跟戴望舒、金克木一样是模仿美国意象派的。

第九种是《二十岁人》，徐迟著。第十种是《太湖集》，孙洵侯著。这第十种诗集的题目几经变更，先是决定出戴望舒的《望舒诗》，后来改为朱维基的《传金洞》，都出了预告，但最后出版的却是孙洵侯的。可见收集诗稿的不容易。这九、十两集都是到10月份才出版的。淘美起初想一连出几十种的念头不得不收敛起来。他本还想把林庚等新诗人也介绍给读者，后来未能如愿，只能向作者致歉。淘美那时还想编一本《新诗史》和一本《新诗选》，后来因种种原因未果。时代图书公司还出了阿英编校的《晚明十八家小品》，有六大册。又出了袁中郎著的《瓶花斋集万历抄本》四册，是清代列为禁书的。全增嘏写过一篇题为《袁中郎妙语》的文章刊在《论语》上，林语堂也曾在《论语》第47期封面上采用袁中郎的字迹，他和淘美都十分推崇袁中郎，称其为"明末浪漫派文学运动之健将"。后来又出版《袁中郎全集》，原定由林语堂和阿英共同校阅，后来林语堂太忙，改由刘大杰编校，林语堂阅。同时出版的还有曹涵美绘制的《金瓶梅全图》第一集。淘美的老同学顾苍生旅欧回来写的《欧行杂记》文长十万言，先在《人言》周刊连载，后印成单行本，也在时代图书公司出版。此外淘美又将《论语》中的专栏"雨花"摘选成《雨花集》出版，还有《失乐园》《安徒生漫画集》等等，中外并蓄、古今兼容。

这十年洵美穷一己之力大办出版事业，名驰全国。他可是才子儒商，可说亏损累累，营运艰辛，经济上时有捉襟见肘之虑。不过洵美不以为苦，反感到"海阔凭鱼跃，天高任鸟飞"。然而，正当他踌躇满志，文章挥洒自如，出版如日中天，发挥其才智与能耐的鼎盛时期，日本帝国主义全面侵华的炮火几乎把他整个摧毁。且不谈时代图书公司的杂志全部被迫停刊，他几乎是空着手携家眷仓促逃离杨树浦的家。镇江的当铺夷为灰烬，余姚的田地又哪里还有收入，洵美几乎成为一个无产者了。

第三章 孤岛生涯

勇作代言人

我是个记忆力很差的孩子，关于全家人是如何惊慌地逃到租界来的，我连一丁点儿印象也没有。我脑海里只有一些后来发生的事的零碎画面：很多人挤在地铺上睡觉……突然一声巨响，大人涌到窗口去看，说是"对面屋顶上落了颗没有开花的炸弹"……妈妈给我戴上黑色的"防毒口罩"……姑妈大声哭喊……小表妹出世了……直到我们家搬到霞飞路，周围的事物才一一在我记忆里连贯起来，生活里的人物才一一在我眼里清晰起来。似乎，直到这时，我才在镜子里看见自己的大眼睛；也似乎直到这时，我才认得爸爸。从杨树浦到霞飞路这一年里，对于爸爸妈妈来说是最最艰难的一年。那一年里发生了些什么事？爸爸心里想些什么？我们是怎么度过的？后来我读到一篇题为《一年在上海》的文章，文章中爸爸对那一年的经历有详尽的记载（那篇文章分三次连载于《自由谭》月刊第 2、3、4 期）。从中可以看到爸爸在那一年里的所见所闻和他的切身感受；可以看到他的为人处世和许多的无奈，也可以看到他如何在"忽略着现在，清算着过去和等待着将来"的艰难的环境中振作起来，又重新拿起他的笔杆。这篇文章既是他对时局的剖解，也是他的自白，对自

　　原霞飞路 1802 号邵宅，此照片二楼当中已被扩建，与邻家园子隔的原是竹篱笆。现在已经整体的翻建过，称"霞飞别墅"

　　左起：小多、小珠、小玉抱小马、小红、小燕

己前半生的回忆和清算。他述说那一年里发生的种种，使他对人生有了进一步的认识；战难给予自己的灾祸和损失中他和妻子如何冷静面对，坚守"唯其在这种大变动中，我们格外应当管住我们的感情与立定我们的主意"；同时也坚定了他一贯为人的信念："不爱金钱爱人格，不爱虚荣爱学问，不爱权利爱天真"。他在度日维艰之际坚定地回绝当了大汉奸的弟弟的拉拢。他相信，真正了解他的朋友们回忆他十几年来的文章，谈话，行为，态度的种种事实不会因为他滞留在上海而误解他的为人，产生浮浅的推度与鄙俗的论调。

自从"七七"卢沟桥事变后，他就确定抗日战争一定会发生。但他相信了蒋介石在庐山第二次会议的演讲，相信他说的"最后胜利，为期不远"。万万没料到军队会节节败退，连国民政府也迁到重庆去了，战火很快就燃到上海。更没料到，日军从吴淞口上岸，他的家、他的印刷厂所在的杨树浦顷刻之间变成了战区。逃难刻不容缓，但哪里有钱搬迁？

赶到镇江，想从典当拿点钱，他父亲也去了。好不容易说服老当手解决父亲的困难，自己的问题却落了空。银行已经停业，他连工友的遣散费也筹措不及。他让佩玉带阿妈和孩子们坐卡车到妹妹家，请妹妹代付车费。向父亲借车来送工友们到法租界的书店去，油箱里却没油。可怜这许多人口袋里凑不满一块钱，幸好一个小学徒记得，厂里有调油墨剩下的半箱汽油。

他最后一个离开杨树浦的家，沿途看到逃难的人群，扶老携幼，刚生产的妇女，久病走不动的患者。淞沪战役打响，他感受了炸弹的震动，尝到了战时生活的艰辛，待到南市总撤退，上海沦入敌手，租界的生活恢复了平静。一大家子生活开支庞大，收入丝毫没有，全靠变卖家私。

"八一三"后的第一个春节我们是在霞飞路过的。租界里没有一点战争气息，年还照样过，并没有因为打仗减少节日气氛。市面还是很兴隆，大新公司、永安公司和新新公司等百货商店都是人潮如流，绸布店里挤出挤进的是为过年做新衣裳来剪料子的妈妈们；路人大多拎着揣着年货；烟纸店里备足了香烛炮仗。我们家早半个月就开始忙了：掸扫一净，满屋喷香。从腊月廿四送灶接灶，接财神，忙到年三十挂神像，祭祖守岁，大年初一兜喜神方。初二开始亲友接踵上门拜年。妈妈揭开南瓜形的银果盘；老阿妈捧上碗盖上放对青果的热茶；银盏里盛的桂圆莲心汤和按宫廷配方做的香糯甜润的核桃仁枣糕。孩子依次向长辈叩头，接拜年钿，随后，亲眷坐下搓麻将，堂表兄弟姐妹围在一起掷"状元红"。这些因袭几十年的老规矩并没有因为战火在我们四周蔓延而有些微省略。亲友们大多住在市区租界内，"八一三"对他们来说，几乎没有什么影响，我家却是遭了殃的一户，损失惨重，但过年，还照样这番排场。在诸亲朋好友共贺新岁热热闹闹的欢声笑语中，谁也想不到，为了应付这过年的场面，爸爸和妈妈是如何盘算张罗的。不过在那个时候，家里终究还没有到山穷水尽的地步。俗语说："穷虽穷，还有三担铜。"

那个春节，我已满六岁，成天不声不响，瞪着大眼睛看人。那时候我是个胖墩墩的孩子，十分敏感，听不得一声呵责，不时呜呜咽咽，很不讨人喜欢。项美丽也来拜年，家里人都叫她蜜姬。我们住在同一条弄堂里，那是在霞飞路（现淮海中路）的西端，现在叫1754弄，近年改建成"霞飞别墅"，那时弄堂里的门牌和马路上的连号，弄堂口对着汶林路（现宛平路）。我们住在弄堂底，1802号，后门开在福开森路（现武康路）。蜜姬住在第一排房子，花园门沿马路的1826号。有次她来我家，进门脱下皮大衣，俯下身来逗我。正在那时，从她大衣领子里钻出毛茸茸的一团东西，两条长臂朝我伸来，吓得我直往后退。蜜姬赶紧把那东西唤回去，抱起它，到沙发边跟我爸爸谈话去了。妈妈说："怕什么？那是一只小猩猩。"其实它是一只长臂猿，是蜜姬从城隍庙买来的。蜜姬给它取了个人的名字，叫 Mr. Mills（密尔斯先生）。这个"密尔斯先生"可会捉弄人了！那年春天，我家烧热水的锅炉坏了，老阿妈带我和玉玉姊姊去蜜姬家洗澡。姊姊先进浴缸，老阿妈正在帮我脱衣服，冷不防"密尔斯先生"推门进来，我们都没察觉。谁知它径直走近浴缸，猛地抓了一把姊姊的肩膀，玉姊惊叫起来，放声大哭。蜜姬赶忙进来，呵斥了密尔斯，又匆匆去拿了瓶香水，往玉姊肩头的抓痕上抹，嘴里叽叽咕咕地安慰她。洗完澡，我们受到额外的款待：请我们去她餐厅里坐，她的广东西崽青连端来奶油蛋糕请我们吃。那只惹了祸的小家伙则缩在高高的书架顶角落里偷望着我们。我看见她家花园里有个跟动物园里一样的大铁丝笼，里面有两三只小猴子在跳窜。"密尔斯先生"跟它们长得不太一样，它可是格外受女主人的宠爱：不在笼子里豢养，可以任意在屋子里走动。

　　关于这位"密尔斯先生"，后来听到爸爸讲起一件令人喷饭的事：上海时局紧张以后，《天下》编辑部的一班人马移居香港。全增嘏介绍一位英国朋友来上海拜访项美丽。他是个年轻的少校，是英国驻香港政府里负责远东事务的。他研究东亚历史，能讲一口日语，有一股书生气，名字叫查尔斯·鲍克瑟（Charles Boxer）。他跟《天下》的人很熟，闲谈中听到这位美国女作家的传奇故事，他也曾读过一些她的作品，对她颇有好感，特地来上海见见她。那一天，他到蜜姬家做客，青连上楼通报，他在楼下那间书房兼客厅的房间里不安地等待女主人的倩影出现，顺便拿起茶几上的一本杂志翻阅。听到楼梯响，他马上从沙发里立起身来，走到楼梯边去迎主人，伸出右手准备和蜜姬握手，哪里知道下楼走到他面前的是"密尔斯先生"，他握到一只毛茸茸的手，

项美丽（右2）和姐姐海伦在南京中山陵。（右1）谢寿康，（右3）邵洵美

吓得差点喊出声来。蜜姬跟在小家伙后面下楼，看到客人那副惊魂未定地跟她握手的尴尬表情，她忍不住笑了。后来还几次提起与他第一次见面的戏剧性场面来打趣他。当时鲍克瑟对她有意，但她那时已心有所属，鲍克瑟只好失望回港，次年和别人结了婚。

日军来犯上海，没料到他们从吴淞口登陆，我们住地成了前方，临时逃难很匆忙，顾不得翻箱倒柜，一大家子人逃命要紧，许多家当都留在杨树浦。安顿好了，妈妈念叨的是孩子们的衣裳没带全，得一一重做；爸爸揪心的是失去了那么多心爱的书，更糟糕的是那台影写版印刷机还在日占区，逃难时只带出这套设备里关键的一块玻璃网线版。在那个特定的环境里，蜜姬给我们家很大的帮助。一俟混乱局势稍定，她就设法找到我们，知道我爸爸正在犯愁，她便提出跟他合作，写短篇故事寄到美国去，赚得些稿费，助我们脱离那时期手头拮据的窘境。当她听到日军控制的杨树浦地区开放可以让外国侨民进去搬运家当的消息，连忙来跟我爸妈商量，并马上去美国领事馆、英国巡捕房，找朋友弄到通行证，还为了证明时代印刷厂属外国人资产，是项美丽所有，特地请爸爸的好友，律师顾苍生出具一份虚假的"结婚证书"。在英国巡捕陪同下，她雇了十名俄罗斯工人，到杨树浦去。爸爸画了房屋内部的图样，给了她二十八把钥匙。她到徐园那个我们被迫遗弃、已被外人侵入搜刮过的家时，其实已经一把钥匙也不需要了。她还去平凉路印刷厂把那贵重的机器抬上卡车，一共十七车，插着美国旗，一天之内，五次通过外白渡桥。因为必须在规定时间内过桥回租界，蜜姬不可能有时间在老房子里一间间去挑拣翻寻有用的东西，只是匆匆忙忙让工人把毛毯、被单铺在地上，随手抓了衣服、照片、书籍等她认为会有用的东西扔进去，一包包扛上车。她取东西的时候，身边还有个日本兵在监视，他似乎懂中文，挑了一些古籍书在细读。蜜姬不敢多耽搁，总算把爸爸那五只书架里大部分的书搬了出来，并把妈妈陪嫁来的十几只描了金的红箱子搬了出来，虽然里面大多是穿不下也没用场的清代嫁衣，还搬出来一只镶大理石的红木榻床。而爸爸收藏的那些画家赠送的画卷，包括徐悲鸿、刘海粟等人合画恭贺新婚的那张扇面，祖传文物、友人书画之类等等好些有价值的东西，却没有搬出来。这不能怪蜜姬，因为那些平常用不着的东西都存放在汽车间楼上，在如此仓促中蜜姬怎么会到那里去看？前一天晚上飞机还在轰炸，蜜姬在硝烟中勇敢地过桥去运回那么多家当，爸爸妈妈够开心的了！他们每次到马路边去迎卡车，就像是迎接胜利归来的英雄，将拿回来的东西一件件过目翻弄，就像是拾到了珍宝，欢天喜地，那可是失而复得啊！最最令爸爸兴奋的是，不仅印刷机完好运回，还搬回几百令白报纸。爸爸把报纸卖了，在卢家湾租到一处房子，安装机器，印刷厂重新开业，又可以生财了。他接到了印制《中华画报》和《良友画报》的生意，用来维持日常生活可以一时无虑了。

农历五月，妈妈又生下小妹妹，这是第五个女儿。当小燕出世时，爸爸为她取的小名叫"定妹"，意下要"停"了，不能再生女儿了。因为只有一个儿子，妈妈总在期待再生个男孩，可这次又是个女孩！爸爸为她取的小名叫"多多"，大名就叫"小多"。产后，妈妈的身体更羸弱了。

大约是第二年吧，吴家干娘来了。她是一个跟我们老少亲眷都十分亲热的人。大家叫她"宝姊"，据说她原先嫁给庞莱臣的大儿子唐徒，也就是庞秉礼的哥哥，因为她不生育而离了婚，后来和吴维勋结合，吴家是广东最富的人家。其姊嫁给广东护法政府财政总长唐绍仪。这吴维勋原是我妈妈的二姐夫，后来离了婚，他曾在美国某大学毕业，学的是农业，回国后"无用武之地"，成天躺在鸦片铺上。吴家干娘是个热心肠的人，她关心我们每一个人。她来我家对我妈妈说，我五叔很想念我，叫她来带我到他家去玩玩。妈妈起初不同意，因为妈妈知道爸爸跟五叔不和。但在吴家干娘三寸不烂之舌的劝说下，妈妈迟疑地给我穿上准备过年穿的新衣裳。这时候我记起了五叔。五叔是个魁梧的人，五个叔叔当中他长得最帅，最喜欢我。他常常喜欢抱我亲我，我也最喜欢这个叔叔。我记起有一天，他把我抱在膝头上，拍拍我的脸颊说："三毛头，等我将来得发了，来接你去做我的女儿。"现在五叔让吴家干娘来接我去，小小的我心里欢喜，心想，五叔现在一定"得发了"。早些时候，我听到老阿妈跟阿宝在说："算命先生说过，这邵家六兄弟是一条龙，大少爷是'龙头'，你看，家里什么事都是他出头，他担当；挨到五少爷，正好是龙的'命根子'，算命先生说五少爷将来会得发的。但是五少奶娶来几年却生不出孩子……"噢！他们自己没有孩子。我想，五叔是想把我领去做他的女儿了！

我刚要跟干娘上黄包车，哥哥从外面回来，正要进花园门，听说五叔要看我，他咕噜了一句："哼，大汉奸！"汉奸是什么？一定是个很坏的人，要不然哥哥为什么恶狠狠地骂他？黄包车到南阳路西摩路停下，两扇黑色的大铁门关着，一个带枪的人开了门，我们从大门上开的小门里进去，大天井顶上搭着芦席棚，阴沉沉的。那幢洋房很大。我们登上楼，穿过一个大房间，到了一间狭长的房间，像是封闭阳台。大白天的，窗帘遮着，房里很暗。听见我来，五叔从鸦片铺上坐了起来，高兴地招手："来，来，三毛头来！"他把我叫到他面前，撩开我的前刘海，细细地看我，说："啊，三毛头，愈长愈标致了！"他转身拿起茶几上一个大洋囡囡递给我："三毛头，我跟你说好的啊，五叔得发了会来接你做我的女儿。现在我得发了，五叔说话是算数的。"我呆呆地紧抱着那个有我半个人高的大洋囡囡，感到沉甸甸的，望着他，我一言不发，心里没有一丝快活，只是疑惑，我最亲的五叔是个坏人，是个"大汉奸"？我没有迎上前去跟他亲热，反而畏缩地躲开他的亲吻。看得出五叔有点扫兴，对吴家干娘挥挥手说："带她到冬荣那里去，给她看看。"随后又躺到鸦片盘边上去摸烟枪了。

我们从原路回到走廊，干娘低声关照我："看见五婶婶要喊，不要闷声不响，不讨人欢喜。"她推开隔壁一扇门，朝里面张望，好像怕吵醒躺在床上的人，轻声唤了一声："五少奶！"她看床上的人动了动，便说："五少奶，三毛头来了。五少爷叫我带她过来给你看看。"干娘推推我："三毛头，喊人啊！""五婶婶……"声音轻得连我自己也听不见。五婶婶身体朝里靠在高枕上，只是转过头来，左手还捏着烟枪，"嗯"了一声，她像是在检视什么东西似的把我从头看到脚，尖厉的眼睛又回到我的脸上。她慢吞吞地，有气无力地，一个字一个字地说："三……毛……头，高……额……角，……翘……嘴……唇……"说完就别转头去，又把烟斗凑到灯上，不再转过身来了。半晌，干娘把我拉出了房门。我好委屈，好害怕，像是犯了什么大过错一样，耳朵里嗡嗡地响着："高……额……角，……翘……嘴……唇……""呼"的一声，洋囡囡落到地板上，泥做的洋囡囡的头砸了个粉碎，我"哇……"的一声哭了起来。干娘赶紧把我拉下楼，生怕惊吵了房里两个"贵人"。

回到家，听见爸爸在大声地跟妈妈讲话。爸爸难得大声讲话，可见他在生气。我从来没见过爸爸的脸色那么难看。老阿妈把我拉进厨房，说："都是你闯的祸！蛮好你不要跟着到五少爷那里去，你爸爸是不同意把你给他们的。"爸妈不同意，南阳路那边也没有了下文。后来吴家干娘来说，五婶婶讲我砸碎了洋囡

囡的头，"触霉头的！"我从来没有这么大的洋囡囡，但是砸碎了
这大洋囡囡的头我一点也不遗憾。我不要那个大洋囡囡，我不要
做坏人的女儿。我不再喜欢五叔了！我不要住在那个阴森森的大
房子里。听到说因为我"触霉头"不要我去做女儿，我倒反而高
兴了，那洋囡囡的头碎得好！

没多久传来一个惊人的消息——我四叔叔突然死了。听说是
因为他眼睛痛而吃的中药里面有只有毒的青蛙，又听说是他吃的
药里有人放了洗照片的药水，里面有一种叫"氰"的毒。他是被
人毒死的。后来听大人说，化验之后确定他是"士的宁"中毒，
那是一种"微量就可以致死"的毒药。四叔小喜不常来我家，他
身体不好，很瘦，长长的脸，长长的下巴，戴副眼镜。他近视深
得让人觉得他很呆板迟钝。我从来没有见他笑过。他的脸型和爷
爷颇像。他的性格抑郁，不像嘻嘻哈哈的三叔小欢，也不像夸夸
其谈的二叔小松，听说四叔是五叔小月即邵式军手下的一个小汉
奸，不过是个小角色。或许人家本来是要毒死五叔的，四叔做了
"替死鬼"。又听说四叔死的前一天跟几个人有过争执，似乎是几
个人在争什么位置，或许他的死是内部人干的……爸爸对自己的
弟弟一向都很爱护；但没想到亲弟弟会去当汉奸！五叔甚至还到
处吹嘘"邵洵美是其大哥"，令爸爸极为生气。曾有一天五叔派
手下一个重要角色来拜访我爸爸。那人穿着阔绰，手上戴着金刚
钻戒指，门外守着三个保镖。他代上司送给爸爸五千大洋，要我
爸爸跟他们合作。爸爸不要五叔的不义之财，虽然那时爸爸手头
十分拮据，但他情愿受穷，也不当汉奸。"道不同，不相为谋"。
爸爸后来说："要是有人对小月行刺，我也不会伤心。"因为他已
不认这个弟弟了。五叔已不再是我家人了。现在四叔被人暗杀，
爸爸心头黯然。他知道二叔也是他们一个阵营里的。还好三叔是
不会当汉奸的，他参加了游击队。爸爸最最担心的是他最喜欢的

小弟弟。他担心小叔叔也会被五叔拖进那个沼泽地，遭此没顶之灾。那时小叔叔还在读大学。爸爸说，"小亦很幼稚呢"！四叔死了，我家没人去吊孝。

我记得"吊孝"是什么样的，因为就在前一年，爷爷死了。那不是意外，他老了，早些天就已经虚脱，卧床不起了。但听说，前不久他还到书店去找我爸爸开支票给他的。爷爷病危，一大家子人围在病榻边。我爸爸不许人去通知五叔，虽然五叔是爷爷最宝贝的儿子，爷爷很想在闭眼之前能见到他。还是蜜姬偶然跟朋友在国泰饭店吃饭时看见我五叔和他的手下人在跟一个美国税务专家 Bill Graharn（毕尔·格雷亨）谈话，她便走过去告诉他爷爷快死的消息。

在殡仪馆里，我们孙子辈的都跪在供桌的两侧，在爸爸和叔叔们的后排。供桌上的白布幔上挂着爷爷的照片，跟《时代画报》里的漫画"王先生"很像。玉姊和二叔家的乖乖姊姊低声说着话，我呆呆地望着爸爸。爸爸跟我们一样穿着白布衣裤，但外面罩了件麻布衣裳。他的脸色很沉重，好像这事归咎于他似的。每一位亲友来朝爷爷的照片鞠躬时，爸爸总是郑重其事地向他们叩拜致谢，不像有的叔叔对来吊唁的亲友只是点头示意，甚至还交头接耳不加理会。爸爸叩头回拜，我们都跟着叩头。外面响起哀乐，布幔后就一片号啕。姑妈和婶婶等女眷都在里面（我妈妈没有来，因为她那时肚里正有着小马，孕妇是不能到这种地方来的）。里面哭得最响的是好婆，她拖长了音调，边哭边诉，似有多少委屈和伤心事要向我爷爷哭诉。我听老阿妈讲过，这好婆不是爸爸的亲生母亲，她是"小"，"小"就是姨太太之意。爷爷有两个"小"。她是较大的一个，大家背后都喊她"马立师"。"马立师"是她住的地方的路名。隔了几天，爸爸妈妈带我们去看"马立师"。我看到她家里墙上挂了好婆与爷爷的合影，照片里爷爷闭着眼睛，已经死了。好婆俯下身，用脸颊贴着爷爷的脸颊。

我好奇怪。听到身后有人在讲，好婆是故意这样拍照的。原来在这个大家庭里，子女都不承认她的地位。现在爷爷去世了，她怕没有依靠，真是用心良苦！还是爸爸心软，尊她一声"姆妈"。大哥在前，弟妹们也跟着喊。这位好婆是个能干的人，但她有着跟爷爷一样的嗜好：烟和赌。

四叔暴毙之后，五叔家加强了防范。五叔是个大汉奸——日伪苏淞皖统税局局长，任了伪职，原名邵云麟的他更名为邵式军。他自己行不义，自然晓得很可能招来横祸。1941 年农历十月半，他三十岁做寿，宾客盈门。花园里摆满酒席，搭了戏台，叫来"堂会"，从"跳加官"演到"龙凤呈祥"，很是气派。然而他很不放心，生怕有人行刺。大铁门内外两道警卫不算，楼梯四周装了铁栅栏，上下安了铁门，带枪的保镖守在上下楼梯口，虎视眈眈地监视着上楼拜寿的客人。主客都不见得有庆寿的情绪。

在有"孤岛"之称的上海租界里，日本人不敢明目张胆地迫害中国人。他们利用敌伪势力，把抗日爱国的人都列在"黑名单"里。极司非尔路（现万航渡路）76 号就是他们关押杀害爱国人士的特工总部，那是老幼皆知的，听到说"76 号"，人人都心惊肉跳。因此，要想在租界里办份抗日杂志而免受迫害，就得借洋人名义，因为有"治外法权"保护。报纸挂上洋招牌，就像有了护身符。（洋商报刊是不受日伪检查的，其中反对日伪的文章比比皆是，有的口气还相当尖厉，但日伪无法处置，只好装聋作哑。自然也有报馆收到附子弹的警告报人的信函。）《大英夜报》就是一例。这是一份中文报，但由英商出面办，实际上办报人是中国人翁率平、储东郊，洵美也参加股份，经济支援者是平祖仁。有一次报馆缺几千元，洵美和佩玉商量，拿出一包翡翠给报馆去押了渡过难关。王永禄劝洵美："现在家里已不比过去，不能再如此侠义心肠。"洵美说:"钞票用得光,交情用不光。"
这时候洵美为《大英夜报》工作,每星期要写三篇社论。他不必
采用《论语》笔法:影射,讽刺,揶揄;他像在《人言》上以
"郭明"为笔名批评政府的无能与腐败时一样,口气直率,直截
了当,而且,因为抨击的是日伪,自然更为激烈。他要为遭受残
害的同胞代言,因而义愤填膺的文字连篇累牍。每隔两天,王永
禄到邵家取稿,总是看见桌上还是几张白纸。洵美坐到桌前,递
过一罐"三炮台"(注:香烟名),永禄吸着烟坐等。但见洵美指
间一枝枝香烟燃尽,一个半小时准能完稿。他一手掸掸身上烟
灰,一手递过稿子。王永禄接过,二话不说,马上动身,因为报
馆正等着发稿。洵美写社论,真可谓是"快手",沉思片刻,一
挥而就。无怪乎项美丽对人说:"洵美有一颗主笔的头脑。"

游 击 歌

随着日军铁蹄深入中国内地,他们烧杀奸淫狂轰滥炸,吸引
了许多国家的重视。这一时期,外国报馆特派来的新闻记者很
多。他们大半和蜜姬熟识,所以到了上海,蜜姬总会介绍他们来
造访洵美,或者他们的聚会请洵美作陪。他们和洵美无话不说,
完全不像陌生人。他们同情中国,愿意把自己在中国的所见所闻
报道出去,让世界人民知悉日本侵略军在中国的暴行。看了他们
在中国的采访资料,听了他们的各种观感,洵美触动很大,他一
连写了十篇文章,题目是《访华外国作家》,以笔名"邵年"发
表,连载在《中美日报》的副刊"集纳"1938 年第 2—14 期,
就是介绍这些与他深切交谈的外国朋友。其中《日本的泥足》作
者,美国记者胡德兰 Freda Utley 特地写了篇 *A Visit To The
South Yangtze Front* 刊在爸爸当时编的英文的抗日杂志 *Candid*

Comment 第 4 期，同时被译成中文《南战场巡礼》刊于中文的抗
日杂志《自由谭》第 4 期。路透社摄影记者萨姆生 Gerald L. G.
Samson 在汉口拍了许多照片，刊在 *Candid Comment* 和《自由
谭》的第 4 期，后者题为《汉口失陷前后》。他并撰专文 *Before
And After The Fall Of Hankow* 刊于 *Candid Comment* 第 5 期。
爸爸为英国诗人奥登写了抗日诗歌《游击歌》，也为他翻译了好
几首诗歌。 《曼却斯特导报》的丁百里（即田伯烈，H. J.
Timperley）写了本书，揭发日军在南京的暴行，回英国 1938 年
6 月出版，是世界上最早全面揭露日军暴行，特别是南京大屠杀
资料的书。后有美国版、日本版、加尔各答版。（笔者注：原题
为 *What War Means*，*The Japanese Terrors*。作者把原稿副本交
给杨明翻译，1938 年译本改题为《外人目睹中之日军暴行》，汉
口国民出版社出版，郭沫若题写书名并作序，全书 11 万字。
1997 年湖北人民出版社重新出版，书名改为《1937：一名英国记
者实录的日军暴行》。）爸爸称丁百里仗义执言，是中国最好的朋
友之一。从这些访华作家获得的战地资料，听他们率直的言谈，
更坚定了他办抗日杂志的决心。

半壁山河遭日军占领，亿万同胞过着亡国奴的生活。洵美的
满腔怒火与不平在脑海里凝聚成一篇又一篇文章。他要代受尽苦
难屈辱的中国同胞发言，要怒吼，要说理，要让世人了解日军无
理入侵中国的行径已经发展到了什么地步，让世人了解事实真
相；他要鸣不平，要为中华民族争取支持，争得公理；他要提醒
居于孤岛的人们，不能醉生梦死，要时刻想到租界外沦陷区里生
灵涂炭、民不聊生的惨状；他也要把抗日前线与后方游击队的战
报公之于众，激励人们的爱国热情，增强人们的必胜信心。《大
英夜报》不可能留给他足够的篇幅，他要自己来办刊物。他说服
项美丽与他合作。资金不足则寻求外援，他要同时办中英文两

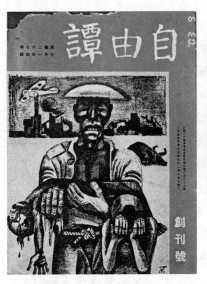

邵洵美与项美丽合办的中文刊物，封面上"自由谭"三个大字为邵洵美手迹

邵洵美与项美丽合办的英文刊物 Candid Comment

《声色画报》（VOX）1935年后改为《声色周刊》

《时代漫画》1934—1937（1936年第26期被罚停三个月，期间临时改为《漫画界》共8期）

本。他计划很大，信心很足。项美丽找到好友——大美晚报馆的老板 Starr（史带）出资，保险公司董事长石永华也付款。1938年9月1日中文版《自由谭》月刊和其姊妹版，英文的 *Candid Comment*（《直言评论》，笔者前曾译为《公正评论》）同时问世。两本一样大小（十开本），都是由位于爱多亚路21号（现延安东路）的 Post Mercury 总经销。

为什么要出版这两本中英文姊妹版的刊物？那是总结了上次他们合作出版《声色画报》（*Vox*）的失败教训，是项美丽的好友，《大美晚报》（*Shanghai Evening Post Mercury*，一份美商华文报）的出版人史带（C. V. Starr）给他们出的主意。他指出："办《声色画报》这样一份双语刊物，一开始就错了，虽然上海是一个双语城市，但那并不意味着人们愿意去读一本有两种语言的刊物。很少人阅读中英文时能够同样地从容。所以，人们为什么要去买一本他明知只会去读一半的刊物呢？如果我们要为说中文和说英文的读者出版刊物，还不如回到老办法，出两个版本，让读者自己选择，买一本全部是中文的，或者全部是英文的。别把中英文一并塞进他的嘴里。何不出版两本内容同样的，一本中文，一本英文？"

战前淘美出版的杂志中《十日谈》、《人言》都是争取言论自由的。现在他出版《自由谭》和《直言评论》，更加明确地指出"追求自由"。

《自由谭》注明为 *Candid Comment Chinese Edition*（"直言评论"的中文版）目录下"编辑人"、"发行人"印的都是项美丽的名字，实际上，具体工作全由淘美担当，项美丽只是起掩护作用。这本刊物的编辑就淘美一个人，文章的一半是他自己写的，连文章的头花也大多出自他的手笔，有几次他还叫小美帮忙描画。其中"编辑谈话"和每期有一至数页的《自由谭》和"谭助"专栏里的文章自然是洵美写的。他署名文章除连载六期的《一年在上海》之外，只有一篇——《安置战时妇女和儿童》。在这份刊物里他以"闲大"、"逸名"、"忙蜂"、"邵年"、"都仁"等笔名，发表了许多文字。在创刊号的《自由谭》专栏里，他写了"本刊的命名"，说首先因为编辑人既然是美国人，所以以《自由谭》作刊名，自然是因为"自由是美利坚的代表神"；接着第二点原因是："自由在今日的世界里是已经绝迹了，或者它的意义已经被误解了……我们这个刊物是头脑清楚的人和头脑清楚的人谈话的场合；第三，一个新国家和一个文化悠久的国家，他们的道德标准也许会两样。美国人初到中国来的时候，每被这种因袭的见解弄得动辄感到不安。但是几年的居留，已经使我们明白，凡是文明的民族都只有文明的目的，东西文化，在原则上，究竟没有什么分别。而对于自由的努力追求，更其可以证明我的见解的确实。那么，为一个美国人而在中国办一个中文的刊物，自由是一件最好的贯通两方文化的钥匙了。"然后他提道："以前上海的《申报》曾经有一个副刊叫作'自由谈'，可惜它多少年的历史，这次也跟着别种不幸的人与物，作了牺牲。我们用'自由谭'来作刊物的名称，除了表示自己的态度外，同时还作为这一个'受伤的上海文化'的纪念，并希望能担负起复兴及继续努力的责任。'谈'字改'谭'，以示区别。"最后他说，"我们相信头脑清楚的人，一定知道我们所谓'自由'，绝不是可以拿来当作'荒谬'的护身符的。我们要求的是'人类的权利'，绝不是'罪恶的藉口'。"

封面上三个强劲的大字"自由谭"是洵美照颜体自己写的。第1期《自由谭》的封面是一张木刻，画的背景是日本飞机在轰炸，远处城市建筑在燃烧。眼前是一个中国农民，他双臂托着一个被炸死了的孩子，孩子头部的伤口还在滴着血；另一个孩子双手掩面而泣，牛也炸死了。父亲的脸上是悲伤，是愤怒的控诉。这期封面的感染力很强，以后每期封面也都是如此。洵美认为：木刻的刀触，表现愤怒和悲怆，有其特殊的功力。你能看到那愤怒在沸腾，那悲怆在燃烧，愤怒的人们那股子热血马上会爆发出巨大的力量。所以在这份刊物里他多用木刻，几篇文章和"自由谭"栏目的题头花都采用木刻。他说，别种的作画技巧不易达到这种意境。这刊物每期几乎半本都是图画和照片，图画多木刻和漫画。有一组"战时的中国木刻艺术"，其中有梁永泰的《反抗吧！农民》；新波的八幅连环木刻画《大地的怒潮》；还有《不情愿做奴隶的人们起来保卫华南》等。也有很多漫画，如女漫画家梁白波的四幅《我们要替死难的同胞复仇》；叶浅予的《从军图》、《换我们的新装》、《还有谁没有加入我们的队伍》；陆志庠的《现在是我们开枪的时候》；张乐平的《为什么不早把财产捐给国家》。还有陶基谋等的抗日救亡招贴画《把敌人赶出去》、《拿生命保障国家民族》等等。这些抗日漫画不少选自叶浅予等组成的漫画宣传队第一队创办的《抗战漫画》。在《自由谭》第1期的漫画旁边刊登了一篇文章《努力迈进的漫画家们》，内容梗概为："漫画家从'一·二八'后就决定拿起画笔与恶势力斗争，向侵略者挑战。1936年'第一届全国漫画展览会'展出的作品上就一目了然了。从卢沟桥事变中日间不宣而战之日起，'全国漫画作家协会'的筹备处便一方面通知各地漫画家从速组织赶来。一方面在上海发刊《救亡漫画》。上海是中国漫画艺术的核心场所，立即决议要把漫画艺术的种子散布到内地去。'八一三'上海抗战烽火起，有的漫画家远走武汉，如叶浅予、张乐平、陆志庠、梁白波、宣文杰、陶谋基、廖冰兄等。他们日间多分别在《新华报》、《扫荡报》以及政治部第三厅等处服务；夜间则抽出余暇来出版《抗战漫画》。其次是高龙生、赵望云、汪子美等，在平汉线上奔波，在枪林弹雨下出版《前线画报》，给战壕里的斗士们阅读；再其次，则为鲁少飞、黄苗子、特伟、张谔等，伏在日机不断狂轰的广州市里，出版《全国总动员画报》以加强生力军的来源；还有张仃和胡考等远赴西北边区的鲁迅艺术学院去传授漫画艺术，培养漫画战线上的新斗士。"这篇文章作者是"涛"（王敦庆有个别名"诸涛山"）。泃美将它译成英文刊在 Candid Comment 第 1 期。﹝笔者注：事实上，淞沪战役开始，时代图书公司当时还在运行的四份刊物《论语》、《时代画报》、《时代电影》和《时代漫画》一夜间被迫停刊。《时代漫画》的主编鲁少飞和宣文杰连夜在编辑室里把所有投稿的近一百名作者编成一本通讯录，分寄给每个漫画家，以起到互相联系、互相关心、互相鼓舞的作用。这本通讯录的确帮助了后来"救亡漫画宣传队"的组成（见毕克官著《漫画的话与画》）。这些漫画家还做出惊天动地的一桩事：1938 年 5 月 19 日，日本长崎、佐贺、福岗、久留米等城市的上空掠过两只飞机，在九州岛投下"纸弹"，洒下百万张传单呼啸而去。徐焕升、佟彦博等驾机胜利归来，汉口机场人山人海，何应钦、孔祥熙、钱大钧等在机场欢迎。当时国共合作抗日，周恩来、王明、吴玉章、罗炳辉等代表共产党和八路军向远征返航的英雄赠送锦旗。这次示威性的人道空袭轰动世界。这些给日军当头棒喝的漫画大都出自十几位漫画家组成的"救亡漫画宣传队"，其主力是在《时代漫画》连载《三毛》的画家张乐平。次日丰子恺作新闻漫画《百万传单乃百万重磅炸弹之种子》，并附文章《神鹰东征琐话》刊于《中国的空军》（见毕克官：《走近丰子恺》）﹞。《自由谭》的摄影画页里有"武汉民众抗战的热情"、"街头老百姓正仰望在空中肆虐的日机"、"国军放弃武汉的前后"、"武汉被占前的大火"、"上海国际救济会给予难民儿童的协助"、"被炮火毁损后的几所上海教堂的惨状"以及日军残暴的摄影报道和一个日本兵"死后怀中物"——新婚合影。照片还反映抗战部队的活动，既有反映国军前线部队的，也有反映抗日救亡的"五路军"、"琴太嘉宝昆青松别动队"、"忠义救国军"等。在《街头上的抗战戏剧》一文附有八幅街头剧《放下你的鞭子》的演出实况摄影（"编者按"指出漫画木刻艺术之外戏剧也是宣传抗战到底的工具。街头戏剧的特点和成就以及宣传的力量不容小觑）。这些照片都是用影写版印制的。所有画页都极富战时的鼓动色彩和强烈的控诉力量，真实地记录了活的历史。

洵美在第 1 期发表一篇署名文章，题为《安置战时妇女和儿童（贡献给国民参政会的一些意见)》。文章说在汉口举行的国民参政会，"是中华民国纪元以来第一次正式成立的民意机关"。第 2 期到第 6 期连载了洵美的自传性文章——《一年在上海》。这篇文章刚发表到一半的时候，他写了一段有关文字，说他原本想分三期登完，谁知一写便好像没有了止境："我写这篇文章是要把那一年里所有影响我思想或行为的事情没有遗漏地记下来，材料便多得可以写本大书了：因为使人受大影响的每每会是一件极琐碎的经验，或是一句极随便的说话。"他写得长了一倍，但他相信自己没有说过一句多余的话、没有记过一件没有关系的事件："我时刻提醒自己不要越出'我'的范围；我绝对不愿'东拉西凑'。我明白读我这篇文章的好朋友，绝不容许我'弄笔头'的。在这一点上，大家可以放心，我自己也放心：因为写这篇文章，我始终没有感觉到有这种诱惑。前一天有一个朋友来说，有人怕我把他和我的一件事情写出来。我对他的回答是：'凡是一年来影响我思想或行为的事情，我都要没有遗漏地记下来的。'我在这里写这一段东西，便是对这一类人的一个公开的约定。"当时隐蔽在项美丽家的《大公报》记者杨刚读了这篇文章哭了，她对洵美说："我真没想到你们会这么苦！"

在第 1 期《自由谭》上，洵美还有一篇阐述自己观点的重要文章，《战争文学》，是以笔名"忙蜂"发表的。他写道："在战争中，黩武主义者和科学绝对论者大概已经证明了文学的无用了吧？在前线，我们不能把文学作为枪弹；在后方，我们也不能把文学作为救济难民的饭米。但是文学和战争却自有它们密切的关系。文学在战争中自有它的特要性。因战争而兴起的文学，有两种是我们最容易接触到的。一是国内报章杂志上的宣传文字，目的在鼓励民众的情感；一是用外国文字来著译的宣传文字，目的在提醒国际的注意与引起他们的同情"；"我所注重的是真正的战争文学；它们虽在战争中产生，但是它们并不有想要在短时间发生效果的宣传性质。概括起来，也可以有两种。一种是主观的作品：它们或者是前线将士雄心的流露与义愤的发泄；或者是后方平民热情的表现与痛苦的寄托。还有一种是客观的作品：这是赋有文学才能与技巧者，在前线后方，所耳闻目睹的经验之忠实的叙述与记载……而这种战争文学却能在文学上占有永久的位置……它们在目前或许受不到人们应有的注意，但是在将来，文学线索之延续却会完全是它们的功劳。而在几千百年后，要想明白这一次大战的真相时，或当我们失望于历史的刻版式的记载时，这一种战争文学便会表演使时代重现的奇迹"。讲到"言论自由"，他说："在现今的世界里，恐怕很少见到了。譬如就上海一地而言，在这次'中日战争'未发生以前，杂志刊物何止几百种，他们所有的言论自由范围本来不宽舒，但是现在却又遭受了意外的摧残。不过'自由'虽发生了阻碍，'言论'却仍旧存在在某种势力所达不到的地方。我们应当自傲！"

洵美在《自由谭》上写了许多富有战斗气息的短论，揭露日寇的凶暴、汉奸的无耻，又从国际反法西斯斗争的全局着眼，总结张伯伦绥靖政策的教训，批评美国的孤立政策，他指出："法西斯蒂的声势一天天嚣张起来，结果美利坚也难免灾害。'养虎伤身'之诫谁也看得到的。美利坚只有修改中立法，方可以救人救己。"他提出："抵抗是惟一的出路……和平是出卖国家与民族……凭了汪精卫在艳电前后的种种言论与举动，可以相信他也一定做得出卖国卖民的勾当。"洵美还借《几个卖掉灵魂的律师》一则，揭出"邵式军已就任伪苏淞皖统税局局长"这丑事。

以"都仁"为笔名，洵美写了篇《中国新文人统一的力量》文章说："这次的战争促成了中国内部的统一，这已是全世界公认的事实。更明显的证据是全国文人的会集。中国的文人原和世界各国一般，也有各种的派别，也有各种的团体；但是'七七'爆发，他们不约而同，完全向汉口、广州、香港去了。文化的中心，本来可以说在上海，但是一到华军改变战略，有计划地退出上海以后，这文化的中心便立刻迁移到政治的中心汉口。这种一致的行动，在世界的文化史里实开创例。今春在汉口的文艺界大集会，全中国文人的名字，除了有几个环境上不能参加，几乎完全显现在签名簿上了。上海原有几百种刊物，但是现在这些刊物都已在广州、汉口、香港等处发行了……还有许多新生的杂志……他们的编辑虽然各有主张，但是他们却有一致的论调……那便是抗战救国。"他又写道，"留守在上海的却还有几十个作家。他们所以留守在上海的原因，当然各人有各人的理由……不过上海最近的出版界，又渐渐有了生气。这遗留下的作家们确实有镇守在上海的必要。上海的文化生命，将完全依靠在他们身上。"文中他介绍了郑振铎、林达祖依然在教育岗位上；傅东华、芳信、朱维基、林微音仍在从事翻译工作；徐讦和阿英则在报刊任编辑工作；黄嘉德、黄嘉音兄弟俩既是报刊编辑，又是从事翻译工作；而孙大雨完成了极有价值的诗歌研究的论文；邵洵美在预备写一部自传；张若谷从事教育外还著有新书等等。他借此向孤岛内外的朋友表明留在孤岛的文人并没有因战争而搁笔。他试图借《自由谭》号召在孤岛的文化人在这个特殊的环境下联合起来在文艺战线上抗战。

淘美又借《自由谭》向广大读者热情推荐毛泽东的《论持久战》："……毛泽东先生的新著便值得使人赞扬了。这本《论持久战》的小册子，洋洋数万言，讨论的范围不能说不广，研究的技术不能说不精，含蓄的意识不能说不高，但是写得浅近，人人能了解，人人能欣赏。万人传颂，中外称赞，绝不是偶然事也。"

在这份刊物里，淘美发表了一首诗歌，题名为《游击歌》，是以笔名"逸名"发表的，完全不同于他过去的诗的格调。说起这首诗歌，还有一段有趣的故事。这首诗原是用英文写的，也可以说是淘美随口用英文诌的。那是在 1938 年 6 月，英国的名作家、诗人、新闻记者奥登（W. H. Auden）和后来成为著名小说家的奚雪腕（Christopher Isherwood）来华，意在采集中国抗日新闻及资料。经斯诺夫人介绍，淘美请他们吃饭。几乎有两天淘美早晚都跟他们在一起。奥登对淘美说，他没有发现过一篇像样的有关抗日的中国诗。淘美听了很不以为然，随口说："怎么没有？有的，据我知道，有一首很好的。"奥登问他："写些什么？"淘美答道："噢，我忘了！……只记得诗里有……'敌人钻进了一口空棺材'……"其实根本没有这首诗。奥登却大感兴趣，一定要淘美找到这首诗跟着淘美回家，淘美执笔诗兴大发，便用英文写下了那首诗，当晚就拿给奥登。奥登读了高兴极了，回到英国，他和奚雪腕合作写了一本书 Journey to a War（《战地行》，淘美译为《到战争去的行程》，该书 1939 年由纽约 Random House 出版）。书中说："……我在此插入另一首诗歌，那是我们在上海听到的。那首诗歌是关于敌后游击队的，系邵淘美先生所译……"淘美在把那首即兴作的英文诗歌给了奥登之后，想到自己曾对奥登说，那是他从一首中文诗译过来的，那么，总得应当有它的原作啊，于是又兴致勃勃地把那首英文诗重新写成中文，第三节后加了一节，以笔名"逸名"发表在《自由谭》月刊的第1期：

游 击 歌

时季一变阵图改，
军装全换老布衫：
让他们空放炮弹空欢喜，
钻进了一个空城像口空棺材。

英雄好汉拿出手段来，
冤家当作爷看待，
他要酒来我给他大花雕；
他要菜来我给他虾仁炒蛋。

一贪快活就怕死，
长官命令不肯依；
看他们你推我让上前线，
一把眼泪，一把鼻涕。

熟门熟路割青草，
看见一个斩一个；
我们走一步，矮子要跳两跳，
四处埋伏不要想逃。

冤家着迷着到底，

飞艇不肯上天飞；
叫他们进攻他们偏退兵；
叫他们开炮他们放急屁。

一声喊杀齐反攻，
锄头铁铲全发动；
这一次大军忽从田野起，
又像暴雨，又像狂风。

几十年侮辱今天翻本，
几十年羞耻今天洗净：
从前骂我的今天我剥他的皮，
从前打我的今天我抽他的筋。

看他们从前吹牛不要脸，
今朝哑子吃黄连；
从前杀人不怕血腥气，
今朝自己做肉片。

从前放火真开心，
今朝尸首没有坟；
从前强奸真开心，
今朝他们的国里只剩女人。

眼目晶亮天老老，
真叫一报还一报：
但看某月某日某时辰，

连本搭利不能少！

这首《游击歌》用的全是民间语言，生动地表现出受尽灾难屈辱的中国老百姓对日寇的憎恨，也描述了游击队活动的胜利。这首诗的形成，实是文坛的一件趣事。奥登直到后来也不知道这首诗是淘美自己创作的，是为他，也为中国。另外，奥登写的一首诗《中国兵》，也由淘美译出，以笔名"邵年"刊于《自由谭》月刊第 4 期：

中　国　兵

远离了文明的中心，他完成了使命：
他的长官和他的蚤虱便将他放弃；
在棉被窝里面，他合上了他的眼皮，
冥然长逝。当这一次伟大的战争
将来编成书籍，他也不会被人提及；
他的脑壳里并没有带走什么资料，
他的笑话陈旧，做人像打仗般枯燥；
他的名字和他的容貌将永远消失。
啊，欧罗巴的教授们，主妇们，平民们，
请向这一位青年致敬。你们的记者
并没注意　当他在中华变成了尘埃：
从此他的土地配你们的女儿钟情；
从此他不再在狗跟前受侮辱；从此
有水有山有房屋的地方，也有了人。

在那种艰难的时光，淘美为了在"孤岛"上海为读者物色新的撰稿人，寻找他们熟悉的老作家，真是煞费心思。老作家们在

《自由谭》上发表的文章有：胡适的《中国与日本的欧化》；张若谷的《清代学术史的整理工作》、《一百年前的七七事变》；杨刚的《焚书毁信离北平》；徐迟的《旅港文人新闻片一号》等。到1939 年 3 月，《自由谭》共出版了七期。《自由谭》创刊号出版后，在上海市面上产生的影响之大，连淘美都不敢相信。两天之内，第一批发出的书便销完了。随处有人在看《自由谭》，随处有人在谈《自由谭》。

香港《大公报》有对《自由谭》创刊号的评论："……最满意的是《游击歌》。这是一首出色的'民歌'，也是新诗。可是那种运用民歌的手法的娴熟，不是许多学文学大众化的人们所能及的。我们希望有人把它谱出来，结果一定不会坏。"

后来人对当时办《自由谭》月刊的内情不甚了解，只能作一番猜测。1999 年 12 月姜德明发表的《邵洵美与〈自由谭〉》一文中说到："……'七七'事变后，她（指项美丽）不想离开上海，愿与中国人民共历患难，就在日本侵略军的枪口之下主办了宣传抗日的《自由谭》，这更是她富有正义感的一次勇敢行为。正是由于结识了邵洵美，项美丽才得有机会深入到中国社会，了解中国人民的感情。邵洵美的英文很好，可用英文写作；项美丽的汉文程度差，无法用中文写作。如果没有邵的合作，她也许办不成《自由谭》。何况那时邵洵美手中还掌握着战前办时代图书出版公司的印刷机器，而《自由谭》的基本撰稿人亦多邵的朋友，我甚至想，也许正是邵考虑到当时租界的'孤岛'环境，有意请一位外国人来出面办理杂志，借以躲避日本占领军的阻碍。因此我们可以承认《自由谭》既是项美丽主编并作为发行人，同时也应注意到邵洵美与这刊物的特殊关系和所起的作用。这种办刊手法，在当时的'孤岛'亦绝非一例……邵洵美在每期刊物上都有文字发表，这还不包括他化名写的文章……未见有人为邵洵美编过文集，倘有人注意及此，我建议不可漏收这篇文章……每期刊物的篇首都有编者写的时事短评，放眼国际反法西斯的动态和新闻，亦简要地作出分析和评论。按说这应出自主编项美丽之手，却亦难以排除邵洵美参与执笔的可能……到 1939 年 3 月 1 日《自由谭》出到第 7 期后停刊……创编‘自由谭’这件事，无论如何对他们这当事者，以及中国读者来说都是个美好的记忆。‘望远镜中看故人’，我们在感谢项美丽热爱中国和支持我们抗战的同时，也应记住诗人邵洵美在这中间付出过的心力。”

引 火 烧 身

与此同时，《自由谭》的英文姐妹版——《直言评论》也一期接一期地出版着，在这一头，洵美也有相当吃重的工作。虽然分工时，这一本由项美丽负责，但她是个作家，对编辑出版没有什么经验。这份刊物编辑工作也仅由两个半人完成——项、邵之外，还有个青年经叔平，他是洵美的幼弟小亦（云骧）在圣约翰大学的同学。（笔者注：1997 年在上海圣约翰大学全球校友联谊会上我遇见了经叔平，那时他是全国工商联主席。后来在他给我的信里回忆起当年在项美丽家秘密为 *Candid comment* 处理稿件。他说：“我是在晚上或下学后去她家的，帮助她看看清样，做些打字工作。我还发表过两篇稿子，翻译了延安抗日救亡的文章。”）刊物要插图，就找洵美的美术家朋友——光宇、振宇。项美丽夸赞张氏兄弟，说他们创出一种动人的风格来画古典画法的讽刺画和中国古画。有外国画家在目录上端设计有趣的画，一只长臂猿惬意地躺着，用双脚在打字，他画的是项美丽的宠物，“密尔斯先生”，令人看了发笑。还有一个爱尔兰混血青年 Paddy O'Shea（派迪·奥希阿），他为第三期画了张封面：日本耀武扬威地在中国大地施虐，等着吧，牛头马面正在准备着捉拿它们到阴曹地府去呢！隐喻着法西斯的末日即将来临。派迪颇有才华，家里人曾为他开了个作品展览会。可惜他嫩芽初露，十六岁就病逝了。

项美丽在驻留上海并同情中国人民的洋人间组稿，然而稿源有限，还得靠洵美帮忙约稿。洵美的中国朋友都是作家，有的是稿子，但必须由洵美译成英文后，她才能从中选择。尽管洵美精力有限，他还是常常把中文本里他认为好的文章译了推荐给她；他也从英文本里挑出好的译成中文，发表在《自由谭》里。每当稿源不足，他和项美丽自己撰文凑。这份刊物形式多样，内容丰富，其中有不少画页，还有卡通、漫画，插图也很活泼，特辟的专栏有：*Za kuska*（前菜）、*Of Possible Worlds*（世界风云）和 *Pro and Con*（赞同与反对）。文章体裁多样，有英文诗，也有唐诗宋词，还有欧阳予倩的剧本《泼妇》等；介绍中国的内容是项美丽分期连载的《中国古代历史》，那是洵美以英文口授由她撰写成文的；还有中国报刊文摘，介绍中国红十字会、工业合作社之类；还有战地报道等。

洵美将《自由谭》中的文章移译发表到《直言评论》中去的，有林达祖的《避难记》，译成英文，改题为"战时的苏州"；还有《自由谭》第 6 期发表的《关于游击队的论辩》，是从英文本《直言评论》第 6 期上移译过来的。在《直言评论》的"赞同与反对"专栏，每期会组织两位作者对同一个题目，发出两方面的言论，惯常总是先由正面的人写好文章，给反面的人看了去驳辩。看上去，似乎正面人太吃亏，因为他将没有反驳的机会了——虽然他可以再写篇文章在下期发表。桂中枢和马彬和都参加过。有时正反两面各写各的文章，难免两方面的论点会相去太远。把英文本论辩栏里的文章移译到中文本来，这还是第一次，因为"游击战"这个题材可以引起许多中文读者的兴趣。写这两篇文章的经过还有一段有趣的故事。原来他们有一位外国朋友说，他反对中国的游击战争，希望能和赞同游击战的人讨论一下。这正好是此刊物的"赞同与反对"栏的好题材。于是淘美就以 Big Brother（大哥）为笔名写好一篇正面的文章，题目是"战争中游击队的作用"。并依照以往的程序拿去给 Peter Taylor（台勒先生），让他参考了写反面文章。Peter Taylor 写了篇《游击队是无稽之谈》。淘美将自己那篇译了，改题为"游击队的成功"，以笔名"逸名"发表在《自由谭》里，而台勒那篇，是明耀五译的，改题为"游击队在现代战争中的有效性"，同期刊载。

在此刊，还曾一连七期刊出冯玉祥撰的《我的一生》的译文，译者徐迟。淘美一向对这位"倒戈将军"十分佩服，《人言周刊》也曾用将军的照片作封面。

还有一篇译文吸引了读者的注意，这就是毛泽东撰写的《论持久战》。在第 2 期先推出一篇 H. S. L. 写的《为什么和怎样进行持久战》。从第 3 期（1938 年 11 月 1 日出版）到第 6 期（1939 年 2 月 9 日出版）分四期刊载毛文的译文，题目是 *Prolonged War*，译者署名为 Shih Ming（失名）。在正文前有一段编者按语："近十年来在中国的出版物中，没有别的书比这一本更能吸引大众的注意了。文章的大部分为作者战前所撰，它不仅预示战争在威胁我们，并且这个预示，乃至种种情节都惊人地得到了证实。每个中国的有识之士都熟悉这本书。但还是在这个连载中，它首次以英文出现。此卷包括文章所有内容。考虑到大众的时间有限，略去了详细讨论战术的部分。不过，失名所译的英文全文近期将以小册子的形式出版。"《论持久战》一书是毛泽东 1938 年 5 月于延安发表的。它全面分析了抗日战争所处的时代背景以及敌我双方的基本特点，系统地阐述持久抗战的总方针和人民战争的战略战术，并对抗日战争的发展过程作了科学的预测。这份重要文件很快就传到了上海。地下党组织要求杨刚迅速译成英文，以便让全世界都能读到这部指导中国人民抗战的重要著作。杨刚，原名杨缤，毕业于北京的燕京大学英文系。她中英文都极好。那时她三十来岁，是中国共产党的地下党员，也是香港《大公报》的女记者。当时她担负这特殊使命来到上海，经友人介绍，住进了霞飞路1826号这位同情中国人民爱国抗战的美国女作家——项美丽的家，作为隐蔽场所。当时她身体病弱，患有胃病，时常服药。在项美丽那安全又安静的寓所里，她埋头翻译这篇有历史价值的著作。《直言评论》的编辑工作在项美丽家，1995年项美丽回忆，当时洵美常去她家。杨刚翻译中便不时和洵美字斟句酌，项美丽也过目，提一些语法上的修改意见。洵美为之润色。从译文前的编者按语可以看出，这是该文的首次英译，并且在译文连载的同时，就计划着另以单行本形式发行，以进一步扩大影响。印制单行本的工作具体由王永禄经手承办，送到白克路的印刷厂去印制。然后将书偷运到项美丽家存放。在延安的毛泽东为单行本的发行，特地在1939年1月20日写了一篇一千字的序言，题为《抗战与外援的关系》。他在序言里写道：

"上海的朋友在将我的《论持久战》翻成英文本。我听了当然是高兴的，因为伟大的中国抗战，不但是中国的事，东方的事，也是世界的事。民主国家如英、美、法有广大民众，包括各个阶层的一切前进人们，都是同情中国抗战，反对日本帝国主义侵略中国的，除了一部分顽固党反对中国抗战……中国的抗战是世界性的抗战，孤立战争的观点历史已指明其不正确了。在英、美诸民主国尚存在孤立观点，不知道中国如果战败，英、美等国将不能安枕，这种错误观点十分不合时宜：援助中国就是援助他们自己，才是当前的具体真理。因此我希望此书能在英语各国间唤起若干的同情，为了中国利益，也为了世界利益。"

毛泽东的序言也译成英文附于文前，是沺美译的（注：过去错以为是杨刚所译，1995 年项美丽说是沺美译的），杨刚则写了一篇《译者序》，听说序中写下了感谢邵沺美先生帮助等语。单行本印了五百本，为 32 开。一部分由杨刚通过中共地下渠道发行；另一部分则由沺美秘密发给在沪的外籍人士，就像《直言评论》一样，不公开发行。由沺美驾驶着项美丽的汽车，到霞飞路和虹桥路一带洋人的寓所或别墅门口停下，王永禄迅速将书刊投入信箱返回，汽车立即驶走。佩玉也曾参加过这一行动。还有一个年轻人，项美丽的朋友，德国驻沪的实习领事——Peter Wolf（伍尔夫），也投送过，此人还曾在沺美家借宿过一夜。发行毛泽东的《论持久战》，沺美实在是引火烧身。法国巡捕房督察处在得知"76 号要对邵沺美动手"的情报后，立刻来通知沺美。这可大意不得。为此，沺美买了支小手枪防身，一度和佩玉避居项美丽的家，还请法国保镖在前后门戒备。

《直言评论》共出了八期。出到第 6 期时就不按期出版了，那是 1939 年 2 月 9 日，第 7 期为 3 月 20 日，而第 8 期为 5 月 20 日。起先，项美丽与沺美商定英文版与中文版用同样的版式，可是后来他们不得不放弃那样的计划，因为一则中文几千字只占很小篇幅，而英文不然；二来中文本可以用便宜的白报纸，但英文本要用铜版纸，再说，读者不同，画页也不能一样。他们不能重蹈《声色画报》的覆辙。项美丽觉得每一个中国的知识分子都可以做制图员，大概是中国的书法使他们的手灵活，英文书写却没有这种功能。《自由谭》售价低，却投入很多资金，两本刊物出到第 6 期，已经赔上几千元了，险些不能继续出版。他们也曾想改用便宜点的纸张和印刷，但是为了赢得读者的兴趣，沺美仍坚持用优良的纸张与印刷。后来总算找到大商家来作广告，补贴了一部分亏损。可是英文版销路不好，只得停刊。《自由谭》因受到中国读者的欢迎，继续出版。项美丽说，其表达的政见比英文版更为激烈，也因而受到了日本人的"关注"。她在 China to Me 一书中详述道：

有一天，日本某通讯社记者 Ken（健）请项美丽到上海最好的一家餐厅"大都会"去吃午饭，还带去一个讨人嫌的秃顶男子，称他"上校"。席间，他们单刀直入地问项美丽是不是 Candid Comment（指中文版）的主人，项美丽傲然承认。他们假作赞扬它是本好刊物，关心它有没有足够的广告。他们知道有《大美晚报》给它经济上的资助，表示愿意为它拉些广告，"每月有五百元之数"。他问项美丽："怎么样？"项美丽说："噢，慷慨。"他们又表示他们在中国的部队会要好多份。他们知道项美丽不懂中文，接着便问项美丽，谁是《自由谭》的编辑，项美丽一听，便知道来者不善，她知道那时候暗杀、绑架已司空见惯，上了黑名单的人便会有飞来横祸。她不能供出洵美他们。灵机一动，她便搪塞说："我没有编辑。稿子都是邮寄来的，如果我办公室附近有个中国人，我就请他翻译了读给我听，如果他表示喜欢，那篇文章便编进我的刊物，我特别信任我所敬重的中国人所作的判断。"Ken（健）很圆滑，他说："那你就无辜地被人利用了，你或许没意识到，你的有些文章里是反日的，可以说，相当激烈的反日。"他希望项美丽改变办刊方针，要对日本"友善"，并保证为她的刊物提供足够的广告。项美丽当即反击说："我有理由不跟你们友善，我觉得你们日本对我们外国人不友善，你们想把我们外国人都踢出亚洲，不是吗？"谈话陷入僵局，不欢而散。未几，承印《自由谭》的印刷厂受到恐吓，不准排印，为了大家的安全，《自由谭》被迫停刊。

"八一三"前后这五六年，没有任何政党组织的指派，邵洵美倾注一己之力，写了大量的文章，呼吁抗日救国，以出版宣传抗日的刊物为己任，完全是出于他自己的拳拳爱国心。项美丽同情中国抗日，还让人以她的名义出版《世界军情画报》，也是中文刊物，其实是由明耀五编辑出版的，曾销到内地和国外，一度停刊。1939 年 1 月复刊号主要文章有《蒋委员长训话》、《第二期抗战开始》、《日军后方的游击队：游击劲旅之一——新四军》、《现代战争新兵器》、《二次大战将于今春爆发》、《现代忠烈》等。

在此之前，洵美也曾介绍几个人借住在项美丽家，那是平祖仁和他的手下。平祖仁是国民党江苏省政府代表。《大英夜报》初办时，他是经济支援者，他一面担任《大英夜报》的董事长，一面暗中从事政治、军事活动对付日伪。那时形势十分严峻，他找洵美帮助，洵美跟项美丽协商，借出一间房间。他们男女数人打扮成工人模样，住在她二楼朝弄堂的那间北房，不时偷发电报。一天，英国巡捕房朋友来，项美丽赶紧叫他们停止发报。第二天，平祖仁他们就转移到别处去了。平祖仁后来在抗战胜利前夕被日本兵抓去枪杀了。（笔者注：后来得知当时在上海一个银幕舞台双栖的女明星英茵——曾饰演茶花女、赛金花、陈白露，是著名演员英若诚的姑姑——突然自尽，原来隐秘的抗日工作者平祖仁是她的男友。她暗中协助他，出生入死。平祖仁惨遭杀害，她心碎欲绝。但是她冷静地咬牙处理其后事，设法将他从 76 号魔穴移到殡仪馆，为他缝合额上的枪孔，完好地下葬，并在旁边留了一个墓穴。接着她去看望平祖仁的妻儿，留下一笔不小的款子，她是尽其所有。最后，给朋友留下自己的丧葬费，从容地走进当时上海最高的建筑国际饭店十层，吞下鸦片、烈酒、安眠药，三重的毒物，决然赴死。她是殉情，也是殉国，并保护了抗日地下工作组织的秘密。这个故事被郑振铎记录在他的《蛰居日记》里，也回放在电视剧《风声》中。）

我上学了。出弄堂右隔壁就是我的学校——世界小学。学校就设在世界社里,那是国民党元老吴稚晖、李石曾和张静江共同创办的。李石曾的家与世界小学相邻。他们还办了《世界周刊》。他们和蔡元培是好友。李石曾的亲戚娶的是我爸爸的姑妈;蔡元培的夫人是我爸爸的干娘——周干娘,她母亲是盛宣怀的亲姐姐。爸爸和吴稚老是忘年交,战前爸爸就常来世界社,有一次还在那人石梯阶下和吴稚老合影,一起留影的还有张光宇和张振宇,那张照片曾在《万象》月刊第 3 期刊出。

蜜姬后来告诉我,当日军铁蹄接近我家乡余姚时,她曾提醒我爸爸,是不是赶快回乡把田地卖了变点现钱。爸爸说:"这时候谁还买田地?再说,在这种时候我怎么能够离开家?"蜜姬问:"那么你的田地怎么办呢?"爸爸说:"国破山河在么!日本人走了之后,还我山河。"蜜姬又问:"假使日本人一直不走呢?"答:"我不在了,有我的儿子;儿子不在了,有我的孙子。这些田地总归是姓邵。"爸爸对命运给他的打击处之坦然。

洵美在热情办抗日杂志的同时,居然能潜心地撰写诗论。在《中美日报》张若谷主编的"集纳"副刊,"金曜诗话"专栏,他一连刊出 31 篇诗论,从 1938 年 11 月到 1939 年 6 月每周一篇。这是他多年来研究新诗理论的总结性发言,文中引述的古今中外诗人及其作品多达六十多处,足见他探究之用心,做学问之认真。他是自觉地把推动新诗发展作为自己的责任和使命。

《金曜诗话》涉及新诗发展的现状,为什么有人不欣赏新诗,新诗怎么写,新诗和旧诗的异同,以及新诗的病根是什么,如何推动新诗的发展等内容。

现状是,在抗战期间,诗人应当写抗战诗歌,新诗对青年人是最好的宣传工具。新歌曲和新诗有同样的作用;新歌曲,包括抗日歌曲的流行，不能抹煞黎锦晖和梁得所之功。

　　他认为中国几十年文化革命中新诗最彻底，从形式到内容均适应时代。但是由于成见，有些人总说新诗看不懂。或许他们对旧诗也没有好好读过，不了解新诗是旧诗的进化；不过，象征派的诗的确不容易读懂。更重要的是，没有认真的读诗人；学写新诗的人倒不少，这是畸形发展，是新诗的病根。甚至有的小学老师也在教学生写新诗。新诗并非就是旧诗的白话译文，也并非分行写白话文而已。另一方面，新诗人的修养不足："以往大半的新诗人受外国浪漫派诗的影响，但是没有外国浪漫派诗人所必备的修养，写出的东西很多浅薄到肉麻。"再说，霸占中国新诗坛的始终是对外国诗有研究的一些人，外国诗坛从一派到一派，经过多少成功与失败，赞同与反对，几十年或几百年的变迁；在中国几乎是几年几月甚或几天，就由古典派到浪漫派到象征派乃至新象征派；唯美文学与普罗文学几乎同一时期介绍到中国。他说："几乎在同一个时期，有了梁实秋的古典派；梁宗岱的象征派；现代杂志的意象派；水沫书店的新感觉派；北平几位青年诗人的新象征派。他们有的只介绍了理论，有的只介绍了作品；他们的影响未必走出了自己所有关系的刊物或作品。而普罗文学的热闹，也不过是因为主动者方法高明，从另一方面得到了许多青年的同情。人家的普罗文学是社会现象，我们却是几个先知先觉的努力。"因而新诗人的修养不成熟，读诗人的理解力也难以跟上变化。他指出，现代中国的文坛上，新诗是被人运用得最多的一种体裁。但是小说和戏剧的成功却更其来得显明。问题是新诗缺少真正的诗评家，他们是推动新诗发展的力量；然而那时一首新诗发表，要么受到无原则的吹捧，要么受到莫名的鞭笞。真正的诗评家得掌握两个工具："一是比较——新诗与旧诗的异同；新诗与新诗的比较（可以人或诗来比，或前期与后期比，在技巧上，题材上，有没有完成新诗的企图以及利用了她的可能与优点）；自己与自己的比较（他本人的诗进展过程与实验的成绩）；中国与外国的比较。二是分析——全部诗的分析，社会世界在他的诗里的反映；一首诗的分析，我们得用'一粒谷里可以看见宇宙'的眼光来下功夫；一句句子的分析（新诗和旧诗一样），诗人得意的也不过是几句句子。我们假使能找出一句或几句得意的句子，便找得了他全部灵魂的钥匙了。"他认为批评家应当有修养，有见识，有鉴赏力，有高尚风趣，也希望他们对多种学问下过一些工夫，包括生理学、人类学、史学、语言学，特别是心理学、哲学。不过他说"目前我们没有这样复杂的要求"。只希望在新诗和读者的"中间人"——新诗的批评者，客观地负起解释和介绍新诗的责任，"只要能说出一首诗的好处与坏处，以及这一首是否是新诗"。他曾经说到，要推动文化的进步需得有一班文化的"护法"；新诗发展也离不开热心人。

项美丽是 1939 年冬天离开上海的。在此之前，洵美曾陪她去了一趟香港。去香港的缘由是：前一年写过《欧洲内幕》一文的美国作家 John Gunther（约翰·根舍）到中国来了一趟。跟斯诺（Edgar Snow）他们一样，他也是由项美丽介绍给洵美认识的。根舍从远东回去后，又写了本《亚洲内幕》成为畅销书。该书述及宋蔼龄、宋庆龄和宋美龄三姊妹，谁知这激怒了宋美龄，说所写的内容不实，有损她们姊妹的形象。根舍建议项美丽以宋氏姊妹为题材专门写本书，她不敢尝试，因为像他那样大名鼎鼎的作家写宋氏姊妹尚且不落好。忽然，项美丽在美国的出版代理人来信，要她趁自己还在中国之际收集资料，好好写出一本关于宋氏姊妹的书来。这任务可叫项美丽束手无策，因为她根本不认识宋氏姊妹，只是在一个招待会上远远地见到过宋庆龄，也搭不上话。倒是淘美为她解难。原来他认识宋蔼龄，他的五姨妈盛关颐和宋蔼龄是旧识，宋蔼龄原是关颐闺中的英文家庭教师，这么多年，她们一直往来密切，感情甚笃。项美丽承诺一定要写一本真实的书，这一点打动了孔夫人。于是通过这层关系，淘美和项美丽约好了到香港去会见宋蔼龄。旅费是由美国的出版社Random House 出的。在香港等待孔夫人（宋蔼龄）接见的日子里，他们跟老朋友——《天下》月刊的一班编辑时常相聚（其中吴经熊后来在台湾任立法院院长、国民党资政；温源宁任驻印度大使；全增嘏后来则一直当教授，在上海复旦大学外文系任系主任）。那些日子淘美和项美丽常去饮早茶，遇到夏衍，便一起聊天，有时潘汉年也凑过来。晚上则不时去项美丽的英国、美国友人家里一起喝酒。淘美不喜欢那班洋人：他们跳舞，喝得烂醉，他与他们格格不入。只有查尔斯·鲍克瑟还谈得来。淘美认为这位上校知书达理，有共同语言。

等了一个多月孔夫人才约见。孔夫人倒是很欣赏项美丽，愿意为这本 *The Soong Sisters*（《宋氏姊妹》）劝说她的两个妹妹与项美丽合作。她多次在晚间接见项美丽和淘美，还提供了不少家庭生活的资料和照片。孔夫人英语好，无需翻译，淘美就在一旁跟他五姨妈聊家常，或是与他带到孔家去的《天下》那班人在旁聊天，有时候杜月笙也在座。孔夫人的私人秘书周太太（Alice Chow）原本有意要写孔夫人的传记，近水楼台，作为孔夫人的贴身工作人员，自然掌握许多第一手资料，她又是个有心人。可如今半道上窜出个程咬金，让项美丽捷足先登，她心里很不痛快。可是孔夫人愿意，亲自授命这个美国女作家来写，她也无可奈何，只有听从孔夫人的吩咐，很周到地招待和帮助项美丽。

他们在香港几乎待近两个月。回程时担心入境安全，淘美特地乔装打扮，改名换姓。一到上海，他就赶紧收集旧的报刊上有关宋氏姊妹的资料。项美丽不识中文，自然得靠淘美和王永禄去搜集。淘美把所有资料都译成英文供她写作之用。

虽然得到三姊妹的大姐宋蔼龄的首肯使项美丽心定不少，但是她考虑到也必须得到两个妹妹的同意，于是她很郑重、很有礼貌地给她们两位各写了一封信，说明自己的意图，征求她们的认可。孙夫人宋庆龄那时就住在上海，但是，给她去的信，犹如石沉大海。隔了很久，远在重庆的蒋夫人宋美龄倒来了回信，她表示同意。许多人都提出要给她写传记，她都一一回绝，因为她打算以后自己写。她的外籍顾问端纳（William Henry Donald）先生在一旁说："你那么忙，哪里会有时间坐下来写传记呢？有那么多人在想写你们姊妹的故事，迟早总有人会动笔的。你不如让这位项美丽写，还靠得住点。"端纳最终说服了宋美龄。

1939 年冬宋蔼龄命项美丽到香港去会面，然后转道去重庆。佩玉怕她在山城受寒，特意让裁缝给她量身缝制了厚厚的丝棉袍子。淘美夫妇商量后，挑出一包首饰，托她带到内地去换钱；也担心她孤身一人去异乡客地，万一落难，可有备无患。项美丽把家托付给伍尔夫先生照管，而后乘轮船启程赴港。送行的有顾苍生、赵家璧和王永禄，淘美送了一只花篮状的巧克力栗子蛋糕。

到了香港，宋蔼龄着人安排她乘坐飞机去重庆，还隐姓埋名，将机票上的姓名改成"王太太"。在重庆，她得到宋美龄的同意，不时去采访她，或是在她有活动时，跟随在侧。第二年 3月，宋美龄去香港治牙，项美丽在重庆无所事事，也回到香港。在香港也闲得无聊，便决定回上海。和温源宁告别之后，项美丽写了封信托周太太转交孔夫人。正当她进了船舱，在等待轮船启航时，孔夫人的秘书周太太气喘吁吁地赶来，叫她马上去见孔夫人。这时，三姐妹都在孔府，不少记者在那里采访、拍照，热闹非凡。孔夫人在后房接见项美丽。她曾经对项美丽说过："在上海打仗时，你帮了邵家很大的忙，全家都感激你。"这次她说："你以为他们少了你不行吗？""……邵先生或许不是存心哄骗你……到头来你会恨我们所有的人……我了解中国，也了解美国。你会毫不抱怨地离开中国，可是你会痛苦……""我不希望会这样，现在为时还不晚，原谅我的干预，我是为你好，别回上海了。好好想想！我想你已经想过……"项美丽确实自己也想过的。接着孔夫人说："告诉你个秘密，你可别告诉任何人。我们几个全要去重庆。"这真是个大好机会！

项美丽请朋友对上海的住所作个了结，自己则仍回重庆继续她的工作。宋氏三姊妹共聚重庆。那时，外界纷纷传说，孙夫人和蒋夫人因政见不同而不和，不相往来，其实，她们姊妹感情极好，两个妹妹都听大姊的话。三姊妹在重庆时常一起活动。项美丽破例获得允许，可以不时跟在她们身旁，观察她们的生活和活动。姊妹三人共同对外广播，向国际寻求援助；同去医院慰问伤兵；同去国民革命军遗族学校参观……项美丽在旁观察记录。两个姊姊离开重庆之后，项美丽仍留在重庆，宋美龄去女校演讲等活动，她都不放过采访的机会。这时宋美龄对她渐起好感，时常抽空召她去总统官邸长谈。记者们跟她开玩笑，称宋美龄为"你的夫人"。她也会有机会遇见蒋介石，但他从不参与她们的谈话。有一次，她一进门，正见蒋介石在座。蒋介石口齿不清地跟她打了个招呼就起身离开房间。原来他没戴上假牙。

在重庆的各国记者都聚居在招待所里。当时重庆的生活相当困苦。回国的外国记者往往会把他们剩下的生活用品和食品赠送给留下的人，甚至还有人拾取别人用过的牙刷，可见物资匮乏的程度。这班外国记者大多从上海来，他们觉得过去的生活和现在真有天壤之别。但是为了抢先采访到中国政府领导人在"陪都"的政治活动，他们甘愿受苦。政府从南京撤退迁到重庆，政府各部门，政界要人和各国使领馆、银行、商界人士等挤在这小小的山城。这里当然是日机轰炸的重要目标。重庆天天拉警报，人们一天几次躲进防空洞。生活失去规律，更遑论静心写作，然而项美丽是个能够在闹中取静、处惊不乱的人，等紧急警报响起，她才把稿纸塞进拎包，提起打字机跟着别人钻进就近的防空洞。有一次，警报解除后回家，见他们住的楼房给炸掉了一半，她只好另觅住处。幸好江对岸没有政府部门和紧要设施，不是日机轰炸的目标，一般外国银行行长和阔佬都迁到那里栖身。项美丽有个朋友在那里为她留了一席之地。由于工作，她必须白天过江到彼岸去，黄昏再乘渡船回来。一天黄昏，正当她登船之际，日机突然来袭，急得她不知所措，幸得一位当地百姓拉她一把，挤上了船，渡船飞快地驶到对岸，才躲过了一难。这一天，是轰炸得最猛烈的一次。又一次她约好去访宋美龄，不慎一脚踩进了炸弹坑，雨后坑里积水，弄得她满身泥污，来不及回去更衣就到总统官邸去，她不能失约于蒋夫人啊！有一次连总统官邸也给炸去了一角，幸好前一天蒋介石夫妇已搬到一个隐蔽的山林间居住了。项美丽便坐了滑竿去采访。最最要命的一次是：警报响起，她慌忙收拾了手边的东西跑进防空洞，等警报解除，等她回到住处，发现自己两手空空，那只装满手稿的拎包竟没有带回来。她急忙回防空洞去找，却遍寻不着，急得她团团转。这可怎么好？已经完成了一大半，稿子丢了是无法弥补的了！朋友们都为她惋惜。幸好，外事办公处的人给她找回了那只拎包。原来她慌忙中钻进的是另外一个防空洞。她紧紧抱着那沓稿子，喜出望外！要知道这些可是宝贝啊！就是在日机狂轰滥炸，硝烟弥漫，动荡不安之中，项美丽写完了那本纽约期待的著作。1941 年，崭新的书，*The Soong Sisters* 寄到了重庆。正当她喜气洋洋想把书送去给宋美龄看的时候，无意中翻转那本书，却吓出一身汗。原来书背后特地印制的那个凹凸的中国字"宋",给上下印颠倒了!外国人不识中国字。幸而识中文不多的项美丽认得这个"宋"字。把人家的姓颠倒写,在中国可是一种侮辱,大不敬之举,尤其是对这三位重要的姓宋的人来说可是犯大罪的!她赶紧连夜发电报,叫出版社重印。等拿到那本"宋"字印正了的版本,她才敢送到传记主人面前。这本书的前言里首先提到"感谢邵洵美为我收集资料并译成英文供我写作……"等语。文后的附录里有宋氏姊妹对外广播的英文稿。前面是"宋氏姊妹对美广播——1940 年 4 月 18 日在重庆",先后由"孙逸仙夫人"、"H. H. 孔夫人"(孔祥熙夫人)和"蒋介石夫人"广播,后面是孔夫人从上海发出的三次对外广播的英文稿。

完成了这本书之后,项美丽回到香港,她还不想回美国。那个时候,查尔斯·鲍克瑟早已和妻子分居,他妻子到国外去了,但僵持着没有办离婚手续。这两年查尔斯常给远在重庆的项美丽写信,而今她逗留在港,更是受到查尔斯的关怀,两人感情日臻亲密。项美丽依然不能忘记她的宠物。离沪前那只母猿病故,还是佩玉助她安葬的。在重庆时她还写信给洵美,催他再买只母猿与"密尔斯"配对。回到香港闲来无事,她又托人把"密尔斯"带到香港去。直到她怀上了查尔斯的孩子,才忍痛把那只长臂猿送给朋友。就在她生下女儿 Carola(卡洛拉)不久,珍珠港事件爆发,日军占领了香港,项美丽这才和洵美断了音讯。

孔 夫 子 论 诗

有人说:"没有两双眼睛看到的世界是一样的。"不知道同在一个屋檐下长大的兄弟姊妹是不是和我同样的感受,还是我感受到的比姊妹们多。身边多种多样的人、事、物深镌在我的脑海，形成我对周围事物既敏感又麻木的矛盾性格。幸运的是我没有得玉姊那种家族遗传病——支气管哮喘。但父母的生理缺陷我样样继承：妈妈的平胸、骨手、裂纹舌；爸爸的梨形身材、毛腿、扁平足。可能因年幼麻疹转肺炎那场病，胖乎乎的我变成了全家姊妹中最瘦小多病的一个。似是在八九岁光景，有一夜，我高热、口渴，蒙眬中听到妈妈的呼唤："小红……小红……回来！……小红……回来！……"我强睁的眼缝里瞥见妈妈坐在我床边，一次次从碗里捞出一掬水，洒进另一只蒙了桑皮纸的碗里。喔！她是在为我"喊魂"。这是我第一次感受到妈妈的关爱。我被单独放在楼下客厅里，睡不着的夜里兀自坐起喝水、吃饼干。为驱逐孤独和恐惧，我第一次走进自编的幻境，从幻境里获取安慰和鼓励。从此，形成夜里多梦，日里好做白日梦的心理特点。我不再像幼时那么好哭了，变成一个最最好脾气的女孩。玉姊长我一岁，却强过我十倍，她勇敢能干，我甘愿顺从：剥了松树胶让她捉知了；俯拾她从大树上扔下的桑叶喂蚕宝宝；拽拉着篱墙学骑自行车……花园里，弄堂里，每棵树，每片草地，每个墙角都有我们的故事。但我最喜欢的还是独坐在石阶上或趴在窗台上观看一张张树叶，一片片云朵，兀自沉浸在想象的空间里。跨进家门，一股熟悉的、浓烈的香烟味扑鼻而来。这餐厅与客厅相连的底层，拥挤的家具间总充斥着爸爸和来客的谈笑与姊妹们的吵闹。我常常躲开他们，钻进玻璃房，在堆成山丘的旧书刊里享受一个人的清静。灰尘夹着纸张的霉味，书页缝里钻出的银色蠹虫伴我一页页盲目漫游。艰深的字眼，嚼不透的句子，在读读放放中我明白世间有无数的事情，无数的学问。我从小闻惯油墨香，独个儿时会在客厅那排顶天的大书架里寻找新书闻香；识不得几个英文，却爱抚摸那些硬书面上的凹凸字母，渴望在外文书中觅得新奇。

邵洵美 1939 年

书是爸爸的最爱，是无时无刻不陪伴他的好友，书桌边，床架上，枕头旁随手可以摸到一本。也像好友一样，爸爸熟知它们的行踪，他时常叫我去楼下大书架"第×排，第×本"找来他要的某本书。在书桌前他时常一坐几个钟头，但他最喜欢的读书姿势是躺着靠在枕上，吸着香烟读。于是衣裳上、被单上就有一个烟灰烫的细小的孔，有一次甚至把棉花胎都烧着，差一点失火。爸爸沉迷在书报里，八口之家全仗妈妈柔弱的肩头支撑。妈妈的身体总是那么单薄；但妈妈的皮肤总是那么细嫩，眼睛总是那么美，笑起来像弯弯的月亮，颧骨上显出两个酒靥。多数时候她总是目光呆滞，因为她在盘算怎样变出钱来抵日常开销，从一日三餐想到六个儿女的衣衫鞋袜。每个冬夏她都叫来裁缝给儿女们一个个量身添衣，并几十年如一日，天天为爸爸做早餐——咖啡加上火腿蛋。亲友上门她总以好烟好茶款待，不速之客坐下吃饭她就赶紧去添小菜。儿女读书妈妈烦心；营养不足她动脑筋；跌伤患病她胆战心惊。夜深人静，在蚊香的袅袅烟雾中她从一只床跨到另一只床，为沉睡的儿女拍打蚊子。她还时常织着毛衣陪伴爸爸写作到天明。

1941年，世界大战全面爆发，租界沦陷，学校里不上英文、法文了，改上日文。教我们日文的老师是个面无表情的中国老头，说话含含糊糊，发音口齿不清，那些陌生的"平假名"、"片假名"，缠也缠不清。他似乎耳聋，课堂秩序很不好，同学们吵吵闹闹，他也从不训斥，一连两个学期我们都在上"日文第一册"。

那个时期我家常客还是不少，张若谷、季小波、王敦庆和小报记者王珏虽不像办《自由谭》那阵三天两头登门，但家里还是日日有客，常来的有作家但荫荪的弟弟但荃荪。但荃荪矮小的个子，西装笔挺，沉默寡言，说话有点口吃。还有一个是高个子，红鼻子，总穿长衫的林微音，似乎一度帮助管理新月书店，是爸爸几十年的老朋友。他带来一个叫俞亢咏的青年，来跟我爸爸讨教 Somerset Maugham（毛姆）的作品。爸爸常跟他兴趣盎然地谈到深夜。这时爸爸也正热衷于研究毛姆的作品。在客厅和玻璃房之间有一个小窗台，妈妈设计安了一个小书架，用奶白色绸子衬在后面，这样就看不到一窗之隔后面的杂乱，但能透进阳光。几层玻璃架上排列着毛姆的全部作品，前面还放几只美丽的小瓷杯作为点缀。爸爸喜欢靠在小窗台下的沙发上读毛姆的书。这俞亢咏后来把毛姆的作品全部译成中文出版。爸爸最珍爱的书则陈列在他卧室里，那口两侧有柜门的大橱当中下部是抽屉，上部则是个书柜。他最尊敬的乔治·摩尔的全集（绿色的精装本）和全套 *Yellow Book*（黄色的精装本）共占此席。

那时期印刷厂停产了。日本人来到租界，《良友》和《中华》自然停刊了。厂里接不到生意，工人却还留下几人，为了生活，爸爸开始跟着顾伯伯——他的同窗好友顾苍生去做股票。那股票交易所是和"顾苍生律师事务所"同在企业大楼里的，交易所的老板席孟博，是洞庭东山人，上海有名的席家花园主人的后代。爸爸做股票倒赚了一些钱，一度以此维持开销。

那个时期那本《天下》月刊也停刊了，听说最末两期是由爸爸帮助编辑的，因为印刷是在上海。后来项美丽告诉我，创办《天下》时，邵洵美曾经投资。

洵美很看重那本英文刊物《天下》，不是有分量的作品他决不肯投到《天下》去发表。当年他先后写的两篇《新诗历程》是花了心血的，对新诗在中国的发展与现状作了比较权威性的评论，并不是信口雌黄的。1936 年秋，他在《天下》写的第一篇 *Poetry Chronicle*（《新诗历程》刊于第 3 卷第 3 期），是从新诗运动的兴起开始讲述，他说："中国的新诗受到外国诗影响之大，即使是我们最有创见的新诗人也都有那么一个或更多的外国偶像作为样板。一开始是胡适，他从白朗宁（Browning），可能也从华滋华斯（William Wordsworth）那里寻求到很多灵感。"洵美也承认："外国诗的踪迹在我的字句里是随时可以寻得的。这个不是荣耀，也不是羞耻，这是必然的现象，一天到晚和他们在一起，你当然会沾染到一些他们的气息。我也曾故意地去模仿过他们的格律，但是我的态度不是迂腐的，我绝不想介绍一个新桎梏，我是要发现一种新秩序。"他还说，"徐志摩过去，而且他将永远被看成中国新诗的一位勇敢的先驱。他死了，一去不复返了，但是人们认为：他现在正置身于那些不朽的人物中间。"第5卷第4期他又发表了《新诗历程》的续篇。文中表露他的失望："战争把我们诗坛正在再度盛开的人造花朵摧残了。"这是《天下》组织的关于中国文化的系列专题之一，先后还有温源宁的 *Art Chronicle*（《艺术历程》）、叶秋原的 *Archaeology Chronicle*（《考古历程》）、姚莘农的 *Drama Chronicle*（《戏剧历程》）和 *Chinese Movie Chronicle*（《中国电影历程》）。

那篇洋洋大观的《孔子论诗》是1938年下半年刊于《天下》月刊的第7卷第2期。洵美写那篇文章时正是他从杨树浦逃进租界之初，失去了家，失去了大批家产，奋斗多年持续出版的四份刊物全部被迫停刊，时日维艰，正是他情感与意志处于最低潮的当口。刚刚搬进霞飞路，在那简陋的"书房"坐定，他强迫自己静下心来，"管住自己的情感，立定自己的主意"。他失去那么多，但他拿得起，放得下，浑然忘我，写成这篇他研习多年，一直想动笔而几番搁置的论文。早在1934年他写《一个人的谈话》时，就曾提到《论语》一书中，孔夫子谈到诗竟有十二处之多。孔子对诗的看法，对他是一种鼓舞与启迪，也增强了他习诗、写诗与论诗的信念。在这个困惑的时候，他又一次捧起《论语》，仔细阅读孔丘的弟子们记载的夫子的教诲；摒除杂念，悉心推敲夫子精辟的言辞中深邃的含义；耐心寻查资料，一一加以诠释，旁征博引，阐述自己的论点。这篇文章要用英文撰写，他便去研读 W. E. Soothill（苏威廉）翻译的《论语》英译本 *Analects*，把其中孔子谈到诗的十二处摘出来，加以琢磨、更正、修饰后引用于他的文章里。

当年这篇《孔子论诗》曾在印度引起很大的反响，印度的报章给予了相当高的评价。（笔者注：苏威廉，英国传教士，光绪七年来温州传道，办医院。1906 年任山西大学堂校长，期间他将《论语》译成英文，至今已印三十多版。）

寄情方寸间

租界沦陷了，马路上常见日本兵列队行进。他们穿着高统皮靴，长枪上插着刺刀，挺吓人的。东洋人来了，西洋人走了。我们弄堂里原住着的好多家欧美人一瞬间都没影了。我家左邻过去是家英国人，男主人是研究蝴蝶的专家。他家西崽的两个女儿跟我们年龄相仿，玉姊跟她们是好朋友，我也常跟着去隔壁玩，染上一头虱子，也曾趁主人不在家里时溜进客厅去看那一盒盒美丽的蝴蝶标本。现在，蝴蝶博士家也住进了一户日本人。男主人汽车进出，我没见着过本人，却常见到那女主人。她出出进进总梳妆打扮和颜悦色，总是穿着一袭大花的和服，趿着木屐。当她送客出门时，主客一面说着笑着，一次次没完没了地相对鞠躬，真是好玩，我时常立在篱笆后面偷眼望她们，开始觉得挺怪，后来也习以为常了。

妈妈的哮喘病加重了，反复发作几乎有半年，人明显消瘦，还伴有热度。医生把 X 光机运到家里来给她拍片，也没查出个究竟，爸爸则日夜陪护。西医治不好，转而请中医，那位沈老先生慢慢吞吞，摇头晃脑，把过脉，提起毛笔，写了一满张字，从症状描述，病情分析到辨证论治，最后开上处方。妈妈病久了，也能认识一些中药，每次煎药前，就对照着包药纸上写着画着的药名，草药性状，拨看一堆堆药材。服下没几帖，倒豁然痊愈了，虽然不时还会有小发作。第二年盛暑妈妈又生产了。跟过去一样，是在家里生产。床单下铺了好多层黄草纸；床头缚上两根宽宽长长的布带，她就在自己卧室里待产。请来接生的是上海知名的妇产科专家邝翠娥医师。我们兄弟姊妹都是由她的双手接来人间的。谁知妈妈没去产前检查，临时发现这个婴儿是"足先露"，难产。幸而邝医生经验丰富，她不慌不忙把胎儿伸出的那只小脚轻轻推了回去，叫在旁侍候的老阿妈用劲按压我妈妈的肚子。这样一来，胎儿就用双手去护自己的头，两腿一伸，被邝医生一把捉住，往外一拖，大弟弟就出世了。这紧张场面自然是后来听老阿妈描述的。当时我站在门外等，听妈妈在里面嘶喊却并不感到紧张。因为姑妈生我表妹小芸时哭叫了三天三夜，妈妈生我小多妹妹时也如此，所以我并不以为怪了。妈妈总说："生孩子像是一只脚踏在棺材里……"可是她又一而再地生孩子。一连生了六个女孩之后，这次总算生了个男孩。因为这年是"马"年，爸爸没费脑筋，就为他取名"小马"。

这一年哥哥上高中了，他很聪明，在初中时一连跳两级。高中跟爸爸一样，上的是圣约翰中学。爸爸为哥哥改名为"祖丞"。不言而喻，是希望他不忘祖先的荣耀（曾祖父邵友濂官至"巡抚"，这抚台大人的尊称为"中丞"）。爸爸希望他用功读书，将来能有所作为，不辱门楣。可见爸爸挺传统的。不过，西洋的生活方式，西洋文化思想对他的影响是相当深的，从他过去的诗和文章里可以看出；如今他书桌上、枕头边的英文书还是比中文书多，就是明证。可以说，在爸爸身上，有新旧思想的撞击，中西思想的融合。爸爸喜欢穿皮鞋，因为它适意；但他难得着西装，终年穿中装，冬天是咖啡色丝棉袍，夏天是淡灰色的长衫，无论冬夏衬里的总是白色的中式绸衫裤。爸爸能写地道的英文文章，能说流利的英语，娴熟地运用英语中的习惯用语、俚语、俗语、成语、谚语和格言；早年，他的文章里常常夹杂外文，但自我知道中文和外文的区别后听到爸爸和他中国友人谈话中从来不像一些留过洋的人那样喜欢两句话里插半句英语。他倒不是怕见讥于国人，说他故意炫耀自己的英语水平，他觉得：用中文谈话，语意可以表达得更确切。他认为：不同国家的语言不同，下了功夫可以译得正确，但是要译出原文的神韵相当不易。不仅是语言文字的特点，还有其历史文化背景。特别是我们中国的语言文字，更是内涵丰富，意义深邃。中国话里无数成语妙句的味儿绝不是在英语中可以"重生"的，有的中国话无法言传，只能意会。爸爸认为，中国人和中国人说话还是用中文好，彼此的意思能领悟得更加透彻。爸爸平日讲的是上海话，但能说一口地道的北京话，因为他的嗣母是北京人。

我又病了一场，得的是"痄腮胀"（急性流行性腮腺炎），发高烧，两腮肿胀，吞咽时耳朵很痛，咀嚼时更加胀痛，只能喝米汤。妈妈采取土法子给我治。我家花园门外正对的灌木丛边有一口井，那是因为防空，居民协议挖了备用的。妈妈让人挖来井泥敷在我的两腮，那并不顶用。后来爸爸想出个妙方，他记起小时候见家人用过的：用陈墨医治。哥哥于是磨了一砚台的墨汁涂在我脸上，那墨汁有一股沁香，涂在患处顿时感到丝丝清凉，肿痛也减轻三分。这墨是太爷爷留下的，上面印着金字："姚江小小村人藏墨　光绪十一年制"（太爷爷邵友濂字小村）。听爸爸说这墨是真正的松烟和着糯米粉做的，可以止血用（后来我好出鼻血，常常弄个黑鼻子）。这墨家里藏有不少，爸爸写字专爱用它。
爸爸喜欢用毛笔写字，还喜欢叫我为他磨墨。因为姊妹当中数我
最耐心，心静。我听爸爸的话把墨捏得端端正正，不轻不重地，
均匀地打圈圈磨，要把墨磨得不稀不稠，像糯米粥那样黏黏的，
写出来的字才有笔锋，顿捺有致。我喜欢闻这墨香，也喜欢挨在
桌边看爸爸在绿色灯罩下写字。有一次，他说要写对联。裁了两
幅纸，在等我磨墨时他躺着，眯起眼睛，用食指和中指转啊转
的，在空中描画字形，我望着他手指的动作，似是一笔笔粗细顿
捺都浮现在那想象的空间。然后他起身写字。他用拇指和食指捏
着一支短短的粗笔，一面写叫我一面轻轻扯纸。我只顾望着爸爸
写字时凝神专注的表情与姿态，那一笔一画功夫中含有的那股子
优雅，而记不得他写了些什么字，只记得他没写完上联，忽然兴
趣索然作罢。磨墨会使我想起那幅大大的神像——"我们是官宦
之后"。好笑的是同样会使我由此联想的是在如厕之时。因为在二
楼那大卫生间里，马桶水箱的拉绳末端串着一颗桂圆大的蓝宝石。
据说，那是太爷爷一顶官帽上的"帽顶子"，真是罪过，罪过！

　　"孤岛"也沉沦在海里了！爸爸深居简出几乎日夜以书为友，
以获取慰藉。那时哥哥热衷于集邮，他有一本厚厚的集邮册，其
中外国邮票居多。他收集了全套的艺术家邮票，还有不少三角形
的飞机票。爸爸无意中翻看哥哥的集邮册，发现那方寸之间大有
文章，便鼓励哥哥集邮。一天，他兴冲冲地陪我哥哥去新光邮票
会买邮票，邂逅了《国粹邮刊》的编辑陈志川。陈志川对我爸爸
大谈集邮经，使爸爸对邮票滋生了兴趣，于是爸爸跟哥哥一道集
起邮来。父子二人时常将头凑在集邮册上鉴赏那些小花纸。很
快，爸爸就全身心投入集邮中了。邮票的世界太大了，他不能无
边无际地去收集。他将自己收集的范围锁定为中国邮票。爸爸是
个做任何事都十分专注的人。这个时候，他把自己半生醉心于出

版事业的那股子热情移注到这些小小的花纸中。他跟一般集邮者不同，他不但收集邮票，还收集资料。先是对一张张邮票的特点感兴趣；后来渐渐变成对一张张邮票的设计、发行，乃至某些变体邮票的产生与流传进行考证。他对集邮感兴趣；对"邮学"尤感兴趣。他发现当时的集邮者多数盲目集邮，对中国邮票的历史多数没有系统的认识，中国集邮界也不曾系统地介绍过。于是，他又手痒痒地握起笔杆。书，是其所好；写作，更是其所好。他不能在日军刺刀之下写政论文——绝对没有那种言论自由；他也再无兴致写诗，写纯文学的文章。这时，他又有内容可写了。他以笔名"初盒"发表集邮文章。那是 1943 年 3 月 1 日至 4 月 30 日，一连两个月，每日一篇，题目是《中国邮票讲话》，连载六十篇，刊于上海《新申报》。他依中国邮票历史的次序，一样一样介绍，同时附带叙些国邮珍品的来龙去脉和有趣的故事。他从中国最早的试制票讲起，讲"小龙票"、"万寿票"，讲清帝时代发行的正式票。然后又从民国最初试制票讲到正式票。还列入各时代的加盖票：清帝时代有"小龙加盖票"、"万寿加盖票"、"红印花加盖票"；接着是"临时中立加盖票"、"中华民国加盖票"；限省加盖票有"西藏加盖票"、"华北加盖票"；还有各种暂作与改作加盖。纪念票最能反映国家政权的变迁，如："宣统登基纪念票"、"光复共和纪念票"、"宪法纪念票"、"大元帅纪念票"、"洪宪帝国纪念票"、"统一纪念票"、"国葬纪念票"、"总理像纪念票"，后来又有"烈士像纪念票"、纪念谭延闿的"谭院长纪念票"，反映当时政策的有"西北科学考查纪念票"、"新生活运动纪念票"、"节约建国纪念票"、"附收赈捐票"、"中国航空邮票"等。他又穿插谈及"帝国票的图稿与试票"（样票）和几种邮票的不同版本，如：民国正式票有伦敦版、北京版之分，"总理像票"还有香港版和纽约版，以及一些邮票有"中信版"与

"百诚版"等。他讲到各种变体票,最早的"万寿票"就有变体,并介绍各种变体的形状。他提及人们不大注意的"欠资票"和鲜为人知的清帝时代的"斜角对剖票"。他向同好介绍什么是"华邮四宝"和"民国四珍";推荐一本《芸斋读邮小记》供参考;还介绍集邮与邮识、量齿尺、集邮小手册等。

爸爸知道自己在邮学与集邮这个领域里实是一个新手,所以每当接到读者来信提到的各种问题和指出的各种错误与遗漏,他便在下文一一作答、更正、道歉和补漏。他跟以往任杂志编辑时一般,与读者书面的交往是很密切的。《中国邮票讲话》发表之初,集邮爱好者可能没有太注意,后来愈读愈有味,不少集邮者后悔自己不曾注意留下这"讲话"的第一篇——前言。在第三十六讲里爸爸向读者公开复信:"……不少读者写信给我,要补配拙作第一篇前言。我自己只留有一份,不够分配。昨天和金门邮票社的主持人商量好,把他所收藏的三月一日的本报放在吕班路221号该社门市部,供集邮同好借阅或抄录,时间,每日下午2时至4时。"还有读者来信希望能将这"讲话"印成单行本发行。

淘美为自己邮票集藏题了个雅致的名字——《冬夏集》。这是在隐喻自己的笔:在沦陷区压抑的生活,他的笔,犹如积雪泥层下的种子,动弹不得,蛰伏了三年,逐渐恢复生机,精心笔耕;而今枝茂叶盛,期待收获丰盛。《冬夏集》实际上是为他所撰集邮专题文集题写的集名。就在这个时期爸爸喜获一枚珍品——民国最初试制票之一:"飞船图案之样票。"他在"讲话"的第二十二讲中述及其来龙去脉。孙中山先生在临时大总统任内,亲自设计过中华民国纪念票与普通票各一种。纪念票图案用总统像,普通票图案用飞船(即飞机)。两票均刻成雕刻铜版,但总统纪念票只有大型的原版,并未缩成票样。飞船图的普通票,则有试制票,是为民国初次的试制票。惟后者由何处印制,一时无从稽考。细看雕工，可知其出自西洋名手。想来非当时北京财政部印刷局由外洋聘来的雕版名师亲自所刻，则必为英国滑铁卢公司承制。据说这一张大型的总统像纪念票图样，与一枚飞船图普通票的试制票呈给当局审定，当局对纪念票图样未能满意，另由商务印书馆依了原定设计重新铸制。当时北京财政部印刷局亦有纪念票与普通票的试制票，不过并不是根据孙中山先生的设计绘刻的了。这次纪念票的图案是中国地图；普通票的图案有三种："分"数票是飞鸽，暗示"飞鸽通邮"；"角"数票是鲤鱼，暗示"尺书寄鱼"；"元"数票是鸿雁，暗示"鸿雁传书"。但是后来如何会改成当时采用的图案，如何会让英国滑铁卢公司接取印制，这也须待将来去查考了。

完成这六十讲，对爸爸来说实非易事，收集资料、分析研究，与集邮界的老前辈切磋，不知花费了多少精神，加上又在重病之后。内因外因使他情绪低落，几年不执笔了。作为集邮界的新兵，却能在如此短的时间里钻进去，理出头绪来，"行家里手"一般作中国邮票古今谈，给予同好有实用价值的指导，连他自己也没有估量到会有如此成绩。那时候爸爸大病初愈，一连六十天不间断发表这样的文章，其执着，其毅力，可想而知。他说自己是个极没有长性的人，以前曾写过三个长篇小说，已经在刊物上开始陆续发表了，可是后来全没有完工。（笔者注：可能是指《贵族区》《珰女士》和《儒林新史》）这一次居然"圆满功德"。他之所以认真地撰写这样一部巨作，缘由是：看着种类繁多的中外邮票琳琅满目，他悟到，纵有再多的财力精力，也绝不可能囊括世间所有邮票；与其在世界各国邮票的大海里漫游，不如集中力量关注中国邮票。新邮票容易及时得到发行信息；旧票收集也有多种渠道，翻翻自己的抽屉，字纸篓，也可以问亲友讨些旧信封，说不定会有意外收获。囊中羞涩也可有大成。他是个喜欢朋友的人，一时间结交了很多中外集邮家，兴趣盎然地翻看他们的集藏。他一向对发生兴趣的事物就会全神贯注地钻进去，想不到，华邮的天地如此辽阔。他是个好学的人，发现现有的华邮书刊多有遗漏，亟待补充；而且文字古旧。于是，他发愿做这桩有裨邮学的工程，他认真复习中国历史，阅读中国邮政史，但凡能买到借到有关华邮的书刊，他都细读，厘清华邮的发展史，从前清发行的第一张邮票谈到战前最后的一张。他又对变体邮票发生兴趣，利用他办印刷厂，熟悉印刷技术，助他从雕模、排版、色彩、油墨、印制的角度识别。他自幼练书法，又习得绘画基础，美学的素养助他从设计、构图、笔触的细微变化去辨认，如：《万寿大字长距新变体》等。他还喜欢收集特殊邮票的故事，饶有兴趣地追溯其出版缘由，设计、发行到流传经过，如：《民国试制票中之珍品——孙中山先生亲自设计的飞船图样票》。他把自己钻研的心得写了不少专论和普及文章，以笔名"护封"、"龙头楼主"分别刊登在《国粹邮刊》和《人生》杂志上。从一个集邮的门外汉变成行家里手，从无心到有心，不过一年半，邵洵美跻身集邮家的行列。

前一年的初秋，爸爸生了一场很奇怪的病。那一天特别闷热，"秋老虎"肆虐。傍晚时分，全家在花园里乘凉。我和玉姊并排坐在小板凳上猜谜玩。弟妹们追逐打闹，使得爸爸无法专心读报。他于是扔下报纸走到我们跟前，笑嘻嘻地问我们，要不要看爸爸打拳。"爸爸打拳可是有两手的，小时候专门请拳师教过的……"于是大家把小板凳移开，腾出场地让爸爸显身手。他煞有介事地左右开弓，抱拳，踢腿，像挺会功夫似的。几个程式一摆，热得绸短衫都湿透了，索性脱了接着表演，博得我们拍手叫好。不一会夕阳西下，忽然刮来一阵风，爸爸打了个寒颤，赶紧穿衣进屋。谁知当夜他就发起高烧来。第二天，他周身不爽，感到左边脸面麻木。妈妈一看吓了一跳，见他的嘴往右边歪了，以为是中风，连忙打电话请陈琦医师来出诊。陈医生诊断是"面神经瘫痪"。爸爸这个病倒特别，不仅嘴歪，头发还一片片脱落下来，不脱落的完全变得雪白，五六天内好像老了二三十岁，连声音也嘶哑了，听觉、视觉都迟钝了。经过西医、中医的调治，爸爸全身的病状逐渐好转。但口角歪斜的症状难能治愈。听说民间有丹方：用鳝鱼血涂就会好。于是爸爸半边脸就给涂得像关公似的，又腥又黏，没两天，他实在吃不消其污秽腥臭，又全部洗掉。又听说，用金钩子吊病侧嘴角，嘴角就不会那么塌拉了。妈妈就急忙取出金首饰，送到银楼去定做金钩子。后来医生又嘱去做电疗……不知是理疗加药物的作用抑或是那些怪招，苦恼多时的病终于痊愈了。爸爸又恢复了往昔的容貌，但留下了后遗症：他的右眼常会一眨一眨，连带右边的口角一牵一牵，尤其在他集中思想思考的时候常会出现这怪动作。

玉姊的哮喘病不时发作，她不能天天上学，但她聪明好强，总能跟着班级一年年升上去，毕业了，但没有升学。1944年，轮到我小学毕业。那时学校里有个风气——同窗六载的小朋友离别之际时兴买本精致的纪念册，互相赠言留念，有的写上充满友情的句子，有的抄录名句格言。我也买了本纪念册，请要好的同学留言。忽然，我生出一个念头，拿了纪念册去请爸爸写句赠言。爸爸笑着，想了想，题上一句："花香不在多"。我那时才十二岁，不解其意。爸爸说："这是下联，上联是'室雅何须大'，你想想是什么意思？"那时我已从一个爱哭的小娃娃成长为一个少言语、爱思索、爱笑的小姑娘。爸爸是鼓励我不论对物的追求，对事的认识，抑或做人的原则，不要在乎其外表形式好坏多寡，要在乎其内在的实质。爸爸留给我郑板桥的那句下联潜意识地刻进了我的心头，成为我终生永留脑际的处世哲言，形成我务实、不图虚荣浮华、只求精神上满足的品性。

我要上中学了，不想继续用那小娃娃气的"小红"，便央求爸爸为我改名。爸爸想了半日对我说："就改成'绡红'吧！那'绡'与'小'音似，是古代仕女做衣裳的薄薄的丝绸，穿着飘逸如仙。还有，古时有个女侠，名字叫'红绡女'。你就叫'绡红'吧！"

我便以"绡红"的名字考进圣玛利亚女中，那是上海有名的女校，它跟圣约翰大学一样，同是美国基督教圣公会办的。女校的毕业生素以品学兼优、英语娴熟闻名。那时圣玛利亚女中的校舍已被日军占用，女中只好借约大的校舍，那座教学楼叫"斐蔚堂"。我每天坐公共汽车到兆丰花园（现中山公园），从它前门进，后门出。约大和女中的学生都有长期公园门票。忽一日，我穿过兆丰花园时，见到公园里乱哄哄的，里面有好些高头大马，许多彪悍的日本兵，还没到冬天，他们却穿着毛皮领子的军大衣和高统皮靴，原来是东北调来的"关东军"。我回家一提，全家大惊失色。日本鬼子在中国任意糟蹋妇女，无论老幼都不放过的，女孩子家怎么能出入日军聚集的场所！于是我不敢再穿兆丰花园，就绕道走。小婶婶送我一辆旧自行车，但是我不认路，骑了不少冤枉路，在越过火车轨道时，自行车的一只脚踏掉落了，急得我边哭边推车，自然迟到了……形势愈来愈险恶，市区到处是日伪部队，半路上常常忽然之间"戒严"，在马路口拦上铁丝网，不准通行，有时还要一个个"抄靶子"（抄身）。哥哥出了个馊主意，让我女扮男装，他把我拉到一旁，把我披肩的长发剪了，修成个男孩的"西装头"。这当然是不谙世事之举。剃成了"弟弟头"，我再也不肯出门。爸妈也不同意我继续去上学，我于是休学在家。

第四章　我笑着为要免得哭

内 地 行

在上海的时局更加混乱紧张的时刻，爸爸带了我哥哥离家去内地了。"内地"所谓的 free land（自由地），就是仍由中国政府控制的地区。许多不愿在敌人刀枪下苟延残喘的人们都偷偷逃到"内地"去。爸爸和哥哥走后，家里立时失去了生气。妈妈独自带我们六个儿女生活。当时妈妈的首饰箱里还有点值钱的东西，一家俭朴度日，经济上一时还不致发生问题。元叔（爸爸的表弟，时代印刷厂的经理）和王伯伯（王永禄，爸爸的徒弟，一直跟随我爸爸的时代图书公司老职员）几乎天天来我家问长问短。对于我来说，必须解决的问题是：继续上学。打听下来，在上海，与圣玛利亚女中齐名的还有一所中西女中，它是美国基督教卫理公会办的，原址在忆定盘路（现江苏路），校舍也给日军占用了。中西女中暂借海格路（现华山路）一幢大洋房办学。海格路离我家不远，步行可达。这所女中远近闻名的原因之一是：当年宋氏姐妹曾在该校就读。我休学多时，只好仍从初中一年级读起，那已是 1945 年了。上学必须走过一个有大花园的房子，那里面驻有日军，门口有日本兵站岗，路过岗哨的中国人必须朝他鞠躬。那种亡国奴的耻辱深深烙在我心头。我常常装作没看见，故意在对面马路走，绕过这岗哨后再过马路，急急闪进校门。"中西"和圣玛利亚一样，仍旧开英文课，不开日文课。但由于休学期间荒疏了学业，我跟班上课较感吃力，因此，我加倍努力地学习着。

在抗战胜利的前夕，美军飞机常来上海轰炸，令人心惊肉跳的警报声不时在空中震荡。校长为了避免学生因恐慌而发生意外，组织学生练习"躲警报"，一次次练习，像"紧急警报"那样持续不停的铃声响起时，各班同学鱼贯离开教室，有秩序地靠左走，下楼梯，在规定的时间里集中到权作礼堂的大客厅里。后来，空袭愈来愈频繁，学校只好停课。我们姊妹全都在家。家里跟四邻五舍一样，玻璃窗上都贴满了交叉的纸条，以防震破伤人；窗帘和电灯罩都用红黑两层布缝制，免得灯光透出。警报声总是在中午吃饭时拉响，我们马上放下饭碗，听从妈妈的指挥去"躲警报"。我们从来不去防空洞躲。妈妈跟"中西"的薛校长一样镇定，处变不惊，她让我们分头躲进桌肚底下和沙发背后，叫大家不可出声，直到"解除警报"声响起，我们才回餐桌上去。我明知道这种鸵鸟般的做法毫无作用，即使是流弹也是挡不住的。但是，这让我们有一种躲在掩体里的安全感。在妈妈和老阿妈的呵护下，我们平安地度过了那段紧张难忘的日子。那段日子里，妈妈的哮喘病一直没有发作，后来竟然不再发了。她自己也不知道，究竟是精神紧张的缘故呢，还是吃的西洋参的疗效？

那是 1945 年 8 月 15 日，抗战胜利了！人们拥上马路，欢呼、跳跃，相互祝贺，国旗又在中国的领空飘扬了。弄堂里的日本人家无声无息地消失了。"中西"迁回了忆定盘路原址，但见校园里到处是翻倒的汽油桶和卡车轮胎，大草坪上满是泥浆、油污，被糟蹋得不成样子，看了直叫人心疼。同学们帮着工友打扫整理。教室已经清理过，窗明几净，大家高兴地回原址上课，秩序井然。只是宿舍还没清理好，我家离校远，就暂时寄宿在愚园路姑妈家。

爸爸和哥哥回来了！一回家就大谈他们的"淳安历险记"。

洵美为什么在这个当口匆匆携长子离家赴内地呢？这实在是不得已之举。自从日军入侵我国，政府军不敌，从放弃华北一直到放弃了长江南北，政府迁居四川，洵美一直没有放弃宣传抗日的决心：从"一·二八"办《时事日报》，到"一·二八"后办的多种刊物，他的许多文章都以抗日为主题。"八一三"后他在租界索性办起《自由谭》和 Candid Comment。1941 年日本人进租界，上海完全沦陷之后，他一直隐居在家。做了大汉奸的弟弟邵式军来拉拢他，他严词拒绝。1942 年熊剑东部队与日军交战失败后，投降了日军。当时日军在上海的宪兵队长冈村适三（就是毒死汉奸李士群的）通过熊剑东来向洵美游说。他们知道，在重庆的中国政府部门里有洵美的老友，所以他们要洵美出面去沟通，以谋求"中日议和"。洵美怎么能干这样的事！他耻于充当外公李鸿章曾扮过的角色。虽然身陷沦陷区，但他始终不与日本人合作的态度，连重庆方面也有所闻。原来战前曾担任《声色周报》的中文编辑，后又在《辛报》任职的体育记者陈福愉这时偷偷从重庆回到上海，了解到洵美对日的态度，他回重庆后写了一本关于留在上海的中国文学家的情况的书，其中述及洵美，他写道："邵洵美依然故我，出污泥而不染……"到了 1944 年秋，苏联军队攻打柏林在即，德国法西斯撑不住了，日本的败绩已露，太平洋战事失利。这时，他们又让熊剑东来说项，洵美仍旧不干。可是，他想到敌人已到垂死挣扎之时，手段会异常毒辣，他们不会善罢甘休，定会再来纠缠，甚至会逼迫自己就范，那又如何是好？他暗中与佩玉反复商量对策。商量下来，决定"走为上计"。佩玉自是舍不得洵美父子离开，她担心他们父子去内地，怎么走？一路上会遭遇些什么不幸？佩玉忐忑不安，难舍他们父子，但是，佩玉明白正因为舍不得，现在就非得让他们离开自己不可，有所弃，才能有所不弃！同样，对洵美来说，舍下佩玉，舍下家，他又怎能放心？留下这样重的担子要佩玉一个人挑，她怎能承受！佩玉却很坚决："大难当头，你们的安全最最重要。赶快走！赶快离开这是非之地！祖丞一定要带走，这么个年轻人留在日本人的魔爪下是要吃苦头的！家里，一切有我！这么多亲眷朋友总会帮忙。'船到桥头自会直！'你也顾不得这许多了！快走！免遭不幸！"但是，他们能去哪里呢？

洵美萌生出到重庆去的念头，一则可以借以摆脱冈村的纠缠；二则可以明示自己抗日的心志。到了重庆，他的笔又可以有用武之地了。正在这时，机会来了，老朋友万籁鸣来访。他是个美术家、摄影师，如今为了生计，时常来往于上海和屯溪之间"跑单帮"（做生意）。屯溪在安徽省，是离上海最近的一个"国统区"（中国军队统治）。从屯溪可以去浙江的金华。金华有飞机场，可以直飞重庆。在日占区上海与国统区屯溪之间的通道，人称"阴阳界"。这里"三不管"——日伪与国军都睁一眼闭一眼，任其暗中开放，因为双方都有利可图。于是洵美请万籁鸣带路，携长子祖丞和老友但荃荪同行。上路时只随身带去屯溪够用的路费，至于从屯溪到金华再乘坐飞机等一切必要的费用，数目太大，带在身边不安全，则通过洵美的二弟媳的干娘，杜月笙的门生——金庭荪之妻划船到去屯溪的必经之地——淳安，那里有杜月笙开的商行——通济公司。洵美到了淳安再去取款，就万无一失了。

洵美一行在 10 月到达杭州，借宿在亲戚朱少臣府上。正当他们联系去淳安的船只的节骨眼上，在富阳地段的共产党领导的军队跟日军打了起来，船舶停驶。他们只得留在杭州等待。一直等到次年5月（其间也不敢回上海露面），这才乘船到富阳，而后溯富春江，转新安江到达淳安。想不到就在他们到达淳安的当晚就出事了！原先在上海做律师的余祥琴这时改名为林基，任国民党军统上海站站长，他也在淳安。来来往往的人群中，洵美的儒雅风度特别引人注目，林基一眼就认了出来。邵式军在上海当大汉奸，谁人不知，何人不晓？他大哥邵洵美在此出现十分可疑。林基认为邵洵美定是为邵式军"通关节"而来内地。于是不容解释，就把洵美父子连同但荃荪软禁了起来。万籁鸣则趁乱躲过，急急忙忙到屯溪，通过在那里的"国民政府驻上海办事处"的吴绍澍，打电报给在重庆的张道藩告急。

洵美他们被扣下，软禁在当地的"西庙"。这西庙是个很大的庙宇，这时候被充作"忠义救国军"的司令部。林基以为逮住邵洵美，他是立了一个大功。谁知是捕风捉影，真是令洵美啼笑皆非。如此一来，洵美他们被剥夺自由达两个月。直到7月初，杜月笙来淳安等待戴笠，准备与他商讨反攻上海的事情时，洵美他们才被解除了软禁。与此同时，在重庆的张道藩得悉洵美在淳安被扣的消息，就打电报到淳安，要林基放行。杜月笙与洵美是老相识，他们还有另一层关系：杜月笙的第四房姨太太是京剧演员姚玉兰，她原本是洵美的岳母盛太夫人的丫头连喜，盛太夫人十分喜欢她，把她当自己女儿看待，后来让她去学京戏，成了名角。杜月笙看中她，娶作姨太太之后，她曾向盛太夫人提出要求，要盛太夫人正式认她为过房女儿，盛太夫人很乐意。杜月笙准备为此大事铺张，来邵府向盛太夫人行大礼，拜见过房岳母，这样，他就成为盛家的过房女婿了。可是就在这时，盛太夫人患了癌症，不久就病故了。虽然不曾行大礼，但杜月笙认了这门亲，和洵美算是"连襟"了。两人关系一向较好。这时在淳安相遇，杜月笙对洵美说，既然反攻上海在即，你就没有必要去重庆了，就劝洵美安心留在淳安。杜月笙也宿在西庙，闲来无事，他们一起谈天说地。

万籁鸣又到淳安，他带来一个消息，说初建的暨南大学在屯溪附近的绩溪招生，于是祖丞就随万籁鸣到屯溪，住在万家，去绩溪报考。祖丞考完回到淳安，已是 7 月底了。戴笠和梅乐斯将军（General Miles）一行早已抵达淳安，也都住在西庙里。那时，国民党政府和美国合作组建"中美合作所"，由梅乐斯当主任，戴笠为副，准备从美国运来大批美军协同中方与日军作战。杜月笙把洵美介绍给戴笠，戴笠那时正在策划成立一个"外训班"，毕业生在美军里任翻译，又可暗中从事调查美军中有没有日本特务的反间谍活动。戴笠一见洵美，认为人才难得，立即请洵美负责这个将建的"外训班"的英语教学工作。洵美以为这是抗日工作的一部分，也就同意了。当时讲定由戴笠亲自任"外训班"的主任；副主任分别为洵美与林基，打算到上海招募大学生或大学毕业生来淳安，其他细节都没有讨论。

不料就在祖丞回淳安的第二天，8 月 1 日，传来紧急战报：日军攻打金华。次日又报"金华失守"、"金华机场失陷"，紧接着又传来日军攻打富阳的消息，日军喊出"活捉戴笠、杜月笙"的口号。那个地区只有金华一个机场，已被日军占领，假如日军包围淳安，那么他们捉住戴、杜，真易如瓮中捉鳖。8 月 5 日，建德失守、淳安告急。大家正准备马上出逃，一时间风声鹤唳，形势万分紧张。没料到第二天，8 月 6 日得悉美军在广岛投下原子弹，日军对淳安的进攻暂停了。大家松了一口气。9 日传来美军在长崎投下了第二颗原子弹的消息。15 日，日本宣布"无条件投降"。众人大喜过望，抗战胜利了！第二天，杜月笙、戴笠和梅乐斯将军等人离开淳安去金华，飞回重庆了。"外训班"一事也就此作罢。洵美父子与但荃荪离开了西庙。许多在淳安逗留的人都急于去上海或别处，一时间洵美无法雇到船只回去，只好住进一爿小旅馆等候。直到8月中旬，方才雇到一只大船，驶到杭州，歇了一夜便返回上海，总算结束了这个"内地之行"。

随洵美一行乘坐那艘大船溯富春江而下，回上海的有一群年轻人，其中有他的外甥大咪——蒯世元（其母即洵美的嗣母李夫人所生的畹香），还有高尚德、秦福基和华侨青年郑少云等。秦福基后来改名为陶秦，就是香港文华电影公司红极一时的名导演。高尚德则是杜月笙的干儿子。另外几个是准备去重庆抗日而滞留在淳安的大学毕业生。客船飞驶回沪，一路上大家兴高采烈，这些年轻人都学着蒯世元喊洵美"娘舅"。

洵美携子归来，合家欢天喜地，佩玉心头的悬石落了地。在日伪统治下的煎熬总算过去了。洵美回顾这些年的日子跌宕起伏，总算有惊无险，老少平安，如今回到悠闲怡静的生活，得以重整家园。首先是孩子们的学业，动乱中佩玉倒从未疏忽过：三个小女儿陆续进世界小学就读；绡红转到中西女中；大女儿玉玉仍不时为哮喘病折磨，只好仍休学养病；考虑到祖丞的学业，他虽然自小聪明，四年里读完中学，回上海就考取大同大学。但到底国文底子不够扎实，于是特意延聘一位古文功底好的老先生来家教授。按照传统规矩，请先生上座，学生行三跪九叩首大礼拜师。读的古文没有标点符号，读通了，用朱砂一句句点断。

政府要员一一自陪都回到南京。各地大小汉奸被逮捕入狱并判刑。邵式军不知去向，他的住所等资产作为敌产被没收了。洵美想到余姚的祖传产业，不知有没有遭日军铁蹄蹂躏，马上写信跟夏开元联系（这夏开元原是时代印刷厂的会计，邵氏义庄原管事沈俊夫年迈之后，洵美将他派往义庄管账的）。有赖"祖荫"和义庄诸管理人员及乡亲们的照管，邵氏义庄、祠堂和康节小学都安然无恙。至于镇江的产业——忠裕当，洵美想起来就有难以言表的不安，那是一份价值不菲的家产：1936 年时估价就有 15 万之巨。照规定，洵美可以随意支取一两万的，可是到有急需去取，却被经理等以"典当必须有足够的周转金……老板不能叫伙计走投无路……"等理由拒付。当南京吃紧时，洵美也曾急急赶赴镇江，不料他父亲同时到达，父亲也有急需。父亲的困难总比自己的困难大，洵美就帮着父亲说服经理提取到一笔款子，自己的难处只有咽下肚去。他问经理，日军逼近镇江就在眼前，典当的贵重物品如何处置？经理与老当手们称他们早已拟好方案，叫东家放心。待战事结束，经理杨永康来上海向东家报告，跟早先信里所说一样："没有问题，珠宝首饰等贵重物品早已深理地下，不会遭受损失。"洵美信以为真。如今胜利了，百业待兴，洵美让王永禄到镇江去。但见当铺人去楼空，屋宇明显曾被火烧。他雇人挖地三尺，只拾得一只耳环和三块银洋，回来向洵美汇报。洵美掂掂这点劫后余生之物，摇头叹息。转念想到自己曾在小说《缘分》里写的话："……不论大钱小钱，若非你自己赚来的，你便决不能据为己有……"这偌大一份家产原非自己赚来，本不该索取。如今这份家产败掉罪在战祸，非因自己不肖，也免得再为这当铺烦神。倒是佩玉想起：这忠裕当是座大屋，烧毁了大部分，大厅还在，大厅里的楠木柱子还值点钱，商量之后，让毓贤去处理，拆掉房子，楠木还真换得些许回来，就这样，那万贯家财不翼而飞了。

外甥们很喜欢这个"娘舅"，时不时来访。年轻人时常出入邵家，家里添了不少生气。其中有三人最得洵美赞赏：宋衍礼个子最高，很有礼貌，从不说笑，常常拿了稿子来向洵美请教，洵美对佩玉说，这青年的英文写得棒，"后生可畏啊"！另一个名郑少云，他是新加坡华侨，活泼爽朗，英语流利；还有一个名张培基，戴副眼镜，文质彬彬。和这班年轻人交往，洵美也感到年轻不少。过去在他的友人中，他总是年纪最小的一个，如：在法国因"天狗会"结拜的兄弟，最小的三哥张道藩还比洵美长九岁；回国与他情同手足的诗友徐志摩也比他年长九岁；好友郁达夫年长他十岁；共同办幽默杂志《论语》的林语堂年长他十一岁；因笔会常相交往的胡适、杨杏佛、戈公振等都年长他十多岁；而那个在《论语》连载《莫泊桑》译作的"论语朋友"，时常来家一起打桥牌的李青崖则年长他二十岁；《孽海花》的作者，《真美善》月刊的主编曾孟朴与洵美是忘年交，他可是1872年出生的，年长洵美三十三岁呢。洵美年轻时，因他性情随和，谈吐不俗，求知热诚，慷慨助人，出道伊始就赢得那些卓有成就的兄长辈朋友的交情；战前，也因他对文学的膜拜，对出版的痴情，给有才华的朋友提供施展拳脚的园地；加之，他自身对学问不倦的积累，善于与人切磋；友情缩短了年龄的差距。而现在这些年轻的编辑时常带着稿子来洵美家里探讨，一起谈天说地，因他的学养，他的风趣，他的虔诚，他的亲和力，"外甥"与"娘舅"十分融洽。以往，为与年长于他的友人往来，他不免刻意持重，而今倒反呈现朝气，一扫年前在沦陷区蛰居时的抑郁寡欢。

外国人曾称"国统区"（未被日军占领，由中国政府统治的地区）为 Free China（自由中国）。在抗战八年期间，重庆有一份英文的报刊《自由西报》。它曾经担负起国际宣传新闻报导的重任。胜利后，外交部次长沈昌焕命司长束全保到上海出版上海的《自由西报》（*Shanghai Herald*），地点在爱多亚路，《大陆报》楼上。束全保不懂出版的事，托他的小舅子陈志川聘请洵美做顾问。对于洵美来说，办报是驾轻就熟的事。这时，报馆的经理是颜鹤鸣，编辑主任李才。主编是著名律师桂中枢，他同时还是《中国评论周报》（*The China Critic*）的主编。洵美接过办报的任务，请他那三位出色的"外甥"张培基、郑少云、宋衍礼和许国璋做编辑，四名才子各编一版。许国璋是由洵美在淳安结识的李卜高介绍的。当年在西南联大，李卜高、许国璋和王佐良是同班同学，也是同宿舍的好友，都是钱锺书教授的得意门生。《自由西报》不久改组，改名为《自由论坛报》（*Shanghai Herald Tribune*），号称当时"中国惟一遍销全球的西文报"。因为出版《中国年鉴》英文版 *China Year Book*（1944—1945），要一篇谈中国诗歌的文章，张培基来洵美家邀稿。洵美力荐钱锺书，认为他学养精深，同时期的学者无出其右。编辑张培基到钱府约稿，钱锺书欣然同意，没几天就寄来英文长文 *Chinese Poetry*，先后刊于《自由西报》与《中国年鉴》。那时期钱锺书和杨绛常在晚饭后去霞飞路访洵美，聊天，借书。（笔者注：张培基，圣约翰大学毕业，和郑少云是校友。他兼任《中国评论周报》特约撰稿人。其后去东京，任远东国际军事法庭中国检察团翻译，审判日本战犯。赴美留学回国后，在解放军外国语学校和北京对外贸易学院任教授。他是著名的翻译家。）

　　有一天祖丞从大学回来，遇见钱锺书在家吃便饭。餐桌上钱锺书问祖丞，学校里教什么英文书，祖丞答："麦考利（Lord Macaulay）的《论阿狄生》和《论弥尔顿》两本。"钱问："你觉得这书（注：指《论阿狄生》）写得怎样？"祖丞说："好极了！"那时正临近大考，祖丞刚把书中精彩的片断全部背过，便顺口背上几段。钱锺书听了说："还有几段也写得好。"他也背了几段，一字不差。祖丞不禁惊呆了，因为那还是许多年以前钱锺书在大学读书时念的呢！饭后，钱锺书跟洵美谈诗，他娴熟地背诵荷马（Homer）的《伊利亚特》，接着又谈到莎士比亚和英国几位现代诗人，他都能把所引的诗文随口背出。最后谈到当时最流行的政治论著——Toynbee（汤恩比）的 *Civilization On Trial*（《审判文明》），他也能把汤恩比的独特见解逐字逐句背给洵美父子听。事后，洵美问祖丞，"你听我们谈话，怎么一言不发？你不是刚看完汤恩比的那本书吗？"祖丞回答："锺书伯伯讲得实在太精辟了，我没有插嘴的资格。"洵美点头说："是啊，他学问渊博，遍览群书，且过目不忘。跟他谈诗，我还可以应付应付，谈别的学问，我也只有聆听的分儿。"钱锺书写的《围城》一书，当时就很热销。书中有一人物，叫赵辛楣，与上海话读"邵洵美"谐音。不了解的读者多以为是影射邵洵美，其实不然。当时许国璋因作者给这个人物取这个名字很不以为然，责问钱锺书。杨绛说锺书写书时没有隐喻洵美之意。

许国璋这时候也是常到洵美家来的一个。洵美跟英国领事馆负责英国文化协会的 Priestley（普里斯特列）有深交。Priestley 是著名的英国作家 J. B. Priestley 的侄子。中英文化基金会每年提供一名中国学者赴英留学的奖学金，批准获奖学金的名单只要洵美签字就行，他继徐志摩任该基金会委员。第一年，洵美介绍陈又新，他是上海国立音专的教授，第二年就批了许国璋赴牛津大学。许国璋由洵美的介绍认识了当时在英的项美丽，并曾在她伦敦附近的家里小住。

阔别多年的老友，或自峨眉归，或从避居的外地，或从游学的海外，一一回到上海。这些年各人经历不同，但都遍尝惊忧，饱经离散之苦，再次见面，无不额手称幸。回到别处的朋友也陆续恢复了通信。惟有达夫，一去不返！想起达夫和映霞，洵美心头沉重，想不到这对佳偶竟会离异，更想不到达夫避居南洋会丧于贼手！他忆起达夫与映霞如何两情相悦，达夫如何痴恋映霞。他们时常来访。达夫写的文章洵美很赞赏，早年在《狮吼》，后来在《新月》，洵美都曾撰文评介。洵美还与达夫讨论《查泰来夫人的情人》，写了《读劳伦斯小说——复郁达夫小说信》，发表在《人言周刊》上。《论语》里，达夫的文章少不了，后来合作编《论语》，虽然达夫远在福建，还是给洵美不少帮助，还选编了第二本《论语文选》。每当达夫回上海，洵美总会约了画家黄苗子一起去餐馆，边吃边聊，推心置腹，谈笑风生。洵美想象达夫被残害的可怖情景，不寒而栗。真惨啊！他不禁联想到志摩，想到志摩写的《想飞》里的句子："忽的机沿一侧，一球光直往下注，'呼'的一声炸响——炸碎了我在飞行中的幻想……"啊！志摩！洵美眼前像是见到志摩随着那火球往下，往下，落到地上，十指抓扒泥土，想撑起身来，却不能……洵美忍不住唏嘘。志摩啊！达夫啊！你们满腹才华，对生活满腔热爱，却都遭意外而不寿，太可惜了！现在天下太平了，要是你们还活着多好，一定会拿了好诗、好文章来让我先睹为快，我也定会因有你们的鼓励和赏识写出好诗、好文章来找你们切磋的，洵美不能自已地沉浸在悲怆的幻想中。可是，他还得回到自己的现实生活里来！

束全保的妻子陈继贞是陈志川的姊姊，她也想办刊物，或许是想借以扬名。她跟洵美商量，洵美便动脑筋，让她做发行人，出版一本中文杂志《见闻》时事周报，成立一个见闻周报社，陈志川任经理，洵美自任总编辑，由明耀伍和王永禄协助，由《自由论坛报》印刷，在南京淮海路还设了个办事处。洵美经过"八一三"那场浩劫，经过了淳安那场惊涛，如今手上又有了一份报纸，一份杂志，虽然自己不是报刊的主人，但报刊由他负责来办，他又能得心应手地施展所长了。一份英文报纸，一份中文杂志，他踌躇满志，准备再来大干一番。

伴着这喜事而来的是洵美的大寿。这年，1946年端午节的后一日正是洵美过四十岁生日。那三十大寿是在战前，住在麦克利克路47号时，那正是时代图书公司的鼎盛时期。那天，单是书店和各杂志同人就坐满了楼下会客室和饭厅两间房间。画家张

冼星海（左）、工部局音乐队指挥梅百器（中）、邵洵美（右）

正宇（振宇）和叶浅予两人合送一只大蛋糕。蛋糕大得可供百来人吃，蛋糕里放有奖券，吃过生日蛋糕就开奖，人人笑逐颜开，洵美自是喜气洋洋。他喜的是同人好友共聚一堂，是为他祝寿，也是同贺"时代"的成就。斗转星移，在战争年代，且不说经济拮据做不起寿，洵美也没有这个心思，只是每年这一天，佩玉总会提醒：今天爸爸生日。一家九口，每人的生日那天她总不忘记煮寿面。

胜利了，一切是新气象，好日子在前头，四十大寿应当热闹一番。洵美的幼弟小亦（云骧）拿出一条二两头的"黄鱼"（二两黄金）送给大哥做寿。这一天好热闹！花园里挂上电灯，放了好几张桌子，室内也开两桌，请来西餐馆的大厨来家掌勺。赶早来的是那批"外甥"和报馆里的同人，亲友接踵而至。下午两点，周璇来了，她在电影里唱的《渔光曲》和《疯狂世界》等歌风靡一时，那时她已是有名的"金嗓子"了。她就住在同一弄堂后面的一座公寓里，因而电影明星石挥、顾也鲁、王丹凤、凤凰等常常进出此弄。隔一会儿，石挥也来了，他是来找周璇的，坐了一会就走了。文艺界的朋友洵美是不少的。中国戏剧运动的老将，人称"话剧之父"的唐槐秋就是洵美的好友，有一次，他在邵府借宿月余。那时，许多演员都到邵府找他，很热闹，那是洵美住在巨籁达路时。唐槐秋本人也是一个名演员，他在《雷雨》里扮演周朴园，这是他的代表作。当年音乐家冼星海也与洵美相熟，1935 年他旅欧学成归来，洵美在欢迎会上和他相谈甚欢，并与工部局音乐队指挥梅百器（Mario Paci）三人一起合影。洵美还在《时代画报》上以一整个版面介绍冼星海，题目是"最近归国之音乐作曲家冼星海"。洵美特地介绍郎静山的女儿郎毓秀与冼星海认识。歌唱家郎毓秀的一曲《天伦歌》"老吾老以及人之老，幼吾幼以及人之幼"红极一时。后来她去比利时进修声乐，成为中国著名的歌唱家、声乐教授。说到郎静山，这位摄影家，他是张光宇他们办《上海漫画》时的朋友，后来郎静山成了洵美几十年的知己，时常来访。他早年是《申报》馆的摄影记者，路道很粗，帮洵美的刊物拉来不少广告。洵美很喜欢他的摄影作品。30年代初，他设计了一种新的摄影技术，将几张底片通过复杂的暗房加工，叠印接印，去芜存菁，将照片拍摄得有中国水墨画那样的意境。1934年洵美得知英国摄影沙龙有展出的机会，二人讨论，为这种独创的摄影技术定名为"集锦摄影"（Composite Picture）。郎静山写了一篇文章，洵美为他翻译成英文，将他的一幅《春树奇峰》送展。从此，郎静山的摄影艺术打入西欧，一举成名。几十年来，他在世界各地展出的摄影作品达一千多幅。在洵美的床边墙头一直悬挂着的那幅山水照片，铭记着二人的友情。

在这个寿庆日还有京剧名角麒麟童（周信芳）来贺。麒麟童与其妻裘小姐（裘天宝银楼老板的千金）时常晚间来访。这一日麒麟童送洵美的礼是一台堂会——彩排演出其拿手好戏"萧何月下追韩信"。就在楼下客厅与饭厅交界的一块狭小的空间，他全副行头，一个人演出：萧何，一手撩着长袍，一手捧着长须，迈着老态龙钟的步子，跟跟跄跄，绕圈急行，用他那著名的哑嗓子唱出感人肺腑的一腔真诚。麒麟童演唱得非常认真，博得满屋掌声。

赴 美 寻 故 人

洵美之所以办时事周报《见闻》，是想重振自己当年办《人言》周刊的劲头。一周一期，可以紧密结合新闻。他要办成一份新闻性的杂志，杂志型的《见闻》，将一周的时事，忠实地、系统地向读者报道。这份杂志的尺寸、封面设计都模仿美国的一本杂志 Time（《时代周刊》）。当中是照片，四周宽宽的红边；连带内容的编制也跟《时代周刊》一样设置。淘美说："一定要把《见闻》办得跟 Time 一样出色！"

第 1 期《见闻》于 1946 年 7 月 1 日出版。淘美发表署名文章《赶快写定我们的战史》。文章前半部分淘美对当时的时局有所感喟，写道："胜利以还，百事不如人意，日寇投降那晚上的欢欣，再提不起心情来去重温了。甚至有人说，胜利的喜悦，就算那晚上是最高潮，以后竟是退减复退减，临头只有愁闷疑惧的份儿。八年的呐喊及期待，倒换得今日的彷徨。"

《见闻》一炮打响，《申报》《新夜报》《东南日报》《前线日报》《大公报》和天主教的《益世报》都有良好反映，备受读者欢迎，销数万册以上。

未出一月，上海民众和学生集会游行反对内战。《见闻》出了专题报道，淘美写道："……抗战八年余，无一地不受到战火蹂躏，死伤成千万人，损失财产难以数计。元气损伤，亘古所无，创巨痛深，令人寒心。痛定思痛，有谁愿再见战争，致国家人民于万劫不复之境呢？……一致呼吁，停止内乱……"

也就在这个 7 月的下旬，《见闻》才出了三期，总编辑邵淘美远涉重洋去美国了，编务请顾苍生和许国璋负责。淘美如此匆匆赴美，是有一桩堪称重要的任务——兴办"中国农业电影制片厂"。这制片厂由中国农业银行直接领导。陈果夫是该银行董事长。淘美受陈果夫之托协助赴美采购摄影器材。负责采购的颜鹤鸣是摄影器材的行家，但他不谙英语，淘美同行则可以无虑。淘美同时也去考察美国的电影文化事业，那是自费的。

淘美与颜鹤鸣先到好莱坞购买摄影器材，受到厂家热情接待。按规定厂家付给经手人百分之十五佣金。可是淘美不取"不义之财"，反要厂家降低售价，把优惠让给国家。厂家很感意外，也只得同意他的意见，降低了百分之十五的售价成交。洵美为公家出国做这笔大生意，非但不曾从中捞一丁点好处，反而要佩玉从国内筹一千美金汇去贴补他自己在美日常开支所需。接着洵美与颜鹤鸣去米高美电影公司参观，与制作人、导演、影星会面，又特地去拜访喜剧明星卓别林。那是受上海大光明电影院老板吴性栽之托，代表大光明和他洽谈，以期得到他主演的影片《大独裁者》的放映权。卓别林请洵美吃饭，他同意那部电影在大光明上映，但提出：票房收入要分成，他拿六成，大光明拿四成。洵美则提出相反的提成比例，结果这笔生意谈不拢。卓别林送别洵美时说："生意没谈成，我们还是好朋友。"

洵美转而带颜鹤鸣到东部。他去纽约寻访故友，到林语堂府上造访，不巧的是，林语堂这时正好不在纽约。洵美见到他的夫人，原也是相熟的。洵美和林语堂两人本是好友，合作办《论语》，相当知己，还曾在梅园笔会的聚会里合作表演对口相声。不料，后来为了点小事不合，林语堂脱离了《论语》，自己去办《人间世》和《宇宙风》了。1936 年林语堂赴美另辟蹊径，以他优秀的英文写了不少有关中国生活的小说，在美相当畅销。洵美与他虽然也曾书信往来，但长久没有当面细谈。洵美心里一直有个疙瘩，那是因为关于《十日谈》和《人言》，他与林语堂曾发生过笔头的龃龉。洵美生来侠义心肠，乐于代人受过，在文辞中多有冒犯林语堂，其中的误会一直没有机会澄清。这次来美，他希望能与林语堂面晤倾谈，却又扑了个空。从林夫人处获悉，林语堂当时正在编著《苏东坡传记》，余暇都花在研究中文打字机上面。

这时项美丽住在纽约的曼哈顿，已正式跟查尔斯·鲍克瑟结婚。项美丽是在战争结束前的 1943 年偕女儿卡洛拉返美的。当时，在美国，未婚妈妈的处境相当艰难，常常有讽刺辱骂的邮件和电话骚扰她，母女俩过日子相当不容易。忽然，报上有消息说，查尔斯·鲍克瑟在香港因为在集中营里违禁安装收音机被处死了。朋友们都来慰问项美丽，但项美丽不相信这个报道，因为她知道查尔斯手很笨，绝不是一个会装收音机的人。过去他曾经因为打字机不听使唤，而索性把打字机扔了。况且孔夫人说没这事，中国的情报机构没有得到这个消息。1945 年反法西斯战争胜利了。在军队服役的人——回到美国，就是没有查尔斯的消息。直到后来才有消息证实：虽然查尔斯被卷入那个收音机事件，但他只是有在犯人之中传播消息的罪名。他的上校被处以死刑，他幸免了。项美丽闻讯欣喜万分。可是久久又没有他的音讯，使她备感焦虑。原来胜利之后，他还在香港滞留，因为他精通日语，审判战犯的工作需要他留下。直到任务完成，一俟他与前妻的离婚手续办清，他马上赶来纽约与项美丽完婚，还她一个好名声。

淘美远道而来，鲍克瑟夫妇十分高兴，双方讲述战时遭到的苦难，填补彼此失去联络那几年里的空白，相互祝酒庆贺大难不死。他们回顾往事，哑然失笑，甚至拿项美丽打趣，项美丽的母亲坐在一旁，听他们没正经的调侃，一脸震惊。女儿卡洛拉很喜欢这个中国叔叔。淘美带她去 F. A. O. Schware，曼哈顿最大的儿童玩具商店，给她买了个和她个儿差不多大的高级洋娃娃。这时孔夫人也在纽约，淘美随项美丽去拜访她。宋霭龄保养得好，战争没有使她的容颜减色。正好这时淘美的好友叶浅予偕夫人——舞蹈家戴爱莲也来访美。戴爱莲擅长跳民族舞，叶浅予画技高超，为她画下许多栩栩如生的舞姿速写。淘美为让他们精湛的艺术得到美国艺术界的欣赏，多方张罗，帮他们举办了一个展览会。

冯玉祥将军与叶浅予夫妇是同船来美的。将军生得五大三粗，却怀有一颗诗人的心。他喜欢赋诗写文章，有"丘八诗人"的美名。淘美一向器重他，他曾给淘美写过信。

到了纽约，淘美自然忆起一些旧交。他去长岛拜访奚雪腕(Isherwood)。奚雪腕是1938年和奥登一起来上海，由斯诺夫人介绍和淘美结识的。他们一见如故，长谈数日还未尽兴。这时奥登已故，淘美很想与奚雪腕继续他们的长谈，特地登门拜访，然而不拘小节的淘美想不着事先打电话约好，贸然去访，结果主人不在家，淘美只好留言问候。奚雪腕回家得讯马上打电话来，但淘美忙于他事，时间紧促，没有机会再去长岛，两人为失去这面谈的良机扼腕。在美期间，有个亿万富翁听说淘美对邮学颇有研究，便有意以一万美金年薪聘请淘美为他管理私人藏邮，并允诺为淘美全家移民美国担保。淘美婉言谢绝了他的盛情。与此同时，联合国教科文组织要聘中国职员。有朋友推荐淘美任职。这份差使淘美倒蛮感兴趣。郭有守闻讯赶来访淘美，言谈之间，淘美听出郭有守的意思：他很想获得这个职位。郭是淘美早年在法国结交的好友，当年淘美任中国笔会会计时，郭是负责人之一，淘美想到郭有守游学英法德瑞七年之久，颇有才学。淘美惜其才，且不忍拂好友的兴致，慨然把那份月薪一千美金的肥缺让贤。郭有守于1947年起在联合国教科文组织的教育部门工作，1950年后任联络官，直到1956年才离开该组织。

The New Yorker《纽约人》杂志社主编罗斯（Harold Ross）在阿尔贡昆旅馆设宴为淘美饯行，席间两人谈得十分投契。《纽约人》也是一份幽默杂志，罗斯听说淘美办的《论语》半月刊战前已出到117期之多，他深表敬羡地说："要维持一份幽默杂志经久不衰是多么不容易！"他们谈到世界最老牌的幽默刊物Punch（《笨拙周报》），它创刊一百多年，已经出了5 500多期。

最近受到许多人指摘，说它"不像以前了"！又有人说："虽然比十年前来得有趣，可是不及九十年前那样有趣。"至于罗斯1925年创刊的这份美国老牌幽默刊物《纽约人》，他说："虽然我本人觉得，我们的文章一期比一期精彩了，销路一天比一天广大了。但是当我们偶然刊登一些性质两样的文章，那时反对的信件又会雪片般飞来，痛骂我们改变了作风。看来，编辑幽默刊物真是在偿还前世的孽债。"淘美深有同感，对他说："编《论语》的确比编别种刊物难，正像一个好厨子烧一桌菜，他非特希望每一样菜好吃，还要好看，还要吃了有回味。"这天，"赶快让《论语》复刊"的念头不住地在淘美心头躁动。

在纽约，项美丽告诉淘美，他俩"八一三"后合作撰写刊登在《纽约人》上的那些短篇已经集成单行本于1942年出版了，她给它起了个书名，叫做 *Mr. Pan*（《潘先生》），因为那一篇篇文章里的主人翁叫 Pan Heh-ven（潘海文）。这潘海文其实就是淘美的化身。那些短篇故事都是淘美从自己生活里摘取了有趣题材加以渲染而成，项美丽则以外国人的眼光来看这些人与事，再加些注脚。那都是些洋人所不能理解的中国人的思想感情和洋人感到新奇的中国的风俗习惯。她写成一篇篇颇为幽默的短文寄往美国，文中的好些事都是美国人闻所未闻的。那些异于美国的生活方式以及潘先生对待一桩桩突发事件，不慌不忙，坦然自若的态度令美国读者无比惊愕，文章吸引了大量读者。《纽约人》连载了二十八篇之多。在人们看来（不仅是美国人，或许连国人也如此）这潘先生真有点戆，充满书呆子气：他对父亲愚孝，对手足情深，一笔笔财产被诓骗攫夺，却并不在意；他自己囊中羞涩却仍慷慨大度，对钱财漫不经心。文中也能看出这潘先生是个爱国、正义感强的君子。其中的一情一节写活了淘美的品性、思想、气度和为人。文章里处处泛现项美丽妙笔生花的文采，也处处透现淘美幽默风趣的智慧。项美丽还曾与淘美合作创作过一部长篇小说，题名 *Steps of the Sun*（笔者试译：《情陷东方》或《孙郎心路》，因书中男主人公姓孙），1940 年纽约 The Dial Press 出版，是以淘美的经历为素材，写一个外国女人如何陷情于一个中国男子——孙先生的一段不可能的爱情。笔者承澳大利亚的中国文学研究者赫特（Jonathan Hutt）教授将该书复印了寄赠，读后觉得男主人公的原型有邵淘美的影子。从家庭出身、学历、经历，到好几段故事几乎都写了邵淘美生活里的实情，一定是二人合作构思，邵淘美提供素材写的。当然，它是本小说，不能等同事实。关于这本书，科斯伯森（Ken Cuthbertson）在为项美丽写的传记 *Nobody Said Not To Go*（试译《行无所忌》）里提到，项美丽在重庆时遇到一个英国朋友，说起他回上海见到淘美，他们谈到这部小说，他说："淘美很不满意地说，书被出版人毁了。他声言，原本这部书含有哲学，意义深奥，但纽约的出版人贬低了它，弄成仅仅是一个美国女郎在东方的奇遇。"

项美丽问起茶（佩玉）和孩子们的现况，想当年，家里经济已捉襟见肘，不少个夜晚，项美丽和淘美夫妇围坐桌前，在灯下翻看一张张当票，摆弄一件件首饰：看看哪一张当票就要到期，哪一件首饰还能去当两钿。别前，茶挑出一包首饰给她，让她在客地手紧时可以换钱，以后再还。目下，项美丽仍相当拮据，淘美为她向一个老朋友，在美国的一个中国古董商庄子固借了一千美金。回国后，淘美卖掉了许多邮票，才抵还了这笔债。

此前，项美丽曾寄给淘美一书，那是 1944 年出版的 *China to Me*（《我与中国》）。她对淘美说："自从 1939 年我们在上海分别之后，我所经历的事都写在这本书里了。那是 1943 年，我回到美国之后，在五个星期里写成的。"收到之后，淘美一口气就读完了这本四百多页的半自传性的著作。那是从项美丽与她姊姊海伦作远东之行开始写起的，写她如何在不经意中踏进了这个正遭受内忧外患、动荡不宁的国家。洵美专注地阅读下半本，那是讲日军侵占香港后的事，是洵美所不知道的。那时灾难就轮到英美人了。日本人把在港的英美人都关进集中营。查尔斯是英国人，港府高级官员，自然在劫难逃。项美丽是美国人，珍珠港事件之后，属于日军的敌国公民。她惴惴不安。说也巧，一天，项美丽和一个混血青年差点擦肩而过。她一看，是 Fredy！她高兴极了，高声喊，拦住他，央求他一起到日本官员跟前去做个"人证"，指认项美丽是他的舅妈。她拿出一张邵洵美的照片做物证，让他说："这是我的舅舅。"这倒是真的，Fredy 的伯母是洵美的姐姐（洵美嗣母李夫人的亲生女）。由此，项美丽拿到一张中国籍的证明，得以逃脱集中营的苦难，带着襁褓中的女儿 Carola 在集中营外生活。难民的日子难过，她从来没有受过这样的罪。但她坚强地想方设法，翻出首饰换钱，觅得婴儿的奶粉、衣着，还千方百计买来肉罐头、巧克力送进集中营，去帮助查尔斯和他们的朋友。集中营里许多人因营养不良死亡。

项美丽的文笔素来简洁清新、生动流畅，这本书一气读来，形形色色中外人士在战时上海的生活百态栩栩如生，名人轶事跃然纸上。她毫不掩饰地坦陈自己的经历感受与耳闻目睹的一切。洵美读了颇有感触，对佩玉说："外国人眼里那时的中国就是这样！"不过，他想，这本书对于研究那个时代的中国和研究殖民地文化的学者倒确实是有参考价值的。书中虽然描述了当时硝烟里的险象环生，逆境里的种种艰难困苦，但文辞之中依然流露出她固有的开朗性格和幽默情趣，依然对生活充满希望和自信。书里描述那九年里她在上海、重庆、香港所接触的人和事。她竟有如此惊人的记忆力，能在如此短短几个星期里，几乎不打草稿，一气呵成这一本书。她是那么熟悉中国人的喜怒哀乐，她曾跟他们共欢乐，同患难。在这个民族遭受外侮的时候，她挺身而出为他们鸣不平；当她自己陷入困境的时候，他们伸出热情的手。她说："我真为人类的坚韧不拔骄傲。"她写《我与中国》，并非只写她与某人之间的情缘，而是写她与中国的情结。她曾说："在世界上那么多的都市中，上海，是属于我的。"在书的前言，她摘抄了友人库帕（Cooper）对此书的评语："啊，蜜姬，这是多重要的一部社会史的史料啊！"此书问世后，再版多次。早在前一年，桑榆（即陈福愉）带回这本书，仓圣翻译了节译本，1945年10月出版。（笔者注：这是上海新生书报社从"盟军"处获得的24部"原作者的节译本"之一，都是美国畅销书。仓圣即顾苍生，淘美中学同学，是一位律师，跟项美丽也是好友。为了帮助项美丽从日占区杨树浦搬出淘美的影写版印刷机，临时出具一张假"结婚证书"的就是他，表明时代印刷厂属于项美丽，是外资企业。）书名《中国与我》。顾苍生在"译者小言"中提到："这一段文艺界的佳话，我常想来一次忠实的报道，也许可以矫正一般人差误的看法。"他指出，"写文章的人往往会有夸大的恶习，尤其对于私生活的描写。大多是喜欢把自己抬高身价，而把别人尽量抑低，用造谣式的哄骗作为最好的资料。项美丽当然不能例外。别的我不敢说，关于淘美的部分，我敢说大部分都是'瞎三话四'。我不是替淘美来辩护。淘美决不是被项美丽开玩笑的对象；正像她自己说的，他的确是使她文坛登龙的唯一帮手，因为她的成名作《宋家姐妹》，没有淘美恐不能问世；而况她在十年前，如果停泊在上海准备换船到非洲去的时候，没有遇到淘美，她决不是本书中的项美丽了。"他最后说，"我想读者都应该明白，文学的作品究竟非新闻报道，那又何必去顾虑它的真实性呢？"

淘美从纽约带回一张鲍克瑟一家的合影给佩玉看，还给孩子们每人一支自来水笔，但他没有把自己的衣箱带回来，而是寄放在旅馆里，准备还要再去美国的。

没料到圣诞节后回到上海，洵美一看他的《见闻》竟然面目全非了！当他刚到美国时，遇见《时代周刊》的主人亨利·卢斯（Henry Luce），就听卢斯说起，要跟上海的一本杂志——《见闻周刊》打官司，因为《见闻》的版面设计和《时代周刊》一模一样，那是侵犯版权的，已经派人去上海交涉了，除非《见闻》改版面，否则就起诉。洵美跟卢斯是上海的老相识，他听了此话，顾左右而言他。他心中窃喜：凭多年出版的直觉他知道《见闻》如果能跟美国的《时代周刊》打官司，一定会名扬天下，那么其销路必定会大增。当然，他没有告诉卢斯自己正是时事周报《见闻》的总编辑。他回到旅馆便通知上海方面：一定要跟《时代周刊》打官司，不要怕，官司打得愈大，时间拖得愈久愈好。关于模仿《时代周刊》的事，洵美在《见闻》的第 1 期的《见闻的见闻》那一栏的一篇《编者的报告》里就曾写过："有人一看封面和编制，必会说，这是仿美国的 *Time*，这一点编者是承认的……"第 4 期《编者的报告》写道："……我们经负责方面保证，这本刊物与外国某周刊绝无丝毫关系，除了或许有一种由模仿而来的不道德的联系。《见闻》以其刊类而言，似乎干得好事，它采取了许多经外国某周刊试验出来的技巧手法，有满红边的封面，每星期正面有一张人像，里面有门类很广的新闻。'模仿是最诚意的恭维'，有人这样说过……由于中国向未加入版权公约，《见闻》的编辑或许觉得受到法律上的充分保障。"那时，美国的《时代周刊》已来上海交涉。虽然见闻周报社有顾苍生、桂中枢两位上海著名的律师做法律顾问，打这场官司未必会输，可是发行人陈继贞没有这个魄力，她顶不住《时代周刊》的压力，第 5 期的《见闻》封面就改了样：红边改成了蓝边。在那期里编者声明："本来的设计，封面周边的颜色就不是固定的，每月一改，先用红色，是因为中国人以红色为吉祥喜悦之意……"第5期之后，《见闻》就不能如期出版了，它不但设计改了，尺寸也缩小了。如此一来，淘美原先的梦想就破灭了，他对这份刊物失去了兴趣，自己又远在大洋彼岸，也就随便明耀五和王永禄怎么去编排。第8、9、10三期的《见闻》合刊出版，勉勉强强出到第16期，陈继贞便收摊子了。那是1946年11月4日。

淘美没有为《见闻》的失败而有多大的沮丧，因为他回国一进家门，佩玉便递给他一份喜出望外的礼物——《论语》半月刊复刊了。

佩 玉 展 才 华

抗战八年，胜利后百业待兴。一大家子生活急需用钱。妈妈跟元叔商量，决定复业时代印刷厂，搬回平凉路原址，开始接洽印刷业务。搁置多年的影写版机器需要试印，妈妈考虑不要浪费油墨，便勇敢地亲自主持出版一份刊物——《星象》。在爸爸办出版几十年的耳濡目染下，妈妈也看出一些门道。因为这时候爸爸远在美国，妈妈便自己动手，初次尝试办出版。她创办《星象》，是为了久置的印刷机须检验印制质量，而不想浪费昂贵的进口油墨，还为了应付印刷厂的开销，并企图为自己印刷厂的影写版做广告，一箭三雕。据说妈妈在爸爸的熏陶和鼓舞下也曾经练习写文章并发表过，但她自己从未提及，倒是有心人收集了作家笔名成书，在《二十世纪中国作家笔名录》里居然有妈妈的笔名：盛浩文、浩文。在同一本书里记录爸爸的笔名有："浩文、邵浩文、邵浩平、绍文。"由于笔者翻寻的资料局限，目前尚未找到爸爸以后两种笔名发表的文章。若妈妈真也用"浩文"作笔名，读者倒要注意鉴别了。

20 世纪 30 年代的邵洵美

20 世纪 40 年代的盛佩玉

妈妈这时凭借爸爸的老关系，请漫画家王敦庆任《星象》的编辑，请那些熟识的记者去采访电影明星。他们去收集一些影星的近影是轻而易举的。这本薄薄的刊物，正方形，140 磅道林纸，影写版精印，在同类刊物中确实颇为令人注目。刊物里全是照片，照片旁只有一两行文字说明。照片全是深蓝色的，有刚从内地来上海的一批新星的照片，如四大名角：白杨、秦怡、张瑞芳和舒绣文的；也有上海老影星的。记得其中有一张是周璇的，她和我姊姊相偎坐在摇荡船上，那是在乔家花园拍的。周璇是我们邻居，她放钢琴的客厅窗户正朝向世界小学的操场。当年我还在念小学，课间休息时，女同学们时常指着那扇窗口闪现的影星们叽叽喳喳；或是伫立在操场边聆听周璇练唱。有一次，有几个是影迷的女同学硬怂恿我为她们找周璇在她照片上签名。拗不过她们的央求，我这个素昧平生的小姑娘竟然独自捧了一沓子照片，鼓起勇气登楼去叩她的家门。开门的是周璇的干娘，那胖胖的老太太很严厉，正要"挡驾"，周璇却和和气气地走来，从容地将我手里的照片拿去，一张张签上她那龙飞凤舞的名字。这是我第一次为他人挺身而出。周璇那时单身，黄昏时分她常常在弄堂里悠闲地散步，绕着我家花园门外那满布冬青的绿岛低声哼歌。

《星象》问世，影写版印制的一幅幅照片十分清晰，妈妈非常得意，居然一售而空。这时，她看到不少战前出版的老刊物一一复刊，妈妈心想，我们的《论语》复刊的时候也到了。她等不及爸爸从国外回来，就做主着手筹组，在元叔的帮助下，找来一些朋友帮忙筹集资金，邀请爸爸的老友李青崖任主编。之后又邀请当时能找到的部分曾长期为《论语》撰稿的老作家一起吃饭，共同商量《论语》复刊的事，向他们组稿。1946 年 12 月 1 日，第 118 期《论语》与读者见面了。老作家施蛰存、陈子展、俞平伯、赵景深、徐蔚南、吴祖光、徐仲年、顾苍生以及画家丰子恺、丁聪等都陆续来稿。爸爸圣诞节后回来，刚坐定就接到妈妈递给他的《星象》和两期崭新的《论语》，他不由得笑逐颜开，连连夸赞妈妈聪明能干，感谢她与自己灵犀相通，说："知我者，茶也！"近二十年他们两人风雨同舟，爸爸日夜为出版事业呕心沥血，妈妈一向"主内"，事无巨细巧作安排，实是一位贤内助，爸爸没想到妈妈竟能办成这样一桩大事，他乐不可支。妈妈甚至还想复刊《时代画报》。在《论语》第118期上就刊有复刊预告。爸爸回来也曾作此想，终因资金和资料等缘故未能实现。

《自由论坛报》这时已由旁人在办，爸爸不想再去美国了，定下心来继续他自己的事业：一是重整书店，改时代图书公司为"时代书局"，地点也在平凉路时代印刷厂；二是锲而不舍地办《论语》。李青崖伯伯非常忙碌，这时他一个星期里三天在上海复旦大学执教，还要编《论语》；三天则必须去南京中央大学授课，往来沪宁之间，非常吃力，无法兼顾，在爸爸回来之前就向妈妈提出辞呈，妈妈竭力挽留。自第123期起，发行人及主编印上了邵洵美的名字，其实李青崖早就辞职了。事出《论语》第121期的一篇文章。这期《论语》印好，已经装订好了，正待发行。突然接到当局新闻审查部门的通知：孙敫的《中华官国宪法》一文禁刊。洵美考虑再三，连忙命书店把它们全部送到林森中路（抗战胜利后"霞飞路"改名"林森路"）自己家里，发动全家人配合厂里来的师傅一起动手，撕去那一张，然后再运回去发行。洵美望着散乱在桌上、地上、床上那上万张印就的文章，满心愤慨。缺页的刊物与读者见面，是极其出格和鲜见的荒诞之举，其中也正含着洵美无声的抗议。然而，为撕页出刊，引起编辑李青崖的愤懑，他决然拂袖而去。爸爸知道林达祖伯伯仍在苏州老家，便请他来上海，二人重拾编务。爸爸和林伯伯战前合作编

《论语》时就配合默契。《论语》编辑部设在平凉路时代印刷厂楼上，所以爸爸不时要往杨树浦跑。（笔者注：2009 年原时代厂的老工人回忆说："当时，厂里生意清淡，一本《论语》养活了三个部门。"他们指的是：印刷厂、书店和编辑部。他们说起，胜利后，厂门口一度还挂了块"中央宣传部东南办事处"的牌子。老工人崔文云听盛毓贤经理说过，"那是因为防止重庆来的官员把时代厂当敌产，胡乱来'接收'"。何平和姚骏云说，"是为了对付地方上以各种名目来瞎收钱"；"也为了借个名义装电话"。他们都说，办公室里除了盛经理和《论语》的编辑，从没有别人，那块牌子是虚假的。解放前拿下来砸了。一解放，市军管会来人，经调查，时代厂属私人的，与国民党无关，解放军就撤走了。）原先他的图书栈房也在杨树浦，"八一三"日军最先占领该区，《论语》过去全部存书和纸版丧失殆尽。如今，手头竟连一份全套的《论语》都没有，进行编辑无从参考对照，不免懊丧，只有向老读者有偿征求，《论语丛书》也是如此。时隔多年，读者也换了一代人。为了让战后的新读者也能了解什么是幽默，他打算重印《幽默解》，可叹的是，其纸版在战乱中也丢失了。爸爸仍按《论语》的宗旨——"论语社同人戒条"办刊。在第 123 期的编辑随笔中，邵洵美对《论语》的态度作了一番解释："编《论语》的人并没有什么政治成见，我们有的只是一种写作的态度。这种态度曾经引起许多热衷之辈的反感，可是我来不及对他们分辩，他们也不见得有空闲听我们的分辩，我们对之仅能报以'会心的微笑'，有一位朋友为我们的态度下过一番注解，希望能做到被乐者亦不会淫；被哀者亦不会伤；被谑者亦不会虐，而被骂者即便'怒从心头起'，可是同时会'笑向嘴边生'。"《论语》销路一如既往。

胜利以后，爸爸的兴致极好，每天总有知友来家晤谈，常常是刚送走一批客人，又有人按门铃。作家张若谷、姚苏凤、朱维基、徐迟、黄素村，复旦大学的全增嘏、冒效鲁教授，金石家钱瘦铁、朱复戡，剧作家顾仲彝，还有郭沫若的学生金祖同等时常来访。有一个时期谢寿康伯伯常来，他就住在我家后门福开森路280弄里，那正是他才卸任比利时公使，准备出使罗马之前。张道藩伯伯也来过两三次，他总是陪蒋碧薇阿姨一道来，那时候悲鸿伯伯在北京任教。施蛰存伯伯晚上不时来坐坐，和爸爸谈文学上的问题。爸爸也不时外出。每隔两三个星期爸爸会跟郎静山、钱瘦铁、陆小曼在徐朗西家聚晤，他们在徐家看乐焕之（幻智拳师）打拳。那时候陆小曼正在学拳。乐焕之的儿子乐亶是小曼阿姨的干儿子。爸爸还有一批外国朋友：怡和洋行的董事长哈德门（O. K. Hartman）、英美烟草公司（颐中烟公司）的董事长泼拉斯（Dick Price）、经理斯密司（Richard Smith），他们跟我爸爸结拜为弟兄，时相往来。

　　一天，来了一个中年妇人，她头发灰白散乱，面容愁苦。爸妈不在家，她便拿出一沓照片给我看。原来她是沦陷时期在上海进行地下抗日活动的平祖仁的遗孀。一张照片是平祖仁被日本兵枪杀后的惨状，还有好些照片是胜利后为平祖仁举行追悼会时拍的。平祖仁在"八一三"后是国民党江苏省代表，经济上支持进行抗日宣传的《大英夜报》，并冒着危险领导地下抗日活动，不幸招致杀身之祸。抗战胜利后，《大英夜报》改名为《大众夜报》，改组复刊。该报发起为平祖仁举办追悼会，以追思他为抗日捐躯的爱国精神。可是如今这位平太太生活无着，要求政府发给抚恤金，并追认平祖仁为"烈士"，然而她求告无门，只好来找我爸爸，以为我爸爸是"知情人"。可怜她满腔哀怨无处倾诉，当时竟对着我这个无能为力的小姑娘哭诉起来！后来我才了解到平太太是和丈夫一起被抓捕到76号去的，当时她身怀六甲，痛苦地在狱中产儿，后来被释放，孤苦地抚养三个遗孤。胜利后，生活艰难，求告无门，所以来找我爸爸邵洵美，请求作证，以求得到公正的待遇。

那个时候我在校住读，周末回家常爱坐在爸爸身边，把校中趣事讲给他听。他有时会拾起身边的英文书报叫我试着朗读几段。来了客人，我便一声不响，端只小板凳坐在一旁听爸爸和客人谈话。有一天，爸爸谈起那时正放映的莎士比亚名剧《王子复仇记》，爸爸用英语背诵哈姆雷特的台词，他吐字清楚，音色浑厚，还带上剧中人的激情，真跟电影演员劳伦斯·奥立佛不相上下。姚苏凤有一时常来，跟我爸爸一起研究美国的侦探小说。爸爸卧室有间相连的小阳台，搭成玻璃房权充书室，里面塞进一套藤桌椅，一只藤书架，只容得一人坐下。书架里有全套的 *Pengium Series*，是从项美丽家搬来的，还有上百本英文的侦探小说。那是二战期间发给美军消遣用的，战后联合国善后救济总署将其作为"剩余物资"廉价出售，爸爸如获至宝。爸爸跟我说，美国的侦探小说和英国的福尔摩斯侦探案不同：一是推理性强；二是鼓励读者参与侦查。在故事情节的发展过程中，作者会把罪证与破案依据的实物夹在书后，一一摆在读者面前。

美术家万籁鸣也常来，他是个有趣的人，长着一只很大的鼻子，总是面带笑容。看见他，我总会想起抗战时期他和他双胞胎兄弟万古蟾合作拍摄的《铁扇公主》动画片，那是中国第一部动画片。初映的那场，他请我们全家去看。1946 年他曾赴美，专门研究卡通影片的拍摄技术。爸爸见我的教科书一角和练习本的背后常常画有一个个人像，知道我喜欢画，他便请万伯伯教我画人。万伯伯耐心地从最基本的教起：讲人的头长是身长的七分之一；讲人的面孔要作三等分……他作了示范，又布置了功课。说也奇怪，自从要按这些原则练习作画，我再也没兴趣画了。后来万伯伯忙，不常来，这段师生缘也就不了了之。

转眼到了 1947 年，我十五岁。我用压岁钱买了本新的纪念册，美滋滋地去找爸爸，爸爸正斜卧在床上看书。听我要他在纪念册上题词，便放下书，随手拾起手边的钢笔，写了句"蹉跎莫嫌朝光老，人生惟有读书好。"对我笑笑，而后，他侧头想了想，添上"此为翁秀卿先生读书乐，余常用以自勉。幸小红亦永志心头"。我看了很高兴。

次年的春天，家里来了位男客。爸爸一见他就扔下手里的笔，连声请他坐，妈妈也笑着招呼他。原来他就是八年前曾在我家小住，跟在我们后面跑出弄堂去看提灯会，而眼睛被篱笆刺伤的作家徐讦。他告诉爸爸，自从上海沦陷他就去了重庆，一度在中央大学任教。1944 年他去了美国，是《扫荡报》的驻美特派员。他这时刚从美国回来不久。这些年他出版了一些小说，一些剧本，也写了一些诗。随后他拿出一本诗集给爸爸看。我凑在爸爸肩后，看到那本诗集是一本横形的小书，厚厚的，中文诗句直排，天地留得很宽。爸爸说他的诗比小说出色，虽然徐讦是以创作小说出名的。1938 年那会儿，他就发表了他的成名作——短篇小说《鬼恋》。1944 年他在成都出版的那本长篇小说《风萧萧》，这时正风靡全国。他的小说几乎本本热销。那些故事情节曲折离奇扣人心弦，男女主角间感情纠葛柔肠百结。小说都是以第一人称写的。无知的少女，包括我的同学们都误以为作者徐讦真的像书中描述的那些男主人公那样，是个年轻英俊、潇洒倜傥的多情的白马王子呢。而现实中的徐先生是个瘦削的高个子，长脸，高鼻子上架了副度数不浅的近视眼镜，门牙微龅，说一口带有乡音的上海话。他不苟言笑，实在是个一点儿也不令人产生好感的中年人。这跟我的女同学们口里赞美、崇拜得如痴如迷的大作家简直对不上号。他常来我家，我周末回家几乎总能遇见他。

他跟爸爸谈话时，我总是坐在一旁听，一如听爸爸跟其他客人谈话那样，饶有兴味地从他的嘴巴看到爸爸的眼睛，再从爸爸的嘴巴看到他的眼睛，听得有趣时也会跟着他们一样，会意地轻轻笑起来。多数时候是爸爸在讲，徐讦只是用他那低沉的嗓音轻声作答。每次他来，坐不久就告辞。一天，我在楼梯口遇见他上来，跟往常一样，我喊他一声"徐叔叔"，意外地，他递给我一包书。我没有跟他进爸爸房间，返身回到自己房里，急急打开纸包，那是他的作品：《鬼恋》、《精神病患者的悲歌》和那部家喻户晓的《风萧萧》。我快活极了，这可是作者赠书啊！每本书的扉页上端都有他的签名，还写着"赠绡红"。这些书我不敢带到学校去看，怕同学们争相借阅。三个周末我就读完了他那三部小说，当然是囫囵吞枣式的。但是，三部小说读下来，我不由得对作者产生好感，产生崇拜。有一次，他来请我哥哥和我去看电影。隔了几周，又带两张电影票来，请我和小珠妹妹一起去金门电影院看电影。我们欢欢喜喜地跟他坐上三轮车，三个人挤在车座里。一路上小珠高兴地说着笑着，他有一句、没一句地应答着她。无意间我朝他看看，只见他的眼睛在镜片后闪烁着一种奇怪的亲切的目光。我感到他的身体紧挨着我。那时豆蔻年华的我尚不解男女风情，但止不住心慌意乱。我不敢动弹，也不敢再朝他看。电影是什么内容，我一点也没有看进去。在电影院里他也没有多说一句话。电影映毕后他送我们原路回家，一副严肃的样子，好像什么也不曾发生。而后，每个星期总有一封信寄到中西，挺秀的字迹整齐地落在精致淡雅粉蓝色信笺上。信中委婉地抒吐心声，将我比作纯净未绽的小荷，句句情挚，署名"小藕"。无需问，我知道一定是他。情窦未开的我，每次接到信，拆开，慌乱地读上一遍就匆匆藏了起来，里面诗一般的散文，美丽的词藻，烫人的语句，我不敢再读第二遍。我不知道他为什么要给我寄上这些诗，是因为他在我的眼睛里看到有诗，有梦，有触发他写诗的冲动？没料到他对我会有情！我害怕，紧张，但不免有一丝骄傲。第四封信中，他约我会面：星期五放学，他在校门外等候（那时教会学校就是周末双休）。

我们两人低头无语，走到愚园路，上公共汽车，坐了两站下车。他问我："饿吗？去吃点点心好吗？"我不置可否。他领我走进兆丰花园对马路一间不起眼的点心铺吃了包子，把我带进了公园。我俩并肩走着，穿过树丛，顺着环绕花坛的曲径漫步。他随意地讲着，讲他在国外的生活。我瞥见他眼镜后射出的深情的目光和口角隐露的微笑，这是他跟爸爸谈话时所没有的。我不知道他带我来有什么用意，只是紧张得什么也没有听进去，低头望着小路边的草。说着说着，他突然搂住我……要吻。我吓得直推。他轻声说："别怕，别怕嘛！在外国……没关系的……"这句话像毒刺一样伤了我，我猛地推开他。他在我心中的地位顿时像瀑布自山巅泻下，一落千丈！原来，他是那么随便！他把我跟美国一些轻佻的姑娘一样看待！那几封信里，我视为世间少有的那些诗，我原以为是他独为我而吟，现在看来，对于他，一位大作家，一位大诗人，或许只须信手写来，无需动真情的。他是随意挑逗姑娘的情，是在寻找感觉，构思小说情节吗？难道他对我下这番功夫或是为搜寻下一本小说的素材？是借以燃起他写作的激情？我感觉好气，好羞辱！低着头径自朝公园门口走去，他自知失礼，默默地跟在我身后，默默送我登上三轮车。

第二天，玉姊看出我神色异常，追问之下，我把昨天在公园里那段事讲了出来，又把那些信给她看了。玉姊虽只比我长一岁，她却很有见地。她认为徐讦不会像我想的那么坏，他不敢对邵洵美的女儿随便的。她认为他是真的想追求我。"只是"，玉姊说，"他不想想自己年纪这么大，他比你大二十四岁呢！真是不自量力!"怎么办呢？姊姊说："告诉爸爸，不许他继续追求你!"
她拿了那几封"情书"就上了楼。爸爸没有叫我上去。我听到一
向温文尔雅、轻言细语的爸爸在楼上大声打电话。不一刻，徐讦
来了。我闪在客厅里不跟他照面，他上楼去了。我忐忑不安，躲
在楼梯脚下听。只听得爸爸高声斥责之声，听不到徐讦半句回
答。他能如何应对呢？那时候，他年近不惑，我还是个稚女。他
如此出格之举如何向老友解释？他默默离去。那些"罪证"后来
如何处理的，我也没问。莫怪爸爸不顾老友的面子发火，爸爸不
是出于传统观念才进行干涉的；他实是珍惜我的幸福，不容这朵
小荷由伊人催开而过早凋零。数年后，有一天，我正在花园里低
声唱歌，徐讦来了，走过我身旁，他未敢抬眼，匆匆上楼。他跟
爸爸没谈一刻就辞别了，留下一纸请柬，上印："徐伯讦先生与
×××女士举行结婚典礼……"听说新娘是位教师（在此之前，
他曾一度与京剧、电影双栖女星言慧珠很接近。那是因为有制片
人想将《风萧萧》搬上银幕。元叔是京剧票友，他与京剧名角言
菊朋熟识。爸爸觉得言慧珠饰剧中那女主角很合适，介绍她与作
者认识。听说后来在"文化大革命"中言慧珠自尽，徐讦则于
1950年离沪，去了香港、台湾。当时我年龄太小，徐讦的唐突
之举给我造成的不安，很快就被初中毕业前的一门门考试冲刷得
一干二净。没有同学注意到我曾经收过一些怪信。爸爸和玉姊再
也没有提起这段往事，而妈妈也许根本没听说这件事。

　　这年从家乡余姚来了一位爸爸尊为"叔公"的长辈，其实他
的年纪跟我爸爸相仿。他的大女儿来上海升学，住在我家，按辈
分我们该称呼她"姑婆"，可是按年龄，她只是我们的大姐姐，
我们便以"姑姑"称呼她，但前面加上一个"太"字，以合乎辈
分。玉姊这时期身体较前好，居然在夏天随太姑姑回余姚度假。
这年中秋节妈妈生下个"末拖儿子"，全家高兴得不得了。那时

妈妈已经四十二岁了。因为前一胎难产，这回便听从邝医生的话住进医院，生产很顺利。妈妈一反惯例，不雇奶妈，亲自哺育，这倒有无穷乐趣。小弟弟也生在猪年。上海人称猪为"猪猡"，大妹妹小珠的名字与"猪"字谐音；小弟弟的名字就与"猡"字谐音，取名"小猡"。小猡猡模样秀气，一脸聪明，爸妈十分疼爱，哥哥姊姊都围着逗乐，家里更加热闹起来。

第二年玉姊去台湾转了一趟，她真有胆量，独来独往。她是去看望姑妈的。早两年因为姑夫工作的银行迁台，一家搬了过去。也在这一年（1948）爸爸出了趟远门——去香港看望病中的小叔叔。在港期间，爸爸去访永华电影公司的老板李祖永。李祖永家也是上海的望族，住得和邵家花园很近。他母亲是我爸爸的表姨，认我爸爸为干儿子。所以爸爸跟李祖永可以说是一起长大，情同手足。李祖永在上海还开设大业印刷公司，一向为政府承印钞票，也印过几次债券。这时期爸爸听说政府要发行建设公债，很想接这笔业务。去看李祖永一来为了解公债印制的情况；二来要李祖永放弃竞争这笔生意。李祖永不仅一口允诺，而且还恳请我爸爸留在香港，帮衬他办电影事业，他提出两人合作，他出资，请我爸爸主持拍电影。爸爸自美国回来，也有办电影公司的设想，但要办就独资办，所以就谢绝了李祖永的好意，但他后来介绍剧作家顾仲彝去香港，一度为永华编剧。50年代初李祖永在其电影公司拍摄据沈从文小说《边城》改编的《翠翠》。这明显是听了爸爸的建议。爸爸在1936年与美国作家项美丽合作英译这本小说，连载于《天下》月刊，题目就是 Green Jade and Green Jade《翠翠》。

爸爸从香港回来后就把电影公司的事忘到脑后了。他在孜孜不倦地编辑《论语》的同时，依旧不忘他的邮票。他沦陷时期一度钻研的集邮热情又复兴起。当年结交的同好这时又时相往来，如张赓伯、钟笑炉、马任全等。那时任《国粹邮刊》编辑的陈志川，此时担任《新光邮票杂志》的主编。请爸爸任新光邮票会的荣誉顾问。1948年交通部邮政管理总局举办上海邮票展览。爸爸的"绿衣红娘"（红印花小二分绿色加盖）也参展，轰动一时。他曾为一位邮友的纪念册题词：可怜方寸地，多少世人迷。关于这张珍邮，爸爸在1943年发表的《中国邮票讲话》第十讲《红印花加盖票》里就曾提起过："……去年陈志川先生获得小二分一枚，其加盖不为黑色，而为绿色。陈先生并在《国粹邮刊》第一、二期的《国邮古票不见经传之新变体》一文中详细论及。不过我最近在绵嘉礼仪氏的《华邮纪要》，看到附录里说起有改色变体一分、二分两种，不知是否指此绿色加盖，可惜周今觉先生写《华邮图鉴》时未曾注意到这一项变化，否则他也许会有相当的解释……"

爸爸得此珍品喜上眉梢，逢人便津津乐道其集邮之雅趣；大谈此票如何如何之珍稀，还为之取了个俏皮的雅号"绿衣红姑娘"，特地撰文刊于《国粹邮刊》。有邮友企望我爸爸能够转让，爸爸怎么也舍不得割爱，正像有人希求高价收购我家那只"笔洗"一样，一一被拒。

说起那只"笔洗"，还有一段故事。记不得从什么时候起，那只陶瓷大碗被搁在我家进屋挂衣钩边那六角形玻璃柜的顶上，那是哥哥前两年用来装蟋蟀的。玻璃柜里陈列着不值得一提的古董，只是一些妈妈喜爱的、小巧可爱的瓷器。有几件是爸爸从外国买回的，有活泼小娃娃的德国烧瓷，玉姊也把朋友从北京东安市场买来送她的那些公鸡、母鸡和小鸡，大马和小马之类摆在里面。妈妈不时打开柜门，将里面揩拭得一尘不染。可是，进进出出那么多亲友，谁也不曾立定去欣赏过柜中物。还是在沦陷时期，有一天，一位老资格的古董收藏家——顾丽江来访，他是顾苍生伯伯的父亲。在等候我爸爸下楼来的一刻，他走近玻璃柜去看看，说："陈列品摆得倒挺雅致，但没一件上得了品。"他笑笑，转身坐下抽烟。无意间一抬头，瞥见柜顶一角那只落上厚厚灰尘的大瓷碗，他顿时眼睛一亮。凭他多年鉴赏古董的经验，一看就觉得那不是寻常之物。他让爸爸把那大瓷碗取下，等不及找抹布，他用衣袖拂了拂灰，就端起它细细端详，把它转前转后，翻上翻下，看了一刻，便断定：这是一只宋代的官窑，是古人洗笔用的器皿，叫作"笔洗"。他啧啧赞叹："看，这碎瓷纹，那么细！看，这色彩，那么美！那么光洁……不是宋代的官窑不可能的……"他又连连责备我爸爸："洵美啊，洵美，你怎么会这样不识货啊？怎么能把这样珍贵之物乱放啊……你把这珍瓷当敝屣了吗？家当实在太多啦……"于是，邵洵美藏有这"桃形笔洗"的消息不胫而走。几度有人出高价求购，爸爸都不肯出让。1946年，有位英国的戴维斯爵士（Sir Percival David）专程来访，捧着笔洗观赏了一番，他说他家里藏有一模一样的一只。他是位集邮名家，知道我爸爸有集邮之好，表示愿意以一张一元的红印花原票换取此物，好回家配成一对。当时，这种邮票是华邮中价格最昂贵的，但爸爸不愿。后来又来了位中国的古董收藏家叶叔重，他把笔洗拿在手里不舍得放下，拟将他新买进的一幢洋房作交换，爸爸无动于衷，虽然那个时期我家经济已很不宽裕。爸爸并非是奇货可居，而是对这只笔洗有了一种特殊的感情，他对这件久被怠慢了的祖传珍皿心怀一种歉意，就像是对一个失散多年的孩子，一旦回到身边，就格外地钟爱，舍不得再须臾离别一般。

老虎头上拍苍蝇

《论语》复刊一年了，第142期要出版"周年纪念特大号"。

想当年《论语》创刊一年之际出版一周年纪念号，鲁迅曾发表过一篇文章，题为"论语一年"，为了避免重复，洵美刊登在这期"代编辑随笔"栏目中的文章，取题为"一年论语"。他追述了"论语简史"，"《论语》创刊于（民国）二十一年九月。最先几期是章克标先生编辑的。后来他为了要专心撰著《文坛登龙术》，于是由孙斯鸣先生负责。到了十几期以后，方由林语堂先生来接替。这时候，《论语》已日渐博得读者的爱护，销数也每期激增。林语堂先生编辑以后，又加上不少心血，《论语》便一时风行，幽默二字也成为人们的口头禅了。此后林语堂先生又与徐讦先生合编《人间世》，接着又与陶亢德先生合作《宇宙风》，为了外来的稿件不易分开，于是只得与《论语》脱离。我们便请郁达夫先生来继任编辑。不久郁达夫先生到福建去做官了，便由邵洵美约请林达祖先生合编。抗战军兴，时局紧张，政府的精神已完全两样，百姓的情感也已极度改变，我们便决计把《论语》停刊。胜利以后，感到还应有像《论语》这样一种刊物。于是决计复刊。这时洵美正远去美洲，遂由我的老婆做主，去邀请了一班《论语》老友共商大计，并聘定李青崖先生任编辑。所以复刊的工作完全是李青崖先生的大力。人家用尽方法，向各处打听《论语》老友的踪迹，一个个分头联系，《论语》便再生了。这时李青崖先生同时担任京沪几个大学的课程，实在忙不过来。洵美于12月回国，李青崖先生便坚请辞职。洵美只得暂代编辑，并仍约旧友林达祖先生一同帮忙。这是《论语》自创刊到今天的一个简单的历史。"他并借此机会向帮助《论语》复刊的诸君致谢："感谢骆美中、沈慕玄、庄永龄、王岳卿、吴小汾、周开第、蒋仁源纷赐协力；感谢时代的经理盛毓贤的奔走；感谢孙汝梅等在发行方面，在老户头的联络，新户头的接洽等等。"文中也说到出版这本纪念号的不易："以往每次决定出专号，到登预告及征文启事的同时，发出了征文信后，大家便会惶惶终日，心神不宁。虽然诸同好都爱护《论语》，有求必应，但是万一恰好有旁的要紧事，写不出文章来，那么专号岂非交白卷不可，这一次好像天时地利人和都有不许可的情形"……他恐怕多数老作者没有雅兴写文章，所以到发排的日子临近时，从编辑同人到印刷所各位，无不像热锅上的蚂蚁，坐也不好，立也不好，直到邮差接二连三送来书稿，大家方才叹口气放下心来，总算幸运，又编出个一周年纪念特大号来。洵美又谈到"一年来的三件幽默大事"。他说："这一年的时局，已弄得政府人员力竭声嘶，平民百姓家破人亡，但是却供给了《论语》以无限量的材料。我们不知道应当笑还是应当哭。在这种时局下，幽默便常是一种不可少，也不会少的态度。这种心理的感应，与最悲伤中念一声佛或几句诗，与最纷扰中看看山水，与最无聊中忽然有多年不见的老友来访，都有同样的意味。"

洵美悉心寻找因抗战失联的《论语》老友，恳切邀稿，徐讦是长期撰稿人之一，沦陷期间创作《风萧萧》时曾住在洵美家。为这次特刊的出版，他特地打电话追逼许久不写文章的徐讦来稿。徐讦不敢延误，马上动笔，写了篇《论语周年话白卷》。

洵美是带着失望，怀着希望，继续编他这份引以为傲的《论语》的，他着意组稿，潜心编辑，缜密推敲。合作编辑的林达祖就成了家里的常客。林达祖住在上海的最东头，洵美住在最西头，两人时常一连数天谈到深夜，甚至通宵。他们谈得最多的自然是《论语》的编辑方针和作者的来稿。他们认为作者来稿有"叫好与叫座"之别。他们编了一段《论语征兵歌》，刊于第149期《论语》。洵美说："……目前的时世，像'论语'这样态度明显的刊物实在不多……我们乐得拿了笔杆到老虎头上去拍苍蝇。"他们还谈论编辑问题。编刊难，但编幽默刊物更难。其实写幽默文章那才更难。大家惯常把寄来的文章比作原料，把编辑比作厨子，在固定的时期，烧好一桌酒席给读者去享受。可洵美说，这个譬喻完全错了。他认为我们应当把作者比作厨子，他们得去自办原料，各显身手，烧好了佳肴名菜，送到编辑那里，编辑则无非是当差的，一盘盘，一碗碗，搬到贵宾面前。再说，正像一个菜馆不能有名，一个刊物也最怕被人称作老牌。菜馆标出了川味，它的干烧鱼，椒麻鸡，早晚会叫人吃得倒胃口。刊物标出了幽默，早晚也会叫人看得厌倦。洵美举了英国老牌幽默刊物《笨拙周报》和美国老牌幽默刊物《纽约人》为例，说："我们受到的批评与经过的困难，与他们如出一辙，看来，这应当是编辑幽默刊物者必然的命运了。"又提到，"最近读英国培根爵士（Sir Nicholas Bacon）散文集，在'论叛乱'一章里他说，在一个动荡的时局里，为上者对老百姓，'应给予相当自由，使郁积与不满化为乌有（惟不得太形侮辱或故示凶勇），此乃安全之道。盖幽默不泄，则毒血内流，易结恶瘤而成绝症'。所以我们的《论语》，的确有益身心脾胃，难怪有知者来自动配服，以资调养了。"

洵美将他与达祖关于《论语》的谈话，以《与达祖书》和《再函达祖》为题发表于《论语》第144期与145期。他们两人谈话的范围实际很广，谈编辑问题只是其中的一端，出专号、拟题与征稿计划，还有不少文章的构思等等，都是两人深更半夜谈出来的。他们也谈哲学，谈文学，谈人生，谈上下古今，总之，天地之大，苍蝇之微，无所不谈。洵美在这个时期埋头创作的时间不多，与朋友娓娓清谈则终宵毫无倦容。林达祖说："洵美的谈话往往是一篇很精彩的文章。人称邵洵美为诗人，他写的诗也不多，他的谈话又往往是优美的诗篇。"不过，洵美写"编辑随笔"倒是十分认真的。从第141期到165期，一期不脱。有的是编辑随笔夹杂随感；有的则是随感代编辑随笔。他把自己的范围放得很宽，是嬉笑怒骂皆文章。

为《论语》组稿，洵美是不遗余力。他向新作家征文，也寻找多年不见的老作家。他想到二十一二年前帮梁实秋、张禹九出版的那份《苦茶》周刊，虽然那只是一张四开的报纸，也不过出了近十期，但洵美颇为赞赏，誉之为"中国第一份纯粹的幽默刊物"，并誉梁、张为"中国幽默文学之前驱"。《论语》复刊之后，他曾多方寻找失去联系的梁实秋。一次他读到《世纪评论》中梁实秋的文章，便急急请《世纪评论》转交一封征文信，同时又在《论语》上向其索稿。果不其然，梁实秋得讯便下笔著文，洵美收到他的大作十分兴奋。朱自清也是《论语》的老朋友，但洵美读到他近几年写的大多是关于文学理论与青年修养的著作，所以《论语》复刊之后，不曾去逼他要文章。哪知没多久，看到他在各刊物上登载的文章竟然完全是《论语》作风。洵美不禁惶恐非凡，心想：他写"论语"式的文章而不给《论语》发表，错处当然在我们编辑，于是立刻写信去索稿。朱自清回信说，极愿意为《论语》努力，只是有病需要休息，病好了第一篇文章便给《论语》。哪里知道他这次竟然一病不起！洵美说："《论语》辜负了这位老朋友，也辜负了读者。"他追悔莫及，"只能央请与朱自清先生亲近的几位朋友，能将朱先生最后的生活情况与思想态度，撰文付《论语》刊登，聊赎罪愆。并借《论语》一角遥奠朱自清先生，并祝祷他灵魂安定！"

《论语》是他引以为傲的，是用足心思编撰的，除了抗战时期停刊，从不脱期。一篇篇编辑随笔里可以看到许多故事，从时局的变幻，社会的动态，民众的生活，各种人与事；他的笔始终紧跟时事，国内政令、国际政局，淋漓尽致地描绘历史的一幕幕情节；在他的笔下，介绍和评述的中国作家多达八十多人。令你不由得想去寻觅这本幽默杂志，一品老作家当年为《论语》写的妙文，一品当年文坛趣事轶闻以及当年他们的艰难。你会认可他们的文章紧贴生活，《论语》岂尽是一批清客闲适地在清谈。现实使这班"论语朋友"创造出"乐而不淫，哀而不伤，谑而不虐"的技能，以"春秋笔法"书写"论语文章"。他在《论语》"你的话"专栏小序里说到："要研究一个时代的文化、政治及社会状况等，每每注意到那个时代所有发表的言论。一个时代的言论，有时简直可以代表一个时代的历史。所谓'言论'，当然范围极广：象征的或抒情的如诗；寄托的或叙述的如文；冠冕的或形式的如公事文件；通俗的或片断的如民间歌谣的征集，时人言行的记录……不论积极或消极，它们都正面地或是反面地显示着人类被当时的一切所引起的心理反应。"

名 屋 妙 文

《论语》曾出过"癖好专号"、"吃的专号"、"病的专号"、"睡的专号"等等有趣的专号。在第 125 期的"癖好专号"里，洵美在编辑随笔里写道："……这次收到的文章，大部分都是说'自己的癖好'，无异是每位作家的'自传之一章'……写'自己的癖好'，的确与写'自传'有同样困难的地方，因为这是'与众不同'的地方。"

在第 132 期"吃的专号"里，洵美写了篇《以吃立国论》。他写道："'我国以农立国'，这一句东西不知道是谁发明的。我在学生时代，只觉得它音调铿锵，意义磅礴，极适宜于作正经文章的开头，所以也确实用过好多次。但是成人涉世以来，再加上抗战八年，胜利二年，人一天老一天，疑窦一天多一天，于是感到这句东西也似乎有什么不妥的地方了……"

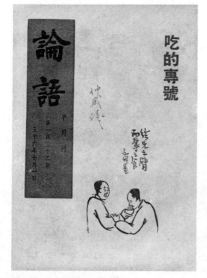

《论语》专号

为"病的专号"，洵美写了篇《我的病》。文中他写道："我们决定了在本期出版'病的专号'以后，不到几天，我忽然生起病来。好像玄冥中那位主宰故意给我一个切身的体验，以便写这篇文章能够更来得亲切……"俗称："久病成良医。"由于他自己在抗战时患过一场怪病，加上他一家大小有什么病痛都来问他，他竟自认有"良医"的资格了。谁知这开头是轻微得不值得注意的头发根里几处毛囊炎，但由于自己的不懂装懂，竟发展到不可收拾的地步。胡乱涂药，痒了乱抓，扩散加重，便误以为是吃了碗"红两鲜"发出来的，又涂了不对症的含粉的药水，使渗出物无法引流，加上刺激，头脸全都肿胀。直到情形一天比一天恶劣，才去注射配尼西林，又把干结在皮肤上的硬粉洗去，涂上了过去为女儿小玉用过的丹方——茶子油，方才逐渐痊愈，几乎病了一个月。

结合这场病，洵美心有所感，认识到"所谓'良医'，应当：一、不妄自诊断；二、不耽误病情；三、不药石乱投"。他发现自己这场病的经过和当今时局有大同小异之处。

第 155 期"睡的专号"，洵美在随笔开头写道："专号出错了题目……实在考虑得太欠周到。诸位《论语》作家一定也感到这是个难题目。因为睡的经验是人人有的，太真实了，太切身了，文章反而不容易写。前人说过：'画鬼易，画人难'，便是这个道理。同时，一切行为，均有下文，但是睡了以后，有什么动作你自己也不知道。睡到醒来，睡又停止。虽然在睡中可以有梦，不过醒来依旧一场空……"

讲到睡，洵美最近有了一个觉悟，明白了什么叫做"夏日炎炎正好眠"。他说，"我自从前年冬天回国，这十七八个月中间，竟然体重减少了二十多磅。本来还可以难得冒充大力士，现在却活像五千元的关金票，尺寸一天天小，质地一天天轻了。医生说是'睡眠不足',诊断得的确不错。所以天天希望夏天到来,因为'夏日炎炎正好眠',我的毛病自能不药而愈。谁知夏天到了,晚上依旧'睡不安枕'……我起初疑心今年的夏天也学了'美援'的榜样,轮不到我。接着又怪财政当局故意和我为难:专拣我要向人借钱的日子,抽紧银根;又等我买米买柴的当口,把银根放松,结果物价又涨破纪录。这种情形之下,恐怕除了京沪线的睡车里,大规模的会议席上,再没有睡得舒服的人了。最后还是一位朋友给了我点启示。原来'夏日'者,'夏季的白天里'也;'炎炎'者,'太阳里跑来跑去借钱,热得背心上着火'也;'正好眠'者,'正好人家预备答应你,你却打起瞌睡来也'。于是人家一个'肯'字没有说出口又缩了回去。你似醒非醒,失望而归,到了晚上,当然又睡不着了。'夏日炎炎正好眠',古诗云云原来正吾辈这等时髦人物,诚千秋万世之作也!"结合睡,他又写了一篇题为"吴稚老名屋妙文"的文章。

还有篇有关睡的文章,题目是读《游山日记》有感,刊于《论语》第151期。那《游山日记》是舒白香所著,是极好的小品文字。林语堂曾翻印过。当时林语堂已脱离《论语》,该书乃由宇宙风社出版。洵美为了要寻一本书,在书堆里看到了那部翻印本,于是又拿来读一遍,里面关于《坚卧不醒之名》的一段记载,使洵美产生了新的兴味与新的感想。林语堂也极赏识这一段,他在序文里还把这段全文抄录下来,重加圈点。日记讲的是作者背了《坚卧不醒之名》,"友人故疑他无时不睡,以致传闻异辞","或问'曾见某人?'辄云'彼长睡何由得见',其不相识者,恶得不信?""冤之久者不易白。"其实他"比晓钟动即不复寐,辗转待日出始起,亦不为晏","性喜尽夜不寝而长谈"。洵美写道:"原来我也曾经有过同样最幽默的,也可以说最不幽默的经验。同时我还因此吃到了舒白香所从来没有吃到过的苦头。

我也是有名'晚睡晚起'的。其实并不尽然。尤其是最近几年，为了生活关系，每天非与有关方面接洽不可，七点多钟便须起身……可是曾经有过'晚睡'的名声，有许多朋友便特地等到晚上十一二时方来看我，一谈会谈到两三点钟。有几次我实在疲倦得受不住了，又不好意思在他们面前打呵欠，于是想尽办法，在语辞中隐约透露明天上午九时须向银行借钱之类的消息。他们听到了，并不立刻发生感应，再谈上四五十分钟，或八九十分钟，似乎记起来了，方才起身告辞。因为家里一个老妈子早已上床酣睡，所以总是我自己送到门口。他们却总会皱着眉头，拉住我的手，很关切地劝告说：'洵美，我劝你非把你的生活方式改变一下不可。你既然正式在做事情，便非得早些起来，才像个样子。你睡着这么晚，明天如何爬得起。现在你还不算老，不觉得；年纪是不让人的，慢慢你准会感到体力不支，那时候再明白来不及了！'像这样的关心话，我不知听到过多少次。我听着，除表示感谢外，也无从回答别的话。因为当时已头晕眼花，子夜风吹在身上寒彻心肺，假使老实辩白，一定又会引出他们一长篇的抱歉，或一长篇的反证说我在故意骗他们，在门口又会谈上三五十分钟。所以只是含笑点头了事。等他们走了，于是关上门，下了锁，奔回房里，倒到床上，等天明挣扎起来……"

洵美脾气好，善待人，从来不忤他人之意，又生性好客，自己再忙，再困，再累，朋友来了总是热情接待，把自己的事放到朋友走了再做。在朋友面前，他总是那么侃侃而谈，劲头十足，谈锋甚健，孰知他是在强打精神？日复一日，年复一年，何以支持？他又抽起鸦片烟来。青年时期他从来不沾。1934 年佩玉忽然得了哮喘病，久治不愈，愈来愈严重，发作时上气不接下气。有老人家劝说："抽两口鸦片烟会适意点。"于是佩玉床头点起了鸦片灯。哮喘发作闷得难过时吸上两口，果然能呼吸顺畅些，但那只有一时之效。佩玉对此物没有好感，也未成瘾。她明白：治病还得投医。倒是洵美在侧"陪公子读书"，渐渐成了嗜好，他不时躺下抽两口玩玩，甚至请外国朋友也来尝尝，见识见识中国的"特色"。他明知这是恶习，对身体并无好处，但是靠在高枕上吞云吐雾，像是一种享受，佩玉事事依顺他。每当手头略为宽裕，洵美想抽两口，佩玉就会托人去南市买烟土，还亲手为他熬制成膏，备他享用。听说当年著名京剧老生马连良也有同好，抽得几口登台，神气十足，唱起来声音洪亮，韵味更浓。洵美十多年来也曾几度戒烟。他戒烟很便当，也不痛苦，不用住戒烟所去吃药打针，而是自己在家戒。他有个妙法：喝掺上鸦片的咳嗽药水，逐日递减，最多两个星期就能戒掉。可是，正因为戒得便当，他再抽上也毫无顾忌。洵美几度沉沦，直到 1949 年他才彻底戒除这一恶习。虽然这一恶习在洵美一生并不影响他在某些关键时刻作出重要抉择，但是，它毕竟使洵美疏懒不羁，妨碍他作更大的进取。

伍子胥的八字

洵美把战前创刊到"八一三"为止出到 117 期的《论语》称做"前期论语"；从战后复刊以来的称做"后期论语"。在"后期论语"中他仍坚持：文章要贯串幽默。1948 年底，出版了海戈的《蒙尘集》，收入了他在《论语》、《人间世》、《良友》、《时代画报》、《立报》、《宇宙风》、《谈风》等杂志发表的小品文字。在他的序里写道："《论语》本是应运而生。它的成功，一直到现在还都能维持下去，是由于它反映时代的手法，采取的是幽默的笔调。大致时局愈乱，《论语》愈能风行，材料也愈见精彩。它诞生于'九一八'，极盛时代在民国二十二、二十三年。轮到抗战时期则寂寂无闻。抗战后继续到现在，就可知这刊物的命运了。前来年，初见《论语》复刊号，一时慨然之念又起，有隔世之感。"他也为能出版这本《蒙尘集》谢谢洵美慨然帮忙的盛意。

萧伯纳有句名言"我笑着为要免得哭"，曾被译成中文印在《论语》封面上。洵美在这种局势下办《论语》，无非也是这种心情。他就是坚持采取幽默笔调来反映时代的，也以此为老百姓代言。洵美那种用幽默笔法提出自己对一些政策法令的看法，写在第147期的《动员戡乱》一段里，他说："我们曾经说过，民众这一些心理发泄的机会是不妨事的，而且也是必需的。否则不闷出火来，会闷出病来。我们竟不幸言中矣。最近动员戡乱声中，炮和炮仗虽然都准许放了，不过跳舞盛宴似乎均属'乱'类，而在被'戡'之例。想不到行政效率这一次会如此彻底，无孔不入……"

战后，时代书局出版的新书不多，大抵有孙克刚与何铁华合作的《缅甸荡寇志》《印缅远征画史》，郑玉汉、陆宝忠编著的《高级尺牍课本》《民国新编低级说话读本》等。当年《论语》创办，一炮打响，"幽默"二字在群众中成为流行词，然而人们不能真切地了解其意味，纵使论语同人写了那么多文章，还不断有读者来信求答。邵洵美接手之后，一再在他的编辑随笔里解释"什么是幽默"，还用案例说明，如《幽默与长寿》《领袖与幽默》《英国幽默与中国幽默》等，也用心地写大块文章，如《一个真正的幽默作家》《幽默的来踪与去迹》《幽默真谛》等，并出版《论语丛书》，编撰《幽默解》。待到战后，新一代的读者更想要明白"什么是幽默"，他不得不登广告向读者征求战前出版的《论语丛书》，因为原有的纸版都在战争中散失了。他重新出版《论语丛书》，包括林语堂编选的《论语文选》和《我的话》《老舍幽默诗文集》等，又出版了海戈的《蒙尘集》。并将以前自己编选的《幽默解》加进海戈的《与友人论写幽默》和《与友人再论写幽默》两文，还有一篇林玉堂（即林语堂）的旧作《论幽默》，以及他自己的《与达祖书》和《再函达祖》两文重新出版，题目改为"论幽默"。每年元旦，时代书局都出版一本《论语日记》，有平装的、精装的两种。一天一页，每页下端印有一则幽默短文，365 天就有 365 则中外古今幽默小品。每天记日记前一读，令你每天一笑。有一个时期，印刷厂只有一份《电影画报》的生意。《论语》销路虽好，但扣去成本所剩无几。洵美不时要为"调头寸"烦心，又不时陷在周转不灵的窘境中。每当他青黄不接时，都有两位好友略表关切：一是颐中烟公司的大班（董事长）泼拉斯，他总会在节日主动开张条子给洵美，让他以低价批一箱三五牌香烟；而立代尔（Liddell）洋行的大班夫人安娜·梵·舒勃特（Anna Van Shubert）总在年关批一箱红花牌淡奶给洵美。直到 1948 年底，时代印刷厂中标，接到一份好生意——印制政府发行的公债券，洵美经济才略有好转。在这个时期，洵美和他幼时的玩伴张嘉铸（张禹九）、张嘉璈（张公权）以及叶公超、胡适常碰头。他们全是深交。虽然洵美跟胡适之间在战前曾一度因为文学上有一些不同观点，差点引发一场文学小论争，但时过境迁，彼此捐弃前嫌，亲密如前，时常聚在张家的俱乐部里打桥牌。印公债需要一批优质的纸张，而当时国产纸张质量不高，优质纸张依靠进口。正当洵美在为买高价的进口纸犯愁之时，他遇到他的中学老师陈秉章。陈秉章这时任政府公债司司长，他指点洵美：凭着印制公债的需要，可以向政府申请外汇，订购美国的新闻纸，成本可以大大便宜。洵美便去询问张公权，张公权那时是中国银行总经理，正是审批外汇的负责人。他闻言深感意外，说："别的出版社都来申请批外汇去外国订购报纸，你出版《论语》也需要报纸，怎么你从来不来申请？你来，还不是一句话!"洵美瞠然不知应答。洵美经营出版事业一生,却从来不明行业的行情,也不懂生意人的窍门,他从来不知走此捷径! 这一批美国新闻纸运达,不但解决了印公债之需,还从中赚到一笔钱,应付了一些时日。

那时物价飞涨,民不聊生。洵美在《论语》中的许多文章里有所述及。在第 147 期《我们的八字》中他写道:"有的说,自从政府命令废止旧历,改用阳历,我国四五万万百姓的八字都搅乱了:所以正经人会做出不正经的事来;大人们的行为和小孩子一般;大学教授会做三轮车夫;洋太太鸨太太都会参加竞选;人又会变老虎与苍蝇。命运之神不论用铅笔或是用算盘,这份账总是弄不清楚了。倒不如我们银行钱庄的职员,只要在数字后多加圈圈,答数可以完全准确。我并无新旧偏见,只知服从政府命令。竟然发现自己的八字虽极平常,而命运却和伍子胥几乎相同,过了一关又是一关;'高堂明镜悲白发,朝如青丝暮成雪'而已。"

逃 亦 有 道

在《论语》第 148 期的《过年与分娩》一段中,洵美说:"这一个年关居然又让我们度过了。但感觉上竟和没有度过一般,原因是法定的年关根据阳历;民意的年关根据阴历。两个月前,人民服从法律,过了阳历年关,也放了阳历年假。到了阴历年关,法律便也徇着人情,准许百姓去讨债还账……因此我们这批身背上有债务的欠户,便更像有了身孕的妇人;自从得胎怀孕,肚子便一天天高起来,分娩将近,恐慌日增,临到生产,痛苦万分;及至婴孩平安落地,一切的紧张便完全过去;小孩未及周岁,为娘的肚子却又有膨胀的可能了。"其后一期洵美不免联想到为《论语》写文章的诸位，也会因物价波动而受影响。他在《旺月与淡月》一段写道："说来也真惭愧，我做了这许多年的编辑与出版事业，到现在依旧不明白，写文章是否和做生意一般，也有所谓旺月和淡月。前几期正逢阴历年终与年初，先是大家急着过年关，后来大家忙着庆祝新年，我们不得不赶早集稿，提前出版……"

后期《论语》洵美的编辑随笔写得比战前更妙，形式从串联的一篇篇短文改为大块文章专题讨论；从委婉迂回的幽默文笔改为直率的讽刺。在他的手里，《论语》从"闲适文学"逐渐转为讽刺揭露国民党当局独裁和劣政的武器。当初这本幽默杂志创刊后在第3期刊出了同人合拟的办刊宗旨《论语社同人戒条》，充满着嬉笑揶揄，饱含幽默。到了1948年，第149期编辑随笔发表了《论语征兵歌》，明显地说明编者这时候更改了办刊宗旨。且看：

让我们在此高声喊叫：　老朋友！新朋友！

大家赶快磨起墨来，掮起笔来，　一同向共同的仇人拼命！

我们要放出"会心的微笑"，　"冷静的调侃"与"轻松的埋怨"。

去打倒一切没有妖法的精灵：　奖券式的政策；

即兴诗式的命令；　一定会实现的谣言；

一定不会实现的否认；　别人起草的演说；

自己也不相信的声明；　抄袭得来的文章；

硬逼出来的热情；　千篇一律的牢骚；

勿关我啥事体的抱不平。　我们从此可以静气平心，

去计算法币如何合美钞，　美钞如何合黄金；

去研究一个月的薪水，　可以换几粒米，
几粒米养活几个人；　去计划使老虎摇尾巴，
使苍蝇能逃命；　去拆卸自己与别人的
虚场面与空架子，　再加入我们论语的阵营。

这时国民党政权到了最后阶段，物价的涨势像脱缰的野马，法币的急剧贬值从《论语》半月刊定价的变动中可见一斑：第148期定价三万元，那是1948年年初；149期即改为五万元一本；159期已涨至七十万元一本；及到160期金圆券问世，每本售价为金圆券五角（法币是三百万元作金圆券一元的）；161期改为每本一元；167期改定价为六元；170期又跳到每本一百二十元之多；171期翻了一倍，为二百五十元一本；然后很快就到了四位数，174期变成金圆券一千八百元一本。175期为五千元一本。到1949年3月1日的第176期每本售价竟达三十万元。也就是在金圆券问世的八个月里，《论语》定价就翻了六十万倍！

物价飞涨，高压专权，民不聊生。《论语》的《编辑随笔》写得越来越像《人言》的短评。他的笔从幽默转向讽刺，乃至率性地调侃。他的《我们的八字》《过年与分娩》《夏日炎炎正好眠》《两个小统计》等文，明为叹自己的苦经，实际为老百姓抗议。他看透了当官的那套把戏，戳穿表面现象，揭露事实的真相。胜利后没有了外患，但国内战火连绵；统治区内变本加厉地实行专制，当局借"动员戡乱"之名，假民主真独裁；为了镇压革命死乞白赖地争取美援，假装民主学美国，设国代大会，竞选总统，洋相百出；官商勾结百姓吃苦，利用整顿金融，掏空百姓口袋，中饱私囊等等。

到了1949年春，长江以北几乎已全是解放军的天下，国民党败局已定。蒋介石把南京的总统府让给李宗仁，自己回浙江老家去了。一时间谣言蜂起，人心惶惶。政府要员、社会名流、有钱有势者都举家逃难。有的去美国，有的去日本，有的去香港，有的去东南亚，有的跟着国民党政府迁往台湾。没有动身的惶恐不安，或在计划出逃，或在讨论对策……洵美在《论语》第173期《逃难专号》发表了一篇《逃亦有道（复友人书）》，对南京当局势将土崩瓦解的趋向极尽讽刺挖苦之能事。也就是这篇文章刊出之后，《论语》受到当局的警告。洵美一再如此直言不讳地顶撞当局，自然也难逃惩处。同期还刊出《梁实秋逃难诗》：

> 岁暮犹为客，荒斋举目非；
> 炊烟闺室起，烛影一口微。
> 蛮语穿尘壁，蚊雷绕翠帏；
> 干戈何日罢，搁手醉言归。

编者（洵美）注：《论语》老友梁实秋先生已好久没有文章了。最近从另一位老朋友处得睹他作的律诗一首，如见故人，喜极欲狂。写此诗的时候，他正住在广州中大一教室内，实地写生，别饶风趣。细玩词句，亦是在逃难环境中。亟以录载《逃难专号》，也可以说是一个巧缘。

自1936年洵美执编《论语》起，除了逢新年，要出加多分量的"特大号"，他每隔一个时期就动足心思编一期专号。在他的手上编的专号题目有："鬼"，"家"，"灯"，"癖好"、"病"、"睡"；而在蒋家王朝覆没前夕，他竟冒天下之大不韪，敢于出这一期《逃难专号》。

洵美勉为其难地把《论语》出到第177期。在那期《编辑随笔》中他写道："在目前局势下，一者说话顾忌太多，一者对外交通梗塞，书不能发往外埠，许多刊物都停刊了。《论语》原也想休息一下，让我们预先歇息。但是《论语》复刊以来，从未停过，甚至没有脱过一天期，非至万不得已，不愿破例，所以还是继续出版。

"最近邮局发行单位邮票，《论语》的寄递也照单位计算。原来的篇幅，适巧超过了单位，因此减去四页，但是可以告慰读者的，从本期起，全部改用新五号字，质并不减，量也只减了页的量，字数的量并不稍减。

在这个时候编刊物，有种种难处。板了面孔论道，已有日报社论；专在女人身上找题目，又违反了《论语》的本旨。如篇篇标出幽默字样真正犯着讲故事先说出内容的大忌（见本期另文）。最希望《论语》同志大材小用，找小题目写大文章。行文遣词，雅而不俗，讽而不刺，谑而不虐。因为今世像曹孟德那样气度的人不多见，陈琳的侥幸，殊不可为训。

写文章不难，想题目为难，有了好题目，文思就会汩汩然而来。现在我们想到一个题目'懒'，请各位同志赐以大作……（笔者注：《懒的专号》没有出版。）

从本期起，我约请明耀五君助我主持编务，耀五本来是《论语》老友，过去也常有文稿供给。他在二十年前即与孙师毅君合创《泛报》，与《论语》宗旨相近，凭这一项资格，定可为我分劳。"

这是 1949 年 5 月 16 日出版的，主编已印上了明耀五的名字，邵洵美只作发行人。

然而这第 177 期却是《论语》半月刊而终刊号。政府勒令停刊，第 178 期未能问世。洵美摇着头说："我以前说过，只要《论语》一天不停刊，中华民国还是有一天的希望。现在看来，国民党无望矣！" 5 月 24 日上海解放了。

洵美在《论语》第 177 期虽然出了"逃难专号"，但他自己没有"逃难"。想当年日寇侵华，林语堂毅然离国赴美，据说是因为想起了洵美的祖父小村公的遗训而避居美国的。这条"遗训"的大意是："三四十年之内，必然要发生世界大战，中国将是被各国军队分割混战的战场，全国任何地方都不安全，不能照以往的，小乱避城，大乱避乡的办法。要避难只有到美国去最安全。"他关照子孙务必牢记此话云云。当年洵美在"八一三"前根本就不曾遵循祖父遗训去避难，更别说到美国去了，直到战争打响前四小时他才仓惶携家眷、工人从杨树浦逃进法租界。如今解放军即将打到上海，亲友纷纷逃难，他还是没有走。

他不是没有走的机会：胡适来访，特地送来了两张机票，邀洵美夫妇与他赴台。洵美表示感激，但他不能弃儿女于不顾，也不忍扔下厂里职工兀自一走了之。叶公超得悉，与海军司令桂永清协商，腾出半艘军舰，让洵美合家和印刷厂全体员工连同机器一并迁台。（笔者注：林达祖在《沪上名刊〈论语〉谈往》里说，是谢寿康送来的机票。2006 年 Helen Zia（谢海伦）来北京访我，采集有关邵洵美的生平事迹，后回美，将此事告诉她的朋友——美国华裔百人会的前副会长，谢寿康的儿子谢正刚。谢正刚是杰出的工程师，彩色复印机的发明人，中国南开大学的兼职教授。他特地来看望我两次。2013 年年初他病故前，我们一直有电信交往。那么，送机票的人可能不止一人，因为，我哥哥说，票是胡适送的。知名作家不一定桩桩事情都会写进他的文章。至于叶公超联系海军提供军舰的事，林达祖专门写出，当时联系的是海军司令桂永清，可见，国民党逃离大陆前派人力邀邵洵美赴台一说，并非空穴来风。）

洵美与佩玉商量再三，也谢绝了叶公超的盛情。洵美毅然留在上海，是有原因的。那是因为孙斯鸣受民主同盟领导人罗隆基之托，向洵美进言（孙斯鸣是光华大学毕业生。洵美当年代徐志摩在光华授课，孙斯鸣是洵美最喜爱的一个学生，曾一度执编过《论语》。孙斯鸣颇有文才，多少年来，一直是洵美所办各刊物的积极撰稿人之一。他也是罗隆基的得意门生）。罗隆基也曾与洵美见面细谈，还给洵美看中共的有关文件资料，向洵美解释中共对待知识分子的政策。罗隆基与洵美的交情是有渊源的：早先他是志摩的朋友，洵美与他共同编辑过《新月》月刊，可以说有多年深交的。后来，罗隆基与张澜被国民党特务拘捕，软禁在上海中西疗养院，获救之后，洵美曾秘密前往探望慰问。上海解放之前，洵美听到人们流传共产党的一些政策和做法，他也知道解放之后是无产阶级领导。想到自己这样的出身，他不是没有顾虑的。但是，经罗隆基与他一席深谈，便心中释然了。特别是罗隆基向他解释了共产党的统一战线政策和知识分子政策，使他相信：解放之后，在共产党的领导下，他，邵洵美，还是可以有出路，可以对人民有贡献的。或许是他怀着家园之恋，一动不如一静，他决定不走，等待上海解放。

解放前夕，我患了场重病——急性渗出性胸膜炎。这病来势很凶，一夜高热便神志不清，甚至小便失禁了。陈医生来为我治疗。急性期过后胸腔积水，久不吸收。后来按医嘱在中央商场地摊上觅得一种德国制的针剂 Rectol 静脉注射十针才豁然痊愈。我真是个多病的孩子！初一时害了场急性肝炎，人黄得像纸；初三又是颈淋巴结肿大，连连去照"太阳灯"才消退。这时患胸膜炎，陈医生预言：不到三十岁，我定会患肺结核。有位远房的姑婆她笃信基督教，在我病中常来看我，为我祈祷。不久，她在台湾的独生女临产，她来我家辞行，送我一双亲手纳的鞋底。谁也没想到，这么好的一个人竟会遭横祸：她乘上那艘据说因满装金条而超载翻沉的"江亚轮"，姑婆不幸葬身海底！

　　大病初愈，我在家休养。一天，玉姊想要买一种彩色的发夹，就带我去逛街。她说在国泰电影院附近地摊上见过。那个时候，内战形势急转直下，时局不稳，金融混乱。蒋经国在上海督导，法币换金圆券，黄金美钞折价收归国有。可是市面上黑市猖獗，满街尽是买卖"大头"、"小头"（指铸有袁世凯与孙中山头像的银元）的"黄牛"，手里的银元敲得叮当响。我和姊姊只顾低着头蹲在地摊边选发夹。突然，警笛声起，周围人群慌乱起来。从东头驶来一辆警车，"嘎"的一声停下，一队警察下车，拦在路口，即时戒严。这是在现今的淮海中路陕西路口，南北、东西方行驶的车辆一律停驶。人们都站在原地不敢动弹。我还没有明白发生了什么事，第二辆警车带着呼啸声又疾驶而来，也在路口刹车。令我俩目瞪口呆的是，车后推下一个五花大绑的罪犯，他的脚一着地，两个警察就上前架住他，他身后一个警察就朝他的膝窝蹬上一脚，还没待那人屈膝跪下，一支枪顶住他的后脑，"砰"的一声响，他马上扑倒在血泊里。顷刻间，警察全上了车，警车向西疾驶而去。不一会，第三辆车驶来，打破了凝滞的空气，车厢上有"普善山庄"四字，下来几个人，七手八脚把那尸体抬上车，车就开走了，留下十字路口地面上一大摊鲜血。这时，路人才都回过神来。我和玉姊吓得躲在人后，听人七嘴八舌地在窃窃私议，有的说那个被枪毙的是"银元贩子"，政府将其当街枪毙，是杀一儆百，有的说那个人是"共产党"……交通又恢复了，只是来往车辆都避开那摊血，车厢窗口有人伸出头来看，张张面孔都是惊恐慌乱。马路上又恢复了刚才的嘈杂，叮叮当当的银元又敲响了。我和玉姊面色苍白地回了家，向家人述说那可怖场面。哥哥和元叔回来，也分别述说同样的经历，只是地点不同罢了。

　　那个时候钞票贬值之快，真是"早晚市价不同"。妈妈也曾叫我跟着老阿妈去排队挤户口米。衣裳的肩膀处写上号头，那滋味真不好受。

　　风雨也飘落进人称"象牙塔"的中西女中。在我害那场病之前，"中西"也发生过一些不寻常的事件。那一年学生会改选，我被选任分管"拾遗部"的副部长。这工作无足轻重，原只是负责保管同学拾得上交的物件，却锻炼了我担负责任、为群众办事的能力。学生会工作是在老师指导下进行的。然而，有一次例外，学生会会长通知我到她家里开会（记得她姓罗）。才坐定，一个不是学生会干部的同学急匆匆进来，她个子高，但很瘦，面色憔悴，穿得很臃肿。一进门就脱下她那长及膝盖的大棉袄，从棉袄里层的大口袋里拿出一沓书递给大家，说是从交大取来的，我也分得一本。她们嘱我回家再看，不要借给别人。然后我们开会，会议的决议是：在校内发动罢缴学费的风潮。我们都要在缴费的那天堵在校门口，劝说同学不要缴纳学费。因为学费涨得太多了，大家缴不起。我回到家，取出那本秘密传递来的书，白色封面上印有一行红字，书名叫《论联合政府》，纸张灰黄粗糙，极易破损，作者是毛泽东。当时我很闭塞，从没听说过毛泽东。翻了翻，见是我不感兴趣又看不懂的政论文，就递给哥哥。哥哥一看，大惊失色，说："你哪里弄来的？这是禁书啊！看这书要杀头的！"说完马上将书扔进厨房的炉膛里。这是我第一次听说有要推翻政府的解放军和共产党，他们的领袖叫毛泽东。到了缴学费的那一天，我虽然口袋里揣着钞票，但还是服从学生会的决议，没去缴费，而是跟着其他学生会干部站在门口，劝说同学和学生家长不要进去缴费。但大多数同学不理解这个抗议的意义，家长们根本不理会我们。后来这个风潮不了了之，大家还是乖乖地去缴学费。听说有一个同学没再来校上课，不知这是她的抗议行动还是学校对她的处罚。事后我被老师叫到她房间里去训了一顿。那次风潮是失败了，但是象牙塔的门被推开了一条缝……

北平和平解放了。校园里又有了骚动，原来有鸿雁飞进了"象牙塔"。一个在北平工作的原"中西"毕业生，姓胡的，给她在校的妹妹写了一封信，信里描述了解放了的北平的情况。那妹妹把信贴在布告栏里给大家看。布告栏前挤满了叽叽喳喳的同学们……一个傍晚，同学带我到"美童公学"（American School）去参加一个集会。大操场里全是上海各校的学生，一群群，一队队。有人在临时搭的台上慷慨激昂地发言，一个接一个地……忽然一阵骚乱，灯熄了……后来一个高大的青年手持火把，跑步入场，许多人都跟着他跑出校门到马路上去了。听说那是大学生们组织的"反饥饿运动"，真是山雨欲来风满城。

一天，家里出了事。哥哥被警察抓走了！妈妈惊慌失措，连连催爸爸想办法。原来哥哥在大学里加入了一个反蒋的社会组织——"知行学社"，那似是共产党的外围组织，负责人名陈健夫。哥哥被警察局传讯。后来因为查不出具体事实，没两天就放了回来。

5月23日，有消息说，解放军已迫近上海西郊。兵临城下就怕巷战，我家住沪西，弄口那条林森中路是上海市自西向东的主干道，是进城部队的必经之路，估计也是市内巷战时两军可能发生接触的地盘之一。我爸妈、哥哥和元叔急急商量，爸爸说，听说解放军军纪严，不怕大部队路过殃及，就担心战败的蒋军的散兵游勇来骚扰，也怕流弹误伤，家里女孩子多，不安全。于是决定元叔和哥哥留守在家，其余的人全都到姑妈家去避乱。姑妈家屋子空着，在南阳路，不是主干道。临时开伙，厨房活忙不过来，我帮老阿妈洗碗，这是我有生以来第一次摸油抹布。果然这一天两军交锋了，但枪炮声不似预期那样密集。半夜醒来，万籁俱寂，忽然，马路上有许多脚步声。听到爸妈轻声说话，我见他俩躲在窗帘后在朝外张望，我也走去看了一下，但见路灯熄灭，淡淡的月光下人影憧憧，是部队经过这里。第二天，听说进城的部队没有惊扰百姓，他们是在人行道上过夜的，上午我们就都回家了。解放军部队确实从我家前面那条马路开过。哥哥说，只听到稀稀疏疏一些枪声炮声，隔壁弄堂的围墙上留了几个枪眼。上海，平平静静地解放了。

别了，《时代》！

上海解放了，马路上人山人海。我和玉姊也挤进路旁人丛中观看。游行队伍高举红旗，大红横幅上写着"庆祝上海解放！""中国共产党万岁！""打倒国民党反动派！"等等。前面有锣鼓队、秧歌队、腰鼓队……后面的人群举着纸做的红红绿绿的标语牌，喊着口号……到处是人的海洋，旗的海洋，到处是震耳的锣鼓声、口号声。路边的群众也激动地举起手，跟着呼口号。游行队伍一拨接一拨，没完没了似地由西向东拥来，等到队伍走完，我和玉姊回到家，已经下午一点了，妈妈还没回来，到三点多她才到家。她兴奋极了！原来她一个人，一路看一路跟着队伍走。她向我们描述看到的场面，笑着说："我一直跟着走到跑马厅，一点也不吃力……"

有一天，突然拉起警报。飞机来袭，有炸弹落下，听说落在发电厂附近。人们在说，那是美国飞机。妈妈急忙找出黑布窗帘挂上，所幸仅此一遭。这大概就是后来书上说的"二六"轰炸。

路上的人改穿"列宁装"的多了，那是那个时候的时髦服装，上下一套深蓝色的制服，上装有个大翻领，束一根同样布的腰带，还戴顶同样的布帽。别的方面似乎一时还看不出有什么不一样。

快开学了，小静来找我。她是我最要好的同班同学。她约我一道去学校。我很为难，因为家里经济紧，"中西"的学费一向比别的学校贵。第二天她来，说校长同意给我一半助学金，但我上学期脱课，又没参加期终考试，要补考三角和英文，叫我去补课。这次补考实际上是走过场，我轻易地升到高二。

五叔回来了！他原本是个"附敌分子"，抗战结束他就不见踪影了。现在，他倒又回来了。他披着解放军的棉大衣，身材魁梧挺有风度。当时爸爸不在家，他潇洒地快步登上二楼，上楼就拨电话，大声地说这说那。原来他早在抗战后期，就接受了新四军的策反，决心弃暗投明，用支持民族抗战的实际行动，洗清自己的附敌罪孽，而且的确有立功表现。现在上海解放了，他也回来了。五叔含笑拍拍我的脸颊说："啊……三毛头，黄毛丫头十八变啊，长得这样标致啦！你五婶婶还有很多首饰，将来给你作陪嫁。"我没吱声，我才不要他的财物呢！

学校里开设政治课了。我这才懂得，人是分两类的：一类是剥削人的；另一类是被剥削的。通过学习，人人要弄清自己的"出身"和"成分"。我的"成分"是学生。"出身"则按爸爸的成分写。在我们家乡余姚，爸爸有许多许多土地。爸爸会被划成"地主"吗？可是我家从来不以此为生。我常听妈妈说，义庄的会计总是年终"只送账本，不送钱来"。妈妈说，你爸爸好大方！该拿的钞票不拿，总是去贴给小学。爸爸能算地主吗？如果爸爸是地主，是要被拉回家乡去挨斗的。我好害怕！我又想到，爸爸在上海开厂，开书店，虽然多数是赔本生意，但他是老板，那就是"资本家"了！我心里惴惴不安。后来才知道，在余姚，我们有位远房的长辈，他是义庄的庄董，爸爸称他为"叔公"的邵之炳。听说他是中共地下党员，"三五支队"的。余姚解放之后，由他经手，把义庄的土地，连同爸爸名下的土地，以及康节小学，一并捐献给当地政府了。康节小学后来则与相邻的一所小学合并，改名为"阳明镇第二中心小学"。当地军管会委任邵之炳为校长。爸爸没有被划成地主，而是被划为"工商业主"，我松了口气，明白共产党是实事求是的。

有一天，爸爸对我说："等一会有一位客人来，他叫夏衍，现在是上海市委宣传部部长，他是我的老朋友，过去写过好些书，好些剧本，像《赛金花》《上海屋檐下》等等。我办金屋书店时，也给他出过书。他原来的名字叫沈端先，很熟的……他来了，你请他先坐下来，就上来喊我。"不一会，客人来了，是位中年男子，身材瘦削，文质彬彬，很和气。爸爸下楼来，两人一见热烈握手，谈了很久。这位夏伯伯后来跟周扬又一起来过我家。听哥哥讲，他们是专程为毛泽东那本《论持久战》的英译本来的。那是在上海的租界尚未沦入日军手时，那篇文章的译文先是在那本 *Candid Comment* 连载，后来爸爸张罗出版了单行本，毛泽东在延安专门为单行本写了篇序言，派人送来，爸爸将它译成英文附在文前。夏衍和周扬为了这本书，上海一解放就找到我家来。他们取到这本英译本十分高兴，佩服我爸爸在当时的严峻环境下的胆识。可是，毛泽东亲笔所写的那篇中文序言却已被焚。那是因为解放在即，白色恐怖下，爸爸担心会有人来抄家。他之所以敢于把那英文本保存下来，是因为他想来抄家的人不一定识得英文，于是他就把这本小书塞进书架里英文书的夹缝里。序文原件焚毁，让夏、周二人感到十分惋惜，因为那是历史性的重要文件的原稿，无法弥补。但是，在那个历史条件下，爸爸如此做，也是迫不得已，他们是可以谅解的。

夏衍和周扬也关心地问我爸爸自己有什么打算。爸爸提出想到复旦大学去教书。经过他们和有关方面联系，复旦大学外文系非常欢迎爸爸去任教。但是高等学校体制规定，根据我爸爸的学历，不够任一级教授，只能任二级教授。爸爸当时想，在高校任教的几位朋友大都是一级教授，当年自己代徐志摩去光华大学授课，拿的也是一级教授的工资。自己素有名望，不肯屈就。他就把自己的心思仍旧放到办出版上。他觉得，写作、出版更自由，更能发挥自己的所长。

夏衍那天一个人来访，是来跟我爸爸磋商发展人民的出版事业。爸爸拥有的那台影写版印刷机过去印制的画报效果非常好，国内远近闻名。当时全国就这一部影写版印刷设备，国民党撤离大陆时，想要把这部机器搬往台湾，特地托人来劝说洵美。现在人民政府要收购这台印刷机，印制《人民画报》，还要连带厂里全班技术人员一并迁往北京，成立北京新闻摄影局印刷厂。报酬是可折合美金五万六千元的金额，因为当年爸爸从德国购此印刷机时，原价就是五万美金；而那六千美金是后来添置照相架和三原色滤色玻璃片等辅助设备的。这买卖由漫画家丁聪经手。爸爸得此款后付给元叔五千美金，作为他历年来任时代印刷厂经理的酬谢。爸爸是极其不情愿卖掉这爿厂的。因为它是伴随他兴办出版事业的见证。这部机器是中国独一无二的，是爸爸一直引以为傲的，爸爸舍不得卖掉。可是，在夏伯伯再三的劝说下，他终于同意了。因为他转念一想：自"八一三"来，这部机器在自己手里，生意一直不好找，闲置的时间多，不曾尽其所能发挥效用。若是到了政府手里，可以有更大的作用，应当放弃自己的私念，让它为发展中国的印刷出版事业起一份推动的作用。令我惊讶的是，在爸爸的一生中，无论是他的爱好，他的作品，他的友人，他的事业成就，他的历险故事，乃至于他艰辛投入半生的出版事业画上句号，都跟漫画家们有关联。五十年后黄苗子回忆："《时代画报》《时代漫画》和《万象》对中国漫画的发展起很大的作用。漫画的发展也影响到绘画的发展。如果没有洵美，没有时代图书公司，中国的漫画不会像现在这样发展。"我想，也可以这样说，如果不是那样的时代，如果没有那样的一批才华横溢的漫画家，就不会有《时代画报》《时代漫画》和《万象》。如果没有那批漫画家朋友，邵洵美的一生不会有那么多的精彩。

1949 年年底十三名技术工人和设备迁京，那珍贵的网线版则由丁聪随身带着登火车北上。正是以原来上海时代印刷厂的设备和技术力量为基础，到 1990 年，已发展成拥有一千多名职工的北京新华彩印厂，为国内外培训了许多专门技术人才。（笔者注：2006 年，当年迁京的时代厂工人通过报刊与笔者联系上了。那十三人还有六人健在，当时最年轻的三名学徒也已经年过古稀。笔者与他们相聚，无比欣喜。听他们回忆上海解放前在时代厂的情况，听他们历数解放后时代厂迁京前后的种种故事，明白了时代厂易主的经过，以及为什么我们全家迁居北京的缘故。）

他们谈到 1949 年 5 月，上海解放了。解放没几天，军事管制委员会就到时代印刷厂门口贴告示，随后，市文化局局长带领军管会的唐泽林和两名解放军战士进厂，召集全厂职工，宣布对时代印刷厂实行军管，并留下唐泽林作为军管会的全权代表，和两名解放军战士驻厂进行调查。当时大家都很纳闷，一个个都没有吱声。邵洵美听说自己的厂被"军管"，感到诧异。可是，刚刚解放，也弄不清是怎么一回事。他嘱咐经理盛毓贤跟职工们打招呼：厂里不能出乱子，要听从军代表的安排，配合政府调查。驻厂调查持续了一个多月后，宣布撤销军管，大家这才松了口气。未几，时任上海市宣传部长的老友夏衍拜访邵洵美，请他割舍时代厂那套设备，因为人民政府要出版第一流的《人民画报》。具体代表人民政府来洽谈这笔生意的是负责《人民画报》的漫画家胡考、丁聪和郑正清（胡考和丁聪是邵洵美的老友）。经理盛毓贤代表厂主与他们洽谈了近三个月，1949 年 8 月才敲定了卖价，签订协议，预付定金。老工人说，虽然自解放到 8 月，厂里没有生意，但邵洵美一拿到定金，首先考虑工人的生活，8 月工人就拿到从 5 月补发到 8 月的四个月工资。原定 8 月里机器就要拆卸装箱运往北京的，不料，北京新闻摄影局秘书长来厂通知："且慢拆机器，还有个任务呢！"原来，在北京，全国总工会和新闻摄影局两个单位相邻，都是熟人。一解放，全国总工会画刊社副社长陈勃就急着要出版《中国工人画刊》。他在北京四处找不到条件好的印刷厂，特地来上海。他正好碰见新闻摄影局的胡考和郑正清，一听时代印刷厂已经卖到了他们手里，不日就要迁去北京，急得马上去找领导商议，让他抢在机器装箱之前印出这本画刊。新闻摄影局的几个一商量就同意了。因为机器是买下了，但对它目前的性能心中无数。印本画刊要推迟运往北京的时间，不过，通过印这份画刊，倒正好可以全面检验机器的质量和工人的技术。厂主邵洵美很支持这个做法。本来印这么本画刊也用不了多少时间，可是，画刊中列出二十多位中央领导人照片的排位，必须送审中央批准，而且必须等待 10 月 1 日举行开国典礼的照片等资料。这是历史性的大事。于是便多耽搁了一些时日。

就在印制画刊的最后一版那天，出了一桩大事。当晚，盛经理安排好工作，印刷机要加班，印完最后一块印版，明天整个《中国工人画刊》印制任务就结束，他嘘了一口气："印完就可以拆机器了。拆好，装了箱，就没我的事啦！"他安心地离厂回家。不料晚上七点左右，突然，一声凄厉的叫声盖过了隆隆机声。紧接着，几个声音喊出："停机！停机！"印刷机的电闸马上拉下了。在旁的崔文云看见当班的工人姚骏云的手压进了机器，就大声叫喊："出事了！机器压手了，快来人啊！"机房外的人听到惊喊都迅速赶来。一看，大家都惊呆了……姚骏云的右手，连同手腕、手臂都卷进了滚筒，鲜血直流。几个人冲到小姚身边扶住他。"快放下压力滚筒！快放下压力滚筒！"他们一面护住小姚的手臂，一面小心翼翼地把小姚的手从滚筒下面慢慢地退出来。但是，那只手和手臂，连骨头都给压扁了，小姚残废了！当时在事故现场的陈勃和北京来的代表镇定地指挥，打电话叫救护车，同时叫人通知厂主和经理。这边厂里，工人们赶紧清理机器，继续完成画刊最后一版的印制。《中国工人画刊》创刊号上的出版日期是 1950 年，事实上，它是 1949 年 11 月出版的。）……那边上海沪东医院手术室里，院长亲自为小姚手术……小姚面色苍白，熬住了痛，望着围在他病床边的师傅和领导，平静地说："谢谢你们救了我！……我这只手坏了，还有一只手呢，还是可以为印刷事业作贡献的。"当时小姚只不过十七岁。他虽然失去了右手，但他没有失去信心。上海市总工会和青年组织前来慰问；《上海青年报》、《劳动报》记者前来采访。陈勃在北京《工人日报》整版报道姚骏云同志，赞扬他意志坚强，把他比作苏联的"无脚飞将军"。时代印刷厂建厂以来从没有出过这样的工伤事故。虽然厂里机器已经卖给北京，邵洵美不再是老板，他还是很关心小姚，让盛毓贤支付了医院一切费用，并为小姚定制了假肢。

1949 年底，时代厂的十三名技术工人随设备北迁。先是在宣武门的城墙脚下新华通讯社隔壁——国会街 50 号建厂。听说那里原是北洋政府的驻地，后一度为北京大学第五院旧址。那台影写版印刷机就安装在过去的"参议院"的大厅里。那儿还安装了一台从东北运来的日本人留下的影写版对开机。但是那台机器毛病太多，没有能投入生产，是一台废机。只有时代厂的这台机器承担黑白图片的全部印刷任务。厂名初定为"北京新闻摄影局印刷厂"。当时来京的原时代厂技术员工十三人的分工如下：照相——王根林，林志荣，何平（何顺德）；修版——缪骥良，周永照；晒版——沈有生；制版——萧杏荪，贾福权；磨镀——崔文云，曹连洪；印刷——王相如；林德钢、姚骏云也学会了修版。在北京影写版叫做"凹版"。他们并没有工程师指导，只是各人认真负责地完成自己的一份工作，保证了产品的质量。他们十三个人托起了一片厂。来北京后厂领导对他们都很关心，三名学徒技术上得到悉心培养。姚骏云虽属"三级残废"，但他年轻志高。一只手干不成印刷，便改学修版。他坚持单手操作，用他一只左手修版，苦练基本功。修版需要会绘画，他便去工人文化宫学美术。后来，他成为十分出色的修版技师。周永照也非常爱钻研，除了做好修版工作，他专攻"珂罗版"，印出的东西可以乱真。1956年他调到印刷研究所，后来到文物印刷厂。1984年《北京晚报》专题报道，题为"愿叫名画入万家——珂罗版工艺的探索者周永照"。1985年退休后，国家文物局委派他十几年里多次去敦煌，专门研究敦煌壁画的复制工作，成为彩色珂罗版印刷方面的专家。何平是当年年纪最小的一个，但他是大师兄（先进厂为大）。他勤劳肯学，师傅们都喜欢他，喊他"小郎"。谁都在忙时喜欢喊他去搭个手，所以，何平有机会学到各个工序的活，掌握的技术比较全面，成为我国第一批凹印制版工程师，曾先后任凹印车间党支部书记和生产科长，培训了好多徒弟。九十高龄的沈有生见到笔者感慨万千，他说："我解放后到北京，领导培养，后来担任凹印车间主任。年轻时我是你家的厨子啊。你妈妈心好，说，年轻轻的做厨子，太可惜了，去厂里当工人吧！这样，我就进了时代厂，才有了后来这么好的日子。"他们谈到，由上海时代印刷厂——北京新闻摄影局印刷厂——北京美术印刷厂——北京新华印刷厂北厂——北京新华彩印厂，印刷厂近六十年几经变化，由小到大，着实不易。可以说，他们经历了凹印技术在新中国发展发达的全过程。他们培训了国内外许多凹印专门人才，是培育这一品种开花结果的开垦者；他们见证了这一段可贵的历史。

这六位老工人坐在一起追忆邵老板。曹连洪初进时代厂，为送货，给他部新自行车。不料停在门口的车被偷，他焦急万分。邵老板一点不责怪，马上给他再买了部新车。他体会最深。因为邵老板自任《论语》杂志编辑，编辑部设在杨树浦的厂里，编辑部的林达祖常常要把稿件送给邵老板看，也要派他到沪西老板家去取写好的稿子，有一次突然大雨，曹连洪怕稿子被雨淋，塞在衣裳里，到邵家，衣裳淋得湿透，邵老板先不看稿子，马上叫保姆去拿他自己的衣裳给曹连洪换下，并亲自倒热茶给曹连洪取暖。还有一次，他送了稿子要走，邵老板有事也要出门，两人就一起坐三轮。到了外滩，曹连洪下车换电车回厂；却见三轮调头往南走。他心里一热，原来邵老板是特地送他到这个公交站头。在三轮车上，邵老板听他说家庭很穷苦，后来就关照经理，逢年过节给他十块钱接济。三名当年的学徒过去和老板邵洵美接触不多，但每年春节，都能看到老板来厂里给大家拜年。他们说，刚解放，厂里没有生意，老板没有解散他们，而是供他们饭食，还给零用钱。老板自己也困难，可是一有活，就给工人补发工资。他们以前听老师傅谈论邵洵美的事例，觉得他很像《水浒》里的柴大官人，待人宽厚。他们称道邵洵美为中国印刷出版事业所作的贡献。他们赞誉邵洵美目光远大，在日本侵略者已经觊觎我国领土，发动"一·二八"事件之后，他居然还拿出自己仅剩的财力，买进这一套印刷设备。他是预见到了这套设备具有发展我国印刷事业的潜力的。斯人已逝，但老工人对他心存感激。

有了卖印刷设备的这一大笔款子，爸爸兴冲冲地要扩大书店。于是在四川中路南京路口，设了个门市部。书店是合资经营的，由我爸爸与顾苍生伯伯以及浙江第一银行两位副理（蒋仁源和一位姓张的）合股，元叔也算一股，股金是我爸爸出的，每人一股，投资额为人民币六百元。时代书局出版社的社长请圣约翰大学教授陈仁炳担任，总编辑是孙斯鸣，他们二人都是民主同盟上海市的负责人，副总编辑为顾苍生。书店门市部经理为孙汝梅，总经理与副总经理名义上是蒋、张两银行家。为了适应新时代的需要，书店出版了苏联获斯大林文学奖的翻译小说（"小说丛书"）等等。又为了要出版马列主义的书籍，爸爸特地请过去《现代》杂志的编辑汪馥泉的儿子汪新泉来编辑部，帮助编辑"时代小丛书"，兼做校对工作。这父子二人都是面色又黄又黑，头发蓬乱，不修边幅，香烟一支接一支的抽。时代书局果然由他们编辑出版了不少马列主义的书籍。编辑部借顾苍生律师事务所办公室工作，也在四川中路。

那年，我正读高二，学校放寒假前，有一个下午，英文课后我们要去交谊厅上音乐课。为抢占前面的座位，同学们争先恐后出教室。下楼时你推我搡。我那天正好穿着新做的皮底棉鞋，被后面的同学一推，脚底一滑，跌坐在楼梯的转角处，当时就疼得站不起来，同学小秋见状来扶我。我一瘸一拐地走到交谊厅。课后起身，竟不能行走，只好请假回家。

妈妈带我去看一位西医，据说那位麻脸的骨科专家留过洋，很有本事。医生为我拍了一张骨盆 X 光片，又介绍我去肺病疗养院拍胸片，没有查出什么病，诊断是"扁平足"引起的疼痛，让我定做了双"平足皮鞋"。可是，穿上那矫正鞋走路更难，不但胯部更加疼痛，连带小腿也疼得受不了，几乎寸步难行，我只好休学。

刚过元旦，爸爸携全家移居北京，他打算在北京开设时代书局的分店。另一方面是因为影写版机器搬到北京安装好后要试机，必须有老板在场。当时，时代书局出版了许多书籍，数量上甚至超过解放后才在上海开办的国营的新华书店（当时新华书店也出版图书）。这是我第一次坐火车，很兴奋。腊月里的北京城寒风刺骨，沙尘扑面。我们一行到西交民巷中国旅行社暂宿，全家十人，还有原来厂里的老陈（职员陈济严）。此外，许国璋的太太黄怀仁也与我们同行。许国璋赴英深造，行前托我父母照顾他的太太。许太太中文根底好，写得一手好字，爸爸介绍她去上海某图书馆工作。这次跟着我们北上，是来跟即将归国的夫君团聚。

在旅行社暂住期间，爸爸跟老朋友们恢复了联系，不少友人来访。一天，画家叶浅予来。他的画我见过。在他笔下，戴爱莲的舞姿活灵活现，腰杆似在扭动，衣裙随风飘舞。这是我第一次见到他。爸爸把我叫到套房，向他介绍说："这是我五个女儿中顶标致的一个，叫小红……"我腼腆地朝他笑笑，躲进里房。

大约一个多星期后，我们住进了北京的家，景山东大街乙一号。那是一处幽雅的住宅，小小的庭院郁郁葱葱。那里离故宫不远，屋子有一面的窗，推窗就可见著名的景山。那就是闯王李自成带兵马攻破北京城时，明朝的末代皇帝崇祯走投无路时自尽之地。景山上那棵皇上悬挂白绫的树而今是游客瞻仰的一景。这宅子只有一间大卧室，我们姐弟和许太太挤在一室；有间封闭阳台，作为爸爸妈妈的卧室。饭厅和客厅相连，倒挺宽敞。哥哥和老陈权且在大门边一间房里睡。这房子说是西式平房，却又有中国古典装饰：客厅和饭厅交界处有道梁，点缀着红木雕空的图案，客厅有面墙有个窗洞，也有雕刻装饰。妈妈从旧货店挑来的家具正好与之匹配，也是中西合璧的：客厅里有沙发，却又有一套镶嵌大理石的红木台凳，那张台子状如一片海棠叶。临时凑成的客厅不中不西。我们没带老阿妈来，幸而玉姊平日里就喜欢在厨房里倒腾，她自告奋勇去做饭。妈妈则忙着用煤铲子刮除抽水马桶里的陈年积垢。她可是从来没做过这样的粗活，但为了全家人生活舒适，她花了个把小时凑在那又臭又恶心的马桶边。生活终于安定下来。画家丁聪来访，爸爸叫他小丁。他父亲丁悚也是画家。后来悲鸿伯伯等好多爸爸的老友都曾来访，可惜我已住进医院，无缘见到。

我的病是在大年夜发作的。第一次在北京过年，全家人去北海看焰火，上海人从没见过放焰火。我行走不便，只好在家看门。姊妹们回来有说有笑，手舞足蹈地向我描绘焰火之美之奇：有的竟能变出字的，还有，变出个孙悟空在夜空里蹦跳的……这一晚上，我咳得厉害。妈妈给我止咳药，没用；叫我含上一块糖，也没用。痰直往上涌。不，那是血！喉咙里好痒，我止不住咳。咳了就吐血，一夜，咳出半杯血。

第二天，妈带我去医院。同时为了看我的腿疾，我们去那个骨科有名的"中和医院"，在西四。玉姊陪着，挂了号，在候诊室等。候诊室里病人很多，很热！我们南方人不晓得北方的冬天屋里竟是那么热！我热了就咳，咳了就吐血。脱下了海虎绒大衣，脱下了丝棉袄，就剩下绒线衫还是热。我不住地咳，不住地吐出一口口鲜血……看我咯血这么严重，玉姊急得晕过去了。护士赶紧叫医生来抢救，她一会儿就好了。我被送进了病房，打了针。病房不那么热，我也不那么烦躁了，咳渐渐压住了。那是头等病房，独用浴室。病房里还有供陪床人休息的小床，妹妹们轮流来陪我。她们成天呆坐一旁，太寂寞，不想来。我说，没关系，我一个人住院挺好，我不害怕孤独，只觉得新奇，住院挺好玩的。

胸部和髋部的 X 光片报告出来了，骨科主任孟纪懋约我爸爸谈我的病情。孟主任是北京最棒的骨科专家。他跟叶浅予长得有点像，一样的洋气，挺有派头，上唇蓄须。听到孟主任说我患的是肺结核，爸爸惊恐得脸都扭曲了。他生气地说："什么？我的女儿怎么会得 T. B. ？"孟主任耐心地给他解释：住校生群居极容易被染上的，并安慰他，我患的是第一期 T. B. ——局灶型，只有墨水瓶盖大小一块病灶，正好病变损伤了一根血管，才引起咯血。目前还是早期，真是运气！不然，T. B. 病变在肺里发展，一般没有感觉，等到出现明显病状，就已经严重到第二期了。骨盆摄片显示我的左侧骶髂关节有结核性病损，叫做"结核性骶髂关节炎"，正是跌那么一跤，使结核菌进到那个受外伤的部位。必须先治疗肺结核，待肺部结核停止活动之后才能作手术治疗。爸爸听后用凝重的眼光看看我。

我并不丧气，也不担忧。那时我才十七岁，不懂得医学。咯血止住了，我也没有什么不舒服，只是医生不准我下床。医院生活既陌生又新鲜。我跟骨科的实习医生张医生成了朋友。他朴实，温和，看得出是个很能自制的青年，一口北京话。我问他什么是结核病，他就从病理科为我捧来一只盛放浸在福尔马林溶液里的结核病组织的病理标本缸，指给我看病变所在的变化。他讲了许多医学名词，中文的，拉丁文的，全是专业术语。我极感兴趣，又问他其他疾病的有关知识，他有问必答。我竟像医学院的学生那么用功地向他学习。他告诉我 T. B. 病人的治疗有哪几种，病人应当怎么注意营养和休息等等。他又说，他老师讲过"红颜多薄命"，那是指年轻的姑娘最容易患 T. B. ，患了 T. B. 就面颊潮红，看起来很美。他以林黛玉为例，说患了 T. B. 应当积极治疗，多愁善感于病不利……接着他又说到，美丽的姑娘会一辈子受爱情与婚姻问题的困扰。我漫不经心地朝他笑笑。他很忙，为了免得我无聊，借给我一只军用望远镜。我饶有兴趣地摆弄望远镜，调节焦距，看窗外来来往往的医护人员和病人。我又朝医院大门看，啊哈！对面马路竟开了一爿棺材店！真是挑了好市口！一天，医院里敲锣打鼓，人声沸腾，原来是卫生部长李德全（她是冯玉祥将军的夫人）来接收这个医院，医院改名为"中央人民医院"。通过望远镜，李德全的面孔我看得清清楚楚。她短短的直发，身穿列宁装。

爸爸通过朋友打听到上海最棒的骨科专家是叶衍庆。元叔来北京接我回去，哥哥一同南返。叶衍庆是个胖胖的老医生。在他的私人诊所里，他为我庆幸地说："你真是运道好！现在中国有了链霉素。要不然，你生的这种病，一百个病人死一百个。'结核性关节炎'就是中国老百姓叫'穿骨溜珠'的，一处害了会蔓延……"他让我住进了他兼职的仁济医院。那是圣约翰大学的附属医院，叶衍庆在那里当骨科主任。我住进了二等病房。叶主任来查房，主治医师、住院医师、实习医师、护士长、护士跟了一大串。病室里只能进几个人，别的都站在门外，没人敢出声。主任查房是查病人，也查医护人员的工作，叶主任总要讲一大通，同时也考问周围的医生，从国内外统计资料到疗效分析，从最新报道到个人心得……我很佩服他学问的渊博，经验的丰富，对医疗的认真，对学术的钻研。站在室内的医护人员听得最清楚，有的低头记笔记，但仍难逃主任的提问。有一次他递给主治医师吴守义一本洋装书，厚厚的，限他两个星期读完。我的住院医师吴生一别转头轻声对人说："嗯，读过了，主任要考的！"有一次，叶主任当面批评一位医生，指出："做一个医生必须有 professional honest！"那就是说，要有医生的职业道德——医德。这句话一直留在我的脑际，终生不忘。

在仁济，医生仍是不准我下床。我的鞋被没收了，我只能躺着，读报，看小说，写写信，轻声地哼哼歌，一天天的消磨时光，自得其乐。

爸妈带着孩子们也全都回上海了。爸爸不习惯北方的气候，老是发气管炎，常发烧。玉姊的哮喘病也时常发作。虽然在北京，爸爸的不少老朋友像徐悲鸿、沈从文、罗隆基、胡考等都时相往来。然而，爸爸心情很不好。妈妈只好舍弃那个好不容易才布置舒适的家返回上海。

爸爸原是想到北京去为时代书局开分店的，也找到出版总署的负责人徐伯昕谈过。徐伯昕过去是韬奋的生活书店的职员，生活书店关门，是我爸爸出资帮助善后的，所以跟徐伯昕熟识。徐伯昕一口同意帮助我爸爸在北京开分店。正当爸爸兴高采烈，着手做准备的时候，时运突然逆转。就在我住进医院不久，《人民日报》开始向我们的时代书局开火。那时《人民日报》发行四版，每天以半版以上的篇幅载文批判上海时代书局的出版物，一连数天。批判的内容：其一，批评书局出版的苏联文学著作的译文粗制滥造，错误极多（我爸爸不识俄文，当时赶着出书，没有注意把关，这是他得承认的过错）。其二，出了本汪馥泉翻译的书，是当作马克思主义经济学的经典著作出版的，没想到原是"托派分子"，时代书局公然出版"托派"的著作，宣扬托派思想，在当时真是非同小可。爸爸一俟解放就继续办文化事业，心想出版方向要转得快，赶紧出版马列主义书籍以适应时代的需要，不料还是棋差一着。与此同时，上海方面出现了危机——集中批发上海版图书的新华书店对时代书局的出版物大批退货。这样一来，书局蒙受大量损失，无法维持下去。

在这个时候，周恩来总理出面，提出处理方案，通过罗隆基与我爸爸谈，意见是：上海时代书局如能改组，他可以帮助解决困难。条件之一是——时代书局与政府"合作经营"（即公私合营）；二是——社长由党委派。爸爸对第二个条件持保留意见。

如果撤换社长，他如何面对老友！爸爸素来把朋友交情看得比自己利益还重的，他不肯负人！这件事由元叔回上海跟合伙的各位商量，那两位银行家不同意与政府合营，宁可书局关门。如此，时代书局就解散了。爸爸一生执着经营的出版事业至此画了句号。他很懊悔，犯了这样大的错！他一心要适应新社会，想为发展新文化出力，出版人民急需的书，向读者介绍苏联文学与马列主义。然而他只知其一，不知其二，根本不知道苏联共产党里有"托派"，是苏联人民的敌人。但他更想不到，半个世纪以后，苏联为托洛茨基派彻底地平反了。过去，他办《论语》，请林达祖合编，是知人善用。这回，他却栽了大跟斗。好一阵子他都闷闷不乐。

刚解放，他对自己继续办出版事业颇有雄心，跟书店同人商讨适应新时代的需要，从 1949 年 11 月到 1950 年，就出版了大量书籍：有陈仁炳的《论人民民主》、杜宇的《共产主义革命理论》、班威廉（William Band）夫妇合著的《新西行漫记》等专著。专门推出"时代百科小丛书"，有《从资本主义到帝国主义》、《社会发展史略》、《中国的少数民族》之类，并翻译获"斯大林文学奖"的《英雄的童年》、《亚力旦上山》等；还有高尔基《在美国》（顾苍生译）、《法捷耶夫》（俞亢咏译）等等，真是煞费苦心。不料，遭到这样的误解，承受如此压力，导致彻底失败。贾植芳回忆说，他不解邵洵美这样一个崇尚自由的文化人，竟在解放初期突击出版一批马克思主义的早期著作，谁知大半属于第二国际代表人物的著作，故而受到报上文章严厉批评，书局也就很快关了门。贾先生当时就不禁哑然失笑："邵洵美怎么忽然异想天开地要吃马列主义的饭了？"

一百多瓶进口链霉素控制了结核活动，"血沉"正常了，几个月的补血剂使我的血色素升到十二克。我在仁济医院住了快半年了，手术的条件具备了。手术前两天，爸爸来医院和叶主任讨论。谈完话爸爸来看我。他高兴地说："真好！叶衍庆也是剑桥大学的。我们一见如故。算是老同学，手术费用他特别客气。"我是叶主任的私人病人，借仁济医院手术。我这病人有特殊照顾，不安排实习医生与我接触。但是，我在仁济医院住院、手术，除了与一般病人同样付一切费用之外，得额外地支付一笔手术费给叶主任，包括为我手术的第一、第二助手和那位外国麻醉师。像我这样的手术——骶髂关节融合术，别的病人要付两万元，我爸爸可以减半。那个时候，这是一笔庞大的数目。爸爸为我这场病花了很多很多钱！

我在全身麻醉下进行了手术，第二天，叶主任来查房，他平日严厉的眼睛今天特别温柔。他送我一束花，说是他女儿送给我的。我并不认识他的女儿，只听爸爸说起，叶主任有个年龄与我相仿的女儿。他走了，那老熊般的背影从门口消失。我望着那束红色的苍兰，心头久久不能平静。

手术后我扑着躺了一个月。为了减少颈子酸痛，我不住地转头，下巴和两肘都磨破了。而后，仰天躺在石膏床里。回到家，日复一日地望着天花板。六个月后，摆脱了我的"壳"——石膏床。又过了三个月才准许下床。我满心欢喜地下床，可以走路了！我跨出第一步，差点跌倒！一年多没下地，双脚像灌了铅。真没想到移步如此艰难！一次又一次，我像小儿学步那样练习。几天后我又能跟以前一样走路了！但是，必须在腹部裹上在假肢厂定做的一块缝有一根根纵列钢板的护带，那已是1951年秋天了。

手术后在家休养的那段日子里，我跟爸爸的接触比过去更多。一如既往，我喜欢到爸爸房里去，看墙上那张与他有点相像的英国诗人雪莱的照片；看他书柜里那相框中他和妈妈年轻时拥着只有几岁的哥哥的那张照片。我喜欢看爸爸吐出的一个个烟圈，在烟雾里旁听他和友人谈天说地，道古论今。爸爸像百科全书似的，无所不晓。他们从一个题目谈到另一个题目，说一阵，笑一阵，我也跟着他们乐。也有友人带了一张张画来请爸爸看。我听他们的言谈，明白爸爸对国画、西洋画都颇有鉴赏力。他看多了，能识真伪。一天，在他的藏书里，我看到一本小小的硬面英文书，是勃朗特三姐妹的诗歌和 Charlotle Bronte（夏洛蒂·勃朗特）的小说《教授》（*Professor*）。书的扉页上贴有的藏书票是画的爸爸的侧面像，线条简洁，下面写有"洵美的书"四字。爸爸告诉我，那是他自己做的。（笔者注：起先我以为是爸爸自己画的，后来我才知道，这张画像是张道藩在法国时为他画的。他自己画的是另一张。1928 年《上海画报》的报道也搞错了，我却没注意到画报隔了几天的更正启事。听妈妈说，爸爸把这张画像和徐悲鸿为他作的画像都印在长三寸、宽两寸的薄纸上贴在最爱读的几本书上。）那天他要我照杂志上印的一幅图腾画下来，那是一只牛，我不知道他叫我画了有什么用，好像只是故意要看看我的绘画技巧，或是想测试我对艺术的感觉。我能感受到爸爸对我的钟爱。他曾教我如何去邮局寄邮包；教我如何利用字典；他还带我去法国总会（French Club，现在的花园饭店）观赏他友人的独舞表演；也曾经带我出席全是洋人的园游会（garden party），让我见识这种场面，也为的是给我练习说英语的机会。其实那时我才高一，根本不敢开口，只能面带微笑地支支吾吾说两句，作礼貌性的应答。第二天，有张英文报上刊出那次活动的报道，还附有主人与贵宾的合影，其中有我们父女俩，那是在解放之前。

　　一天，爸爸笑着对我说："我给你取个雅号，英文的，叫做'China Beauty'，中文就是'瓷器美人'。你将来一定是个美人儿，但是你多病，就像是瓷器做的，容易破碎，真要十分珍爱保护!"说着,他亲了一下我的面颊。

那个时期爸爸时常摆弄他的邮票本。告别了他的时代印刷厂、他的时代书局,他不再提笔作文。他把自己沉浸在方寸世界之中,那么认真,那么投入,在那方寸世界里把一切烦恼抛却。他总是那么小心翼翼地用镊子轻轻夹着邮票,放在放大镜下正反两面细看,像是在鉴赏一颗颗钻石似的。一天,我见他在灯下专注地做一件细活:包邮票,我便凑在一旁看。他先用尺量好邮票的大小,然后裁剪玻璃纸,做成一只封袋,放进邮票包好,尺寸分毫不差。他镊着那张包好的邮票横看竖看地看不够,转身让我也看看,说:"小红,你看这张邮票多好看,红的印花票上盖了绿的字,叫做'红印花绿加盖'。一般都是黑色的加盖。绿色加盖的,现在世界上只此一张。我给它取了个好听的名字:'绿衣红姑娘'"。隔了一会他又说:"小红,我给你取个英文名字……对,你在小学里用过英文名字,Anna,现在我给你改一个,改成Scarlett。这个英文字很俏皮,少一个't',scarlet,就是'鲜红'的意思。那不正合你的名字'红'吗?"他仰头想了一想,一笑,说:"我们给这张'绿衣红姑娘'也来取个英文名字,叫它:'Scarlett in green',怎么样?'Scarlett in green'——真是个有诗意的名字!"接着他又说: "小红,这张'Scarlett in green',将来就给你作陪嫁,好吗?"我跟着爸爸笑。爸爸常常说逗人乐的笑话,说过就忘记。我呢,听过了也不放在心里。

后来,大约在1958年,爸爸听说小叔叔在香港病重,经济又十分困难,他心里很难过。那时他自己也捉襟见肘,只有趁祖母赴港探亲之便,把那张珍邮带去,让小叔叔变卖了作治病之需。于是,当年爸爸煞费心思争购得来的这张"红印花绿加盖",就落入他人之手了。

爸爸时常把自己埋进篆刻的研究之中。他喜欢篆刻。在金石界他有个最要好的朋友——钱瘦铁。（笔者注：钱瘦铁是晚清金石名家吴昌硕的弟子，曾为我爸爸刻过一枚印章："洵美长幸。"）那是爸爸 1962 年冤狱返家后钱伯伯来拜访，为表达自己对挚友的安慰和祈福而刻的。这枚印章后来不知去向。去年，在镇江博物馆收藏的《邵友濂使俄文稿》的底页，见到爸爸亲笔书写的一段文字，这段文字是这样写的：

> 光绪初先祖为伊犁画界事随崇厚使俄，有日记四本，记述见闻事实。但对伊犁订约改约经过或系保密故，略而不详。此本乃当时公私函件草稿，甚多流露，洵可宝也。
>
> 孙　洵美谨记

其下，那枚"洵美长幸"的印迹赫然在目。

爸爸常与钱伯伯切磋篆刻的艺术。爸爸自知不能跟专家比，但他颇有心得，喜欢屏息凝神，刻出自己写的毛笔字的笔锋，很得意地给家人看。我见过他曾为妈妈刻的"邵盛佩玉"印章，为自己的笔名刻的"浩文"，还把他为自己的英文名字 Sinmay 六个字母设计的马头状的签名刻成印章，把钢笔写的粗细笔触都显现出来。玉姊跟爸爸学篆刻，为我刻了两枚印章，从北京带回来送给我，我非常喜欢。后来爸爸也教小多和小罗刻章。小多为爸爸的笔名刻了"荀枚"二字，爸爸相当赞赏。小罗学刻章时间较长，爸爸见小弟弟从小喜欢看书写字，看出他有悟性。小罗九岁时，为了启发他，爸爸特地用质冻石花了一个小时在灯下为他刻了枚印章，隔了一年，爸爸又从家藏的碑帖中找出颜鲁公的《麻姑仙坛记》等，教他临摹，说这本碑帖我三叔小时候也临过。小罗很能静心学习。爸爸又拿出印谱来教他学，又教特殊窍门：先在宣纸上设计，复印在石章上，成反体字习刻。著名书画家黄养辉曾赞小罗刻印章的功底好，但不知他的启蒙者是爸爸。

我家花园里有好些大石块，堆在窗下，无人问津。一天，小罗捉蟋蟀，翻开一块，发现刻有文字，问爸爸。原来那些石块是石碑，是从家乡余姚祠堂运来的，一直放在厂里。印刷厂卖了，这些石碑帖就被搬回了家。爸爸小时候习书法，还蘸了墨水临摹呢。家里放杂物的房间旧书堆里有不少碑帖。那是祖先留下的。曾祖父邵友濂和大爷爷邵颐都喜爱书法，收藏碑帖墨砚。怪不得他们将自己的书房题为"碑砚斋"。爸爸在嗣父的书房里写作，会在其得意之作的底稿末写上"脱稿于碑砚斋"之类，如介绍 D. G. Rossetti（英国诗人、画家）,《纯粹的诗》，介绍英国文学家乔治·摩尔，还有诗《二百年的老树》。他也喜欢书法，又事事讲究完美，写字从来不胡涂乱抹。他的毛笔字有功底，也自我欣赏。写了文章发表，题目、专栏，常常印上自己的手迹，如：《忙蜂诗话》《儒林新史》《时代画报》的"时代讲话"、《人言周刊》的"短评"、《论语》半月刊的"编辑随笔"，还题写刊物的名称，如：《人言周刊》《自由谭》。有时给某些书书写书名，如：徐志摩的《猛虎集》，沈端先（夏衍）的《北美印象记》，陈梦家编的《新月诗选》等。朋友们喜欢他的字，黄苗子和王永禄都曾请他写扇面留念；杨绛把淘美写给她的信珍藏起来，从上海迁北京时丢失了，一直觉得可惜。集邮界的邮友也特请他题词，他写了"可怜方寸地，多少世人迷"。他对自己的签名也用心设计，一个时期换一个花样。最有趣的是他把自己的英文名字 Sinmay Zau 精心设计成一只马头，因为他生肖属马。

有个时期，我开始喜欢阅读英文小说，是受了那一大书架洋装书的吸引。我常常伫立在那排大书架前，抽出一本，倚在旁边的沙发上翻读，但读了几页又放回原处：因为生字多，看不懂。大概爸爸瞥见我这举止，有一天，他找出两本 *Soviet Literature*

（英译的苏联文学杂志），挑了两个短篇叫我试译。看出我有畏难情绪，爸爸便鼓励说："你其实看得懂的，只要用心，用心去读，去意会。没有多少生字。看懂就译得出。译得好坏没关系，第一次嘛！做任何事总有第一次的……"

记得有一篇是讲一群躲在书报堆里的老鼠，咬啮着纸张，在窃窃私语。它们暗中冷眼看着人类的活动，在数落人类如何咬文嚼字。文章写得很幽默。另一篇是讲一个马戏团的著名小丑，老来沦落为油漆匠。一天，他在塔顶上施工，不慎失足，倒挂在塔檐边呼救。塔下的过路人也为他捏把汗，正聚着商量如何救他的时候，来了一人，认出他是大名鼎鼎的小丑，说他一定是在表演他的绝技，于是，愈来愈多的过路人聚在塔下观赏，不断爆发出阵阵叫好声。最终，那可怜的人实在体力不支，从高高的塔顶坠落下来，人们才惊恐地四散躲避。这是我初次尝试翻译，错误迭出，文笔幼稚。爸爸细细为我修改讲解，还夸赞我。最后他说："世上自有这样的故事！当年，我们从杨树浦逃难出来，处境异常艰难。我去向人借钱，人人笑着说，'你邵洵美怎么会要借钞票？别装穷了，我不会向你借钱的。'这不是同出一辙吗？这就是人生！可悲！可叹！又可笑！"经过爸爸指导译过了这两个短篇之后，我对读英文小说有了信心。爸爸为我推开了那扇门。后来我常常在那大书架里翻，找出一本本英文书，从头读到尾，如《道林格莱画像》《罗宫秘史》《简爱》，还有一些美国某某年的《最佳戏剧选》等等，我的英文有了长进。

第五章　地狱日夜不关门

重　拾　笔　杆

我们这么个大家庭，开支很大，每月有出无进，卖厂所得的款子眼看一天天减少，以后怎么办？不能坐吃山空啊！爸妈合计，总得想法子生财才好。正好钱伯明来访。钱伯明是时代图书公司的老职工。当年爸爸盘下《时代画报》时，报社里有四个学徒。其中王永禄和宣国杰正式拜我爸爸为师；另外有一个学徒，后来，爸爸曾派他去余姚义庄管过账；那第四人便是钱伯明，他中等身材，戴副眼镜，不时来我家。年轻时，他就是个有心人，拜美术编辑王敦庆为师，学美术，也学英文。他学英文坚持不懈，自学成才。抗战时期他去了重庆，胜利后回到上海。当时联合国设立上海办事处，地点在外滩，副主任是我爸爸的朋友朱宝贤。钱伯明上门自荐。朱宝贤听说他是邵洵美的徒弟，又考了他的英文，合格后便录用了他。他工作努力，后来便当了朱的副手。朱宝贤因故离职，这联合国上海办事处的副主任一职就让钱伯明当了。那时月薪美金五百元。解放之后，他与友人戴祖同合股，在现陕西南路开了爿永丰寄售行，卖起唱片，收起旧货来了。我哥哥大学毕业后，一时没有谋到合适的职业，玉姊那时在立信会计学校读书，长期患病的她没有上过中学，但她要强，不

邵绡玉和小弟弟罗罗在北京家——景山东大街乙1号

甘庸庸碌碌一生做个寄生虫。她要成为一个有专长的人。正好永丰行要招股，爸爸就拿出钱来，让他们参股，也免得闲散在家。元叔也加一股，哥哥大学同学云哥哥也参加，每股合美金一千元。这爿商店一个柜台卖唱片，一个柜台寄售旧货，生意倒也兴隆。哥哥、云哥和玉姊没事，也在永丰帮忙。玉姊在元叔指导下，在店里管账，别看她没上过中学，算盘珠子拨得嗒嗒响，账本清清楚楚，有模有样，她学了簿计、会计，业余还在学"成本会计"，很有大志。这时她已长成一个亭亭玉立的少女，可惜她的左眼上眼皮里生来有个黄豆大的小瘤，右眼角有个小疤，那是年幼时顽皮，骑车跌跤害骨髓炎遗留的，使她眼角有点向上吊。这两处缺陷原本可以做小手术整容的，可是她不愿意，担心手术弄不好反而毁容。虽然她眼皮上的缺陷有损她的容颜，但她的善良、好强、能干、正直等内在之美掩盖了外在的缺憾，她的一颦一笑楚楚动人，很具吸引力。云哥爱上了她。云哥就像是我家的一员，和我们天天见面。这个时候，大病初愈的我也正在初恋。我和伟、姊姊和云哥我们四人不时在花园门口相遇，彼此笑笑，心照不宣。

是爸爸第一个察觉我长大了，有了女儿心事。一天，他突然说："小红，你的眼白怎么是蓝颜色的？碧蓝，碧蓝，很清澈。啊，你比以前美了……你知道有个上联'士为知己者死'，它的下联是什么吗？"我说不出。"那下联是'女为悦己者容'。这不一定是说，为悦己者去打扮，可以说，有了悦己者，无需打扮，也会焕发出美来……小红，你在恋爱了！"是的，我从不打扮，在伟面前，我无需造作。我们是在教堂活动里相识的。伟是个真挚、自信、热情、负责、充满活力的人，他坦诚的眼睛里、爽朗的笑声里掩饰不住对我的爱意。还是在我去北京之前，我们彼此就已经感受到对方没有说出来的心里话。我在病中，是他的一封封来信带给我慰藉，带给我对生活的信心和对美好未来的向往。在病中，我从不苦闷沮丧，从不曾想过，或许自己会永远不能和以前一样走路。也是他的慰藉，使我能以平静乐观的心情度过手术后石膏床里半年多的日子，那种滋味是旁人无法想象的。在他面前，我只有快活和安宁，从没有对前途的忧虑，对不幸的提防。三年前我去了北方，他原以为我们再也不会重逢，他不敢存有奢望。没想到我又南返，再相见，恋情难抑，我俩是自然而然地两情相投。

爸爸有个朋友是复旦大学化学系教授吴钧和。他是但荃荪的老同学，是个忠厚的做学问的人。还是我爸爸给他做媒，娶了陆伯鸿的大女儿为妻。陆伯鸿是上海天主教的知名人士，被日本人谋害。记得在我小时候，吴太太曾带我和玉姊到她娘家去参加天主教的家庭聚会，我见到客厅旁一间房里停放着她父亲的灵柩，灵前点着白色蜡烛。解放后他们夫妇搬得离我家更近了，吴教授时常来访。他们谈着谈着，爸爸忽然滋生了办个化工厂的念头。说干就干，他聘请吴教授为工程师，厂名"立德"，地点选在沪西虹桥虹梅北路 99 号。

那是一个很大的花园别墅，主人是前怡和洋行大班 O. K. Hartman（哈特门）。哈特门离开中国前，把这幢别墅交给我爸爸，随他处置。爸爸过去从不曾想过要利用这个大老板解决自己的困难。再困难，他跟朋友之间，一直遵循自己一贯的"君子之交淡如水"的原则。如今办化工厂，他就用这座别墅一角做实验室。爸爸付租金给留守管理别墅的老张。立德化工厂计划生产"化学纯"的石炭酸。打算先把实验室装备放大试制，成功了再装备生产线，正式生产，其中颇费周折。王永禄、陈济严和原来我家的厨师丁金水三人动手，爸爸参与其间。解放了，老板也应当和工人一样干活的。爸爸叫我也去虹桥，帮忙测定蒸馏出来的石炭酸的纯度。我在中学化学课做过实验，有基础，又有吴教授指导，可以胜任。同时，郊外空气好，正好休养康复。实验工作不忙，占不了多少时间，我正在复习功课，准备报考大学，这里清静，没有姊妹们的干扰。

这座别墅沿马路有篱笆墙，树木茂盛，看不见里面的房子。进园门车道两旁密布白色的雏菊。右边是一幢中国古典庭院式房子，淡黄色的粉墙，绿色琉璃瓦上满攀像喇叭花那样的橘红色的凌霄。我走过一扇五边形的长门，门紧闭着。我从后面厨房进入正房。屋内正中大厅有大红的圆柱，左右是前后厢房。这是典型的四合院建筑，厨卫设备却全是现代化的。大厅面对一个大天井。两扇钉有许多铜球的大红门上有大大的铜环，就像古刹一般。推开大门，眼前是一大片草坪。草坪尽头的水池畔有假山，好些绣球花点缀其间。左边是一大片庄稼地，是外国主人的西崽老张一家种的。

我的任务是用滴定管滴定生产出来的石炭酸的纯度。爸爸带我到"工厂"去看看。走出西厢房，通过一个小天井。原来那五角形的边门是通到这里的。再跨过月洞门，又是一个小天井，两间明亮的房间呈现在眼前。走近，刺鼻的烟雾扑面而来。两位师傅在忙，化验室装备、原材料、试剂瓶塞满了这两间房间。一只只大玻璃瓶凌乱地放在地上。烧瓶里的石炭酸在沸腾，空气中全是烟雾。休息时大家到天井里去闲谈，围着一棵有丈高的樟树，讨论它的树龄。爸爸说："这是真的樟树！等它长高长粗了，做一只樟木箱……"我环顾这天井里的花木，看得出，是曾经花费心思巧设计的，我不免心生惋惜：要不了多久，这些花木全会遭石炭酸熏死的，真是糟蹋造物主的苦心！

吴教授不时来"厂"指点，指导我的实验工作。爸爸也跟他讨论"生产"上的事，可是爸爸手里拿的书不是化学书。夏日的黄昏，爸爸带我在大草坪捉金铃子。他眼力好，耐心也好，循着虫鸣声，一逮一只，然后得意地放进小盒子。爸爸又去翻大石块，逮蟋蟀。在这绿树掩映、古色古香、如诗如画的别墅里，他有时兴来，还吟诗一首，博得王永禄他们阵阵喝彩。爸爸哪里是来办化工厂？他根本不是办化工的料！

妈妈也带玉姊和小罗弟弟来这里陪伴我们，那阵子玉姊的哮喘病发得厉害。她告诉我，她做了一个梦：有个老人指着地上一只虫对她说："你吃了这只虫，你的病就会好的。"她醒来反复捉摸，猜想那一定是只蜗牛。她来虹桥就是为了捉蜗牛吃。那个时代，世界上还没有时兴"蜗牛席"呢！看玉姊把五六只蜗牛砸掉了壳煮煮吃，我真佩服她的决心，她勇敢地吞下那些虫，为的是从捆住她手脚、扼住她呼吸的病魔掌中解脱啊！我可怜的姊姊！

我考进了上海第二医学院，那是震旦大学医学院、圣约翰大学医学院和同德医学院合并成的，在震旦大学原址。为什么我报考医学呢？我是那么偏爱文学和美术。我知道医学是一门很难学的学问，做个好医生更难。或许是长年看着玉姊为哮喘病所苦，我只能呆呆地束手旁观的那种懊恼使然；或许是自己这场大病的体会；或许是住院期间看到医生把一个个濒临死亡的病人救活心生感激；或许是听过未亡人的号啕揪紧了我的心；或许是看到爸爸和他的友人虽然在文学艺术上有所建树，但是文学艺术是会为客观条件所局限，而医学在任何情况下都是有用的，医生总是受人爱戴和尊重的。最重要的是：伟赞成我学医，他说："你有一颗医生的心。"他自己是学畜牧兽医的，但毕了业没有从事本行，却去担任教会的学生干事，不久，被派去广州工作了。

我被分配在口腔系学习，也就是说，我要一辈子当个牙科医生。可能学校领导考虑我身体瘦弱，当不起一般医生的重任；口腔科工作相对来讲比较轻松。然而他们没有考虑到我的扁平足不适宜长时间的站立工作。我没有读完高中课程，是以同等学历考进"二医"的，我得比别的同学用功一倍，为了将来当医生，每学期得啃完近尺高的讲义；得硬硬心肠，哆哆嗦嗦下刀去伤害善良的动物；得克服恐惧去解剖那些散发浓烈福尔马林气味，被浸泡得软软的变成棕色的尸体；还得去精心雕刻模型，去背诵大量医学名词和药品剂量……

姊和云哥订婚了。大妹妹小珠却是最早出阁。她高中毕业后就嫁给了邻家的大宝。大宝是个阔少爷，当时还没有职业。他的母亲是个很注意排场的少奶奶。我妈挑了不少好首饰给小珠做陪嫁。嫁出第一个女儿，总要有点面子。哥哥也成家了，娶了隔壁一位当俄文教师的王小姐。新房置在嫂子家。我看到妈妈为新人定制的缎子床罩，还绣了龙凤。大儿子结婚，妈妈巴不得把新房打扮得跟她自己当年的一样，只是现在没有这份财力了！嫂子身上穿的旗袍也是妈妈给她定做的，一只长长的淡黄色的凤凰裹住新娘的全身，真的很美！

解放了，妈妈想应当自己下厨，于是便去女青年会学习烹饪，学习做中西名点名菜，回家实践做给我们品尝。一次，爸爸要她烧"烟鲳鱼"，妈妈说："那要有上好的木材熏制。"爸爸说："有！"他钻进楼下的玻璃房，翻腾半天，从几本古籍书上拆下书夹板，递给妈妈。我当时心里很有感触。

爸爸早就不去虹桥了，立德化工厂盘给了王永禄他们，为化工厂他大约花去了近一万美金，为了甩掉这个他不感兴趣的累赘，以八千人民币盘出。一进一出，爸爸又蚀去了一大笔钱，换得的是他的健康。那一段时间，在郊区生活，经常到户外活动，生活颇有规律。近五十岁了，爸爸开始发福。

甩掉了化工厂，爸爸埋头于与他更相宜的工作——译书，他重拾笔杆开始其译书生涯。促使他从事这桩事业的因素：一是新中国的万千气象的鼓舞，他深感今后非自食其力无以图存；再则，时代印刷厂卖得的巨款几年下来一天天消耗也快告罄，投资立德和永丰都处于亏本状态，如果没有其他收入，家庭食指浩繁，开支颇难维持。译书收入虽然不多，总还能维持生计。老友秦鹤皋这时在私营的上海出版公司工作。当时苏联的惊险小说颇受读者欢迎，上海出版公司便请我爸爸翻译马克·吐温的《汤姆·莎耶侦探案》（*The Detective Cases of Tom Sawyer*）。爸爸中英文都有一定造诣，又有文学修养，译书能发挥爸爸的特长。他译书十二分认真，跟他自己写文章一样，字斟句酌、精雕细琢。他不但细细领会原作的文字语句，还细细品味其文笔的格调和情趣，他说："翻译一如创作。"他乐在其中。

伟要去新疆。在政府"建设大西北"的号召下，他毅然响应。他是个热血男儿。原本他学的专业就是畜牧兽医。西北有辽阔的农场，有任他驰骋的广阔天地。那是国家的需要，也是他自己的理想。他不可能携我同行。他内心反复斗争，他想我大病初愈，那么娇弱，西北恶劣的气候，艰苦的环境，我怎么能适应？到那里，我的结核病肯定会复发。他爱我，不能害我。他不得不舍我而去！他赠我一副象牙筷，合拢来可见一古代淑女懒坐美人榻，两只筷子上端都刻着我的名字。无需说明，他是要我每餐不忘，听到他在喊我："绡红！绡红！"他说："那是我的心在呼唤你啊！"……"答应我，为了爱你和你爱的人，好好地生活下去。"我们不得不分手，他的一生将与他人同行。我好难受！不能和他终生相依！爱情是自私的，可是，也怪！爱到深处又可以包容一切。我说："你去吧！"他呆呆地看了我好久好久，像是要把我刻进他的脑子里。他说："我的心里永远只有你。"我欲哭无泪，欲说还休……他走了，从我的生活里永远地消失了，相恋数年犹如南柯一梦。今世里，我们再也不会相见了！正如人们所说："爱情和生活常常是两码事。"我不能让自己颓唐！我把伟埋进了心底里，把自己埋进了书本里。

医学院的功课是繁重的。课余，我也不让自己消沉，我积极地参加学生会工作：当广播员、出黑板报、排话剧、组织普通话学习班等等，全身心投入学校生活，我必须不让自己为伟的离去所苦，我要振作。

有一个周末，玉姊送我回校。我们在卤菜店买了十副酱鸭膀，两人一边散步，一边嚼食。她听我说了无法随伟去西北的遗憾，她也向我诉说自己心头的无奈。她告诉我，哥哥和云哥相继脱离永丰行去中学教书，她近来身体不好，也退了股。她已和云哥解除婚约。因为云哥服从分配，去天津教书，而她去不了天津，"身体不争气呀！"她说，"与其长期分离，不如快刀斩乱麻……不能耽误云哥的幸福。"玉姊是个坚强的人，我知道她的心里苦，但她只是三言两语表述，跟我一样。姊妹俩绕着二医宿舍兜了一圈又一圈。我为玉姊难过，我知道她和云哥相爱极深，但她和云哥也分手了！怪不得晚饭时听爸爸对她说："不要'除却巫山不是云'！巫山上的云彩美，黄山、庐山上也有的是云啊！"当时我不懂，还问爸爸，什么"巫山的云"？爸爸咏了两句："曾经沧海难为水，除却巫山不是云。"原来，爸爸是以巫山喻云哥！我记起爸爸有一次曾经对我和玉姊说过的笑话："简·奥斯汀的《傲慢与偏见》里的班奈特先生有五个女儿，这本书就是讲他五个女儿的恋爱故事。我也有五个女儿，看将来我五个女婿是什么样的……"当时我听了羞怯地笑笑，现在忆起，心头不禁黯然神伤！我们这头两个女儿的初恋都起了波折，往后又会怎么样呢？这时两个小妹妹已经长得比我高一头。小燕妹妹的学习成绩一直平平，她初中毕业后主动去上小学师资培训班。我佩服她有志为人师。小多妹妹是个自小很有主见的孩子，学习自觉成绩好，是家里数理化成绩最好的一个。我家人多嘈杂，她却总能抓紧做完功课，按时就寝，我行我素。相形之下，我是个容易受人左右的弱者。

那个年月，大学生上学免费，还包吃住。1956年政策略有变动，书籍费要自己出。我们班正好已经离开课堂，去医院实习了。院方倒仍旧发放"实习费"，虽然为数甚少，大约只能买两双袜子，但这是医院对我们实习医生辛劳付出的一点酬谢吧，我喜滋滋地拿着平生第一笔收入买了一只吸墨水器送给爸爸。

我也跟同学们一样，有向上的追求。学生会的工作使我接触到不少思想进步的共青团员。我不由得也产生入团的想法，打了申请入团的报告，交给班上的团小组长。隔了好一阵子，给我的答复是："不能批准你入团，因为你太崇拜你的父亲。"我心里纳闷。在那个时候，我对爸爸的了解很少很少，我也从没有对同学谈起过我的爸爸。我想，团组织之所以不同意我入团，肯定是因为我出身不好，属于"可以教育好的子女"一类，尽管我是努力的，向上的，表现也是好的，还为同学做了很多好事。不过，我也自忖，我之所以做那么多好事，并不是我以共青团员的条件来要求自己。我有为他人付出的热情，有对工作的责任心，可能还是"中西"的影响，是基督教的奉献精神多一点？虽然我没受过洗，也不像基督徒那样读《圣经》、做祷告，但我信奉"施比受更有福"。也或许是因为从小受孔孟之道的教育。说到我不能正确评价我的爸爸这一点，我心里不免嘀咕。我爸爸邵洵美是什么样一个人呢？从阶级性分析，他自然属于"资产阶级范畴"。解放前，以鲁迅为代表的左翼文艺思想是革命的、正确的、为工农大众的。那么，鲁迅批判过的邵洵美必然是错误的了。听人说，鲁迅有好多篇文章里有指责批评邵洵美的（我当时没有读过），而且，我知道我爸爸和徐志摩、胡适等是好友，他们一起办《新月》杂志，听说鲁迅反对"新月派"，那么，这些"新月派"的作家、诗人，包括我爸爸，肯定是不好的"右翼文人"。想来我爸爸的文章里不会写工农大众，也不会为工农大众说话，想来都是些写资产阶级那一套风花雪月（事实上那时我根本从未读过爸爸的任何作品），所以团组织指出我的缺点不无道理。因为我虽然并没对爸爸的思想有"崇拜"的地步，但我终究对爸爸有感情，对他的言行不曾有过任何抵触思想，甚至还对他的谈吐感兴趣。那不正说明我的问题所在吗？我不曾从思想上批判过我爸爸，那就可以说是对他有"崇拜"了。我心服口服，知道自己不符合入团资格。但是，这并不妨碍我继续努力为大家做好事。"出身无法选择，道路可以选择"，我已经选择终生从医的道路，现在就应当好好学习，不怕困难，将来当医生就应当全心全意为病人服务，以实际行动贯彻毛主席的教导："学习白求恩，为人民服务。"

妈妈这些年像是换了个人似的。她一心扑在里弄工作里，抓绿化和卫生，干得比我任学生会干部还认真。妈妈是杀蟑螂能手，她拿一支蜡烛头粘在 DDT 喷筒的喷嘴口，到一户户居民家，发现蟑螂，拿含 DDT 的喷火追着蟑螂喷，百发百中。大家佩服"盛大姐"，妈妈简直被改造得"脱胎换骨"。

玉姊仍不时为哮喘病所苦，爸妈为她发愁，常用的止咳药的疗效似乎愈来愈差。陈医师曾采集她的痰液制成针剂，注射了也不见效用。这种病很奇怪，不发作时毫无病状。玉姊是个好强的姑娘，什么都会，干什么像什么：下厨捧出可口菜肴、自创的点心；买了部缝纫机，裁剪缝衣、绣花，无师自通；上屋爬树腿脚矫健；学唱京戏中气十足。对她而言世上无难事。我自小和玉姊要好。她虽比我只大一岁，但她什么都比我懂得多。我学到的生活常识、缝织手艺、骑车、游戏，乃至神鬼故事、民间谚语无不来自玉姊。我从小佩服她，听从她，有委屈向她诉，有难处她出主意。弟兄姊妹间，她说一不二，赏罚分明，事事她出头，说话有权威，甚至弟妹间争吵，吵得不可开交，妈妈喝不住，玉姊一露面就鸦雀无声。玉姊常会对弟妹发火，对我却爱护备至。我俩无话不谈，相互交心。玉姊讲实际，却从不自私；她喜欢打扮却不虚荣；她爱面子，却为爸妈解忧出面借款解决家里燃眉之急。玉姊是爸妈的大帮手，开心果，是家里的主心骨。然而，说不上什么原因，像魔鬼上身一般，哮喘病会突然发作。一发病，她就什么也别想干了，什么都不由自主了。我从小与玉姊同床睡，她的咳声，她喉头的哮鸣音伴我入睡已成习惯。病发得厉害时，服药无效，一连几个小时不能躺下，我就坐在她面前，望着她窒息般的表情。望着她，我的呼吸像是在与她的呼吸同步，与她一样的艰难：短促的吸气，两肩高耸，长长的呼气，似是在筹足力气再作第二次吸气。我为她"捏皮球"朝她口里喷止喘药，一连几小时，右手捏不动了换左手，左手捏不动了又换右手，直到她呼吸平顺，叫我躺下睡觉。从八岁得病，她发作了多少次啊！近年来愈发愈凶，其折磨、痛苦无法言喻，每次发作，就像是走进了绝境。但是，她从不放弃。她与病魔抗争，十七年来她一次次挣脱魔掌。她要和别人一样生活，一样幸福。这个时候，她在和爸爸的朋友方平恋爱。方平是笔名，他姓陆，比玉姊长好多岁，不像云哥那么挺拔潇洒，但是他有学问，他是新文艺出版社的编辑，已是个略有名气的青年翻译者，玉姊告诉我，她正在跟他学英文。他们的恋爱发展很快，决定当年10月1日结婚。这已是1956年，我毕业的前夕。

自从爸爸重新拾起笔杆，回到文学事业上来，文学界、教育界的老友往来越发密切。时来切磋的有全增嘏、李青崖、冒效鲁等，青年翻译工作者登门请教的不乏其人。爸爸总是放下自己手

邵洵美为王永禄书写的扇面，提到林语堂、刘大杰等争买明代禁书，
自己便在藏书堆里寻觅得祖先邵康节的《击壤集》。诗句玄妙，不知所云

**1947 年爸爸为绡红在纪念册上写
下鼓励读书的话语**

里的工作与他们深谈。新文艺出版社的青年翻译方平和王科一两人来得最勤。爸爸为王科一校订《傲慢与偏见》，但未作为校订者在书上署名，爸爸曾说他不喜欢署名。他认为王科一翻译得十分好了，王科一在《译者前记》里写下了感谢之词。此人中等身材，略胖，相貌一般，却大有不拘小节的魏晋名士风度。有一次我从学校回家撞见他，他正在和我爸爸谈得起劲，一只脚脱去了鞋袜，踏在凳边，正在用手搔脚趾间的痒。爸爸十分赞赏他，说他是不可多得之才。他和方平还合作翻译出版了卜伽丘的名著《十日谈》（*The Decameron*）。那本书装帧很考究，我见爸爸一面翻看着，一面啧啧赞叹。方平不像王科一那样随便，他在我爸爸面前比较拘谨，爸爸说他是个很努力的人，英文自学成才，译了不少莎士比亚剧本。方平译的《白朗宁夫人抒情十四行诗集》一书出版前也曾请爸爸看了提意见的。这两个年轻翻译家非常敬重我爸爸。方平后来对我说："你爸爸天资高，有才气。他确实读了很多书，有学问。他中文和英文都好。对英文，对文学的理解力强。译作发挥了他的才华……"他说当时爸爸译《汤姆·莎耶侦探案》的社会背景是：西安出了个特大的政治诈骗案。案犯李万铭冒充中共要员骗得大小地方官个个信任他。中央发出号召：要提高警惕。老舍为此案写了剧本《西望长安》。一时，侦探小说在国内风起云涌。此译本出版正当其时。这本《汤姆·莎耶侦探案》内有两部中篇小说，包括作者另一篇《双料侦探案》。前者是一个错综复杂的谋杀案；后者则是一部讽刺小说。爸爸是以笔名"荀枚"译出发表的。初版于1955年出版，先后三次印刷，共四万五千册。1956年上海出版公司并入新文艺出版社，此书再版，销路甚佳，稿费甚丰。爸爸很开心。妈妈亲手做了一席西餐请客，请的客人有秦鹤皋、李青崖、方平、吴劳和王科一，客人赞美我妈妈的厨艺，爸爸则在席上大谈翻译外国文学著作的心得与乐趣。与此同一时期，爸爸为上海文艺联合出版社（后来也并入新文艺出版社）校订佘贵棠译的英国盖斯凯尔夫人的长篇小说《玛丽·白登》。由于原翻译质量问题，加工量过大，1955 年 10 月出版时以荀枚和佘贵棠两人署名合译。后来新文艺出版社改为上海文艺出版社，后又分立出上海译文出版社，此书先后在那两个出版社再版时，书名易为《玛丽·巴顿》。1963 年《玛丽·巴顿》被列入"外国文学名著丛书"。这部丛书是文化部所抓，周扬亲自主持，主管为外国文学研究所。当时丛书出版有分工：百分之七十由北京的人民文学出版社出版，百分之三十列入上海文艺出版社的翻译选题。入选丛书的译本都是第一流的作品。爸爸的确在这本译作上花了很大的力气。他说过，这本译本是他自己最为得意的翻译作品。其中民谣二十多首，加上二十一位著名诗人的英诗三十多首，花费了他很多心力去翻译。这期间，上海出版公司也请我哥哥祖丞翻译《彼得一世》，爸爸为他校订，1955 年出版的。爸爸还为社会译者贾步武译的《渴望》校订。

上海文化局局长夏衍 1954 年调到北京任文化部副部长。在离开上海之前，他特地来拜访我爸爸。他一直对爸爸很关心。爸爸说过："作者对自己的 first publisher（第一本书的出版者）是最为感激的。"夏衍一直不忘此知遇之恩，也十分赏识我爸爸的才学与为人。爸爸知道，夏衍之关怀他，不仅代表他个人，也是代表党和政府在落实知识分子政策。这些年来，爸爸时常被邀列席作家协会等文艺界各种组织的有关座谈会和大会，他能体会到党和政府对他的信任和重视，心情十分舒畅。爸爸还和老同学庄永龄同去上海交通大学参加校友会的活动，因为他们毕业的南洋路矿学校隶属交通大学的前身，也是太外公盛宣怀所办的。爸爸那阵子劲头十足，发奋译书，打算在翻译工作里做出优异成绩来。

这时，北京的人民文学出版社主动提出要邵洵美译书，这是很不寻常的事。他们请我爸爸翻译英国诗人雪莱的诗剧《解放了的普罗密修斯》（*Prometheus Unbound*）。诗剧是很不容易译的。爸爸先译了一部分寄到北京，"人文"的编辑来信，给予高度肯定的评价。妈妈说："翻译这本书，你爸爸最用功！"爸爸花了一年多时间，经过三次修改才完成。译这部巨著，他用很多功夫，先对诗人雪莱作详细研究，包括他的人，他的诗；又从他的诗来评论他的人。他先认真地研究这部诗剧，把原作者的序译出来，加深理解，再认真地研究如何译这部诗剧。

那篇长达十六页的《译者序》里第一部分是介绍雪莱。说到"当时一般文学批评家，故意抹煞了雪莱诗中的政治意义，强调他的美丽的幻想，使他变成一个'不切实际的安琪儿'。有些人虽然也感觉到了他的革命精神，远大的预见和正义的力量，但是依旧只把他当作一个热情奔放的自由歌颂者，一位'堂吉诃德式的英雄'。但是马克思却作了精辟的论断：'……他们惋惜他死在二十九岁，因为他本质上是一位革命家，他一定永远会是一个社会主义的先锋队员。'恩格斯甚至称他是'天才的预言家'……雪莱自己也说过：'我已经为了政治的伟大沙漠，而遗弃了文学的芬芳的花园了。'"

第二部分谈到这部诗剧。作者不止一次在给他朋友的信里提到，"《解放了的普罗密修斯》是我最好的诗"，说它在精神上是哲理诗。爸爸说："雪莱在这里用了多种多样的诗体，表现出多种多样的性格和情感；因为诗人所要呈献在读者面前的，不是一个故事的曲折情节，而是一个故事的深刻的意义。"爸爸介绍这部诗剧，说"它取材于希腊神话和埃斯库罗斯的悲剧。埃斯库罗斯曾经采用这个神话故事写作了他的三部曲，可是留存在世上的只有一部《被幽囚的普罗密修斯》，其余两部是《解放了的普罗密修斯》和《取火者普罗密修斯》，早已失传。一般人根据遗留下来的一些断片残句，以及前人著作中的引证，又从《被幽囚的普罗密修斯》的字里行间去推测，认为普罗密修斯最后竟和要毁灭人类的天帝朱必特妥协，才得到释放。而雪莱采取同一题材，却设想了另一种结局，写了这部诗剧，说明一切暴君和人类的压迫者的必然结果——历史的必然性，预示革命一定会到来，而且一定会胜利"。

第三部分谈到翻译这部诗剧。爸爸说："雪莱本人又是一位卓越的翻译家。他对于译诗，也有他一贯的主张，认为'一定要用同样的形式来翻译，方才真正对得起原作者……翻译是给那些不懂得原文的人读的，因此必须要用纯粹的英文'。在我们说来是必须要用纯粹的中文。我以为一个忠实的翻译工作者，都应当对自己有这样的要求。当然，在实践上能不能完全做到，要看具体的情况。譬如说，以语言的结构而言，中文和英文之间的差异，比起英文和其他欧洲语言之间的差异，显然有更大的距离。我们很难在我们的语言里完全保持英文原来的形式或格律。"

爸爸又提到"翻译这部诗剧，还有一个极大的困难，便是翻译一切外国古典文学所存在的困难——参考材料问题"。他在当时的《案头随笔》里记录了老友全增嘏对他的帮助，"我已经决定译《解放了的普罗密修斯》，数日前曾专致信增嘏兄，乞伊将复旦藏书抄示。今日得回信，十分欣慰，增嘏诚老友也！目录如下……"

在这篇1956年12月25日写的《译者序》的最后，爸爸感谢曾经帮助他的人："多蒙诸位好友不断地给我指示和鼓励，特别有两位研究英国古典文学的学者，他们在百忙中抽出空闲来，按字逐句地为我校读，又改正了我不少的错误，这一切都使我万分感激。"爸爸译毕此书,曾谦逊地请方平先看一遍。爸爸在文末写道:"长女小玉,在我翻译的过程中,一直帮我推敲字句,酌量韵节。她又随时当心我的身体,给我鼓励,并为我整理译稿,接连誊清了三次。这部译作的完成,多亏了她的协助。现在本书出版,她却已经不在人间了。谨在此处对她表示最虔诚的谢意,以志永念!"该书 1957 年 8 月由人民文学出版社出版。

晴 天 霹 雳

玉姊是 1956 年 9 月 2 日去世的,真是一个晴天霹雳!

我清楚地记得,9 月 1 日那天早上,我已经伴随玉姊度过了三个不眠之夜。这次姊姊哮喘病发作之前,曾和我约了我们的好朋友仁济医院的杨护士去看了一场电影,或许在放冷气的电影院里受了点寒。我日日夜夜坐在玉姊身旁,为她"捏皮球",一百下,二百下……左右手替换。姊姊不忍,稍微好些便挥手叫我休息。常服的氨茶碱平不了她的喘息。她阵阵发作,我反反复复为她"捏皮球"……傍晚,她总算喘平了,能躺了,睡着了。

那天,中苏友好大厦正在举行庆祝活动,或许是政协办的吧,民主同盟的孙斯鸣邀爸爸去参加,爸爸带我同去。大厅里开着舞会,人头攒动,孙伯伯与我正在跳舞,爸爸急慌慌走到我们身边说:"我先走了,玉玉不大好!"我听了,心立即紧了起来,也连忙告辞和爸爸一起回家。玉姊靠坐在妈妈床上,喘息着,难受得不住地移动身体,向前向后,向左向右……妈妈和老阿妈不知所措。我踏进房门,正听到玉姊带着喘嘶哑地在喊:"救救我啊!……"其声虽轻,却撕裂我的心!陈医生来了,他为她注射了麻黄素,玉姊逐渐喘平。医生留下两支备用。她被抱回北房我们的床上。她还不时发喘,咳着,吐着黏丝一般的痰液,我给她服氨茶碱，给她"捏皮球"……日夜端坐，玉姊已经精疲力竭了，叠起来作为垫靠的被子没法支撑她疲惫至极的脊背。见她一丝气力也没有，平卧又无法呼吸，我便坐在她的背后，用自己的背来支撑她。听她一声声长长的呼气声，一声声急促的吸气时的哮鸣音……漫漫的长夜难熬啊！

总算天亮了，透过北窗传来了哭声，是马路对面住着的蓉姨夫病逝了。他是个脸特别长，面容黝黑的老人。玉姊轻声跟我说："怪不得我昨夜做梦，梦见我的床底下有许许多多死人的头颅骨，好吓人！"夏日清晨的微风令体弱而多日未眠的我伤风了，我打了几个大喷嚏。玉姊笑了，喘着说："你的喷嚏真好听，清清脆脆，我最喜欢听。"方平来了，玉姊不要他上楼来，不要他见到自己的"鬼样"。他只好在楼下徘徊，良久才离去。玉姊突然对我说："小红，你嫁给云哥吧！"然后她异常烦躁不安，又一阵急性发作，喘不过气来，我只好为她注射麻黄素，她好了一点，要求换到南面哥哥的房间里去。看着她翻来翻去，一会儿坐起，一会儿倒下，好难受！老阿妈为她按摩脊背，我为她"捏皮球"，还是不行。玉姊要求再打一支麻黄素，我说："不行啊！一个小时前刚刚打过。"又为她"捏皮球"，那喷雾剂甚至连安慰剂的作用也没有了！玉姊推开喷雾器，发脾气了，焦躁地说："没有用啊！给我打针！"我拗不过她，于是把最后一支麻黄素给她打了进去。没用！她还是那么难受。鼻翼一歙一歙，随着喘息，颈下锁骨上显出了深深的凹陷。我用身体顶住她的背，想帮助她呼吸顺当点。突然，她问："没有办法？"我正急得没辙，回答她："没有办法。"她说了一句："告诉妈妈……"猛地，她整个身子跌进我的怀里。喔！我的心停了下来！不！我把玉姊让进老阿妈的怀里，狂奔下楼。我擦过摆满了一桌午餐没人上桌动筷的餐桌，看见做医生的三叔，听见有人在说："陈医生不肯来！"我像箭一般冲过花园，冲过弄堂……直冲过街到镭锭医院，茫然冲进急诊室，语无伦次地要求一位护士："救救我的姊姊……快……她气接不上来了……"那护士是那么讨厌，她平静地问我："你要什么？""我……我要……喔，给我一支麻黄素！"她很不乐意地递给我一支针剂。我像抓住了救命稻草似的转头奔回家去。路上，我心里忽然说："多笨啊！我怎么要麻黄素？我应当要氧气，要氧气袋吧！"我刹不住脚，直奔到花园门口，见大门敞着，我抬头望着玉姊躺着的那间房间的窗户，"天啊！救救我的姊姊……天啊！让她脱离苦海吧！"我反复念着这两句互相矛盾的祷词，冲上楼去，太晚了！老阿妈在为玉姊抹身更衣……姊姊啊！我心头在嚎哭，却一滴眼泪也没有！哥哥上来，把我拉下了楼，没有一个人在吃饭。妈妈在哭。送走了玉姊的遗体，听到妈妈不停地哭喊着："怎么闯了这么大的祸啊！"我坐在门口的小板凳上，膝上抱着只有八岁的小弟弟，他是玉姊最爱的。我望着花园里微风吹过轻轻摇颤的枝叶，心里向玉姊承诺："我一生会好好照顾妈妈，照顾小罗罗的，为了姊姊。"上楼，我见爸爸独坐书桌前出神，他没有吸烟。我挨在他的肩头，轻轻啜泣，轻轻抚摸他颤抖着的左手背，想借以抚平他心头的痛。他转过身来，摸了摸我的头。

　　在整理玉姊的遗物时，我发现一本薄薄的小本子，里面是她摘抄的诗句。有一页，她写着："我的生命就像一粒气泡，在水里，飘啊飘，一会儿浮到水面上，一会儿又沉落下去……"玉姊啊！你活得多难啊，有这个病！玉姊突然病故，我好心痛！我不停地谴责自己。在医学院读书，却从不曾动脑筋想想这长年缠住姊姊的病，从不分析病情，也不请教老师！不动脑筋地给玉姊使用已经无效的惯用药，又盲目地执行陈医生的医嘱，为什么不送玉姊去医院抢救？为什么跟她说"没有办法"而使她放弃再用力

20 世纪 50 年代的邵洵美

吸进一口气呢？为什么我不立即为她做人工呼吸、心脏按摩而急急奔到镭锭医院去要一支救不了她的麻黄素？为什么不想想可能玉姊的哮喘病已经发展到损害心脏的地步，而注射麻黄素是禁忌？我后悔啊！在玉姊病危之时，我怎么就不想到下楼去跟爸妈商量呢，我不知道三叔来了。玉姊回天乏术，我有直接的责任！这是我的第一笔心债，永远无法偿还！

玉姊的亡故给整个家庭一个极大的震撼。妈妈哀伤不已。爸爸则呆坐了两天，而后把自己埋进那一大堆书稿里，本想借以减轻失去爱女的悲痛，却更加深了自己对爱女的思念。望着玉姊字字手迹，眼前不时出现她的身影和音容。如今人亡稿在，爸爸是以莫大的自制力让自己转移到书的内容里、文章的字句里啊！

毕业分配被延期进行。和社会上一样，学校里集中学习，开展"反胡风运动"。我们学了好些文件，批判一个叫胡风的文人的反革命思想。忽然，班上一个同学给拉出来批判。我那时整个身心还都陷在失去玉姊的悲痛之中，人坐在教室里，心神恍惚，根本没有听同学们在说些什么，不明白发生了什么事，也不想弄明白。

终于公布分配名单，我和二十多个同学到江苏去，再由江苏省卫生厅具体分配。接着，我就被分在南京，但也没想到，我在南京一住就是四十多年。

第二年夏天，我回上海探亲。小弟弟开门见是我，高兴得围着我转圈。花园树荫下，爸爸正和一位女客在谈话。爸爸为我介绍，原来她就是志摩伯伯的未亡人——有名的多才多艺的陆小曼。她不胖不瘦，不高不矮，模样秀气，皮肤白嫩，灵活的会说话的眼睛，话语清脆，略带常州口音，笑时露出洁白的牙齿。已经上了岁数的陆小曼如今还这般动人，我心里想，怪不得当年诗人徐志摩会对她如此钟情！晚上，我和爸爸单独闲聊，跟他谈南京。南京，是他熟悉的地方，是二十年前常去的。爸爸胖多了，自从玉姊逝去，他戒了香烟。他笑眯眯地对我说："我的心脏上也堆了脂肪。"我听了心里咯噔一下子，那是"脂肪心"，血脂高，不好！我劝他注意饮食。他拿出一本刚出版的他译的《解放了的普罗密修斯》给我，又拿出一本白色硬封面的精装书，那是纪念泰戈尔的特辑，他翻给我看他译的一个短篇《两姐妹》。那时他正在译泰戈尔的一本长篇小说《家庭与世界》（*The Home And The World*），也是北京"人文"的约稿。爸爸说，是夏衍向"人文"推荐他的。"人文"保证一直请他译书。夏衍还请北京的《译文月刊》约他译了好些短篇小说，每一两个月一次。他如数家珍般地把一沓沓稿子点给我看。随后他朝我细细端详了一番说："小红，你瘦了，黑了！是啊，南京的风和水到底不同于上海，哪里有家里好？"

爸爸又十分欣喜地告诉我，《诗刊》又出版了。那是人民文学出版社成立的"诗刊社"出版的，第1期就在今年一月出的。爸爸说："看到又出《诗刊》真高兴！但是怎么能不想起志摩呢？当年志摩创办《诗刊》，我和陈梦家帮他一起搞，听他咏诗，是一种享受；听他评诗，是一种提高。可惜，才出了三期，志摩就出事了，我们代他出了第4期。志摩走了，《诗刊》也就停了。现在隔了二十多年，居然他的学生臧克家又办起《诗刊》来！"爸爸跟志摩伯伯是莫逆之交，有终生难忘的情谊。志摩伯伯意外地云天夺命，爸爸为之痛惜不已。二三十年过去，也难抹去他心底的哀伤。方平后来对我说："每与岳父言及故友徐志摩，纵然天人相隔已几十年，依然见岳父声音哽咽，难以抑制心头唏嘘之状……"臧克家请爸爸著文赞扬毛主席的诗词，爸爸很高兴，说："这是人们对我新诗方面的成绩的肯定。毛泽东的诗词写得好，气魄宏伟。"《诗刊》创刊号刊登了毛主席十八首诗和他的《关于诗的一封信》。上海《文艺月报》也决定出版一期诗歌专号。唐弢和叶以群委托编辑曾文渊登门约稿，爸爸写了《读毛主席关于诗的一封信》，署名发表于 1957 年 7 月诗歌专号。该期"编后记"写道："这是搁笔多年的老诗人的新作。"它实际上是一篇诗论，是爸爸一生最后的一篇文章。《译文月刊》的编辑李文俊约请爸爸翻译欧斯金·考德威尔的短篇小说《吉利地的香油茶》和杰克·伦敦的两段回忆录《供状》和《逮住了》。李文俊回忆说："当时和邵洵美通了几封信。光是那一手钢笔字便很遒劲俊秀，极有个性。译稿文笔优美，完全称得上是上乘之作。"

这个时期爸爸参加了区政协的活动，和许多老朋友又恢复了交往。他手头还一直不宽余，然而对生活恢复了信心的他，毅然把珍藏的唐代敦煌遗画如意轮观音像和千佛像捐献给故宫博物院，虽然是残片，但也价值不菲。1957 年，爸爸很潇洒。

妈妈为我的归来欢喜，和老阿妈天天做不同的菜点招待我。这时妈妈在里弄里抓"扫盲"工作。把各家的老年文盲和农村来的目不识丁的阿姨大姐（佣仆）组成"扫盲班"，妈妈做老师。我很惊喜，妈妈原来很有才干！妈妈告诉我，爸爸参加了作家协会，在"作家手册"上有他的名字；爸爸还参加哲学学习班，政协业余大学校长石西民还发给他毕业证书呢！回上海时间不多，我抓紧去访友，我的好友，也是我的老师吴主任对我说："你必须在两三年内把你那专业以往的杂志翻阅一遍。"回到南京，我就一头钻进了杂志堆。

小多妹妹这年高中毕业，考取南京工学院化工系。动身前，爸爸在她纪念册上赠言："谦虚使人进步，骄傲使人落后！记住这两句话，可以少犯许多错误。"

1958 年秋妈妈来南京，听说我去年冬天脚上害冻疮，她特地带来老阿妈为我做的新棉鞋，还有我喜欢吃的霉干菜烧肉和肉酱。她把我自己洗得发乌的床单和棉毛衫重新洗涤干净，借用邻居的厨房烧一样样可口的菜让我"补补"。妈妈身体比以前好，年初还跟放寒假回上海的小多一起去了一趟北京。那是因为徐悲鸿伯伯故世后，他夫人廖静文为筹建"徐悲鸿纪念馆"来上海，曾宴请我爸爸和妈妈。爸爸怀念悲鸿伯伯，让妈妈把悲鸿伯伯1930年为我爸爸画的那张题有"庚午长夏写洵美"的半身像和为妈妈画的那张笑着的坐像送交给廖静文赠送纪念馆。妈妈到南京的第三天，我正在小书桌前读杂志，放在我面前有爸爸一张小照片的镜框突然倒下，我心头随之一紧。啊，出了什么事，爸爸？下午，上海来了电报，哥哥要妈妈马上回去，大事不好，爸爸被捕了！

真是飞来横祸！妈妈和我都惊懵了！我心急如焚。这是怎么回事？爸爸做了什么坏事？我不相信，不相信爸爸会做犯法的事！我望着爸爸年初当作贺年卡寄给我的一张小书签，我心乱如麻，爸爸这些年只知读书、译文，他怎么会去做危害国家人民的坏事呢？送走了妈妈，我急急写信向哥哥问详情。我也想过，爸爸的"社会关系"复杂。在旧社会，他曾是上海滩的阔少爷；作为一个文坛名人，交游甚广，文化圈里"左中右"的人几乎与他都有往来；社会上也有些三教九流之辈，如杜月笙也曾与他有过交往；国民党里的元老吴稚晖、蔡元培、李石曾等，还有"C. C."（陈果夫、陈立夫）以及张道藩等都与他有过交情。爸爸自己曾经是国民党员，那是在南京市政府当秘书时的事。那时国家机关工作人员无一不是党员，向市府辞职之后也就脱离了国民党。内地之行中还结识过军统大头目戴笠，他原拟请我爸爸在一个外语训练班当教师，此事未决旋即抗战胜利，各奔东西，就不了了之了，后来他们便从无往来。妈妈来信说，她忧虑的是：那时爸爸正在翻译印度文学泰斗泰戈尔的《家庭与世界》，遇到难点，他曾兀自坐了出租汽车进上海印度领事馆去问。他竟然不知道当时中国和印度正在为边界争议发生军事冲突，中印关系正紧张呢！爸爸啊，你也真糊涂！哥哥来信则说，爸爸被捕的原因定是他给项美丽写了一封信——

当时小叔叔病重的消息从香港传来，爸爸急得心乱如麻。他想要资助他住院抢救，但是自己手头正十分拮据。（这些年靠出版社预支稿费生活，每月有二百元，他作为人民文学出版社的社外翻译，还是夏衍力荐取得的。但是爸爸译书进度慢，他不肯马虎，因而经常"寅吃卯粮"。家里值钱的东西几乎都卖了。太爷爷邵友濂的两本日记分别卖给了上海图书馆和镇江图书馆，各得一百元，由翁同龢整理过写了注释文章的两大本李鸿章、曾纪泽、盛宣怀等寄给邵友濂的手书也一共才卖了一百元，有一封李鸿章的手书只换了二十元。曾祖邵友濂的使俄文稿和相关的家书也卖给了镇江博物馆。爸爸真是穷得连祖宗都卖了！爸爸珍爱的藏书早就卖给了复旦大学，包括那一套从英国带回的 *Yellow Book*、英国诗人史文朋的全集、那一排绿色的乔治·摩尔的全集，以及那本乔治·摩尔签名赠给爸爸的《一个少年的自白》。那时外文书不吃香，一本牛津出版的世界名著才卖一角钱。就连陆小曼生日，爸爸要请她吃顿饭祝寿，也只好托秦鹤皋把清代著名金石家吴昌硕为邵友濂篆刻的那块刻有"姚江邵氏图书收藏之章"的寿山石印章以人民币二十元让给了钱君匋。）正当爸爸为无力援助小叔叔发愁之际，叶灵凤从香港来上海。他是爸爸的老朋友，是战前常为爸爸办的刊物撰稿的文学家之一，也是《时代画报》《万象》《六艺月刊》和《文艺画报》的编辑，这时在香港是《星岛日报》副刊"星座"的主编，是香港的文化名人。爸爸约请他来家里吃午饭，还请了好友施蛰存和秦瘦鸥来共聚。那天席上叶灵凤谈起项美丽在美国的近况。爸爸便想起了1946年去纽约，项美丽曾向他借过一千美金。本来，老朋友向他借了不还是常事，他也一直不放在心上。现在小叔叔急需医药费，爸爸就想到让项美丽把那一千美金的旧账转送给小叔叔治病。于是问叶灵凤要项美丽的地址，好写信给她，叶灵凤说他身边没有带来，让爸爸把信交给他，待他回香港后代发。不料，叶灵凤走后没几天就情况有异：爸爸出门，总有两个便衣跟随；爸爸回家，他们便守候在家门口。爸爸知道，一定是那封信出了毛病！

接下来，"反右"运动开始了。爸爸当时在徐汇区政协学习，同组的有吴茵、黄佐临、潘序伦、筱文艳等。有一日，领导忽然要爸爸外出参加"反右"斗争，每次来汽车接送。反右材料则提前两日送来，要爸爸准备发言。那是去华东师大批斗罗玉君、徐中玉、施蛰存。后来又是去立信会计学校批斗校长潘序伦。可前后五次，爸爸都没有站起来发言。

此后没几天，哥哥的朋友，上海市越剧团的党支部书记苏石凤突然在一天晚上来访。他问我哥哥"邵洵美有没有别名、笔名、外文名？"哥哥是偶然看到过爸爸写给项美丽那封英文信的，见爸爸署名为 Pan Heh-ven，也想起那好像是爸爸跟项美丽在合作《天下》月刊或其他刊物上发表文章用过的一个笔名。（笔者注：那是爸爸和项美丽合作写的短篇小说 *Mr. Pan* 里的主人翁，也就是爸爸的化名。）当时哥哥想，爸爸是想博得项美丽一笑而已。苏石凤听后说："是了。"他又问我哥哥，爸爸向政府交代过自己的历史吗？哥哥说没有。他说："必须马上交代！"他要哥哥陪他到爸爸家里，劝爸爸交代历史。哥哥跟我说："问题很明显，那封托叶灵凤带出去寄给项美丽的信给有关方面拿到了，爸爸又用了英文别名，引起了怀疑。"当时爸爸听了苏石凤的一番话后说，他的情况政府是清楚的，他也想把自己的情况向政府作全面交代，但是朋友太多，人事关系太复杂，交代的时间一定拖得很长；他现在身边没有钱，没有家用，等他译好这本《一个理想的丈夫》，拿到稿费，一定去作交代（当时这本书是新文艺出版社约译的，黄佐临讲好，译好之后，由上海艺术剧院演出）。苏石凤那天劝我爸爸："不要等，赶快交代！"

又过了两天，苏石凤又来，哥哥和他又一起去劝爸爸马上交代。苏石凤说："再不交代来不及了。"哥哥说，很明显，他是受政府的授意来做我爸爸工作的。但是爸爸仍急于赶稿，还是以原话回答他。苏石凤走出我家门口，对哥哥说："完了！没有办法了！"哥哥返身回到爸爸面前劝说，要他马上去交代历史，家里经济问题，想来政府会照顾的，但是爸爸坚持要赶译稿子。一两天后，爸爸就被捕了，罪名是"外国特务"。

哥哥说，那个时期，爸爸正热衷于剧本的翻译，和那时任上海艺术剧院院长的黄佐临过从甚密。爸爸被捕前不久，还在钻研莎士比亚名剧《哈姆雷特》。他跟黄佐临谈到其中一句名言 To be or not to be，that is the question 的翻译。一般译本里翻译为"活下去，还是不活，这是问题。"或别的相似的句子；而我爸爸则诠译王子这句台词为 To be a coward，or not to be a coward，that is the question 应当译为："做个懦夫，还是不做个懦夫，这是问题。"黄佐临是英国莎士比亚艺术学院的毕业生，听后沉思了许久后，完全同意爸爸的看法，爸爸很高兴，说他准备写一篇对《哈姆雷特》一剧的研究文章。爸爸丝毫也不曾想过会有这样的灾祸降临到自己的身上。当时《新民晚报》的一位朋友还曾约爸爸以他的家庭为题材写一部长篇小说连载。爸爸觉得写出来很像现代的《红楼梦》，题目都想好了，叫《大户人家》，可惜他来不及动笔！

为查罪证，上海的家里给翻了个底朝天。搜走了一些东西，包括爸爸的英文日记。妈妈后来告诉我，公安人员好几天坐在我存放在家的那只旅行袋旁细细翻看我的日记本。天哪！我那一本本《论语日记》里全是女孩子的秘密！当然，我知道，他们感兴趣的绝不会是那些，而是想从我那些天真的，满是幻想的文句里挖掘其中有没有无意录下的爸爸的可疑之点。可是，我多么难堪，那些日记里记有我和伟之间往日的恋情，让别人翻看，就像是在大庭广众把我的衣服剥光了给人看似的！

春节我赶回上海，见家里大不一样了：楼下改成了居民委员会办的公共食堂，那整壁的大书架上一格格的书都被拿走了，放的是碗筷，书全部堆放在楼上一间房里封存了。爸爸被捕之后，家里无以为生，妈妈只好出卖剩余的首饰度日。那天我陪妈妈去南京西路，我出生的地方——同和里对面那家银行去卖首饰——一只金子做的凤凰，柜台上的人称过了分量，用锤子一敲，把那只金凤凰砸扁了。那是当金子卖，不是当首饰卖。那时一两黄金九十元。如今，妈妈的"金箱子"里已经不剩什么值钱的了。我早就见她常常翻翻金箱子，呆呆地望着天。

政府的政策是要求犯人家属必须离开上海这个大都市。大弟弟小马报考了青海的造纸学校走了，他那时才十五岁，刚刚初中毕业。他说要脱离这个罪恶的家去自力更生。哥哥早已和嫂嫂离异，他的大儿子跟女方过，不足月生下的小儿子一直是由我妈妈照顾的。妈妈身边还有十二岁的小罗罗。她的难处我可以想见，我心里十分不安，考虑再三后作了决定：家破我来担待，这也原是我对玉姊的承诺。我便和妈妈商量，要她来南京跟我过，但是我一个月工资只有六十六元，我提出，只能带小罗一个孩子来。这样，妈妈便着手准备迁南京。她要为小马置行装，要遣散在我家做了二十多年的老佣人等等，哪里有钱？妈妈强忍了泪，把自己的心爱的衣物三钿不值两钿地卖掉，光是瓷器就摆了一地，旧货商天天候在我家门口，压价收购，时间紧促，不容还价。我这里十八平方米一间宿舍放不下多少家具，其余的都处理了。家里的书籍原来封存在楼上一间房里，谁知道后来居委会中某人为了腾房间使用，竟不通知我妈妈，擅自把那些洋装书、古籍书一股脑儿移到另一个弄堂的一间漏雨的木板平房里，任其霉烂，后来不得不论斤处理，真令人心疼！

妈妈仍是处变不惊。她把紧要的东西都带来南京了，包括婚前爸爸赠她的各种信物，爸爸的部分作品，以及未及完成的译稿等等，当然还有那只笔洗。那时小罗才五年级，小多在南京工学院就读，总算还有我们三个儿女伴在妈妈身边。妈妈经过这样的打击，变得悲喜不形于色了。我似乎也变得跟妈妈一样了。我们从不谈论心中的忧愁烦恼，也无需谈。我知道妈妈和我一样，心底里焦虑苦痛，天天在祈盼，盼爸爸的问题早日查清，盼爸爸早日回家。我知道，妈妈和我一样在担心，担心爸爸在狱中怎么过，担心他的身体会不会扛不住！一天一天地，我们度日如年。妈妈为我们买菜，做饭，洗一盆盆衣被，她那双嫩白的纤手变粗糙了，两手、两颊都害了冻疮。她自幼因睡过高的硬枕造成的微驼的脊背驼得比以前更加明显了。过去用镊子拔得细细的眉毛下那双俏丽的笑起来弯弯如月的眼睛常常是那么呆滞地望着天。只有小罗调皮的逗乐，或是见到小罗安装矿石机成功而手舞足蹈的模样时，妈妈才会眯起眼笑出声来。一天，妈妈坐在窗前，仰望天空，似是自言自语："你爸爸现在拿不到一支笔，一张纸，他无法写下心里的话，留不下他脑子里盘旋的诗和文章！"

拜托贾植芳

我工作三年了，个人的生活也起了变化。1960 年元旦，我结婚了，嫁给了云哥——玉姊生前的未婚夫。虽然他们没有结婚，但在我的心里，云哥和玉姊是不可分的，云哥就是我的姊夫，这一成不变的看法总也撇不开。可是，我嫁给了他。自从我毕业分配来南京，就不断收到他的信，起初他除了表达对我亡姊的怀念外，对我只是一般的问候和关照。爸爸被捕之后，他常来信问候妈妈。他是哥哥的同学，和哥哥一样，长我五岁；也像哥哥一样，看着我长大的，他就像家里人一般，对我家过去和目前的境况都了解。在信里，他竭尽抚慰，使我对他渐生好感。也就在这几年里，过去教堂里相识的怡的信也多了起来，怡是很不起眼的那种人，可也是最热心的，总是不声不响把事办好。在我害那场大病期间，他曾不时来看望我，热情地给我借来一摞又一摞托尔斯泰、契诃夫、高尔基的小说。他来了话不多，总是搓搓手，吞吞吐吐说几句，放下书就走，好像总是很忙。我念他十年来对我真挚的友谊，每信必复。家里出了变故之后，我在默默工作之余，将内心的苦闷和惆怅向他倾诉，他借出差之便来南京看我，又约了我在上海会面，去无锡同游，意外地，他向我求爱。我从来没想过怡会对我有情，甚至从来没有仔细看过他的面孔。我心里的他只是一个热心的知己朋友，然而，我需要有人与我分忧，我需要有个肩膀可以依靠。伟已有了自己的家庭，怡是多年老友，可以托付终身。何况那时我已二十七岁，也该有个归宿了。于是，答应了他。没有激情，只有友情。我们继续通信，他来信更频繁，满纸柔情蜜意。时隔半月，我们说好在上海相聚，出乎我的意料，他突然冷冷地说："党组织不同意我和你结婚……因为你的爸爸……"（这时他正在申请入党），我愣住了，没有说话，没有伤心，没有留恋，没有遗憾，只有满腔的不平！他赠我一盒手绢留念，我默然接过，告别回南京，这一打色彩鲜艳的手绢我从来不曾用过。

　　就在这个时候，云哥向我发起了"进攻"。信里述说他独自一人在天津的寂寞，用最美丽的词藻描述我在他心中的印象……一封接一封，后来委婉地向我求婚。见到他这样的字句，我耳边响起玉姊临终前说过的话："你嫁给云哥吧！"这是玉姊的愿望，也许，这是上帝的安排！受到怡给我的打击，情绪极度低落的我，从云哥那里得到了温暖。可以说，我是在"一气之下"允诺了这桩婚事。妈妈没有意见，反正云哥早就是"邵家的女婿"。于是鸿雁南来北往，择1960年元旦，在南京下关上车，我北上完婚。那时候，火车过江要一节一节车厢卸下后由渡轮几节几节送过江，然后再一节一节连起来。一列火车要花一整夜工夫才能渡完。我望着车窗外黑蒙蒙的天和黑蒙蒙的江水，听着细浪拍打江边码头的阵阵水声和一遍遍往返行驶的渡轮的马达声，思绪万千，想着伟，想着玉姊。此行明明是办喜事，我却满腹哀伤！

　　到天津，我受到云哥学校同事热情的款待，然后我俩去区政府登记结婚，去照相馆合影。晚上，同事们热闹地包饺子，新郎给灌个半醉……北方的夜是那么冷，他伸手抓了两块煤扔进炉膛，然后凑近我，陌生的手，陌生的唇……一个星期我们是在临时的爱巢里度过。回南京的前夜，我们自己动手做一顿"盛宴"——煮鸡汤。两人都不懂，鸡肫没处理，连了砂子煮！他夹鸡肉给我吃，却把筷子夹断了。那是"马立斯"好婆为我出嫁贺喜的礼物——翠绿色玉石制的筷子，她老人家祝贺我俩恩爱夫妻成双成对，我特地带来夫妻共餐。他连声道歉，我一再说"没关系！"我是个素来重情不重物的人，然而，我内心不悦，倒不是筷子有多名贵，而是……但愿这不是不祥之兆！回到南京，妈妈知道了筷子事件，连忙翻箱倒柜找出两双骨制的筷子给我，那时她那些包金、包银的象牙筷早就卖光了，她把那三根半翠绿的筷子藏进了箱底。

冬去春来，小罗上初中了，长高了。常见妈妈戴着老花眼镜在灯下为他接长放宽衣裤。无论什么困难，妈妈总能对付过去，她常说："船到桥头自会直！"小多大学毕业，分配到北京工作了。那时小珠早和大宝离婚，在卫生出版社当校对，由她同事贾植芳的夫人任敏作伐，与方平结合了。方平终于实现了"娶一个洵美先生的女儿为妻"的愿望。小燕则在浦东一小学任教，嫁给了一个公安人员，生活比较艰苦，但家庭充满快乐。

盼完暑假，又盼着寒假，一年两假，云哥南归。我们没有置自己的家，就这一点工资，双方都还要赡养母亲。他没有赠我什么纪念品，国家困难时期，他一个男人家在外地生活，开支也大，他没有不良嗜好，只喝一点酒，我全谅解。每次他来探亲，医院领导就会照顾借一间房搭张铺。我俩虽然成了家，却全无家的感觉。我俩都在努力博取对方的欢心，然而，不知是什么阻隔着我们，我们从不推心置腹，纵然来往的信里彼此写着思念的话语。我望着他的眼睛，看不到他的心，他也一样，我知道。

那是困难时期，本来，我家老小三人都体弱，按定量，粮食是够的，但粮食歉收殃及禽肉鱼蛋油料作物的产量，餐桌上荤腥油脂少了，这点米饭就不能果腹了，蔬菜也少。小罗在发育期间要先尽他吃；我要上班，妈妈又把菜碗推向我。幸而我们宿舍是"福地"，房前屋后有点空地，每家分到一块开荒。妈妈学着邻家的奶奶松土、栽种；从化粪池里一勺勺掏粪水，端着脸盆往"田"里浇水……居然也能有收成，饭桌上能多一碗，不无小补。妈妈自己却总是吃一点素菜，吃很少饭，说自己饱了，或是不喜欢吃，把有限的荤菜让我们吃，她常常望着饭碗说："不知道你爸爸吃些什么？"缺少油水，我也常常感到胃里空得难受。一天，我去卫校授课，刚在黑板上写了几行字转过身来，突然，一阵寒气从背脊直向上涌到后脑……只看见下面学生一齐望着我，一双双眼睛里全是惊慌，我的胃里像要翻出来似的难受，我知道自己要撑不住了，说了句"今天我们就讲到这里"，转身冲向对面的空教室，扑在课桌上……我怀孕了。

这是我再度怀孕。失败过一次之后，我特别当心，妈妈也特别照顾我，不让我做一点点家务活，俗话说孩子是把锁，有了孩子，夫妻关系就给锁住了，有了孩子，我和云哥的感情就会亲近，会"三位一体"了。我多么祈望有孩子！

1962 年 4 月，小燕发来一个电报：爸爸释放了。天大的喜讯啊！我们已经等得望眼欲穿！我向工会借了款，妈妈匆匆回上海，去接爸爸回家。她来信告诉我："一到上海就赶到提篮桥监狱第一看守所，见到你爸爸，我都不敢认了！他进去前胖胖的，出来骨瘦如柴，头发雪白，佝偻着身躯，缩得小小的，一动就喘，我扶他坐上三轮车回家。回家？哪里还有家？你哥哥只有一间房，腾出来让爸爸睡。不，你爸爸根本睡不下来，只是坐着喘。我则挤在床角上过夜。你哥哥下放在农村，那六个月生下的时勤只好长期住在托儿所。后面天井里一间原堆杂物的小间住的胡师母给'扫地出门'后，你哥哥回来才有个地方睡。那个小间只好放一只小床。看到你爸爸身体极度虚弱，我只有到处去借钱买药买吃的给他调养。你哥哥生活也潦倒，家徒四壁。爸爸回来，家都没有了，他倒也想得开，环顾四周之后说，'都是身外之物，身外之物，没有了，不足惜。'幸好你哥哥为爸爸还保留了百来本书，爸爸看到他自己一直使用的那本英文辞典——*Webster Dictionary*，高兴极了，说：'太好了！太好了！这是宝贝，有这本就行。'"我读了妈妈的信，心里真难受，恨不得马上到上海去看爸爸。可是，工作脱不开身，再说，又哪里去筹路费！

一天，医院组织全体职工去江东门外参观日军在南京大屠杀的纪念馆，为了表示大家对死难者的悼念，全体步行。还没走出城，我就支持不住了，一阵腹痛，血……血从裤脚管流了下来。不好，又流产了！我脸色煞白，老护士朱大姐赶紧把我护送到妇产科医院去急诊。必须手术刮宫取出我那三个月的孩子！我伤心极了！是我身体太弱吗？是我命中没有孩子吗？

流产有半个月的产假，医院发给营养票。我躺了三天，第四天天未亮，我就去菜场排队，手术后我身体虚弱，靠在墙上。凭营养票，我买到一斤肉、一斤鱼、半斤白糖。向同事借了些钱，我赶到上海，要把这些吃的送去给爸爸。

爸爸两膝蜷缩坐在床上，他一面喘，一面拉着我的手，告诉我他的腿肿胀，上下一般粗。他说："女怕戴冠，男怕穿靴啊！"（"戴冠"是指脸肿，"穿靴"是指腿肿）我望着爸爸，心如刀绞。他患的是"肺源性心脏病"，呼吸困难，缺氧发绀，再加上极度的营养不良，口唇和脸膛紫得发黑。他坐也坐不动，两床厚被垫在身后。他的呼吸是那么难！憋足了劲吸进一口气，呼出来却要用一声声拖长的"波……波……波……波……"瘦得两个肩胛扛个头。剪得短短的头发全枯了，牙齿也掉了几颗，简直完全不像我的爸爸了！我的心在哭！爸爸讲起他在监狱的医院里住了很久，抢救了好几次。有一天晚上，梦见玉姊来看他，他想自己大约也快死了，但是，他还是活了下来。我耐心地听他吐出一个个字，他说出一句话，要用很长的时间，其中夹了多少的"波……波……"我一面听着，一面轻轻地抚摸爸爸那微微颤动着的瘦骨嶙峋的手背，想借以增添他一呼一吸的力气。望着爸爸，我怎能不忆起玉姊！喘着，爸爸还笑了笑，说："本来可能早一点就释放的，就因为我病重，住在监狱医院抢救，好了一点才送出来。""命不该绝，是我的'诗还不能就这样地结束'（这是他的诗《声音》中的一句）。"狱中的详情爸爸不讲，只是说"我是无罪释放的"。他拿出一根细小的耳挖子给我看,"你看,只要功夫深,铁杵磨成针,这是我的产品"。真的,他是用一根订书钉将竹筷的残片刮成了耳挖子。耳挖子刮得光洁如针,记载了爸爸在狱中三年多难熬的日日夜夜;这耳挖子里凝聚了多少他对亲人的思念,对真理的信念和多少次的绝望和希望!在刮制的一个个来回中,爸爸把心里的话,脑中的诗和文章都放了进去。不过,爸爸不是一个悲观绝望的人。纵然在狱中,他依旧保持清醒的头脑,宽阔的胸怀和幽默的情趣。1989 年,复旦大学的贾植芳教授撰文回忆在提篮桥监狱与我爸爸共处的那段往事时提到,当我爸爸认出贾先生是曾在 1952 年翻译家韩侍桁为宴请小说《红与黑》的译者罗君玉教授在新雅酒家请客时作陪的数位文苑人士之一,(贾先生也认出他。记得当时同席的还有李青崖、施蛰存、余上沅和刘大杰。)爸爸便借口要写交代材料,向管理员要到钢笔墨水。谁知他在卫生纸上写了一首七言诗,递给贾先生,题为《狱中遇甄兄有感》,其中有"有缘幸识韩荆州"等句(注:爸爸是借用了《红楼梦》第一回的题目"甄士隐梦幻识通灵,贾雨村风尘怀闺秀","甄兄"实是喻"贾兄","韩荆州"是喻老友韩侍桁)。可见那时爸爸人虽在狱中,拖着病体,心力交瘁,却还有作诗的雅兴,真不失其翰墨雅士的本色!贾植芳先生是因胡风案于1955 年被捕的。他看过那首诗之后,便急忙把卫生纸撕了扔进马桶里。他和我爸爸同监四个月,当时正值困难时期。饥饿的监房生活使我爸爸的哮喘病和浮肿病日益严重。爸爸感到自己能出狱与亲人重逢的希望渺茫。有一天,他郑重其事地对贾先生说:"贾兄,你比我年轻,身体又好,总有一日会出去的,我有两件事,你一定要写篇文章,替我说几句话,那我就死而瞑目了。第一件是 1933 年,英国作家萧伯纳来上海访问,我作为世界笔会的中国秘书负责接待工作。萧伯纳不吃荤,所以,以世界笔会中国分会的名义，在'功德林'摆了一桌素菜（注：在当时监房里的秘密谈话，可能贾先生没有听清，那是从'功德林'叫了一桌素菜，而不是在功德林设宴），用了四十六块银元，由我自己出钱付的。参加宴会的有蔡元培、宋庆龄、鲁迅、杨杏佛，还有我和林语堂。但当时上海大小报纸的新闻报道中，却都没有我的名字。这使我一直耿耿于怀，希望你在文章中为我声明一下，以纠正记载上的失误。还有一件，我的文章，是写得不好，但实实在在是我自己写的。鲁迅先生在文章中说我是'捐班'，是花钱雇人代写的，这真是天大误会。我敬佩鲁迅先生，但对他轻信流言又感到遗憾！这点也拜托你代为说明一下才好。"

鲁迅先生好几篇文章里对邵洵美的评说颇有微词，二人一度笔头相向，是众所周知的。或许由此，解放后邵洵美被列为反面人物，他的名字似乎在文坛已经湮没。其实，鲁迅先生对邵洵美多有误解。倘若鲁迅先生知道署名"郭明"写的那么多分析时事，抨击当局钳制言论自由，迫害进步人士，呼吁抗日救国的文章出自邵洵美；倘若他知道邵洵美帮助丁玲、韬奋，参与人权保障同盟等等的活动；倘若他多翻几篇邵洵美的文章，明了邵洵美早就不再唯美。实质上二人在不少方面是有相似观点的。倘若鲁迅先生不是那么早离世，他会看到邵洵美"八一三"以后的爱国行为，或许他会比较了解邵洵美。对于鲁迅先生，邵洵美后来也曾冷静地分析过。1938年，《中美日报》他以"邵年"为笔名发表的《一部活动的西行漫记——斯诺夫人印象》里，斯诺夫人一再向他问："为什么鲁迅不是中国最伟大的小说家？"他想了半天才想出一句："鲁迅的确是中国文学界一个力量，可是不能算最伟大的小说家。他的成就并不在于小说——"

这位贾先生和我爸爸还有一层关系呢：我的大妹妹小珠和他的夫人任敏在同一出版社工作，小珠已离婚多年，后来跟方平结合，正是任敏从中作伐的。贾先生在 1966 年 3 月底被判处有期徒刑十二年，押回复旦大学"监督劳动"（我爸爸的案子一直没有审理，也没有判刑，因此也不许探视，爸爸在看守所待了近四年，倒比贾先生早四年出狱）。贾先生不负重托，后来直到 1989 年，他才有机会写下上述那篇文章，题目是《提篮桥难友邵洵美》。他在文章最后写道："我现在写这篇文章，一方面为了履行二十七年前邵洵美先生在狱中对我的委托；一方面藉此表示我对这位在中国现代文学界和出版界有其一定影响和贡献的诗人、翻译家和出版家的一点纪念的微忱。因为多年来，在'左'的文艺思潮和路线的统治下，他的名字和作品久已从文学史和出版物中消失了，被遗忘了，这个历史的失误，也到了应该纠正的时候了！"

我是后来才读到贾先生这篇文章的，读了使我心酸不已，同时，我从心底里感激贾先生的热忱。

关于爸爸在狱中拜托贾先生向世人澄清的两点，其实不难阐明：爸爸写的文章很多，他的文笔有其特色，只要多读两篇，就不会妄言"捐班"。可惜鲁迅先生逝世过早。至于招待大文豪萧伯纳的事，爸爸当天归来就向我妈妈谈起席上细节，哥哥也在场听到，这是当时友人共知的，可惜作陪的几位都已作古。鲁迅先生在其《看萧与"看萧的人们"记》一文里，提起在宋庆龄宅第吃的是"素菜"，除萧以外还有"别的五个人在吃饭"。但是在日记中却没有提我爸爸的名字，也没有提起那天回去是我爸爸的汽车送他的，不知是何缘故？我爸爸向来待人热情，出钱请客毫不在乎，而独对这件小小的往事却久久不能释怀，这绝不是四十六块银元的事，而是抹杀了他作为笔会会计的工作。所幸，事实总有人记得：读过季小波的《往事杂忆（五）——邵洵美不是纨绔子弟》一文的末一段，可以明了真相。他写道："洵美国内外交游甚广。他所结交的朋友中，有市长、大使，也有文学家和书画家，大多在事业上有所造就。英国幽默大师萧伯纳来华访问，东道主便是邵洵美，一同招待萧伯纳的还有宋庆龄。我想，这件事足以说明洵美在国内外文化界的名望，而这又是一般'纨绔子弟'所能办到的么？"1999 年春，我在上海拜访爸爸的老友——九十高龄的老作家施蛰存，谈起这件事，提到有人写文章讲我爸爸在狱中对贾先生如此说，是他脑子糊涂了，不可能是事实。施伯伯看了我带去的剪报之后当即就说："当然是洵美请的！"他又说："很可能是从功德林叫一桌素菜到宋宅请的。当时时兴叫到家，由餐馆厨子在家烧。"

在上海我只能待一个周末，因为在南京的小弟弟不能没人照应。我回来时手中没有钱，便从菜地里挖两根莴笋，凉拌就午饭，晚上是莴笋叶子下面条。

暑假里云哥回来，带着一瓶"小球藻"，他也有点营养不良性浮肿，据说这种植物有疗效。这次他时常沉默不语，为了南京市教育局久久搁置我们要求将他从天津调来南京的事，我们发生了龃龉。他怪我不常去催问，不把这桩事放在心上。我又何尝不着急，然而，人家说，一般都是女方调到男方去，南方调到北方去的。我们这种情况难办！我知道，他心中不快还有别的原因。他不讲，我也明白，准是怪我又一次流产。我心里也很难受，我又不是故意的！但是我什么也没说，信里都说过了的。我承受着肉体和精神的痛苦，他却连一句安慰的话都没有！虽然我们头靠头躺在床上，但我们无法剖心相见，总像有什么隔在我们之间。我知道，造成我们今日这种状况，是因为玉姊。他从来就是属于玉姊的，我原也不属于他呀！十天后，他又回上海探母亲了。望着他远去的背影，我心头沉重。他还是那么陌生！除了听他介绍过父母姐妹，可以说，他的往事我一点也不知道，不知道他的爱好和烦恼，甚至，他在天津的学校里教的是门什么课都没听他提过！我们相聚时间太少，互相了解太少！结婚三年了，相互之间还是那么陌生！他是个英俊的男子，可是，我怎么也无法与他贴近。或许是一年两度"鹊桥会"不能拉近两人的情感，或许是没有建立一个家，没有患难与共的感受。肌肤相亲替代不了心灵的交流，信里的甜言蜜语，又有多少真诚！他进不了我早已锁住了的心，我也推不倒堵在我们中间的墙。

我的工作相当繁重，医疗、教学双肩挑。院长又给了我一个使命——到芜湖、合肥、杭州三地去，那里有我们学生的实习基地，叫我去看看他们实习中存在些什么问题。这是我第一次代表学校和外单位打交道，没有经验，我很拘谨，看看同学实习情况，听听指导医生的意见，不敢妄自表态，把问题带回向院长汇报。这个班是我院办的口腔医士学校最末一班，学校"下马"了。

冬天的一个下午，我正在门诊忙，护士小王喊我："邵医生，有人找你。"我放下手里的电钻，抬头朝门口扫了一眼。啊！像是电影里的"定格"，我说不出话来了！是他，伟！高高的他穿着黑色呢制的中大衣，那熟悉的亲切的笑意驻在他的眼角和嘴角。我赶紧处理好手上的病人，向组长请了假，低头随他走出医院，找了一处饭店坐下。他的笑声还是那么爽朗，他说："我们回上海了。"久远的别离恍如昨日，没有时空遥隔的感觉。他细细看了我一会说："你一点没有变。"我仍是那个穿着朴素，不施粉黛，不加造作的我。他滔滔不绝地讲述他如何在新疆养马，繁殖优良马种等等，只字不提在边疆的艰苦和磨难。他是个男子汉，有苦咽下肚，有泪不轻弹。原本不善言谈的我，也打开了话匣子。我有太多的事要讲给他听：讲玉姊不幸病故；讲爸爸译了多少书，又讲到爸爸突然被捕，家庭破碎；讲妈妈一手撑天，收拾残局；又讲到我担起抚养母弟的责任；再讲到爸爸挨过铁窗三年多之后出狱，带回一身重病。我还兴致勃勃地讲述自己这些年从医施教的乐事。他听了故意打趣："啊，娇滴滴、弱不禁风的小姑娘，现在是位大医生啦！"我告诉他，我已嫁云哥，"你认识的"，我说。他低头不语，重又抬起头来时，我看到他眼中的歉疚和无奈。奈何啊奈何！十载别离，一朝归来，何必再来看我？彼此都已有了家庭和责任，过去的一切，俱往矣！我跟以前一样，静静地听他讲今后的打算，望着他说话时惯用的加强语气的手势，望着他从不打结的浓眉和稀少了的头发。他长得不漂亮，但是，他的眼睛里有那么多的理解。我们太相知。他凝视我，一直看到我的心。他说："只要能再见到你，就够了。"他当天就匆匆回了上海。

又届寒假，妈妈带小罗上海了。爸爸的病情有好转，又恢复译书。方平后来告诉我：是出版社负责外国文学部门的孙家晋叫他代表出版社去看望爸爸的，又把译书的任务分配给了爸爸。那时新文艺出版社改名为上海文艺出版社（又一度改为"人民文学出版社上海分社"，后来又分立出"上海译文出版社"）。他说出版社的领导一直很看重我爸爸，愿意提供力所能及的帮助。过去给爸爸预支稿费的破例的做法，是石西民命方平代表出版社跟爸爸谈定的，那是市委宣传部姓周的领导指示过石西民的。在爸爸出狱之前，60 年代初，上海市委宣传部长石西民与译文出版社的周煦良去北京参加"大专文科教材交流会"。周煦良负责"外国文学作品"小组。中宣部副部长周扬见到周煦良，问起邵洵美的近况。周煦良告以邵洵美尚在狱中。当时正值三年困难时期以后，党在经济上进行调整的同时，对 1958 年以来在各项政治运动中受到错误处理或不公正对待的知识分子，也做了不少甄别平反工作。周总理、陈老总、聂帅，都为恢复对知识分子的正确评价作了努力。大约正是在这样的大背景下，周扬说："如果没有什么问题，也不必了。"周煦良回上海之后，向石西民汇报了周扬的指示。可能是石西民通知了上海出版局。未几，爸爸就被释放回家。

爸爸经受了近四年的无妄之灾归来后，痼疾缠身，整日气喘吁吁，译书进度很慢。虽然他如今是"著书皆为稻粱谋"了，但他还是不肯随意落笔，依旧潜心译作，句句都要反复琢磨润色。妈妈讲，爸爸说过：译书是为了向不识得外国文的中国读者介绍外国书，外国文学作品必须认真译，要对得起作者，要对得起读者，也要自己满意；既是为人的，也是为己的。他以前为《人言》写过篇《谈翻译》，里面就说过："翻译外国文学作品，是一种运用两国文字的文学工作，缺一不可，既要正确地解释原作的字句，又要能表现原作的神韵。"现在爸爸翻译的是外国著名诗人的作品，用的工夫自然更要深，总要吃透原作，字斟句酌，绝不肯马虎从事或是生搬硬套。这也是爸爸虽然全心投入译书的经历不长，也没有译多少本书，而能享有"翻译家"荣誉的缘故。作家秦瘦鸥后来著文纪念爸爸，题为"从纨绔子弟到翻译家"，1986 年发表于《文汇报》。他写道："作为一个诗人，邵洵美写过大量新诗。然而比较起来，他在翻译方面的贡献更大。翻译诗歌难度更高，但他译的拜伦、雪莱、泰戈尔诸人的诗作，都能符合'信、达、雅'三项要求。"赵毅衡在中国电影出版社出版的《西出洋关》上撰《邵洵美——中国最后一位唯美主义者》一文，文中他写道："解放后，孟尝君当然做不下去了，而且生活日窘，不得不埋头翻译英国文学名著。雪莱的几部长诗，如《解放了的普罗米修斯》《麦布女王》等，难读，更难译，邵的语言天赋，剑桥学养，这才'穷而后工'，译笔华美而熨帖，才气纵横，与当时在天津落魄而专事翻译的诗人查良铮（穆旦）并世无三，

'南邵北查'。笔者少年时最喜读这二人的译文，后来读原文，反没那种美的战栗。"

然而，这时身患严重肺源性心脏病的爸爸，因缺氧体力不支，无法久坐桌前，难有精力思考。可他不肯将就，定要保证译作的质量，译书的进度就很慢很慢。在病状较轻的时候，他忘却了肉体的折磨，游移在诠释隽美的诗句的美境之中，一边工作，一边极快活地享受，这时他在译雪莱的长诗《麦布女王》（*Queen of Mab*）。

只 有 一 支 笔

我打扫卫生，整理被褥迎候云哥回家度假。他随带卤菜、白酒，到家就喝个半醉，要拉我上床。不知怎的，我一阵心慌，一把将他推开。他马上板起面孔。我知道他的自尊心大大受创。但是，我不要。僵持了一会儿，他冷冷地问："怎么啦?"我的心紧缩起来。"伟回来了。"我脱口而出。他立刻火冒三丈，没等我说第二句，就猛地扇过来一记耳光。我哭了。他很清楚伟和我过去的情分，玉姊肯定讲给他听过。他很清楚伟在我心中的地位。我很抱歉! 结合三年，云哥仍旧不能抚平我心里的创痛，仍旧不能扫去伟在我心里的影子。三年来，我俩都在努力，努力栽培爱情的种子，然而，这一记耳光打光了我俩原本就脆弱的夫妻之情! 他出言不逊，我不作解答，默默拒他于千里之外。憋了半夜，想了半夜，我认为这样的婚姻对双方都是折磨。爱情是伪装不出来的。我嫁给他只是为了玉姊，是代替玉姊嫁给他的! 他又何曾有过快活? 他只是在期待调回南方生活。与其勉强地编织现在已生了裂痕的纽带，还不如一刀两断，不再牵挂。我终于说出了口："我们无法相爱，离开吧!"他满腔怒火。隔了一会儿，没好气地说："再重新开始，行吗?""不!"第二天，我们去了区政府。他走了，回天津去了。临行时他说："我诅咒你!"从此没有音讯。夫妻两地相隔，也无人从中斡旋。我没法子爱他，他也不属于我。我不怪他气愤，不怪他用不逊之言冒犯我，不怪他动手，也不怪他诅咒我。我伤他太深太深，可是，我没有法子!

1964年春，医院分给我一处新居，是两间房间的套间，和同事合住。而在工作上，我被选派到鼓楼医院进修普通内科。这时我已是毕业八年的老住院医师了，但走进普通内科，还是有很多东西要从实习医师学起，常常忙到深夜。

在鼓楼医院进修的繁重的工作中，我生了两场病。一次是突然血尿——急性膀胱炎。我自己晓得，这是过分劳累所致。于是老老实实卧床两周，化验正常又急急回病房工作。又一次是那年下半年，瞳孔下缘长了一排小疱疹，患的是"过敏性结膜炎"，滴几种眼药水都无效。眼科主任嘱我"易地休养"，说一定是这医院大院里某种植物过敏引起的。我于是趁机回上海看望爸爸。

再次去看爸爸，他的病好转了些，腿上的肿胀基本消退，但说话还是带喘，整日还是以坐为主，难得能平卧。家里的经济状况依然很糟，虽说出版社可以预支稿费，可是他没有公费医疗，药是不能省的，自然只好省在吃上，谈不上营养，病体又如何能够康复? 近两年妈妈时常头晕乏力，查出来是害了肝硬化。妈妈从来没害过肝炎，我分析她的肝硬化可能是长期营养不良所致，回想这二十多年家境日落，手里一直不宽余，儿女多，每餐妈妈总是最后上桌，总把好的让给别人，"困难时期"以来更是如此。小多毕业后在北京工作，每月寄一些钱来补贴我们。但妈妈节衣缩食，怎舍得拿来买药。她总是说："慢性病，无所谓! 年纪大了，总会有病，不然，老年人怎么死得掉? 一个个都不死，人口更加多了!"我心里明白这病的严重性，也只是暗自担忧，以免影响大家的情绪。这病除药物之外，需要的是营养和休养，这三条妈妈都做不到，她只是断断续续服一般的保肝药，那是安慰剂罢了。妈妈这时年近花甲，身体很弱，实在没有体力照应长期患重病的爸爸，只有南京、上海两地跑，跟我生活在一起，可以减轻爸爸的负担。

这次见到爸爸，他精神很好，戴着老花眼镜细细看我，和我谈笑风生。他已经译完了雪莱的长诗《麦布女王》，正在译拜伦的长诗《青铜时代》。他说译雪莱和拜伦的诗真有味道，一面译，一面是在欣赏，虽然带病伏案很吃力。译诗要依原诗的笔调神韵，常常激起他创作的激情，翻译也成为创作了。他说自己过去大半生热衷于写文章，办出版，而现在都做不成了。真的是一个人"有所不为才能有所为"，扔掉了印刷厂，关掉了书店，还是舍不得扔掉这管笔。"现在译书，反而比过去做得更有成绩，大概是年纪大了，对诗的理解更深了，文笔也更成熟了，更洒脱了。我努力把他们的诗重生在中国文字里，不知道做得成功不成功……我这个人天生是搞文学的。开厂、做生意都失败，只有一支笔。真是'天生我才必有用'，到老还靠一支笔。"

这次回上海，我没有在爸爸床头地板上过夜，而是去老阿妈家借宿。快七十的老阿妈独居一室。我和她合睡一床，谈谈往事，备感亲切。

在上海休息了一个星期，眼疾果然好了。回到南京，接到天津法院寄来的"离婚判决书"。我有妈妈的"真传"，悲喜不形于色，作为医生，回到鼓楼医院我更加控制自己的感情，绝不影响到工作。

进修结束，我参加"农村巡回医疗队"一年多，送医送药到农村的同时，"接受贫下中农的再教育"。这期间休假，我第三次回家看爸爸，爸爸告诉我他将翻译勃朗特的 *Wuthering Heights*。

这本书原已出过译本。我料想爸爸这次重译，一定会有精彩的片段。爸爸对我说："不可以否定别人的工作。不同译者译同一本书是会有不同的风格，但各有所长。"爸爸突然跟我谈起命运，说到玄冥之中真有个主宰，以前为了《论语》出"病的专号"，居然让他害了一场严重的皮肤病来尝尝病的滋味。如今，这玄冥中的主宰又让他二次遭牢狱之灾。他讲起四十多年前吃的那场冤枉官司，那时才十七岁，初尝铁窗味，不过半个月，游戏一场；而这次的无妄之灾，妻儿一别三年多，落得一身顽疾，回来家徒四壁。爸爸笑了笑说："这真是天命！"他又讲起一直有写本自传的念头，因为自己的一生太有趣了。"进去之前腹稿都打好了，来不及动笔。现在没这可能了！原以为此生休矣！峰回路转，还能捏起笔杆来译书，这是天赐良机，让我有生之年译出几本自己喜欢的书。"那天爸爸身体较好，接着又跟我谈解放后出的邮票品种之多样，内容之丰富，他说："现在集邮大有可为！还有解放区出的邮票，那是十分珍贵的。"我听他说着，看着他紫黑的脸膛，羸弱的身体，说话时那气喘吁吁的样子，与过去的他的模样神情相去实在太远，但他对集邮的兴趣丝毫未减。看看他穿的、吃的、住的、用的，与过去他的生活真有天壤之别。俗话说"富不出三代"，果然，从太爷爷邵友濂算来，爸爸正是第三代。这难道真是历史的嘲弄，上天的报应？然而，病魔虽然能捆住他的呼吸、他的手脚，却捆不住他的思维；虽夺去他的风采，却夺不去他的智慧。他的思想依然可以遨游于天空，去任何他想去的地方，物质、财富、名誉、地位，原本都是过眼烟云，身外之物。他依然含笑直面人生，对生活怀有希望和情趣。他还叮嘱小罗为他买毛主席亲笔诗词"长征"等邮票。

休假结束，我还是去新济。这回是为当地农民治疗牙病，并趁午间休息，去一家家农户普查口腔疾病。结束这项工作回公社，公社又交给我们小队一个重大任务——培训当地农民卫生员。因为医疗队不可能长驻，要留下一支不脱产的卫生员队伍，确保农民小毛小病不出队。我们把全公社十几个大队选出的年轻人分四批培训，讲常见病、常用药、简单的治疗方法和急救技术等等，理论课后组织去江宁镇医院实习。我先去联系，没想到，回来的路上出了事故。

我独自走在公路上，看着宽阔的天空、一片连一片的庄稼，心情十分舒畅。正在无边无际地遐想，冷不防身后两个小伙子骑车过来，他们一路打闹，一下子把我撞倒在地。他们惊慌地扶我起来，看他们紧张地直问我伤在哪里，我捧着头反而安慰他们："不要紧……就是头有点昏……"那两个青工放心地走了。我一步步走回到宿营地××小学，坐在校门口的门槛上，脑中一片空白。时光一刻刻过去，我不知道自己何去何从。一个小孩走近来呆呆望着我，我朝他笑笑……太阳落下去了……"我坐在这里干吗?"……很久，很久，我看到手里那只黑色拎包，翻开看看，看到了自己拟的《学生实习轮转表》，哦! 我这才清醒过来。到大队食堂吃饭，护士长一见我便大惊失色，原来我的左边眼睛周围连带额头、太阳穴红肿得厉害。她说我一定是轻度脑震荡，刚才才会暂时性地失去记忆。第二天，我贴上一大块纱布，照样上课。卫生员实习结束，我还回南京去买了一大堆保健箱和药品等等，分发给他们。

我们这个队里就我出的事多：去农户查病牙，出出进进，竟有蛆虫粘在我头发上! (门口挂的鱼肉我没看见) 培训卫生员，临时搭的茅坑，我竟会鞋上沾了水，滑进粪坑。隆冬冷得发抖，还得跨进塘边水里去洗。每次都引得那活泼的护士小陈捧腹大笑。我不但不生气，还认为这种可笑的事是有趣的经历。

1966 年春，我们队并入省里来的"社教团"，在江宁县政府所在地东山镇扎营。我和护士长带了徒弟小戴去赶庙会，其实那是农村的集市贸易，趁群众集聚，我们正好去为他们治疗牙病。

这一年在农村，我的确受到很多教育，不是什么人来教育我，而是无形的，在实践中，在工作中，在生活中，或者是从这位那位医生护士学来，或者是从这位那位农民学来。我学到如何面对困难；学到如何在条件极差的环境里开展工作；学到勇于承担责任。脏点，累点，苦点，算什么？在农村那样恶劣的条件下走了过来，回到城市，还有什么受不了，要退缩的呢？

疾风暴雨中

党中央发布了"五一六"通知，史无前例的"文化大革命"疾风暴雨般在全国展开，我们结束了十三个月的农村巡回医疗工作，回南京，去医院参加学习。一回来我就被派到口腔矫形科轮转。

爸爸时有信来。有封信说到我三叔曾来看望他，他兄弟俩在诉说旧事时，爸爸提到镇江的忠裕当受到战祸损失巨大，不料三叔向他坦称：当国军沿京沪线南撤，沿线大小城市吃紧时，就在日军铁蹄肆虐到镇江之前，二叔约三叔先一脚抵达镇江，与忠裕的老当手讨论当铺的应急措施。客户典入的诸多物件来不及处置，兄弟俩只把贵重的珍宝箱取了回来，两人分了，二叔拿了大头。爸爸写道："他们不告诉我们，害得我们急了一场。总算这桩悬案澄清了。这些珍宝总算在自家人手里，没有被日本人掳走。"信里又谈起他目前入不敷出，很想把那只笔洗出售，几年前原已跟沈从文讲好，请他来鉴定。待现在写信请他来看笔洗，不料他患眼疾，几近失明，只好作罢。爸爸为老友的不幸叹息。又谈到孙中山设计的那张珍邮"飞船票"，说到我四叔的儿子邵林，即林官来玩，他正在集邮，爸爸跟他谈怎么集邮，又把自己仅存的这张珍品拿给他看。爸爸说，林官十分欢喜，要求拿回去品赏。我就让他拿回去玩玩，看看现在能不能代为出售。（后来妈妈知道邵林被划为"右派"，家里被抄，幸好他将这飞船票夹在借书证后面，逃过一劫。）爸爸说到妈妈从南京带回上海给他的东西。凡值钱的这几年一一变卖了。爸爸说："剩下那幅盎格尔（法国画家 Ingres）作的素描，一直舍不得，也因为出自名画家手笔，不好估价。当年画家沈良押给我，也有一千元呢。我倒不在乎拿到几钿，而是感到自己现在把一件件心爱的东西变卖，像是很对不起一位位好朋友！"他曾将之押给好友王述之，借得人民币五百元，但是出版社原来每月预支给他二百元，现在改成一百二十元了。"生活窘迫，焉能奢谈营养！"这张素描是爸爸当年自法国回来，与妈妈结婚前作为信物赠给妈妈的。"八一三"逃难未及携出，是项美丽重返我家故屋，因识得是我爸妈所爱，有心带回。（注：多年后，这张珍贵的素描流失了。2009 年李俊杰在《上海文博论丛》的一篇《邵洵美与盎格尔》透露了此画的下落——在上海市徐家汇天主堂北侧，即当时上海文物清理小组蒲西路站的一名工作人员，在处理一堆废纸时，无意中看到一张人物素描。他不是搞绘画的，将之扔回垃圾堆。此时一张纸条滑了出来。他不经意地拿起来看，纸上写着："日前红卫兵来我处查四旧，当将所藏北宋官窑桃洗及敦煌写经等若干件交出。但有欧画一张未经带走。按此画乃法国 18—19 世纪画家盎格尔 Ingres（签名在画背，系铅笔字，千万请勿损污秽！）真迹。1946 年我在纽约时，曾有五十七条街及五条街相近一家著名古画商店，估价美金八千元，并愿以五千美金立刻成交。我不忍脱手，原件携回。"于是这张险被当作废纸处理的"盎格尔人物素描"从毁灭边缘抢救出来。这张画是什么单位上交的查抄物资？

386

字条上没有抬头，但具名"邵洵美"。在那种惶恐的时际，他写下这些字，是对艺术品的热爱和尊重。自己深爱的藏品即便易手，也希望能保持其完好无损，不忍它受到凌辱和遗弃。

还有一封信里，爸爸对妈妈说："我十分想念你们，很想来南京跟你们一起过。"然而，他的希望落空了！"文革"的烈火熊熊扑面，在慌乱不宁中，我失去冷静，没有认真考虑过爸爸的意愿，没有认真想想爸爸的感情，失去了和爸爸共同生活的最后机会，这是我心底里永远不能原谅自己、抱憾终生的又一笔心债！

那时爸爸已经身无长物，痼疾缠身，甚至有时候三餐不继。但他的心坎里依然还沸腾着对美的依恋。爸爸和我们宁沪两地通信，总仔细查看信封上贴的各种邮票，看到《毛主席诗词》邮票，他喜欢极了，尤其是《长征》和《满江红——和郭沫若同志》。他抑制不住想欣赏那套邮票的欲望。邮票、诗词、加上书法，都是他的爱好。他兴奋地写信叫小罗去买。先前那些珍爱的邮票都已经不在他的手边了！他最后仅存的那张"孙中山先生亲自设计的飞船图样票"邵林拿去代售一直也不归还。昔日藏邮堆案盈几，如今邮册空空如也。爸爸只能气喘吁吁，颤抖的手小心翼翼将信封上一张《杜甫草堂》纪念票取下，贴在硬纸片上，做成书签，不时赏玩。

一阵锣鼓与呐喊，把医护人员都引到沿马路的窗口。马路对面的红霞绸布商店楼顶平台上阵阵喧嚣，只见一群臂缠红卫兵袖章的青年押着一些上了年纪穿着白短衫的男人。那些男人的头发一边剃光，衣裳背后涂了墨写的大字。年轻人把他们一个个双臂往后拽，硬压下他们的头，叫他们认罪。在锣鼓呐喊声中，平台上烟雾腾腾。消息灵通的同事上楼来"报告"大家，说那些被斗的都是资本家、老板，他们在烧他们的"变天账"（房契、地契、股票、定息存折等等）。看得出，如此大张旗鼓，是"杀鸡儆猴"，大伙儿一个个压低了嗓门，议论纷纷。那是革命风暴来临伊始伴随着兴奋的惶恐。

小罗跟着同学外出串联，只带几个零用钱，背上绿书包，里面放本《毛主席语录》和军用水壶。回来说，车厢太挤了，他们是从车窗爬进去的，有的索性爬上车厢顶和货车的车皮里。一路上好热闹，他们唱着革命歌曲，但挤得没法上厕所，只好就地解决，他在回来的路上发高烧，又没水喝，站不住，只好爬上行李架上躺着。

我问妈妈家里有没有"四旧"。妈妈愣了一会儿，翻出一本用小楷写得端端正正的东西，我匆匆翻看一下，原来是我太爷爷邵友濂写的日记。过去我从未听说过有此物，慌乱中读到其中有记载他出使俄罗斯、经手签订《伊犁条约》等语，我大惊失色。那是清政府的卖国条约啊！留下它，不正说明我们这些"地主官僚的孝子贤孙"还把祖上的可耻行径当作光荣史？当时我惊慌极了，和妈妈商量，这东西不能留！这不是人家说的"变天账"吗？就这样，我急忙一页页撕下，把俄罗斯侵华的历史见证，把有历史价值的《邵友濂日记》付之一炬！我又想到妈妈给我们玩的两盒"立体照片"。那是1912年左右美国摄影师制的，有世界美景奇观，古迹名胜，著名人物的照片。两张看来一样的照片并列放在立体镜下看，是一张立体照片，其中也有中国的：留长辫的中国男人在听戏；马路上拉洋车的，挑馄饨担的；甚至有偷运鸦片的小木船；关在站笼里的犯人等等。这是大好婆李夫人留下的，其中有一张她伯父李鸿章的照片。他身穿朝服，端坐在竹帘前，通过立体镜，可以看到他栩栩如生的模样。这些照片如果让造反派看见还得了！和妈妈一合计，赶紧将它剪碎后扔进垃圾桶倒掉。（事过境迁，回顾这一举措，深深感到我是历史的罪人。

"文化大革命"中，掀起一股抄家风，人人自危。这部曾祖日记，我仅仅粗略地读了几页，在急风暴雨的运动中，我无法冷静思考，没敢多翻几页，不知所以，唯恐那是"罪证"。三十年后，我在上海图书馆翻阅史书，读到曾祖邵友濂使俄那段历史：崇厚昏庸无能，未得朝廷同意就擅自签约，被召回国重办。邵友濂不跟崇厚同流合污，协助曾纪泽与沙俄重开谈判等——我真后悔！当时惶恐，没有细读，曾祖的那本日记，其实不是什么"罪证"。虽然这段历史在史书上有记载，但是邵友濂是当事人，他的日记中肯定记录好些细节。无知的我不假思索，亲手焚去的那本日记可能是最重要的一本，因为它是爸爸没舍得卖掉的一本。它是那段外交史实的旁证，极有史料价值的。里面究竟写了些什么，永远无法知晓了！它对于清史的研究工作，着实是无可挽回的损失。想想爸爸那时虽然把祖先的重要墨迹一一卖掉，但难能可贵的是，贫病交加的他，拮据得出卖最后的家庭珍藏的无奈窘境下，也没有将它卖给私人收藏者，他是经过慎重斟酌的。我真是没有脑子！)

不知从什么时候起，"红卫兵"已不限于学生了，老师也戴起红袖章，各单位也有"红卫兵"组织。起先只是去本单位革命对象家抄家，后来也到素不相识的人家抄。有的人家反复被抄，像篦子般一遍遍篦，家底家什全给搬光。大浪淘沙，鱼龙混杂，有些存有私心杂念的人趁机把自己喜欢的东西塞进口袋，也有社会上不法分子冒充"红卫兵"冲进别人家，那是明目张胆的打家劫舍，听说打出的旗号叫"五湖四海"。人们怎么分得清真假？听到叩门，不敢怠慢，任凭陌生人进屋打砸抢。家家户户吓破了胆。那时在"砸烂公检法"的口号下，一些人无法无天，人民生命财产没有保障，群众只好自己组织起来自卫。我们楼里住户也排了表轮流值班，带着电筒和面盆夜里守在窗口。曾经有个地区一场虚惊，一连几个街道敲打面盆，响声震天，真是让"五湖四海"闻风丧胆。

上海的家自然在劫难逃。我哥哥是时代中学教师，学生来抄家，家里本就没有什么了，他们把爸爸和哥哥仅存的一点稍微值点钱的小东西（图章之类）抄了去。不过，在他们之前的1966年8月，就有一批戴着红袖章的成年人来抄过，好像是元叔任教的上海印刷学校的。他们抢先一步来我家，进门不动手，指定要我爸爸交出那只祖传的瓷器——宋代官窑笔洗。说也奇怪，一反常例，留下一张收条，落款"红卫兵"三个字，要我哥哥在其旁签名。就这样，爸爸眼睁睁地让陌生人拿走了家里惟一剩下的一件值钱的古董。在那动荡沸腾的日子，没有什么法理可言。再说，这笔洗再值钱，那时也无法换得分文来买柴米油盐，等于不值钱。至此，家中财物真的已荡然无存了。运动开始，出版社的造反派就将爸爸的预支稿费数从二百元减到了八十元，妈妈急得每月扣下我们生活费中的五元寄给爸爸。爸爸收入减少了，只够果腹，哪里还有钱买药，买营养？他的病又频繁地发作了。

身在这轰轰烈烈的群众运动中，人们常常会失去理智，会昏了头，随着大流走，没有一个人能置身于这场运动之外，没有一个人不在这场"文革"中有所表演。我虽然自知属于"出身不好"之列，不能参加革命派的，但医院团支部书记王医生不断鼓励我："不要怕！挺起腰杆来，捍卫革命果实！"他指出在我院的"造反派"当中有一些人可能别有用心……于是，我被莫名其妙地拉进了"造反派"的对立面。

自然，也有头脑清楚的少数人，他们是属于"逍遥派"的，任哪派发话，他们都无动于衷，照样读书钻研者有之；趁着运动中开会学习时间多，又纪律松懈，坐在后排专心编织，把一件件毛线衣花样翻新者有之；利用"头头们打派仗"，医院管理不严，请了长病假，在家生上一个又一个孩子者也有之……而我，却是个容易受人影响的人，在口腔矫形科轮转，也就加入了王医生组织的"毛泽东思想学习班"。我们这个班的七个人和一些党员干部对"造反派"的言行有不同看法，都属于"老保"之列。在批斗"走资派"的大会上，双方唇枪舌剑，针锋相对。我们这边发言前选读的《毛主席语录》是"领导我们事业的核心力量是中国共产党，指导我们思想的理论基础是马克思列宁主义"；而他们选读的是"革命不是请客吃饭……不能温良恭谦让……"他们人多，吼声压倒了我们。由于我笔头快，素来是医院里的"一支笔"，我们这边的"头儿"就嘱我在大会上作记录。大会的记录原已有造反派指定的人，我作记录属于"非法"，是在记"黑材料"，言下之意，以后这些批斗"走资派"的大会记录材料是会被利用作"秋后算账"的（我却从来没想过以后会有"秋后"！）。

1月26日南京发生"夺权斗争"后，一天，医院里人声喧哗，有些人则窃窃私语。原来，各医院的"造反派"昨天晚上集中到南京市卫生局，去批斗局长，把那位局长的党籍给开除了。我甚为不解，不是党员的人怎么能开除党员的党籍？不过，在那个"颠倒的事都要颠倒过来"的年月里，有什么事值得你大惊小怪呢？革命的风暴愈演愈烈……

晚上，我独自沉思：南京这么乱，上海也会这么乱，究竟会乱到什么地步呢？想到在上海的爸爸和哥哥，现在不知会遭到什么样的难？哥哥长期在农村、在防空洞劳动，爸爸则重病在身，贫病交迫，怎么是好？我又想到自己在医院里竟站在"造反派"的对立面，这种处境相当危险！我翻出压在箱底的一大沓伟历年寄给我的信，又重新翻看那几本《论语日记》，上面记载着我年轻时代的笑和泪；再一次翻看那本大照相本，里面有十多年前我们这一群无忧无虑的年轻人的合影，有伟的很少，因为他是"摄影师"。偶尔有他，脸上总是带着那么爽朗的笑。好些照片令我记起当时拍照时的情景，因为我的眼睛是在望着他的。又翻到那两张我俩的合影，我心里很不是滋味。沉思中想起最近他的来信透露出处境的困难。于是，我便硬一硬心肠，把那些珍藏十多年的信、日记和照片统统都撕了，焚了。我料想不多时我院的"造反派"就会来抄我的家。这些隐私若被揭露在光天化日之下，不仅会令我难堪，更会连累在上海的伟，原本他已经因"社会关系复杂"等情况处于极不利的境地，这会使他招致更大的灾难。

果然，没两天，事情就轮到我的头上。那天，我院"造反派"也像别的单位一样，从人事科夺过了医院的大印，而后召集全院大会，会后开始"老保游街"，回到医院门口，兵分几路，每一路押上我们"老保"中的一人往家走。不用问，是到我家抄家。不管是同窗好友，共事多年的同伴，还是素来尊敬我的学生，这时一个个板起面孔"讲真格的"，严肃地命我妈妈打开箱子、柜门，翻了个底朝天。拿走了妈妈正在看的几本有插图的古典小说和箱子里几本微型的"四书五经"之类。妈妈气得满脸通红，却敢怒不敢言。然后又去抄我的房间。只见他们从我书架里挑了几沓纸塞进口袋。我清楚，那绝不是他们感兴趣的东西，只是"交差"而已。我家里不会有什么可疑之物。他们再也想不到，他们要找的记录本我根本没有带回家，而只是塞在一只书包里，随手放在经常有人进出的一间房间沙发的背后，一个很醒目的地方。"造反派"夺了权，我便被中止了轮转，拉回口腔内科。

正在这时，上海来了电报——爸爸病危！我马上去工会借了四十元互助储金，让妈妈带小罗回上海看爸爸。（那时，交通受阻，他们坐了一段火车，又改乘汽车，辗转抵达上海）。送走他们，我坐立不安，愈想愈不放心。爸爸是心脏病，病危必须入院抢救，不能再跟玉姊那样被耽误了！我一夜未合眼。第二天一早，我赶到七姑家。七姑是我同学小静的姑妈，姑爸爸是华东水利学院（现河海大学）水港系的系主任，我跟他们一家很亲，七姑像是我自己的姑妈一样。七姑马上拿出一百元给我，我赶赴上海。

爸爸口唇发绀，呼吸窘迫，痛苦不堪。一呼一吸如同破旧的风箱，已经再也拉不动了！我轻轻抚摸爸爸那青筋毕露的手，想借以减轻些他的痛苦——身体的和心灵的。他没力气坐，躺下又喘不过气来，极度衰弱。我不由得想起玉姊临终时，也是这般模样！我的心都要蹦出来了！该怎么办？我急急打电话给我的老师吴医生。他一听我的描述是"心力衰竭"，嘱我赶快送爸爸去急诊，并介绍就近的徐汇区中心医院，说那里的医疗技术较好。

在观察室里，我陪着爸爸度过了一个不眠之夜。第二天早上，爸爸病情稍稍稳定，被移进了病房。妈妈和小罗来换班，我回家休息一下。我当夜就得赶回南京，因为运动中，只准请两天假。行前，我和伟相约见了面。陪伴爸爸在死亡线上挣扎的一夜之间，我成熟了不少。和南京一样，上海的墙上到处都是大字报，地上的碎纸堆得一层又一层。此时此地，此情此景，哪里还有什么情意绵绵。我们沿着华山路一圈又一圈转悠，我们谈对眼前"革命"的不解，对未来的不安。大风暴袭来，不知道会有什么灾难落到我与他的头上。我不能让他因我背上十字架！"鱼与熊掌不可兼得"，我们有情无缘啊！我让他在医院门口等我一会儿，我去病房看一下爸爸就出来。爸爸吸着氧气，硬撑着欠起身来，紧紧地握住我的手，口角隐约有一丝微笑，对我说："谢谢你……"握别后走出医院，我再也没想到，那会是我和爸爸的诀别一握！路灯照着伟的脸，他用异常深情的目光定睛看我好一会，叮嘱我："无论发生什么事，你都要冷静对待。为了爱你和你爱的人，好好地活下去。"我知道，再要相见，今生难矣。这是我们又一次必须作出无奈的抉择，没想到，就在这一刻钟工夫，我实际上已先后和我世间最亲的两个亲人告别了：一个死别，一个生离！

路 到 了 尽 头

回到南京后，又有人来为我"牵线"，我一反过去拒之门外的做法，开始考虑再嫁。好让伟忘却，好让他不要再牵挂；我也好忘却他，不再魂牵梦绕。我不要他再有负罪感，为我背沉重的思想包袱，让他抛开那揪心的精神枷锁吧！万千缕纠缠不清、摆脱不去的情丝一刀剪断吧！我认命了！

有一个是复员军人、共产党员、某单位的处长，年龄相仿，离了婚，没有子女拖累，倒也相当，但是我断然否定，因为我的出身，能与共产党员婚配吗？小秋来访，她竟然也来提亲。从北大研究生院毕业后，她来南京大学执教，是外文系的讲师。她为我挑的候选人是与她同一个英语教研小组的副教授夏照滨。我曾听她多次提起过他，也听她和七姑议论过他，他们都很赞赏他：人品、学问、教学成绩都好，也提过他在广播电台教英语的质量如何之好等等。因为已有先入为主的印象，我对夏先生并无恶感。小秋向我坦言：夏先生年纪比我大得多，身体不强健，有高血压等病；离婚不久，有两个女儿和老母一起生活。这些都是这位夏先生具有的不利条件。然而，不知为什么，我同意见一面。

第一次约见，见他身穿藏青中山装，胸袋边有点磨损，这不正说明他不图虚荣的朴实吗？他一口纯正的北京话，标准的英语听来耳熟，似是我爸爸的嗓音。他深沉含蓄，但兴致来时，会有一种眼神似曾相识，喔！那是爸爸的神情。交谈中发现他与我爸爸有不少共同的熟人：他曾在上海复旦大学任讲师，系主任正是爸爸的好友全增嘏；许国璋也与他在外文系共过事；曾任新月书店经理和编辑的余上源就是他以前任教的国立剧专的校长。他是读着我爸爸及其友人编写的报刊成长的一代，他数出来的作家不少是我在家见过的，有的常听爸妈提起。他比我长十四岁，令我感到他是我的父兄、师长，有一种无法推开的亲近感。

第一次他来我家，穿着件灰绿色的长大衣，虽然他很瘦，很黑（因肺结核作过"胸廓成形术"，手术截去左侧七根肋骨，留有胸壁畸形，左胸略有坍陷），但他有一种气派。他递给我一本他翻译的小说《疾风劲草》，是美国女作家玛撒·稻德（Matha Dodd）著的 *The Searching Light*。我为了了解这位夏先生，也为了让自己转移思绪，便捧起这本书来读。从一个读者的角度看，这本译作似无挑剔之处：语句流畅，词汇丰富，人物描述得活脱脱在眼前，男女主人翁的感情交流也表达得淋漓尽致。书没读完，我对夏先生欣赏起来了。是我太容易移情吗？不，没有人能替代伟在我心中的地位！如果一切从头开始，我还会走同样的路。然而客观事实是：我与伟无缘成眷属。何必让他苦苦思念我！只有我嫁作他人妇，他才能死心，才能安心。如果说，十多年前我们从初恋到别离是出于无奈；而今，从重逢到割舍却是理智之举。对于夏先生，那不是恋情，我与他之间不是卿卿我我之爱，而是从陌生到相知，一种默契，一种愿意相伴终生之情。我与同龄人交往一向感到他们浅薄，而夏先生的学识阅历令我钦佩。每次相见总能从他那学到一些东西。相识不到三个月，我作出决定——嫁给他。我把与伟的那段断了又续，续了再断的感情纠葛毫无保留地向他坦陈。他理解，说对过去他不介意。他自己也有过去嘛！我把有关伟的一切东西处理得干干净净，把那双刻有我名字的骨筷——伟赠我的信物交给了妈妈。我不能再看到那双筷子，一看见上面刻着的，如同他的笔迹的我的名字，就仿佛

1965 年邵绡红在江宁县农村巡回医疗，用脚踏磨牙机为农民补牙

邵绡红与儿子夏农、媳妇俞晓敏及孙子在芝加哥家门口

听到他的心的呼唤而一阵揪心！我把过去的情愫抹个一干二净，"放下包袱，轻装上阵"，让滨踏进我的生活。

我们听不见街上的喧闹，全不顾运动的发展，两人在一处相互讲述自己的经历、爱好种种。他是个内向的人，不喜欢夸夸其谈，但在我面前却那么风趣而健谈。他常说，我是他"最好的听众"。我喜欢看他说话时丰富的表情。在西北大学读书时，他曾是业余话剧团的演员兼导演，演《日出》里的方达生；在复旦大学任教时还扮过《雷雨》里的周朴园，他为我表演那道貌岸然的周朴园，一副老爷派头，味儿很足，引得我大笑。

1967年12月2日，我走进他家门，只置了一床新棉被，一对新枕头，在那非常时期一切从简，又何况两人都是再婚，何必张扬。他那为数寥寥的存款按那时的"法令"已被冻结。妈妈给了我两件首饰——一条金项链，一只镶有金刚钻和翡翠的金燕子别针。我真想不到她一直手头那么紧，竟还会为我留下这份嫁妆！另外还有一条台湾席，那是妈妈的心意：她早早买了五条，给每个女儿一条陪嫁的。我有点奇怪，为什么当年我和云哥结婚时妈妈没有给我？可能是因为我们没有置家。老婆婆有一手好厨艺，刀功好，冷盘热炒样样会，做了一桌正式宴席款待亲家母。爸爸听说新女婿曾是全增嘏麾下大将，虽未谋面，也觉贴己。滨对老丈人素来心仪，巴望有朝一日我们夫妇双双去上海拜见，翁婿晤谈定然投契。然而，"文化大革命"急转直下，哪有机会？又哪有这般闲情逸致？

家有娇妻，滨的生活一下子起了极大的转变，脸上老挂着幸福的笑，像是盗得了仙草。婆婆满意，邻居夸羡，原先日夜吵闹的家庭变得和睦温馨。滨的大女儿小名也叫"小红"，为了和我区别，喊她"小小红"，她十五岁，直率活泼，这年初中毕业，"文革"以来"停课闹革命"，实际上只读了初一，但她聪明、能说会道，作文写得好，是她爸爸的骄傲。她就读的中学省委干部子弟多，运动开展得热闹，她天天到校，成天唱着"语录歌"。小的叫叶子，才十二岁，小学五年级，听话可爱。我没当过媳妇，也不会当后妈。妈妈说："若要好，大当小。"言下之意是，什么都谦让一点，我本性谦让温和，在这复杂的环境里倒也融洽。我不会理财，也不好争权，自己每月工资六十六元，婚后给妈四十元，其余悉数交给滨，家由婆婆当，一家相安无事。这家家底不厚，家具几乎全是从学校租用的，滨说，原有好的，离婚时给了她。我说，不要紧，我们以后慢慢置。我嫁给滨，不是图他家有什么，而是图他的人好，我对滨充满信心。

婚后第二个月，我有了身孕，可是发生了"先兆流产"，我心里好别扭！在家卧床保胎，学着糖尿病人那样，往自己大腿肌肉扎针注射黄体酮。但黄体酮无效，老护士朱大姐介绍我去省中医院，几贴中药服下不再流血。我保胎到五个月才回医院上班。

休息期间，妈妈和小罗来看我几次，带来爸爸寄来的信。有一封是 1968 年 3 月 2 日写给小罗的家书，说到他旧病复发，并抄录下他写的两首诗：

> 老友庄永龄、陆小曼先后死，得句如下：
> 雨后凄风晚来急，梦中残竹更恼人；
> 老友先我成新鬼，窗外唏嘘倍觉亲。
> 陆小曼死后第二天得句云：
> 有酒也有菜，今日早关门；
> 夜半虚前席，新鬼多故人。
> 附注：夜半虚前席，唐诗有"可怜夜半虚前席，不问苍

1965 年盛佩玉在南京家中读邵洵美来信

生问鬼神"。

庄永龄已故的消息，爸爸是狱中归来后得悉的。陆小曼是1965 年病故的，妈妈说，爸爸定是记起当年卖了吴昌硕刻的一枚图章才有钱请陆小曼吃了顿饭那件事，所以写"虚前席"！这两首悼亡诗，读来心酸，催人泪下。其实，爸爸在《论语》第90 期封面曾手书题写李商隐《贾生》的诗句"可怜夜半虚前席不问苍生问鬼神——录李义山诗"。该期曾计划在其后的《鬼故事专号》刊载徐志摩数页日记，因来稿踊跃，《鬼故事专号》连出两期，志摩的日记压到第 93 期才刊出。如今惊闻小曼辞世，激起他心底思念志摩之情。

小罗说，爸爸一直是写新诗的，老来怎么写起五言、七言的旧体诗来？妈妈曾写信问他，爸爸有信来答辩，妈妈又让我看了那封信。爸爸有关这事是这么写的：

"你和你母亲读了我的旧体诗，均提出批评意见……我的东西只能起一种作用，便是说，留作一种资料，说明中国历史上曾经有过这样的一种东西，它反映了某些人的思想……将来或者把它们拿给文史资料参考编辑的负责人去看看，有没有用……"

我读后心想：爸爸真是看得远！眼前的日子这么难过，他还想到什么"文史参考资料"！

前不久，元叔突然病故。他任教的印刷学校路远，要换乘三辆公交车才能到达。运动中必须每天到校，他患有关节炎，只能跟跄塞行。多年的风湿病已侵犯到心脏。有一次归途中他心脏病发，他立即改坐三轮车，直驶医院抢救。这一次回来天又雨，他体力不支，不能去挤公共汽车，换坐三轮。谁知到家门口，不见乘客下车，车夫撩开篷布一看，乘客早已气绝。爸爸的诗友陈梦家亡故的噩耗也传来。接连的凶讯，令爸爸心中凄楚不已。

　　哥哥有信来，讲到爸爸肺气肿复发，曾到医院住过几天，又提到"文革"以来，爸爸收入不正常，起先每月二百元的预支稿费（实际上从没有从稿费中扣除过，是生活津贴），因政治形势改变，改为一百二十元，后又成八十元。数月后忽然改回到二百元。正喜出望外，却只维持了两个月，停发了！听说是出版社的造反派不满，说译书停了，不能给牛鬼蛇神如此破格的照顾。这样，爸爸就全无收入了。哥哥自己负担重，幼子上幼儿园，每月交给爸爸付房租的钱也给爸爸挪用去买药，由来已久。运动中爸爸的朋友大多身陷"牛棚"，又有谁能援助！孙斯鸣是"右派"，反右之后就没来过。连王永禄也成了"资本家"，"文革"中不敢上门（但他矢志不渝，几十年伴随在我爸爸身边的感情不减，曾令他儿子文祯来，为爸爸誊抄稿子）。幸亏老友施蛰存得知爸爸的窘况，他不怕受牵连，戴了助听器来探望爸爸，每月主动支援五十元。不然，爸爸连开伙仓也难了。（笔者注：读施蛰存的《闲寂日记》，见 1963 年 6 月至 1965 年 10 月间他记录下"访邵洵美"达十六次。邵洵美向他借书参考，包括有关 Shelly 的书，J. P. Satre（萨特）《论存在主义》，Horace 的诗集。他们研讨考证洵美出示的《七姬权厝志》原石拓本。"为洵美至上海图书馆阅《华严经》，研考唐写本此经，作跋一篇——"，有一次，"下午访邵洵美，始知渠家所有碑帖 1400 种皆为家人悉数卖去，仅得 140 元，可惜矣。今日见残余十许种，有泰山廿九字及鼎彝拓片三五种皆佳"。他还记下"访邵洵美小谈"，"校乐府指迷"，"承惠唐人写经"等。可见二人交往甚密，是终生之谊。）我看了哥哥的信不免忧心忡忡。我也真的无能为力了啊！现在工会活动停止，互助储金被冻结，不能再借。首饰之类也无处可以变卖。上次大弟弟从青海回来探亲，穿一件军大衣，长高了，挺神气。他在地质队工作，回来时出手阔绰，买酒添菜，一住月余，却无回程车费。那时我与滨将成婚，只能脱下手表给妈妈去换钱，让他买了车票归队。妈妈如今更是一筹莫展，只能无语问苍天了！

隔了半月，小罗又带来爸爸 3 月 28 日写给他的家书：

罗罗我儿：昨天寄给你刻图章的字样，想必收到。你不必性急，什么时候兴致好，便试试好了。我现在的理解力，比以前不知要好多少。譬如你刻的"鱼乐图"以及那方我认不出字的图章，我以前一定看见，但是前天一看，惊为稀有。我近来更能领会所谓"天趣"，这也许是一件好事！你能懂得否？

你信封上贴的邮票，毛主席亲笔诗词。我喜欢极了……南京有几种，能为我买些否？我最喜欢的是《长征》、《满江红——和郭沫若同志》。每种为我买十枚，铜钿向母亲拿，在下月寄我的五块钱中扣除好了。

最近寻到许多以前写的诗句，每首记录一个时期的历史，句子有的很新鲜，又反映出当时的思想情况。抄给你和姆妈（笔者注，即母亲）看看，不知有何意见？以前写过一诗给一个朋友，未寄出。最近出院回家后，稍将后二句改动。

天堂有路随便走，地狱日夜不关门。

小别岂知（居然？）非永诀，回家已是隔世人。

近作一首，有白话译文，有注释七段，另纸缮写。

暂不多写。此诗你和母亲看后，不必再留。

父字 一九六八．三．二八

"我很希望你和母亲最近能同来上海玩玩（看看我！！）"

遗憾的是，当时我没有心思，爸爸的诗我没有细读，后来在妈妈的遗物中，此信只寻得三页，爸爸抄录的诗不见踪迹！

自从我再穿嫁衣，跨进滨家，自己的家里接连出大事：

小小红愈来愈明显地精神异常，我心里暗暗嘀咕，奶奶也说："不好！"滨不认为孩子会得精神病，三个大人决定：再看看有什么变化。

和全国高校一样，南大的运动一浪接一浪，不可避免地把我的新家也卷进了"阶级斗争"的洪流，滨被查出了"历史问题"，被戴上"国民党特务"的帽子，父亲的问题又牵连到少不更事的女儿。先是滨"自杀未遂"，然后又是小小红精神失常，只要听见外面在开高呼口号的批判大会，就会情不自禁地跪在地上，没完没了地哭喊："我是反革命……"我只有去求老院长，他介绍我去市精神病院找他的老同学。陶国泰院长非常和蔼，富有同情心，照顾我立即收住孩子。我挺着大肚子，和滨天天去精神病院看望可怜的孩子。

俗话说"祸不单行"——滨给"隔离审查"了，造反派来抄了家，抄走了他的存折。年逾古稀的老奶奶吓得四肢抽搐，我给她服下"安定"片。理了滨的衣被，带上他常服的降压药，送到外文系的"专政队"，但没见着滨，我惴惴不安地回家了。发薪的日子到了，按教授们"自查"，滨定的工资标准是八十元，扣下他二十元生活费，只发下来六十元。加上我每月给奶奶的二十元，一家四口怎么够？肚里的宝宝还张着小嘴等着！奶奶让我执笔向她的女儿们求助。

一天，宿舍传达室江嫂来喊我去接电话，是小罗，说哥哥来了电报："爸爸没有了！"那是1968年5月5日。我握着电话听筒，心跳像是停止了。"噢，我马上来……"揣上滨给我的产后营养费（那是我身边仅有的），急急骑车到妈那儿。我向妈说些什么安慰话呢……妈不吱声，接过我那四十元，叫小罗马上去邮局寄给哥哥。我知道，妈心里在哭。这些年来，生活上、经济上、政治上、心理上的种种压力，都凝聚在她的心头，而她已练就了忍受，练就了悲喜不形于色的本领。她原来是乐了脸上就泛起两个笑靥；急了就尖声喊起来，藏不住千金小姐的娇嗔的……
现在爸爸死了，家里出了这么大的事，妈妈却平静如水。我知
道，妈心里比黄连还苦啊！我也是，噙住了泪什么也不说。

　　哥哥来信，报告了爸爸入殓的情景，说爸爸穿着一件灰色的
衣裳，胡子给剃光了。妈妈读了心碎："他这般打扮，跟他生时
的爱好完全不同！"哥哥说："只有几个亲人为他送别。"妈和我
们姊弟俩没有去上海看爸爸最后一面，我们没有能去送别……哪
里还有买车票的钱?! 工会互助储金冻结，同事们都是低薪，七
姑家被抄过多次了，我还能向谁求助? 爸爸已经没有了，不知道
了，我们去看他，他也不会再睁开眼看我们了！我的心像凝成了
冰！爸爸啊！他痛苦的呻吟还在我耳边，他无力的喘息终于化为
永恒的平静。他解脱了，从痛苦中。上帝啊！他早已是他诗里那
只"死了的琵琶"，诗是这样写的：

> 这是一只死了的琵琶，
> 他再不能歌唱再不能说话；
> 他已没有要讲的故事，
> 他已不想把才子去配娇娃。
>
> 他早已是老了的，老了，
> 枯喉里早没有热烈的音调；
> 几声叹息又几声呛咳，
> 这便是他静默的时候已到。
>
> 他已没有甜蜜的消息，
> 他怕你们把他的苦颜认识。
> 饶了他吧，莫再去拨弹，

这一只琵琶早已是死了的。(《诗二十五首》)

爸爸曾经是那么有活力:亲朋满座,谈笑震屋;一支烟工夫写就佳作;十年间一连办十四本刊物。

爸爸曾经是那样富有:富有金钱,富有欢乐,富有才情,富有友谊。而今,穷困,苦恼,困惑,疾病困住了他的文思,堵住了他的口才;如今,门前冷落车马稀。但是,爸爸是不虚此生的,正像他写曾孟朴的为人:"从各方面看来,孟朴先生是一个最明白生活趣味的人;他的著作不论他的目的是在教训或是在表现,我总觉得,为他,是享受生活的方法的一种:像他这样一位稀世的奇才,他早知道人类的罪恶不是用文字可以洗涤;他也知道,身后的名誉究属空幻。但是,写到一句得意的句子,他无异创造了一个真正的知己。自己读来,正像和另一个自己在谈心,一生再也不会感到寂寞苦闷。这也便解决了一切宗教最困难的问题。此身不虚了(注:原文为'身')。"我想,这也是爸爸自己的感受。爸爸晚年穷得如此,病得如此,两个月前给小罗的信里还在谈诗,谈"天趣",不能不说,是有一种超脱尘世的力量仍在他的内心里跳动。

我最后见到的爸爸,是一个饥饿、衰弱、斑白头发、面庞紫乌、上气不接下气、瘦得只剩一把骨头的老人,我几乎不能认识他。只有他一眨一眨跳动的右眼才捉住我的回忆,叫我一阵阵心酸。但每每想起的爸爸,还是过去的样子:棕色的长袍,领口敞开,飘逸的长发掠过能言的眉心,眼角里总是藏着笑,端正的鼻子下薄薄的嘴唇,一抹稀疏的山羊胡子,一开口就吐出一连串惊人之句,耐人寻味。爸爸始终是沉浸在幽默与天真、爱与美的境界之中的。

爸爸没有了!他究竟是怎么样的一个人呢?他曾经在他的诗

《你以为我是什么人》里这样自我剖析：

> 你以为我是什么人？
>
> 是个浪子，是个财迷，是个书生，
>
> 是个想做官的，或是不怕死的英雄？
>
> 你错了，你全错了！
>
> 我是个天生的诗人……（《诗二十五首》）

　　或许真有人以为他是浪子。不是吗？邵氏百万家产在他这一代化为乌有：田地、房产、当铺、银楼，全都无影无踪了。或许真有人以为他是财迷：他拿着高倍放大镜在方寸的花花纸上寻寻觅觅，想找张"变体"；那只笔洗，人出万金，他还奇货可居……

　　不，他不是纨绔子弟，不是财迷心窍的人。他虽落地富贵，但他是世间最温和心软、克尽孝悌的人，家产听凭生父和弟兄处置；他一掷千金办出版，资助友人复活他们的书店和刊物；受过他馈赠与帮助者何止数人；他顶着赔本风险为诗友出诗集；携巨款赴美购摄影器材却两袖清风……他是个重情不重财的人。"黄金变泥土"，有人为因素，也有历史因素，怪不得他一人。

　　或许真有人以为他只是个书生而已，他藏书满屋，卷不离手，想出半章妙文就洋洋得意，买到一部好书如遇天仙，还乐于把好书与人共享；开书店、出刊物，供友人登文章。但他笔下浩瀚的文字是针对丑恶与时弊的；国土沦丧之痛，使他抛却书卷气，拿起笔来做刀枪。

　　或许真有人说他想做官，想当不怕死的英雄。是啊，大少爷居然也当起南京市府秘书。但是，官场的腐败使他拂袖而归，发誓从此不再当官。他曾冒被捕暗杀的危险出版抗日杂志，掩护抗日战士，不是想当英雄受人赞美，是为了正义，为了爱国。他始终视功名利禄为过眼烟云。文学，乃是他一生的追求。

正如爸爸自己写的："我是天生的诗人。"早年，他是个诗人，抗日烽火起，爸爸再也没有心思写诗，但他仍眷恋他所钟爱的诗歌。二十年不曾发表过诗，50年代却又用心翻译他所崇拜的英国诗人拜伦与雪莱的作品；即或身陷囹圄，还有雅兴，调皮地写了一首《狱中遇甄兄有感》来勾起贾植芳的旧情。直到爸爸永别人间的一个多月前，他还整理了旧作，写了充满友情的悼亡诗。爸爸一生写过许多美丽的诗句，他歌颂美，歌颂爱，歌颂自然，歌颂人间，歌颂天堂。在诗里，爸爸感受到一种糅进他生命的喜悦。人说"邵洵美是中国唯美主义的代表"，但正如他的诗《洵美的梦》里写的：

> ……我完全明白了我自己的运命：
> 神仙的宫殿绝不是我的住处……

现实严峻，他不得不从诗的境界里走出来。三十岁之后的他，早已不再唯美了。

直到后来，我才知道爸爸在他最后的那段日子里是如何的痛苦与绝望。他的死是从绝望里求解脱。

爸爸的老友秦鹤皋以"云汀"为笔名写的《邵洵美的晚年》一文，记叙了爸爸的晚年：

> 1955年新文艺出版社的领导执行党的团结知识分子政策，对洵美也颇为照顾，先后约他翻译拜伦的《青铜时代》和雪莱的《麦布女王》，北京人民文学出版社约他翻译雪莱的《解放了的普罗密修斯》。在政治待遇上也未尝歧视他，

凡知识分子参加的一般座谈会或大会，他都应邀出席，例如，1956年上海作家协会召开传达《论十大关系》精神的大会，以及1957年的宣传会议等，他都在场。所以在这一段时期内，他不仅在生活上有了保障，在政治上也确实心情舒畅，深感满意的。

无奈好景不长，1957年反右起，接着又是小三反、反右倾等，我于1958年被错划了"右派"，罪行之一便是我与邵洵美有不寻常的关系。此后我们便中断了一个时期的过从，而洵美也于1958年冬天隔离审查，我听了虽感突兀，但也无法探询究竟。大约到了1961年初（笔者注：应为1962年初），他的表弟来通知我说洵美回家了，但已卧床不起，希望我能去看他。那时我也所谓"摘帽"了，因而在某一个早晨便去看他。他家本住在淮海中路、宛平路对面的一条大弄堂里面，是一所独用的小洋房，他家道虽已中落，但世家的排场犹存，特别是靠墙的那几千册西书更令人注目，不过原屋因积欠房金已被房管处收回了。我去的那天，他借住在隔壁他儿子的房间里，除一榻一桌外，别无长物，真可谓家徒四壁。我一走进去就看到他形销骨立，已无复当年丰采，于是相对黯然，竟不知说什么好。他的家人在一旁说："他的问题查清楚了，没有任何罪责，一去就是三年……"此时洵美患着严重的哮喘病。我看他因缺氧而痛苦不堪，不得开口，一开口就喘咳不止，因此我小坐了一会儿就告辞，约定过几天再去看他。

洵美那时确已到了山穷水尽的地步。幸而那年周煦良上北京开会，听说周扬问起了洵美的问题解决了没有，如果政治上无问题，应通知出版社（那时已改为人民文学出版社上海分社）仍旧请他译书或校稿。周返沪后就把意见转告了出版社和洵美本人，此后洵美每月就向出版社预支稿费 80 元，后改为生活津贴，增至 120 元。由于生活的好转，健康也日有起色。可惜此种局面只维持了两年左右。史无前例的文化大浩劫发动了，王科一和我先后进了牛棚，一切行动都受监督。其后间接听到洵美曾两次病危住进了医院。大约是在 1968 年年初，洵美家人不知通过怎样的渠道传话告诉我和王科一，洵美渴望我和王去见他一面。王科一冒万难而去了，还带去饼干和水果各一包，我则始终未去，在雪中送炭的友谊方面，我不如王科一多矣。

1968 年 3 月，我社又掀起"清理阶级队伍"的大高潮，王科一无端被戴上五顶莫须有的大帽子；王于被批斗的当天深夜，在家中厨房里用煤气愤而自杀。

洵美于事后闻此凶讯，为之大恸。一个月后，他也追随王科一于地下了，哀哉！

当然不能说"我为苍生哭斯人"，然而，"我为翻译界哭斯人"的悲痛心情也确是有的。因为知识分子的爱才及其惺惺相惜的通"病"，原是古今中外知识分子所共有的。

哥哥最近才告诉我爸爸离世的真相：

就是在爸爸听到王科一自尽的噩耗之后，我见爸爸天天在服鸦片精。不知他是从哪里取得的？可能因病情加重，咳喘难忍，加上不时在泻肚，他想以此镇咳止泻？也可能爸爸不想活了！因为我发现后向他指出：害心脏病的人吃了鸦片是要死的。他明白这点。但是第二天他还在服。我提出反对。他朝我笑笑。第三天，爸爸就过世了。

听到这里，我伤心极了！怎么能不伤心呢？爸爸死于贫病交困，也死于对现实的绝望啊！对于死亡，爸爸在年轻时就思索过、就能坦然面对的：有篇《序曲》，他曾先后用于他的两本诗集里作为序的。那时，他正青春年少，意气风发，然而却已悟彻人生。

> 我也知道了，天地间什么都有个结束；
> 最后，树叶的欠伸也破了林中的寂寞。
> 原是和死一同睡着的；但这须臾的醒，
> 莫非是色的诱惑，声的怂恿，动的罪恶？
>
> 这些摧残的命运，污浊的堕落的灵魂，
> 像是遗弃的尸骸乱铺在凄凉的地心；
> 将来溺沉在海洋里给鱼虫去咀嚼吧，
> 啊，不如当柴炭去烧燃那冰冷的人生。

爸爸为什么对生命失去希望呢？

是穷？的确，他已是家徒四壁，身无长物了。为了生，他忍痛割爱珍藏，甚至卖掉了"祖宗"。他真是到了山穷水尽的地步，连最低生活水平也难维持。他受尽了穷的煎熬。

是病？生命最低的要求——一呼一吸，对他来说，是多么珍贵！那无妄之灾落下的顽疾日夜捆绑着他，劫后的余生实在太难度过！他尝够了与死神的抗争，一天天苦挨，徘徊在地狱门前，是苦痛的，也是可怕的，他已是没有力气走完自己人生的余路了！

是孤独？当年友朋满座，画家鲁少飞曾戏谑地画了幅《文坛茶话图》刊于《六艺》月刊，称他为"孟尝君"。"孟尝君"他不

410

敢担当，然而他确实是好客的，他对友人的热情是有口皆碑的。如今，落寞苍凉，不可同日而语了。然而他明了，这不是朋友无情，而是历史无情。

这穷、病的磨难，这孤独的困扰，对于我爸爸来讲，绝不会是令他走上不归路的原因。爸爸是个坚强的人，乐观、开朗，爱幻想，明哲理，即便是面对巨大的变故和痛苦时也是如此。令他决然放弃生命的，绝不是贫、病、孤独，纵然他的生命已经是如此的脆弱了。

爸爸含笑吞服鸦片，实是因为哀大莫过于心死！王科一的自尽，是一个猛烈的打击，令他对现实彻底的绝望，否极泰来已全然无望了。他内心悲愤莫名啊！王科一是爸爸最为赞赏的青年翻译家，也是爸爸能与之推心置腹、切磋学问的忘年交。历史的长卷翻到这么一页，竟然令这样有才气、有理想的王科一委屈到如此地步，乃至于绝望地结束他年轻的生命，爸爸定是痛惜不已。在那最后的一段日子里，爸爸一定联想到自己的一生，他曾是如何豪迈地为自己取了笔名"浩文"、Pan Heh-ven（笔者注：意即 *Pen Heaven*，"笔天下"），希求自己写下的文章如浩瀚的大海，希求自己的文笔驰名天下；他曾是如此执著地办出版，为了追求文学事业，他倾其财力、心力和智慧，没想到落下的，是一片误会！如今，再也没有契机了！

在爸爸最后的三天里，他一定想了很多很多。那三天，他是清醒的，他还可以自己吞服鸦片，可见他的病情当时并非十分严重；可以想见，在那三天，爸爸在不语中神驰！那些不眠之夜，在他侧身仰望月亮从树影的一根根枝条间移过，等着纱窗透进第一线晨曦之前，他的意识定然游移在虚实之间，像天神一般，跨在生死界间作抉择。一幕幕往事闪过他的眼前，忽隐忽现；一个个亲友走近他的身边，影影绰绰。正像他在《幽默的来踪与去迹》里写的："一切事似乎已经看穿，像是老年的回忆，疤痕依然，但已不再创痛；更像是死后的回忆，关于人间的恩怨利禄已无所关心。参禅已经入悟……"人想到了死，倒是会超越存在的，对生也就幽默了起来。《论语》的封面上曾经写过《傲慢与偏见》里的一句话："人生在世为何，还不是有时笑笑人家，有时给人家笑笑。"他会笑自己居然还存在对希望的幻想。已经绝望了的他定然会想起《论语》的"鬼的专号"里他自己写的话："人死则为鬼，凡是人都有做鬼的希望。对于生路绝望的人，这是一个解决。"已经绝望了的他定然想找一个解决的办法，想从躯壳里解脱，从身心疲惫折磨里解脱；也让为他受苦和陪他受苦的人解脱。想到了死，一切喜怒哀乐，恩爱情仇，都成了往事，都成了无形无声，无意义的了。爸爸定然又想起他在狱中重病时"见到"站在他面前的爱女玉玉，想起他永远不能忘怀的死于非命的志摩伯伯，他会忆起自己为志摩伯伯写的《天上掉下一颗星》那首诗里的句子：

……向身后瞟上一眼，看你的朋友
都在逼近他们自己的终点；
你一定不会去惊动他们，让他们
各自建筑着各自希望的宫殿。
等路到了尽头，宫殿也摧毁；
他们也会见到你……

爸爸的希望宫殿已经摧毁，他的路已到了尽头！就像他对我哥哥一笑那样，他定然也如此笑着对玉姊、对志摩伯伯、对王科一说："我们又见面了！"爸爸就是这样，慨然放弃了他原本还可以再走上一阵子的人生路，纵然那路太难太苦。

爸爸离世太早，只有六十二岁！爸爸的离世在我心头留下了永远无法弥合的创痛和迷惘。呜呼！一代才子化为尘！那个年头，爸爸离世，我们未敢戴孝。

哥哥后来十分遗憾地说，他曾见爸爸不时在一张张小纸片上写英文字句，其中肯定有不少爸爸一闪而过的念头和精彩的诗文，后来却遍寻不着，大约是不识英文的身边人在慌乱处理后事时把它们当废纸扔了。爸爸信里提到过的他过去各时期写的那些中文的诗，大概也遭到了同样的命运吧！

忆邵洵美

其后的十年，过得好难，国家如此，我的小家庭也如此。"家家有本难念的经"，我家这本"经"格外难一点，难在后遗症深重！

孕后的我更加憔悴，肚子异常大，连医生都疑为双胞胎，我人又矮，活像个血吸虫病患者。滨被隔离之后，没有他推车接送，我上下班步履艰难，人家一刻钟走到的路，我却要三刻钟，脚步一天比一天沉重，但是我有希望，希望在我腹中。10月21日我生下儿子，取名"农"，那时候，正是青年人响应毛主席的号召"下农村去"的高潮。他大姊小小红撕了"疾病诊断书"去了苏北。自古"望子成龙"，如今不兴成"龙"，就成"农"吧！

春节过后，滨给放了回来，他瘦得裤腰都得打褶穿，进家门见毛主席像就哭着跪下，口中连声说："谢谢毛主席……"回来休假的小小红以此笑爸爸迂。我听了很难过，滨能从专政队回来，他的心情是复杂的，我理解。

小农农快周岁了。9月间，系里突然来人叫滨带了行李到校集中学习，他又一次给隔离起来。他走了，我心里堵得慌。没想到，他这一走，就是三年！

这年小叶子高中毕业了，政策是"老三届下乡，新三届进厂"，政策真是决定人的命运啊！小罗进厂已多年，他学钣金工，和妈妈迁居鸡鸣寺兰园。他成家了，岳父是 30 年代著名影星张翼，弟媳和她小妹插队吉林，经过千辛万苦，才调来南京团聚。

小农农是个说话早，爱笑爱唱的孩子，人见人爱。在我们这个揪心事不断的家庭里，孩子的笑声掩盖了大人的心事。一天，从幼儿园回来，小农农嘟着嘴说："人家说我的爸爸是'五一六'！"我望着儿子不知如何回答。这时各单位在清查"五一六"，据说南大已挖出八百多名；有个工人招认，经他发展的就有一百零八人。滨长久不能回家，难怪别人怀疑，大人议论，小孩在心！

滨回家时，小农农已经四岁。他站在门边望着照片上认识的这个陌生人，夜里，滨咳嗽不止。

小小红在农村发病了。我心里翻腾着精神病院陶院长的话："姑娘患此病愈后不佳，一生要过很多关哪……"不幸被他言中，而后的二十年里她不时发作，严重时家里家外鸡犬不宁，全家招架不住，光是住市精神病院就八九次之多，从"反应性精神病"发展到"精神分裂症"，为她，我们三次迁居。为她，滨身心受到极大的创伤。

"五一六"分子都回家了，原来那纯系子虚乌有！学校恢复招生，滨又被请回讲台。滨算是命大福大，同在英文专业的两位教授在"文革"中被打成残疾，一位瘸了，一位聋了，人称"瘸教授"和"聋教授"。滨和其他中国的知识分子一样，运动中吃那么多苦头没什么可抱怨的。当时流行一句话："子不嫌母丑，儿不记娘仇。"滨欢欢喜喜回到书桌前，加倍用功备课。学校连续几年招的是"工农兵学员"，滨从 ABC 教起，他自己在大学期间受过严格的师范教育、承袭衣钵，学员进步很快，南大又恢复了老传统，称呼这些教授、副教授为"先生"。上夏先生的课，学子得益颇多。

我是医院办学的一枚"棋"，这些年经手办了多届"补牙训练班"、"红工医"、"赤脚医生"培训班。1973 年被抽出"口腔内科"去重建"牙病预防科"，第二年却又被调到办学岗位。为了解决江苏省口腔科人才匮乏之急，省政府决定医学院和口腔医院合作创办口腔专业，也招工农兵学员，我是筹建的具体负责人之一，一切从零开始，自己还任教，任务繁重。

灾难深重的 1976 年啊！年头周总理病故，"四五""天安门事件"，"唐山大地震"，接着毛主席逝世。

也就是在这个异常酷热的夏天，湖州来电：小多妹妹患大脑炎病危（小多是因丈夫在湖州任教，从北京调到湖州水泥厂任工程师，这时已育有两个女儿）。我和小罗急忙赶赴湖州，病房里围着很多人。见小多妹妹仰卧在床，刚做了气管切开术，身上三根管子（氧气管、静脉输液管和导尿管），她昏迷不醒，不时抽搐，病情危急，妹夫愁急万分。这时，医生的职责提醒我：绝不可乱了方寸。我先让妹夫请围观的友人和同事们离开病房，向医生了解病情和救治方案，翻阅了病历。这时，进修过内科的我冷静地分析：这虽是县级医院，医生的抢救措施是得当的，只是护理没有跟上。于是我们三人轮流陪护，协助医护人员观察病人作好记录。夜里变化大，都由我值班。我们陪小多熬过了两天两夜。第三天破晓，看小多侧过头在看窗外的曙光，她苏醒了！她得救了。然而，1982 年在上海的小珠妹妹却突然因尿毒症离世！从来不曾听说过她患有肾脏病啊！妹夫方平当时正在昆明讲学，不在身边。小珠撇下一双儿女撒手西去！突然间噩耗传来，一点没有思想准备，妈妈哀痛不已。

一天，小罗来电话，急告妈妈高热不退，神志不清。我急急赶到兰园。妈妈患的是急性中毒性肺炎。在鼓楼医院内科重症病房，我通宵达旦伴在妈妈身边。两年前的隆冬，我也曾如此度过不眠之夜，那次是妇科病房，妈妈手术之后。术前，我经受了一次心的绞榨——医生疑为"子宫癌"。外婆就是这个病去世的，癌是有遗传基因的！妈妈是明白人，用不着说穿，她从医生亲自陪同我们去肿瘤医院会诊，以及医生凝重的表情就察觉到自己肚里长的不是好东西。我竭力安慰，表面上轻松，内心沉重，术前特地去找妇产科主任、知名的刘本立，他和滨熟，曾经也因为"裴多菲俱乐部"的问题受审查。他专门到手术室去，出来捧出一只腰盘给我看，让我看了放心。那是"卵巢囊肿"。这回妈妈又度过了一险。

曾见报刊引鲁迅文章奚落沼洧美，原来高中语文课本内有鲁迅的文章《拿来主义》，注解中有："（做了女婿换来的），这里是讽刺做了富翁的女婿而炫耀于人的邵洧美之流。"这是我第一次看到鲁迅先生对我爸爸的评语。后来我去翻《鲁迅全集》，读到他的《登龙术拾遗》一文里提到"邵公子"、"盛宫保的女婿"、"要登文坛，须阔太太，遗产必须，官司莫怕"、"有富岳家，有阔太太，用陪嫁钱，作文学资本"；在《且介亭杂文》的序言里又有"自称'诗人'邵洧美"；《准风月谈》后记里称邵洧美为"所谓'诗人'"等等，妈妈在旁看了说："你爸爸自己也阔，我又没有多少陪嫁，做了夫妻，不分你我，有什么好说的？你爸爸从来不喜欢对人炫耀自己阔。更不会以他外公向人炫耀。鲁迅弄错了，你爸爸是盛宫保的孙女婿！"我颇为不解，为什么鲁迅先生与我爸爸之间有误会？直到后来，王永禄伯伯谈起说："当时章克标写了本《文坛登龙术》，那是 1933 年 5 月，其中有讽刺鲁迅的句子，鲁迅和章克标在《申报·自由谈》上论战，你爸爸还曾从中调解……后来你一言，我一语，隔阂越来越深……"胡汉君在《再为〈我和邵洵美〉作些补充》一文中提道："我曾问起鲁迅先生与他（指邵洵美）交恶的起因，据他说是'祸从口出'。30 年代英国文豪萧伯纳访问中国，抵上海，宋庆龄女士在她的莫利哀路寓邸举行一个盛大的园游会，上海的左、右派文人虽相聚一堂，仍各自划分壁垒，不相往来。徐志摩因好奇，问邵洵美，'谁是鲁迅啊？'洵美脱口回答：'那个蓄着胡子，满脸烟容的老头子就是。'言者无心，听者有意，鲁迅恰在附近听得清清楚楚，从此他们由不相干的路人变成解不开死结的仇人……"

我认为胡汉君先生此说实不可信，第一，徐志摩飞机失事为 1931 年 11 月，而萧翁访华乃 1933 年 2 月，徐志摩怎么可能在场？或许是我爸爸跟胡先生说的玩笑话；其次，招待萧翁那天，爸爸还驾车送鲁迅回去。其后，鲁迅为《论语》的"萧伯纳游华专号"还撰文，题为《谁的矛盾》，后来又为《论语》出版一周年的专号写了篇《论语一年》，可见其时他二人之间尚无芥蒂，如今我在收集爸爸的文章时才读到他有几篇文章，论及鲁迅的文章和翻译，在文学观点上与之有些不同的看法。

春天又回到了人间。在上海译文出版社任编辑的妹夫方平给妈妈来信，说到译文出版社准备重新出版过去的书，包括爸爸和佘贵棠合译的那本《玛丽·巴顿》，但是领导上考虑到我爸爸的问题迄今尚未澄清，拟以佘贵棠一个译者的名字重版。妈妈闻讯十分气愤，与我们商量后，写了封信给爸爸的故友夏衍，那时他已出任全国文联副主席。夏衍接信后就过问了此事，他给上海译文出版社的蒯斯曛先生写了一封信，这封信方平看到，写信告诉妈妈，大意是：听邵洵美的家属说邵洵美有些书要出版，如果上海译文有困难，可以拿到北京来出。有夏公这两句话，译文的领导便壮了胆，1978 年 4 月新一版的《玛丽·巴顿》按原来的面貌出版了。看到封面上爸爸的笔名"荀枚"二字，妈妈无比欣慰。妈妈是个有心人，她将重版书的版税的大部分请出版社以赠送样书替代，妈妈收到书，一一寄赠至亲和爸爸生前有深交的好友，让他们知道邵洵美是清白的。

同年，具有拨乱反正伟大历史意义的中共中央十一届三中全会在北京召开，恢复了党的实事求是的优良传统。之后，《新文学史料》1982 年第 1 期刊出了一篇大块文章，阐明要研究"中国现代文学史"，对当时的文学家、文学流派应作客观的、实事求是的分析和评价，文末列出要研究的作家和文学流派的名单，其中有邵洵美和与他有关的"新月派"和"论语派"。滨读到此文，立即给我看，我十分高兴，将它送到妈妈面前，小罗和我一起与妈妈讨论：为爸爸正名的好机会来了！

这时妈妈刚从湖州回来。在湖州时，有位名叫费在山的听说他友人吴立岚的岳母就是他素来心仪的老作家邵洵美的夫人，特地来采访，写了两篇文章先后在 1981 年 7 月与 12 月的《西湖》文艺月刊发表，题目是《盛佩玉谈邵洵美》与《盛佩玉再谈邵洵美》。事有凑巧，有一天滨和他的好友，南大中文系教授赵瑞蕻及其夫人杨苡谈及我爸爸，杨苡说到南师有一本内部刊物——《文教资料简报》，是图书馆和中文系合编的，主编很有眼光，与她相熟，他会采用有关邵洵美的文章的，不妨请邵夫人写篇回忆文章。我从来不知道妈妈几十年来一直有做札记的习惯，没料到她在静默不语中回忆自己的一生，已经写就二十多万字的回忆录。她很快就整理出一篇文章——《忆邵洵美》。妈妈说："我自己文化程度低，故写文章描写不够曲折，缺少修饰，文字也不华丽，不假思索地写。由于过去事了解也不够全面，字句也不够好，自己是不满意的。写到七十多岁……"这时妈妈已七十七岁了。杨苡阅后向《文教资料简报》的主编推荐。编辑先生亲自到兰园造访我妈妈。妈妈又找出爸爸的两篇文章：一篇是诗集《诗二十五首》的自序；另一篇是1943年原载于《国粹邮刊》的《民国试制票中之珍品》，其中讲述孙中山先生亲自设计的那张飞船图案的样票。这三篇文章一并刊于1982年第5期的南师《文教资料简报》。那期刊物特辟"邵洵美研究资料"专栏，约占四分之一篇幅。除上述三文之外，《简报》还刊有1936年出版的《中国新文学大系》（诗集）《诗话》一则——"邵洵美"，这是朱自清编的一段文字。还有费在山那篇《盛佩玉再谈邵洵美》以及章克标的《回忆邵洵美》（初识）的那一段。此外也刊出王强撰的《关于新月派的一些资料》等。那个时候，我爸爸的政治问题尚未作出"结论"，这位编辑先生真可谓有胆有识，他是吃透中央精神的。

妈妈的文章虽然载于"内部刊物"，但影响很广，先后有不少有识之士到处寻觅邵夫人盛老先生的踪影，还找到兰园。有的是来向我妈妈约稿；有的是来征集邵洵美的遗作和有关资料。武汉大学中文系的杜显志先生是应中国社科院丛书编委会的分派为编辑"邵洵美专集"而来访的……1983年4月上海译文出版社出版的《译文丛刊·诗歌特辑》由方平主编，其中摘选了爸爸所译的《麦布女王》的精华部分，当时那本译本尚未出版。《在大海边》是诗选中的一篇，后来以之作为专集的书名。1984年8月17日香港《文汇报》从妈妈的《忆邵洵美》一文选了三段刊出，并附有爸爸的照片，文前编者介绍说："邵洵美，30年代著名诗人、翻译家，当时许多重要刊物是他出版的，如《论语》半月刊、《新月》月刊等。"此外还向读者宣布邵洵美已于"1968年在上海病故"的消息。其实更早向海外宣告这不幸消息的是1975年6月2日的香港《快报》，只是未述年份。

妈妈用心良苦，她力促译文出版社将我爸爸在"文革"前译好已制版型的两本书出版，出版过的书也要求再版，并请方平协助查找纸版。在一封给方平的信里她写道:"争取出版邵洵美的书,是为了恢复名誉,搭着邵洵美的亲戚、老友辈都包括在内的关系。我自己又不和人家有接触,一个家庭老妇耳……"在方平和爸爸的老友秦鹤皋的帮助下,爸爸的两本遗译出版了。《青铜时代》因为太薄,故与邱从乙译的《审判的幻景》合并,集成《拜伦政治讽刺诗》一书于 1981 年 2 月出版;雪莱的《麦布女王》于 1983 年 8 月出版。妈妈又写信给人民文学出版社,爸爸遗译的泰戈尔著《家庭与世界》遂于 1987 年 7 月得以问世。每出一本爸爸的译作,妈妈一定分赠给爸爸的挚友。

直到 1985 年 2 月,爸爸才正式得到平反。妈妈收到上海市公安局的一封公函,上面是这样印的:

(85)沪公落办字第 26811 号

上海市公安局

决定书

邵洵美,男,一九〇五年生,浙江余姚县人。一九六八年病故。

一九五八年十月,邵因历史反革命问题被逮捕,一九六二年四月教育释放。

经复查,邵历史上的问题不属反革命,一九五八年十月将其以反革命逮捕不当,予以纠正。

上海市公安局

一九八五年二月二十六日

妈妈读着这一纸落实政策的"决定书",心中的泪与血交融,悲与喜交集,更多的是悲。她立即唤我回去看,因为爸爸得到平反,我们做子女的也可以松一口气了。

这文件分送到子女各单位，当我院党委书记把我请到办公室，让我读市卫生局转来的这些我早已背得出的文字，我木木然望了一眼，说了声："谢谢！"

早一年，党委副书记和人事科副科长找过我谈话。副书记严肃地对我说："你的'老案'现在结了。"我听了瞠目以对。原来，我爸爸的问题，对我有这么大的影响，医院领导还立了一个"案"！我属于"内控"对象，我却一直蒙在鼓里。在我们医院里，我历来是"优秀工作者"，曾获得好多年度奖状。副书记告诉我，她们到上海去过，我爸爸的历史档案全部已转到"三线"去了，无法核对。我真不明白，那么我的"老案"又根据什么了结的呢？那时我才明白：为什么医院里为高干设的"特约门诊"不排我值班。我同样是主治医师，医疗技术是够格的，服务态度更是人人称道的。过去我从不介意，我是不在乎名利的，对于这种安排，我从来都是一笑了之而已。原来，领导是因为我有"老案"，对我为高干诊治疾病不予信任！唉，我不能不为自己遭株连而感到有点心寒！而今，政治上还我爸爸的清白，但那只是我们直系亲属间知道。邵洵美是个影响颇大的知名人士，生前好友众多，自"反右"以来，因他受株连的为数着实不少，又如何能还他们以清白呢？然而我一如既往地全心全意扑在工作上。那些都是往事了，那是"极左"路线的影响，而今，拨乱反正从头越吧！

1985年第2期的《文教资料简报》刊出了由我译出的爸爸的一篇英文文章 *Poetry Chronicle*（《新诗历程》）。这是我从妈妈珍藏着作为纪念的七页泛黄发酥了的抽印本上译的。它原刊于1936年10月《天下》月刊第3卷第3期。这些年我在滨的帮助和鼓励下英文程度有了明显提高。这篇文章初读之下难点很多，但我能领会其价值，于是央求滨帮助我，我很想译出来，让现今的读者一读，以了解中国新诗运动经过的坎坷历程，由此，读者也可以了解邵洵美对那时新诗的观点以及他为新诗的发展所尽的心意。滨读了，称赞爸爸这篇文章的英文写得好。我想，我这枝稚嫩的拙笔又如何能重现其文采之一二？爸爸发表这篇文章时我才四岁，他怎么也不会想到五十年后我会翻着《英汉辞典》来精读它；更不会想到我这个诗的门外汉竟斗胆来译他这篇精辟的诗论！要不是杜显志老师专程从武汉来拜访我妈妈，向她征集爸爸生前的著作，妈妈为此翻箱倒柜，找出这些纸片，或许这篇文章就会像海底的宝藏，永远沉睡，不会为人再次捧读；而爸爸为《天下》月刊撰稿、翻译那部分工作，也会是一片空白，再也不会为人所知了。由于那篇文章里引用的卞之琳、金克木和侯汝华的三首诗都是采用哈罗德·艾克顿的英译，我将文章译成中文，必须找到这三位诗人的中文原诗，但南大图书馆馆藏中找不全，我便写信给卞之琳老伯请教。卞伯伯热情回信，告诉我关于艾克顿的近况，以及他那首诗《归》是选自他的《鱼目集》第1辑，他又指出艾克顿翻译此诗的第二行中有错译等等。

在同一时间，《湖州师专学报〈社科版〉》也在1985年第2期，以三分之一强的篇幅刊出了"邵洵美研究专辑"，这是李广德组编的，可能这是"邵洵美研究"的第一炮。封二、封三印了爸爸的手迹：一是他在扇面上录下的他的散文"一个人的谈话"的片段，那是毛笔行书；一是1925年他从英国剑桥寄给我妈妈的那张明信片上针对背面印的徐悲鸿伯伯为他画的头像写的一段开玩笑的话；另一是小多妹妹1957年考取南京工学院后，行前爸爸在她纪念册上题的谆谆勉励之语，那是用他自己独创的一种带有魏碑味道的钢笔字体写的。在这个专辑里妈妈又发表了一篇《我和邵洵美》。妈妈说："像我的文字如此之差，还去尝试，为的是什么？洵美是个作家、出版家，热衷于出版事业。我不愿他的名字不闻不问地就此湮没。"（注：妈妈另有一篇经改写的《我

1984 年邵祖丞（洵美长子）摄于上海时代中学办公室，时年五十七岁

邵洵美女儿邵阳一家

翻译家、诗人方平（洵美婿）一家

想念了近五十年的表妹郑小云从台湾归来相聚，左始依次为：张简（邵小罗妻）、邵小燕、邵祖丞、郑小云、邵阳、邵小罗

和邵洵美》被收入《浙江文史资料选辑》第 47 辑，由浙江省政协文史资料委员会编，浙江人民出版社 1992 年 6 月出版。）妈妈写回忆文章，有些往事记得不清楚，如爸爸出版方面的具体内容等，她便恳请当时经办的老友，如王永禄、林达祖、秦鹤皋等帮助回忆。

读到妈妈文章的老朋友们都很感动。他们没想到我妈妈这么大年纪，精神那么好，记性那么好，又写得那么好，夸赞她的文笔流畅不俗，朴实无华，读来如聊家常，颇感亲切；更令他们感动的是：妈妈为爸爸正名的那股不懈努力的精神。在妈妈的文章里，她刻意避讳，不将现尚在世的一些人写进去，不想将麻烦加诸友人。

在这期专辑里，还有李广德的《邵洵美的诗与诗论》、吴立岚的《读两篇记录章克标谈话的文章有感》、林达祖的《追念邵洵美》、云汀的《邵洵美的晚年》以及沈从文的《致盛佩玉的一封信》等文。从文伯伯给我妈妈的信如下：

佩玉先生：

适间接奉故宫博物院转来二月十二日惠书，获知曾见赠洵美遗著《拜伦的讽刺诗》及师院简报，但未见转来。我工作由历史博物馆调社会科学院历史（研究）所已七年，故宫博物院过去曾短时期兼职，寄那里的邮件他们未能及时转递，当去信询问。我于一九八三年因脑栓形成引起左侧偏瘫，去年冬又因基底动脉供血不足，二次住院，长年在病中不能工作。洵美是老朋友，未能遵嘱写一点纪念文章，殊深歉仄。湖州师专、武大中文系将为洵美出专集，闻之深慰。谢谢你的赠书，谊希珍摄。

祝

健康长寿

沈从文

此外，我写的一篇《邵洵美（新诗历程）评介》也辑入发表。我是一个医生，对诗，是彻头彻尾的外行，"评"，完全没有资格；只能说是"介"，为的是让没有机会看到原文的诗人们和对新诗发展历程有兴趣的研究者能看到我爸爸当年写的这篇文章的概貌，供他们参考。其中有爸爸对新诗发展的独特见解和论点；也涉及不少现代知名诗人和已经作古的前辈，爸爸评介了他们的诗作，还提供了有关的背景资料。可以说，爸爸这篇《新诗历程》是新诗研究的重要史料之一。我同时还介绍了爸爸的《诗二十五首》的《自序》，那也是一篇诗论。当时我一心要让世人了解爸爸邵洵美，居然勇敢地写评介诗论的文章。虽然发稿前曾与滨讨论过，但那时滨已在病中，没有精神，只是听我读后，提出几处文字上的修改意见。现在读来，我甚感汗颜。文学界人士定然会笑我的无知，肤浅，牵强附会和大言不惭！

俗话说："一个儿女牵动母亲一根肚肠。"我妈妈为散在各地的我们七兄妹日日牵肠挂肚。"文革"结束，哥哥恢复了在上海时代中学任英语教师的工作。他来南京看望我们。体力劳动使他面容苍老憔悴，双手粗糙开裂，几乎看不出他原先那文弱书生的模样。他的弱智的幼子已长成大个子，但长期无人关怀造成不良习性，真使我心疼。我没让妈妈把他带来南京抚养，似是我亏欠了他一份责任！大妹妹小珠离世过早，妈妈不时关切她遗下的一双儿女，可是宁沪相隔，只有多写信关照方平，现在女儿玉澄旅居美国，儿子宇清在上海影视业事业有成。小燕妹妹嫁在浦东，她丈夫患糖尿病中年西去，留下她带三个女儿艰辛度日。她自己患风湿性心脏病，但她乐观坚强，坚持在小学教师的岗位（注：2000年她不幸病故）。小多大脑炎治愈后有幸没留下后遗症，还赴欧考察，1987年调到上海水泥厂工作，依然负起高级工程师的重任，后来还任徐汇区政协委员、区九三学社委员会委员，在区里、市九三学社老龄委、侨联等，做的各项工作都十分出色，屡获荣誉。其夫吴立岚任上海教育院副教授、学科带头人，是中国心理学会专家委员、上海市心理卫生学会理事。退休后在华师大教育管理学院任教。长女欣欣旅德，夫婿德籍。她事业有成，现为三冉科技公司董事长。妹妹庆庆复旦大学毕业后在日资企业工作，也很有成绩。最伤脑筋的是远在西北的小马弟弟，恶习屡教不改，受到很重的惩罚，是妈妈心头的隐痛。她总是省下钱汇去，眯着老花眼缝制包裹，寄衣物、药品、食品、香烟……想用母亲的一片温情打动他，希望他能重新做人（小马2014年初故）。妈妈常说："他自小离家，没有受到好的教育，走上邪路，我总觉得欠他的。"小罗弟弟虽失去受高等教育的机会，但他上进心强，坚持自学数年，获得中央党校经济系大专文凭，得到"经济师"的职称。他在厂里样样工种拿得起来，头脑灵活，认真负责，担任科级干部，业余还是喜欢书法篆刻。他夫妇是青梅竹马，儿子洋洋从小聪慧、爱好美术，是祖母的心头肉，后来毕业于南京艺术学院（注：现在上海某广告公司任职）。

一天我去兰园，看到妈妈左眼发红，仔细一看，是球结膜出血，不是一般的"红眼睛"，经眼科检查，她眼底也有出血，从而发现她患有高血压。B超复查，她的肝硬化没有好转。小罗为她配了药。但妈妈从来不喜欢服药，她不会吞药片。至于降压片，她坚持自己的服法："一般不需要服，走出门前服一粒。"我们多次劝说无用，也奈何她不得。

妈妈的文章反响很大。也是由于国内大气候的关系，陆续有回忆邵洵美的文字见诸报刊。1985年9月20日夏衍在《人民日报》发表了《忆达夫》一文，其中述及爸爸："达夫还和我说过，邵洵美是一位很好的诗人。"妈妈看了非常非常之高兴。1986年10月8日秦瘦鸥在上海《文汇报》发表《从纨绔子弟到翻译家》。1990年1月15日画家季小波也在《文汇报》上发表文章《邵洵美不是纨绔子弟》。

蒋启韶1986年去湖州，找到当时任九三学社湖州市委员会秘书长的邵阳（即小多），并去拜望了我妈妈。嗣后他写了一篇文章载于1987年香港某刊的"文学史料"栏，题目是"访邵洵美夫人盛佩玉"。1988年3月徐重庆写了《诗人邵洵美的婚姻》刊于《香港文学》某一期。也在这1988年，《湖州师专学报》第4期刊出武汉大学中文系杜显志的文章《邵洵美研究五题》（当时根据中国社会科学院文学研究所主编《现代作家作品研究资料丛书》的编辑出版计划，杜显志负责编选"邵洵美专集"）。同年，浙江人民出版社由陈坚主编出版了《浙江现代文学百家》一书，其中"邵洵美"一节由李广德撰写。

亲友从各地把报刊上有关爸爸的文章复印了寄给妈妈，妈妈读后总是热忱地写信给作者致谢，她也把自己写的东西寄赠亲友，让大家再忆起邵洵美。这些年来，妈妈常和爸爸的老友们通信，秦鹤皋、王永禄和许国璋夫妇还专诚来南京看望我妈妈。妈妈也写信请诸老友写纪念我爸爸的文章，诗人卞之琳因此写了一篇，题为"追忆邵洵美和一场文学小论争"，遗憾的是此文发表时，妈妈已不在人间。她没来得及读到卞之琳答应她写的这篇纪念文字！

文　王　之　后

中国现代文学馆的刘麟先生来向妈妈征集资料出版《中国现代作家大辞典》；北京语言学院的阎纯德先生为编辑《中国文学史》，出版《中国文学家辞典》（现代第五分册），给我妈妈写信，道："邵先生在文学史上是有贡献的作家，不能遗忘，我为找他的亲友已有多年……"妈妈默默整理了资料提供给他们。这两本辞典都是在 1992 年，分别由新世界出版社及四川文艺出版社出版的。同年，上海书店推出由陈子善主编的"中国现代文学参考资料"（新月派文学作品专辑），其中影印出版了爸爸的诗集《花一般的罪恶》。这三本书妈妈都不曾亲眼见到！不过，早在 1988 年上海书店还影印出版了爸爸的诗集《诗二十五首》，当妈妈收到书店按照她寄去的样子印出来的那本诗集时，心里十分宽慰。她说："你爸爸一辈子走文学道路取得的成绩，现在得到人民的承认了。我这十年来的努力有了报偿。"在给责任编辑刘华庭的信里，妈妈写道："《诗二十五首》编入'中国现代文学参考资料'，影印本以原貌复生，这将是件极好的事，洵美之灵必得安慰。"

在妈妈笔耕的那些年，我忙得很少有时间去兰园看望她。医院办学上了轨道，没料到老院长出差之际，因为医院管理的急需，党委书记把我从教学班子拉到医务处，我就成了行政人员了。老院长回来后非常生气。我在医务处兼管外事接待，又业余任江苏省医学会口腔学会的秘书，忙得不可开交，直到 1987 年退休，仍留用为医院编写"院志"。退休前被评为"南京市三八红旗手"，又不知为什么原因得到个"南京市保密工作先进"的荣誉。我素来全心扑在工作上，无所谓褒奖与否。这些年，我的家庭始终动荡不安。一家之主的滨卧病多年，结核基本痊愈，高血压则愈加严重，并发冠心病，又患有肺心病，先后两次住院做直肠手术。小小红闯过了工作关，进厂当工人，但五年不发病之后，正当妙龄，却过不了恋爱关和婚姻关。她两度婚变，导致严重发病两次，症状转为狂躁，发作时哭闹打砸，家中老小安全备受威胁。她时常狠揍其父，又数次挥舞菜刀，滨惊恐不已，又不舍得女儿去住精神病院，处于极度矛盾之中。家里经常闹得人仰马翻。别人家度过了十年浩劫，如今安定幸福，而我家仍旧处于水深火热之中！老奶奶惊吓过度，不幸跌倒，股骨颈骨折，卧床五年，我夫妇悉心侍候，可谓辛劳万分。这时滨出现忧郁症早期症状，再度自寻短见，以剪刀自刎，幸亏被我发现后送医院抢救。其后他一度振作，自称那时期是他的"文艺复兴"时期：来家求教的同事、友人、学生络绎不绝，他还为准备出国的青年补习英语口语，来增添他退休后的生活乐趣，在经济上也不无小补；他也为某些教师中升高评审，为友人写的《英语语音学》作修改，并审订江苏教育出版社组稿、苏州大学组编的《英语搭配大词典》等等。1987年曾是滨称为"四喜临门"之年：一是多年不育的小女儿有了喜；二是江苏电视台来家为滨录像，为《英语搭配大词典》作报道，题为"架设桥梁的人们"；三是儿子录取在南京大学日语系；四是我俩结婚二十周年。不料，乐极生悲！1988年夏，老奶奶逝世，享年九十二岁。滨是个孝子又是独子，与老母亲相依为命几十年。老母一走，他全身紧绷的弦似乎一下子散架了，忧郁症也日趋严重。我是工作家事两头忙，穷于应付，根本没留意到他内心深处的变化。直到后来翻出他十多本英文日记，才知道他自1977年起因长期疾病的煎熬无力胜任他所热爱的教学工作，再加上政治上的"结论"拖着尾巴，他耿耿于怀：领导上说他的问题必须等台湾解放了才能解决，原因是同在大学业余剧团的拜把兄弟中的大哥尹光荣在台湾（后来得知尹已改名尹雪曼，是当代著名作家，还回大陆来讲学呢）；女儿的不幸，他归罪于自己，她长期无休止的干扰，令他心力交瘁……种种困扰使他，一个做学问的教授，一个有理性思维、有意志力、热爱生活的人逐步逐步演变成患有忧郁症、老年痴呆症的精神异常者。那绝不是一朝一夕形成的；绝不能以他的性格内向，心理脆弱来解释他精神崩溃的原因。就在滨这种状况下，小小红又一次好转回家来。1989年初，我妈妈突然便血急症入院。小罗一次次背着妈妈去作检查，我不能耽误工作，就坐在妈妈病床脚边，将一大堆资料堆在妈妈的被子上工作。小燕和小多从上海来，但工作关系，顶了两个班就得回去。检查结果确诊是肝硬化腹水。出院后的重病人需要照应，小罗要出差，只好让妈妈住到我家。我偷偷去鼓楼医院消化科郑主任家，郑主任分析了病情告诉我，妈妈的病已到晚期，已经不治。这是我心里早就明白的。妈妈心里也明白，我下班回家，见她写好不少信，又整理了自己的衣物。

气压低湿度高的黄梅天来临，妈妈突然中风，口角歪斜。在医院辗转难熬的夜里，妈妈抓住我和小罗的手臂说："我不行了！我心里不放心的就是你们两个人。"次日，省人民医院急诊室不留人，我们只好转到一家小医院观察。脱水疗法使妈妈一下子急剧失水，瘦得认不得了！我和小罗轮流陪护疲劳不堪，农农放学夹着书包来叫我回家睡觉。哥哥和小燕赶来南京，建议还是把妈妈带回家，长期如此陪护我们受不了。这是良策，我知道。可是，我家里已有两个精神病人，再加一个危重病人，如何是好？我在病房外走廊里轻轻啜泣，没有别的法子，只好再叫救护车接妈妈回我家。请了个保姆，我和小罗仍旧日夜轮值。这几年妈妈手上有了点钱，那只被红卫兵抄走的宋窑笔洗原来一直存放在上海博物馆，最后鉴定结果却说是清雍正年间出窑的，仿宋品，总共付一千五百元人民币了结，其他抄家物资有关单位只给了几十元或一二百元退赔；除了哥哥、小多和我付的赡养费，妈妈有爸爸几本书的稿费、版税及她自己写稿所得，还有亲友的馈赠。然而，妈妈的病已经到了无可救药的地步！

妈妈开始呕血，我不想让她看到，急急拭去。妈妈看到了，笑着说："我吐出了一朵花。"小罗是个非常孝顺的儿子，四十出头的汉子了，泪水汪汪，老是问我："有什么办法吗?"我眼泪往肚里咽，轻轻摇头。9月，"红花"愈开愈多！我用一张接一张的卫生纸抹去妈妈口角的鲜血，像有万把钢刀刺我的心。人最大的悲哀莫过于无能为力啊！我不再去上班，滨不住地与我瞎缠，我也顾不得与他周旋。小罗来，我才去床上合一下眼。白天，我寸步不离妈妈，听她不住地哼哼，她腹水太涨！妈妈吃力地跟我说："有人要写《邵洵美传》，向我要资料，我有的资料都写过了。写《邵洵美传》应当写他在文学事业上的作为，对邵洵美的研究应着重在文学评论，新诗讨论方面。"她告诉我，有两位编辑曾与她联系，她已提供了资料，他们在编两本辞典，叫我不要和他们断了联系。妈妈又告诉我，她曾写信给上海译文出版社，言明今后邵洵美的书的版权委托我和大哥负责……在妈妈生命垂危的时刻，她头脑还清楚地惦记这些重要的事。

我只好忍泪为妈妈准备后事了。不料，小多从上海也寄了一套寿衣来。我心里"格登"一下，家里怎可以有两套寿衣? 这是不吉之兆！

小小红又一次发病了，大吵大闹，翻天覆地。第二天，发现她服药自尽，已经昏迷，大概是她对自己绝望了吧? 为抢救姑娘，又是兴师动众。这次又是十分危重，我身心疲乏至极！

妈妈于9月27日黄昏离开了我们，享年八十五岁。妈妈是个看得开的人，早几年就让小罗在苏州香山买好了寿穴，还高兴地让我看墓穴的照片，从那里远望，太湖景色尽收眼底。她喜欢苏州，外婆和玉姊也葬于斯，现在，她们可以和爸爸在天上团聚，再也不分离，再也无需为短绌银钱发愁筹措，也不必再为人间的烦恼事揪心了。

落葬归来，我踏进家门，感到好空荡！妈妈总算挨过了那些病痛的日子安息了。她和爸爸、玉姊、外婆同在天国团聚了。

邵氏先祖邵康节（邵雍）、自号安乐先生的故居

邵洵美与盛佩玉葬于上海归园公墓的墓地

　　秋深了，一向容易感冒的我咳得厉害，一天夜里我咯血了，我知道是剧咳引起，便服药自救。又一次，好出血的鼻子突然血如泉涌，那是小动脉破了，一般填塞棉花无效的，我只好一个人用很多大纱布捂着鼻子走到鼓楼医院去看急诊。滨又一次"出走"，那是傍晚，从雨里找回来后我硬脱下他湿湿的衣裳，将他按上床，强喂了姜汤，他喃喃不知所云。第二天，小叶子夫妇闻讯回家，着急地说："老爸爸的病愈来愈明显，一定得住院。"此后每天，我拎着保温桶进精神病院的门，一家有两个住在那里，心里真不是滋味！

　　独自一个人在家，我大哭了一场，而后整理妈妈的遗物。见妈妈早已写好遗嘱，那是一叠从小记事本上撕下的一片片纸。她写道："人的结束是命该如此。我已能活得那么长，心满意足了。但我几次生病，叫绡红、小罗受到不少麻烦。我的子女都是孝顺的，我的一生是幸福良好的……"妈妈留下十多本笔记本，有的是写的回忆录，回顾她的一生，其中有这样几段："……淘美办出版无资本，要在银行透支，透支要付息的。我的一些钱也支了出去。抗战八年，淘美毫无收入，我的首饰陆续出笼，投入当店，不懂利弊，总希望有朝一日赎回原物。淘美没有生财之道，脑子每天动在书上。孩子的饮食、衣着、教育全在我身上。这些年，我终日里为淘美打算，我为他操劳，为孩子们担心"；"结婚成为夫妇，共同生活，有福同享，有难同当。为了作文学，资本向老婆伸手（老婆管家的多），也不是去吃喝嫖赌，这是正当行为"；"像我的下半辈子生活，这样麻烦，这样苦，当初做梦也想不到。怨什么？怨投胎投得不好，不，这句是迷信的俗语。出身不能选择，道路是由自己走去，这才是哲理"；"我年老体弱，不久人世。但我此生不虚，看到了许许多多的事。回忆好似历历在目，这是我的脑子还未坏；能握笔写字，这是眼睛还看得见。如到了一天，眼睛不能看见，闭上了，就结束了。所看到的一切都关在这双眼睛里了……经过我的眼睛看到的一切人和物，到我结束生命的时候，好像戏台上闭幕了。可是现在我有很多的事在记事本上要修改，以前不能决定的，今后看到某些人的文章上可得到帮助"。妈妈看得很远的，好几本记事本的封面上她写着："很多有价值的，勿丢，可细细看。"或者"有文学资料"等等。从笔记本里也可见妈妈爱好之广泛，有健身谚语，中外文学作品及报章摘抄，有关国画的描述，还有她在读了古典名著《镜花缘》后用成语抒发自己做人的道理，如："要人待你好，你要先待人好"、"月有阴晴圆缺，人有悲欢离合，人生不如意事常八九"等等。妈妈的遗物里有爸爸自欧洲寄来的那些明信片，还有她珍藏了六十四年的爸爸赠她的信物——那寄情的核桃壳，写着爸爸心意的粉红色缎子仍旧整整齐齐裹好，纸盒子虽然色彩斑驳，妈妈还用软纸一层层包好……

虽然爸爸一生中有这样那样的缺点，但妈妈对他始终是一往情深，心甘情愿地为他付出。我也从遗物中看到爸爸和妈妈之间相爱至深。那一大包资料是妈妈为爸爸正名所做的大量工作的见证，有剪报、复印件，还有好些抄件（妈妈抄的和别人抄的），有的没抄发表日期和刊物名称。她的亲友通讯录里抄着几十位我爸爸的老友的名字，她的笔记本里抄着重要的来信，也留下她自己发出的重要的信的底稿。一封封来往信件里，她力争邵洵美的遗著的出版、重版和再版；从中可见她不遗余力地为恢复爸爸的知名度付出的巨大的爱和努力。这是妈妈年逾古稀之后做的。她那么专心，那么执拗，用尽心思。我翻着读着心里感动而又惭愧。我作为爸爸所钟爱的女儿，这些年只顾忙一己之事；而垂垂老矣的妈妈却带着重病忙大事。这不仅是关乎邵洵美在发展中国现代文学方面所尽力量和应当享有的地位；也是补充中国现代文学史，使之拥有客观的全貌，使之完整无缺所必需做的。妈妈十年辛劳是得到了收获的。我见妈妈在笔记本里写着："希望我写的回忆文章以后能在美国发表，让海外的亲友知道邵洵美后半生的作为，以及现下国内他获得的评价。"妈妈的遗言我牢记心头。

我把妈妈所写的三篇回忆爸爸的文章集合在一起，稍加整理，改题名为"洵美的梦"，发表在纽约出版的中文杂志《中外论坛》1997年第2期。次年清明节，去苏州香山扫墓时，我把文章的复印件供在妈妈墓前，将它化为青烟，让妈妈在九泉之下放心。

为让爸爸的名字重新出现在书报上妈妈做了大量工作，然而，有些文章只是就事论事；几本辞典里的小传介绍得也不够全面；诸多文章的笔墨并不能描述出一个完整的邵洵美；而有些报刊上记述有关邵洵美的事，并不翔实，有的相互转抄，或是凭空猜测，众说纷纭。

我感喟没有人全面介绍邵洵美。睡梦中幼年时客厅壁上挂的那幅神像多次显现，但大爷爷的面孔变成了爸爸的面孔。爸爸也像大爷爷那样凝视我，他眼神里的期许中多了祈望。啊，爸爸！你在祈望我。我会努力让公道还给你，让世人理解你，明白你邵洵美一生所为，明白你究竟是怎么样的一个人。脑子里盘旋了这个问题，1995年初我写了篇《最初发表〈论持久战〉英译稿的杂志》，刊于上海《世纪》双月刊1996年第1/2期。那只是我的计划的第一步，我决定写一本书，让世人看到一个真正的邵洵美。现在我做到了。

1995年2月我初次赴美，这是项美丽邀请我去纽约参加她的九十寿宴。感谢董鼎山先生，1988年我读到他发表在当年第7期《文汇月刊》上的《项美丽的传奇生活》一文，让我知道项美丽仍旧在《纽约人》杂志社当专栏作家。当时妈妈还在世，我欣喜地告诉妈妈这个消息，妈妈命我作书向她问好。那时正在英国度假的蜜姬接到杂志社转去的信无比惊喜。1949 年解放以来，她与我们不通音讯，天各一方。她曾在海外遇见过我姑妈，听说了爸爸入狱的事。1984 年她丈夫查尔斯·鲍克瑟作为历史学家，曾应我国某学术团体之请来过中国，她随行，去了北京、西安、广州，没能重返她思念的上海。她在北京获悉爸爸已去世的凶信。她一直在担心我们一家的处境。读到我的信她立即回信来，同时她寄了本新出版的 *Eve and the Apes*（《夏娃与猿猴》）和一本再版的老书 *China to Me*（《我与中国》）赠我。后来又把有她在上海的生活剪影的集子 *Times and Places*（《累累履痕》）寄来。她应我之求，托友人把为她保管的 *Candid Comment*（《直言评论》月刊）复印了给我，让我看到那刊物的原貌，了解它是一份明显宣传抗日的刊物。当时她慨然把自己的名字印在这刊物的封面上确实有勇气，她是一位真正同情中国人民抗日斗争的外国友人。经过"文革"的冲击，我妈妈没能保存蜜姬过去的照片，只是叫我把她留了六十年的两张"密尔斯先生"（蜜姬的宠物）的照片寄还给她。当蜜姬得知我妈妈正病重卧榻，她急忙汇款来让妈妈买药，可惜因外汇手续繁琐，待领取到时，妈妈已不再需要了！获悉我妈妈病故的噩耗，她来信表示哀悼。1991 年 5 月，她随查尔斯赴日，那是日本"天理教"邀请查尔斯去讲学，因他曾写过该组织的历史。他们去京都、奈良、东京，约了我儿子在东京见面，那时夏农正在庆应大学读书。查尔斯为夏农取了个英文名字——Rupert（汝璞特），那是他最最敬爱的一位英国皇族的名字。后来蜜姬来信，说"夏农很像洵美，只是比洵美长得高。"这年她跌了一跤，左上臂骨折两处。我想将 *China to Me* 译成中文。她赞赏我的计划，但书中难点太多，很多问题仅借助辞典并不能解决。那时滨病重，不能帮我。蜜姬同意我去见她，当面答疑。我也正想向她了解当年她与爸爸合作写文章、办刊等

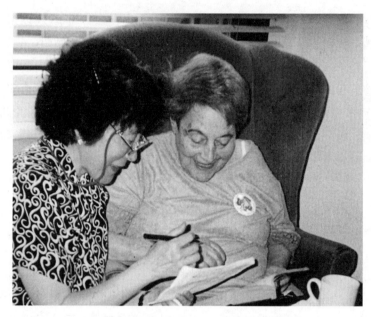

作者应项美丽之邀赴纽约，在其寓所合影

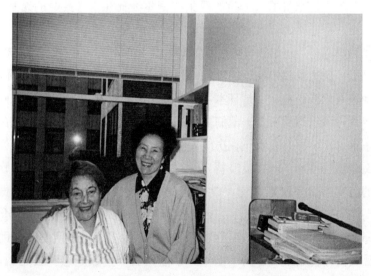

1995 年在 *New Yorker* 项美丽的专用办公室

事的细节，并趁机与儿子、儿媳在美小聚（那时媳妇在美读书，农农正好去探亲）。当时在台湾的老姑妈正好在美国加州，也正想和她见一面（谁知我抵美时她已回台，失之交臂！直到2003年她病故，我也没能再与她见上一面）。安顿好滨住进疗养院等琐事，我飞越太平洋，于1995年3月与蜜姬在纽约曼哈顿寓所重逢。离别时我还是个稚儿而这时我已年过花甲。她已老迈，但记忆力极好，谈吐风趣，只是腿脚不便了。她拿出好多保存了半个多世纪的旧照片：有她姊妹俩跟爸爸及谢寿康在中山陵的留影；有爸爸和友人参加她和上海海关学校师生黄山游的留影等。没想到居然还有一张我和玉姊幼年的合影。她还找出爸爸当年在《天下》月刊发表的英文文章 *Confucius On Poetry*（《孔夫子论诗》），又为我复印了她与爸爸合作写的短篇集成的 *Mr. Pan*。她还找出一本书赠我，是她特地收藏了三十多年的，题目是 *Twentieth Century Chinese Poetry — An Anthology*（《二十世纪中国诗选》），由 Kai-yuHsu（许芥昱）编译，1963年在美国出版的，内选邵洵美收在《花一般的罪恶》里的六首诗：《序曲》、《春天》、《甜蜜梦》、《五月》、《上海的灵魂》和 *To Swinburne*。译者介绍说："和徐志摩一样，邵洵美也是浙江人，同样出自富裕家庭，在英国受过教育。他也和徐志摩一样，寻求解脱古诗的道德束缚，以感官美来从事诗歌创作。他仰慕史文朋，公然模仿其诗歌的格式，甚至效法其韵律和头韵。然而，邵洵美在他的诗集的更名中显露出他对感官的赞颂并非没有道德的谨慎痕迹。他1927年首度问世的诗集题目是《天堂与五月》，次年重新出版，诗集名为《花一般的罪恶》。在他的诗里，似乎一方面主张感官的真实之外什么都不存在；而另一方面则带有一丝讥讽的笑承认：肌肤乃是诱惑，是示意，是罪恶……"

我在她家叨扰半月，解决了书中许多难点，然后去长岛探望青阿姨（盛毓青）。在美期间，我写了篇《邵洵美、项美丽与抗日杂志》投送纽约的《中外论坛》，发表在 1996 年第 6 期上。我半年后回国，忙于护理滨，后来又忙于料理他的丧事。蜜姬在我回国后仍继续与我通信。不料 1996 年底她又跌了一跤，伤了背部，1997 年 2 月 10 日再一次跌倒，断了右腿。她刚过九十二岁寿辰，就于 2 月 17 日离开了人间！从报上得悉她突然离世的消息，我顿感莫名的悲哀，一直想写而拖延着未落笔的介绍她的文章，竟在三天内完成，题名"项美丽其人其事"，由上海《档案与史学》杂志 1997 年第 6 期刊出。我当时继续译她的书，因为这是她期待着的。在纽约分别前她曾特地为我写了段短文，拟当《作者序》放在译文前的，全文如下：

　　事情就有如此奇巧，邵洵美的那个女儿，小红，在我书中描写的年代，她还只是个蹒跚学步的小娃娃，现在却在翻译这本书。然而，这又何足为怪呢？中国永远是个不断变化的国家，经历这么多岁月，我也确实不应该再感到什么惊讶了。

　　我是在离开中国返回纽约后的几个星期里以一种炽热的激情写成这本书的。那时候我女儿正在学英语（我得承认她学得不很用心），在这以前她早已习惯讲汉语，那时候她才三岁……而现在，她那两岁的外孙正牙牙学语。好吧，我祝福她成功，同时，也祝福这本将穿上新装的书能有好运。

然而，这个译本并无好运。当我已经译好大半，去跟一个出版社联系时，编辑告诉我：必须具备原作者同意放弃译本版税的书面文件，他们才可以出版，因为他们认为这本书不会畅销，必定是蚀本生意。我听了心冷，蜜姬已经不在人间，我怎能得到她的同意？于是，那一沓译稿只好束之高阁。

　　在这本书里项美丽叙述了她和邵洵美在出版方面的合作，包括 VOX 和抗日杂志。爸爸在其回忆录性质的文章《一年在上海》里提到过两人在文学上的合作。说蜜姬初来中国三年间，跟他"合作过一部英文的长篇小说，十几个短篇，又一同译过一个中篇"。项美丽跟我说起过，合作翻译的中篇小说就以女主角翠翠为题的：*Green Jade and Green Jade*。两人合作的那些寄往 *New Yorker* 的短篇，就是以 Pan Heh-ven（潘海文）为主人公的连载故事。素材明显是取自邵洵美的生活，结合中国的习俗，描画出一个书生气十足的人物。他重孝悌，重友情，爱书不爱钱，爱国不媚敌。当然，其中一些故事颇为夸张，也有故意编造。项美丽做些艺术加工，针对美国读者的猎奇心理，相当成功。《纽约人》是本幽默杂志，为适应读者，故事情节风趣，文句幽默，28 篇集合成书，题为 *Mr. Pan*（潘先生），1942 年出版。因为早已绝版，项美丽特地让女儿卡洛拉复印了寄给我。

　　独自一人坐在桌前，翻读着有关爸爸的资料，往事一幕幕闪过我的脑海。突然，耳边响起爸爸说的一句话："我们的祖先邵康节是阿拉伯人。因为他有功，皇帝赐他姓邵。在余姚我们祠堂里的碑有阿拉伯文。"当时我还小，听了他的话，看看爸爸那与众不同的高鼻子，笑了说："怪不得你的鼻子长得这个样子！"现在，我要写一本类似爸爸的传记的书，到底我们是中国血统，还是阿拉伯血统？这可是必须弄清楚的！我询问了几位自小在余姚长大的族人，回答使我失望。他们记不得有这样的碑，也从未听长辈提起过。而今，邵氏祠堂早已无影无踪了。不过，幸运的是上海图书馆设有"家谱馆"。工作人员热情为我翻找，找到了《余姚邵氏家谱》，那是光绪十三年邵友濂等重修的一本。家谱中写有：

"……邵氏出周之召公奭（笔者注：奭，音 shì），昔人之美召公也。"

"……邵本姬姓，系出召公奭之后，召公为太保，封于召，遂以为氏……宋时有字德新者，自衡漳徙居河南，再传生雍，字尧夫，其三世为溥，七传，徙余姚……"此家谱以康节公邵雍为"洛阳始祖"，南宋都巡公邵忠为"居姚始祖"，其二十一世孙为我曾祖父邵友濂。

关于邵雍，历史上记载甚多。《宋史》立传，有《宋史·道学传》。现今的《中国姓氏大辞典》、《中国人名大辞典》、《中国文学家大辞典》、《中国著作家大辞典》以及《辞海》等都有介绍。综其所述："邵出自姬姓，又作召（念 shào）"；"邵雍，字尧夫，北宋范阳人，居洛阳，与前任宰相富弼，历史学家司马光、吕公著等恒相从游。嘉祐时屡授官，均称疾不赴。读书共城苏门山百源上，耕稼自给，名其居为'安乐窝'，自号'安乐先生'。北海李之才授以图书先天象数之学，妙悟神契，多所自得，精'易'学，为哲学家。宗其学者称为'百源流派'。后人发展为算命学。终年六十七岁。宋哲宗赐谥'康节'"。令我惊讶的是，1994 年郑州的中州古籍出版社出版被列为"中国安阳周易学院系列教材"的沈柏春著《梅花易数预测学》主要引用的是邵雍的理论。前年，我在南京听过江苏省人民医院中医科主任贝叔英的一次关于"老年养生学"的讲授，里面也引用邵康节的话："爽口久多终成疾，快心事过反为殃；与其病后再服药，莫若事先能自防。"还叫我啼笑皆非的是：香港出版的一本《风水命相万年历》里竟将"邵公康节"与玉皇大帝、观音菩萨等同列于"圣神仙佛生庚一览"！不过，在北京孔庙陈列的《孔庙从祀先贤表》，真的见到先祖邵雍的名字在列："宋 1267 年先儒，明 1642 年先贤"，印证了《邵氏家谱》所述。

至于召公奭，在《中国历代名人辞典》、《中国历史人物辞典》和《辞海》等都有记载："西周政治家，一作邵公、召伯，是周文王的庶子，因采邑在召，故称召公……"

噢！爸爸原来是跟我说笑话。我邵氏并非阿拉伯人，乃文王之后！

尾声　众说邵洵美

　　1986年10月8日秦瘦鸥在上海《文汇报》发表的《从纨绔子弟到翻译家》一文中写道："《湖州师专学报》最近发表了一组'邵洵美研究专辑'，为搜寻现代中国文学史的同志提供了一些线索"；"邵洵美何许人也，眼下知道的人恐怕已经不多。我最初是在鲁迅先生的杂文中见到邵洵美这个名字的。在《登龙术拾遗》一文内，鲁迅用四句话对邵下了定评：'有富岳家，有阔太太，用陪嫁钱，作文学资本'，因此一般人都认为邵是一个依仗老婆手里的钱而舞文弄墨的纨绔子弟"。他讲到在30年代于《大美晚报》编辑部偶遇邵洵美，"发现他眉清目秀，长发隆准，俨然是个美男子，他穿的服装质料高级，但并不成套，衣领和纽扣都没扣上，显出一副落拓不羁而又很潇洒的气派，态度倒还平易近人，并不像一般贵家公子那样目空一切。朋友们还说邵写的诗很优美，外文水平也不低，译过希腊女诗人莎茀的名作"。他提到上海沦为"孤岛"之后，邵洵美是抗日的《大英夜报》的董事之一，抗战胜利后办书店、印刷厂、复刊《论语》半月刊等事。文中重点介绍邵洵美解放后发挥自己的特长，从事译作，然而"1968年5月5日，在一场政治大风暴疾卷全中国的日子里，刚刚脱胎换骨，由纨绔子弟变为翻译工作者的邵洵美溘然长逝，终年六十二岁"。秦瘦鸥对邵洵美的评价是："作为一个诗人，邵洵美写过大量新诗。然而比较起来，他在翻译方面贡献更大。翻译诗歌的难度很高，但他译的拜伦、雪莱、泰戈尔诸人的诗作都能符合信、达、雅三项要求。"对于我爸爸曾是"纨绔子弟"之说，画家季小波提出不同看法，他在《邵洵美不是纨绔子弟——往事杂忆（五）》一文中写道，他读到文章里指邵洵美是纨绔子弟，"心中甚觉不平。老友章克标也与我有同感。邵洵美的朋友如今在世的已不多了，但只要是了解他的，可以说，谁都不会认为他是一个'纨绔子弟'！"他说："邵洵美确实富有，祖上留给了他大宗遗产。如果他安分些过日子，那是一辈子都享用不尽的。但他生性豪侠，急人所急，出手大方，早在他十八岁留学英国剑桥大学时，乐善好施便出了名，以至当中国留学生的经济发生困难，去找大使馆帮助时，大使馆也会介绍他们去找邵洵美。洵美往往有求必应。"接着讲到他自己为出版《西洋画史》时爸爸给他的帮助："邵洵美帮助我出书的事，在他一生所资助的文化事业中，也许微乎其微。他曾接下了将近尾声的新月书店，后又接过张光宇无力支持的《时代画报》，并投以巨资建起了专印画报的印刷厂。与此同时，还出版了一本对今天漫画家都仍有影响的《时代漫画》，主编鲁少飞。许多著名的漫画家如特伟、华君武、陶谋基、廖冰兄等，都曾得到《时代漫画》的帮助。他自己曾办过一个金屋书店，后又搞过半月刊《论语》以及《十日谈》、《人言》。直到解放初期，他还经营着时代书店，翻译出版了《高尔基在美国》等进步书籍。前后几十年中，邵洵美的万贯家财基本上是为建立一个理想的出版事业而耗尽的。"他又讲到，"当然，邵洵美是个'唯美'主义者、诗人，平时难免有些'天真'之举。当日寇炮火正弥漫于东北、华北，他却执意要去凭吊董小宛……洵美国内外交游甚广，他所结交的朋友中，有市长、大使，也有文学家和书画家，大多在事业上有所造就。英国幽默大师萧伯纳来华访问，东道主便是邵洵美，一同招待萧伯纳的还有宋庆龄。我想，这件事足以说明洵美在国内外文化界的名望，而这又是一般'纨绔子弟'所能办到的么？"

1986年，蒋启韶采访了我妈妈，嗣后他写了《访邵洵美夫人盛佩玉》，特地为妈妈拍了张照片附在文中。关于我爸爸，他写道："翻译家、出版家、新月派诗人邵洵美，在30年代文坛上是一位很活跃的人物，然而，对于他的研究至今尚未全面展开，这在中国现代文学研究领域里，说来多少是一个空缺。"他接着写道，"邵洵美用家产来办出版事业，为中国新文学的发展，尽了他的力。他作诗做文外，还善绘画、书法、篆刻，可以说多才多艺。他对政治不感兴趣，看他留学时的把兄弟张道藩、谢寿康及刘纪文等，那时都已成为国民党中央要员，而邵诗人却丝毫不动心，依旧保持他的文人品性，终其一生，可谓十足的文人行径。"他谈到向我妈妈提起1934年文坛上发生一起"女婿公案"，妈妈说她从未听说过，并说爸爸是"一位很大度的人，对于某些文字闲话，视而不见，听而不闻……倒是时代公司的一群作家文人，好与人斗，与鲁公一来一往，将小事化大，笔战持续了一阵"。妈妈对他说，爸爸爱交朋友，"尤其是意气相合的朋友……好解人难，乐意助人……但在抗战时期，他始终保持了民族气节，凡哪位朋友为日军服务，他坚决与之断绝往来。在此期间，他曾主编出版一本宣传抗日的《自由谭》月刊，因日本人的威胁而停刊"。蒋启韶写道："邵洵美先生虽然已成古人，但他留下的诗文及对中国文化出版事业的贡献，却是具有相当的价值。'文化大革命'以后，上海译文出版社将他的遗著重新付梓出版，上海有关单位将他一切不实的历史问题予以平反，这就是一个最好的明证，也是令佩玉老人及知道他为人的朋友们最感欣慰的。"1988年3月，徐重庆写了一篇《诗人邵洵美的婚姻》在《香港文学》发表，文中附有我爸爸和妈妈的订婚照。文章中提到："邵洵美对中国的新诗是作了贡献的……他被文坛冷落了几十年。在近几年报刊杂志上，方才有对他的回忆录面世。内地几家出版社，又相继重新印行了他的译著，上海书店最近又计划影印出版他的《诗二十五首》。诗人在文坛上的地位，慢慢地被肯定。若说人死后有灵魂的话，当可告慰这位命运坎坷的诗人吧。"作者引用我爸爸那首"堪可称为代表作"的《洵美的梦》里的两句诗："我完全明白了我自己的运命，神仙的宫殿绝不是我的住处。"他又写道："1968 年造反派的'神仙'们，自然容不得诗人的存在。'啊，我不要做梦，我要醒，我要醒！'（笔者注：此句也摘自前引之诗）诗人终于没有醒来，带着一腔恨梦，永远睡去了……谨以此短文，纪念诗人邵洵美逝世二十周年。"

也在 1988 年，《湖州师专学报》第 4 期刊载武汉大学中文系杜显志的文章"邵洵美研究五题"。

同年，浙江人民出版社出版了一本由陈坚主编的《浙江现代文学百家》，其中"邵洵美"节由李广德撰写。李广德写了他的生平，文学创作道路，编辑出版经历以及晚年致力于翻译——"介绍外国文学作品，并以此维持一家生计"。文章最后介绍说："'文化大革命'浩劫开始，前此已遭拘审和抄家的邵洵美，更是难逃劫难，终于在残酷迫害和贫病交加下，他于 1968 年 5 月 5 日含冤逝世。直到 1985 年初，他的所谓'问题'才得到彻底平反。1985 年 9 月 20 日《人民日报》，夏衍在《忆达夫》一文中写道：'达夫还对我说过，邵洵美是一位很好的诗人'。这位'很好的诗人'、翻译家和出版家，笔名有：浩文、绍文、邵浩平、郭明、逸名、邵年、闲大、初盦、苟枚等。"

这位李广德先生早在 1985 年第 2 期《湖州师专学报》就发表过他的《邵洵美的诗与诗论》一文。他写道："邵洵美是中国新诗史上一个有影响的诗人，也是对中国新诗的发展和外国诗的介绍作过显著贡献的出版家和翻译家。然而对于这样一位诗人、出版家、翻译家，对于他的创作道路、诗歌作品、艺术主张、出版及译著的成就与贡献，人们不是一无所知，就是所知甚少。"

卞之琳的《追忆邵洵美和一场文学小论争》一文是刊于1989 年第 3 期的《新文学史料》上的。他写道："年来盛佩玉夫人殷切提醒我为邵洵美写一点纪念文字的诺言。承她陆续寄来的一些资料，补充了我甚少知情的洵美生前的际遇。现读其中上海书店 1988 年影印的《诗二十五首》，我感到恍如隔世，只似曾相识了。而那篇序，也可以说是一篇诗论，论及的一些地方在今日的新诗界却也有现实意义，特别是对胡适、梁实秋二位表示的不同看法，使我发现实际上也有关以至促成我在抗战前夕的北平一个小圈子里闯祸惹起而自己没有卷入的一场文学论争。"卞之琳提起自己和邵洵美有书信往来，邵曾发表过文章夸赞过卞，但仅见过一面。"那是在我大学毕业前一个寒假（1932 年），回南方路过上海的时候，在英文《天下》月刊编辑部。我本是顺道去看望原在北京大学教过我课的温源宁，在那里碰见了他和林语堂。"他还谈到邵洵美的诗："就诗论诗，洵美二十岁到三十岁之间，自称'十年的诗只有二十五首可以勉强见得来人'。当然是自谦之辞。在这十年里自然也积累了不少有益的经验，表现不断求进的精神。这些诗也多少不同于他自己的早期作，已有点结束铅华的意思。新诗格律的探索，则还未脱徐、闻（早期）'方块诗'的老套。'肌理'，如他在自序中所说，确是讲究了；而更基本的诗行节奏单位还没有得到合理化。他尝试引进几种西诗体式，例如严格的意大利十四行体，谈得有道理，在此集的两首实验中，《天和地》比《在紫金山》好，但都主要以单音节（单字）建行，使每行未能真正达到整齐的听感：韵脚排列整齐，但也有土音

（或古音）入韵的小疵（例如'物'与'息'互协之类），也有较大的缺憾（例如虚字'的'与实字'白'互协之类）。所以整体说，他当时掌握格律，还未能得心应手，达到他理想的'最好的秩序'"；"他不赞同现代美国批评家勉强'把诗分为明显的和曲折的两种'，接着他大谈'象征的作用'，自有他言之有理的一套说法。只是说得过分了，有点玄了。然后他转回来说，其实从大部分的新诗来讲，成绩是极其幼稚的，根本还谈不到明显与曲折。所以我们要对付的并不是'曲折的诗'，真正的诗；而是一般'假曲折的诗'，一般'不会造句或者故弄玄虚的幼稚与拙劣的作品'。这在今日的新形势下也还可以视为谠论，而成绩的估计更合胡适在二十年后（1956 年）在美国对白马文艺社一次讲话里所作的结论：'一般说来，四十年的新文学，新诗只不过（尝试）了一番，至今没有大成功。'这也还都实事求是的"；"可是邵文一开头否认胡适是'新诗的元首'，中间一再过分夸赞孙大雨、戴望舒和我随时代带来了新技巧等等。为'胡适之等所不能了解'；最后，他还说，'总之，我们懂不懂是一件事，但是我们不能因为不懂而说这是诗人的荒荡（唐）'。这就不仅等于和胡适、梁实秋挑战而且进行论战了"。卞之琳说："我不记得当时读过淘美的这篇自序，还不知道他在那里竟已经把我随孙大雨、戴望舒同列在梁、胡文艺观点的对立面。"后面作者详述了当年在北京的一场文学小论争。作者忆起，邵淘美"讲究印书，和我有同样的兴趣。他自有条件在上海大办出版事业，最后从德国引进一台影写版印刷机，出《时代画报》，办时代图书公司，在那里编印一套《新诗库》，大起大落，赔完了巨万家业，抗战还未全面展开，就陷入了拮据境遇。和他相比，我是小巫见大巫"。卞之琳讲到自己"一些习作诗 30 年代一开始有缘和淘美的一些诗同在徐志摩编的《诗刊》上发表过"。新月书店曾要为他出版

《群鸦集》（诗集名是沈从文取的）。结果 1931 年徐志摩遭空难，"到 1933 年邵洵美实在也无力把新月书店支撑下去了，而我在 1932 年秋天三个月又写了风格稍异的十几首诗，想叫作《三秋草》，从文当即慨然为我题了"三秋草"三字，从抽屉里拿出三十元钞票交给我回北平自己印书。我在他开抽屉拿钱的时候，就瞥见有几张当票，当即坚拒收钱，他却坚持我拿走，我终未能违命，回北平找南河沿一家小印刷厂，用三十元（连纸张）正好印了三百本，交即将关门的新月书店代售，版权页上名正言顺地印了'发行人：沈从文'"。最后他讲了一点"与洵美有关的趣事……并不是我以玩笑捉弄洵美，而是离奇的事实叫热心印诗的洵美受了一次可笑的揶揄"。原来上面提到的那本《三秋草》，"师友们见到了都说印得好，纸也很好，却不知道是什么纸。上海《时代画报》主人邵洵美先生也来信说好，竟说将来要托我在北平印一本诗"，其实那"不过是一种较为韧性的薄渗墨纸罢了"。卞之琳写道："恕我这个也喜爱而无力玩印书花招的'小巫'就这样嘲弄一下'衣带渐宽终不悔'玩印刷技术赔光家业而给新中国留下印《人民画报》的第一台影写版印刷机的'大巫'，遵'祭如在'的古训，轻轻松松，'如'隔世相对一笑，俨然见他在我面前音容犹在吧。"

1989 年人民文学出版社出版了蓝棣之编的《中国现代文学流派创作选——新月派诗选》。在《前言》里编者写道："新月派是中国新诗史上活动时间最长，诗人辈出，有鲜明艺术纲领，并在创作中取得了很高成就的一个重要诗派。它活跃在 20 世纪 20 年代和 30 年代前期的诗坛上。"编者从《晨报·诗镌》、《新月》月刊谈到《诗刊》季刊等，他说，30 年代几个知名文学史家赵景深、陈子展、朱自清都称新月派为格律诗派或西洋律体诗派。编者谈到邵洵美时说："邵洵美的情诗，表现爱情生活的复杂、

烦恼、创伤、苦闷、欺诈、变节，有某种认识意义，但也伴随着
色欲的渲染，颓废和玩世不恭……邵洵美的诗，受到世纪末唯美
主义的浓厚感染，他在诗中追求灵肉结合的人生，视美与爱的刹
那为永恒。邵洵美为中国二三十年代唯美主义潮流的代表诗人。"
编者选了邵洵美十首诗——随后又谈到"'新月派'这样的诗歌
在文坛上的地位，既不是革命浪漫主义或革命现实主义的，也不
是反动政府官办的或向官方去凑趣的文学；同时也不是粗制滥造
的专事牟利的商品文学。它落后于时代潮流，但与反动文学相比
是难能可贵的，苦心经营而艺术上颇有可取之处的诗作，有很重
要的历史和现实意义。在特定条件下，为艺术而艺术可以起一点
挽救艺术堕落的作用……提醒人们不大重视艺术性的缺点"。

1992 年新世界出版社出版《中国现代作家大辞典》。在邵洵
美的小传里有："早期以诗歌闻名，第一首诗《二月十四日》约
作于 1922 年（笔者注：应为 1925 年），他的代表作有《昨日的
园子》、《洵美的梦》、《女人》、《自然的命令》等。他的诗大多表
现近代人对爱欲的颂歌。"文中引用了沈从文的评语，也介绍了
其著作与翻译书目。

1992 年四川文艺出版社出版了《中国文学家辞典（现代第
五分册）》。文中引用了陈梦家的评论。（笔者注：此书中《新诗
库》作者名有误漏。）

1993 年长江文艺出版社出版了《中国新诗库》，周良沛编。
在"邵洵美"卷的卷首中引用了《诗二十五首》自序的内容，介
绍了他的诗。编者借用沈从文的评语，也以"唯美主义诗人"称
呼邵洵美。

1996 年中国大百科全书出版社出版的《中国集邮大辞典》
中邵林介绍"邵洵美 40 年代初结交集邮界名流，开始集邮，学
藏并重，曾集得孙中山设计的民国飞船样票、绿衣红姑娘（笔者

注：即'红印花绿加盖'）等珍罕邮票，重视邮学研究，所撰《中国邮票讲话》约七万余字，连载于1943年3月至5月《新申报》，集邮论著较多，散见于《国粹邮刊》等邮刊"。

同年，上海书店出版社出版了《论语选萃》一套十卷。责任编辑为完颜绍元。编者在"出版说明"中写道："在旧中国林林总总的文艺刊物中，由上海时代图书公司出版的《论语》杂志，曾以相对长寿和畅销而引人注目……这份始迄相继近十七年的杂志，先后由林语堂、陶亢德、郁达夫、林达祖、李青崖、邵洵美主持笔阵，并约集有刘半农、老舍、俞平伯、徐讦、许钦文、丰子恺、何容、老向（王向辰）等众多文坛名人经常为之撰稿，从而成为现代中国文坛上较有影响的刊物之一"；"《论语》问世时的中国，正是阶级矛盾和民族矛盾较为尖锐的时代，也是文化界承受极大压力，在探索中奋斗的最苦闷的时期。正如约翰·穆勒所说，'专制使人们变为冷嘲'，讽刺的笔调，乃得广泛流行。《论语》的'半月大事记'专栏，有相当部分内容就是类似匕首式的冷嘲，使当局看了哭笑不得的"；"可知《论语》在这种体制下倡导幽默，既有为其主客观条件所制约的一面，但也不乏批判锋芒的显露，诸如对国民党政府'攘外必先安内'反动国策的冷嘲热讽，对黑暗腐败的社会现象多所批判，亦构成讽刺的一翼。抗战胜利后复刊的《论语》虽然愈加流入俏皮、油滑，但于针砭时弊的传统仍有所承袭，比如对伪国大丑剧的挖苦、对所谓金融改革的抨击等，也还可观。当然，其总体倾向，毕竟是同与现实斗争相联系的新文学主流的距离越来越远了。同具有一定讽刺时弊的社会功能相比，《论语》半月刊在现代中国文坛上的文学价值，也值得重视……此外，在介绍世界优秀文学作品，发掘民族传统文化遗产等方面所作的努力，亦可资借鉴。上述种种，正是我们今天将一部分始刊于《论语》而至今尚有内容上、文笔上参考价值，且已近湮没无闻的作品给予编选以飨读者的主要目的与意义所在"。在每卷的封里都印有"《论语》社同人戒条"，那是邵洵美的手迹。在这套书中选了他七篇文章。

1997 年汉语大辞典出版社出版了辛笛主编的《二十世纪中国新诗辞典》一书，由冯鸣写了介绍邵洵美的一段，选诗《季候》。作者写道："诗人寓巧妙构思于似不经意之中，平中出奇……不难窥见诗人对词语的锤炼功夫……他的诗有着较深的唯美主义倾向。他写了不少表现爱情生活的诗篇，有些诗句不免有渲染色情之嫌，无怪乎有'香艳诗人'的称号……但我们认为《季候》这首诗还是写得比较清新真挚的。"

此外，爸爸一生从事文学活动内容之丰富，吸引了不少国内外学者进行研究撰文。曾在伦敦大学研究亚洲文学的赵毅衡，在《百象图摘》第 2 期发表的《邵洵美——中国最后一位唯美主义者》，说到邵洵美赴英留学，"看来对他产生最深影响的是以拉斐尔前派到史文朋和王尔德的唯美主义文学潮流……邵从不讳言受英国诗人的影响。他的集子《诗二十五首》被徐志摩盛赞为'一百分的凡尔仑'，我读后觉得不像凡尔仑，而是戈蒂埃的 Emaux et Camees 与前拉斐尔派罗塞谛等'肉感派'（The School of Flesh）的诗，在英国，这是莎士比亚以来已有之的传统，到中国确是惊世骇俗，令人侧目……"研究中国现代诗的学者，美国哈佛大学教授李欧梵曾在香港《明报》上著文，谈中国现代文学中之"颓废"，以相当篇幅谈到邵洵美。更想不到在大洋彼岸，澳大利亚的堪培拉有一位学者正在热心研究邵洵美。他在 1997 年 8 月为悉尼 Powerhouse 博物馆关于上海的展览上作过一次演讲，题为"新潮、时髦、俗气：上海 1925 年至 1950 年"。次年他特地到上海，找到了小多夫妇，在上海他获得了不少资料，又与我通信。他是澳大利亚国立大学亚太研究学院的学者，名乔纳山·赫特（Jonathan Hutt）。他从各方面收集了许多有关邵洵美生平、文学活动与其创作等资料以及家属、友人的回忆等相关文章。他说："邵洵美太迷人了！没缘与他见面，我深为遗憾。希望我们能保持联系，还有许多有关他的东西我得学习。"他即将完成一篇长篇论文，他说，那会是"首次全面描绘你父亲的传记，我要将他重建于文学史中恰当的地位。在当年混沌的上海滩，他是文坛上一个中心人物，可称之为'上海派'的化身，那是异于'海派'的较正面的名词"。一个外国人，喜爱中国文化，发掘到已成古人的邵洵美的作品，为之入了迷，进而又为他在中国文学史中争取其应当占有的一席之地，实在可敬可佩。

赫特教授的长篇论文终于在 2010 年 6 月完成，刊于澳大利亚国立大学 *China Heritage* 季刊，题为 *The Decadent World Of Sinmay Zau*（《邵洵美的颓废世界》）。虽然由于文化历史的隔膜，资料的匮乏与翻译上的问题，该文内容有不少错误，但是他为让其国人认识一个中国的作家花了如此巨大心力，令我感动不已。

这十多年来，人们忆邵、评邵的资料如泉，邵洵美学术研究也在进行。以我耳目所及记述如下：

1. 报刊上回忆、纪念、介绍、评说邵洵美的文章数不尽数，网上都可以看到。报刊出版专辑的有：

南京师范学院《文教资料》简报"邵洵美研究资料"1982年第 5 期

《湖州师专学报》"邵洵美研究专辑"1985 年第 2 期

《新文学史料》"邵洵美专辑"2006 年第 1 期

《北京青年周刊》"文化非常话题"2006 年第 32 期

《诗探索》"邵洵美研究"2010 年第 1 辑（理论卷）

《南方人物周刊》2012 年第 45 期"百年家族系列"专题

《生活月刊》2013 年 10 月号附《时代漫画》"别册"

2. 著作中述及邵洵美的，如：陈子善《迪昔晨光格上海》、曹聚仁《天一阁人物谭》、贾植芳《我的狱友邵洵美》、施蛰存《闲寂日记》、李劼《百年风雨》、李欧梵《上海摩登》、姜德明《余时书话》、黄永玉《一路唱回故乡》、李辉《黄永玉的文学行当》、汪晓东《百年春秋——从晚清到新中国》等。

3. 传记类有：盛佩玉《盛氏家族 邵洵美与我》，邵绡红《我的爸爸邵洵美》《叶浅予自传》，*Nobody say Not To Go*（Ken Cuthbertson 著），还有传记类著作中专章介绍邵洵美的有张昌华《曾经风雅——文化名人的背影》、张建安《文化名人的最后时光》、张红萍《民国四才子》、宋路霞《上海豪门旧梦》、马小星《豪门春秋》等。

4. 专著中讨论其学术史料的：张伟《花一般的罪恶——狮吼社作品·评论资料选》、张伟《满纸烟岚》、解志熙《美的偏至》、陈平原《神神鬼鬼——漫说文化丛书》、余斌《字里行间》、王京芳《邵洵美：出版界的堂吉诃德》、林达祖《沪上名刊〈论语〉谈往》、张子清 *Comparative Literature*：*East West*（《比较文学：东方与西方》）、张子清《狄更生诗歌在中国的译介、研究和影响》、刘海平 *Oxford Encyclopedia Of American Literature*（《牛津美国文学百科全书》中文序）、孙宜华《埃伯利街谈话录》（前言）、毕克官《中国漫画史话》和《漫画的话与画》、谢其章《漫画漫话》、唐薇及黄大刚编《瞻望张光宇：回忆与研究》等。

5. 旧书刊旧诗文重生：有陈子善《洵美文存》、完颜绍元《论语选萃》、姚宏越《话亦有道》、周良沛《中国新诗库》、蓝棣之《新月派诗选》、庄钟庆《论语派作品选》、陈子善《海上文学百家文库》、季羡林《百年美文》、李广德《浙江现代文学百家》、林石选编的《月之故乡——最美的中国诗篇》、许芥昱 *Twentieth Century Chinese Poetry an anthology* 等。

另《时代漫画》作为"老上海期刊经典"已出版，有重版全套《金屋月刊》、全套《论语半月刊》的出版消息。

6. 山寨复印本：诗集《天堂与五月》《花一般的罪恶》与《诗二十五首》，以及《一个人的谈话》《火与肉》，"论语丛书"的《论幽默》《幽默解》等。

7. 采访及电视：《南方都市报》编的《最后的文化贵族》里采访了方平、黄苗子。《新京报》、《三联生活周刊》、《北京青年周刊》、《劳动报》、《南方人物周刊》、《三联生活周刊》、《瞭望东方周刊》、福建电视台、东南电视台、北京电视台等采访邵洵美家属。上海纪实频道、优酷视频、香港的凤凰视频等制作专题节目。

8.《黄苗子、郁风白头偕老画展》、《张光宇艺术回顾展》和黄永玉诗歌吟诵会里也有纪念邵洵美的内容。

9. 从"中国知网"得悉有二十多个大学三十多位研究生的论文以"邵洵美"为课题。

10. 最近一位加拿大作家高泰若（Taras Grescoe）不远万里来到中国，想了解邵洵美对中国文学和社会贡献的重要性。

对于我的爸爸邵洵美，中外学者各抒己见，文学观点自是可以不同。此时，爸爸正在云端里坐着，望着文坛内外，望着这世界的一切，眯着深邃的双眼在微笑，似乎有些幽默。我想起了他的一首颇有文学史观的诗歌——《赠一诗人》：

> 假使一百年后再有个诗人，
> 他一定不像我，也不像你；
> 温柔箍紧他灵活的身体，

他认不得这是黄昏这是春。

  *   *   *   *

啊，他再不会记得我，记得你，
他再不会念我们的词句；
在他眼睛里，我是个疯子，
你是个搽粉点胭脂的花痴。

  *   *   *   *

但是也许有个梦后的早晨，
枕边闻到了蔷薇的香气；
他竟会伸进他衬褥底里，
抽出两册一百年前的诗本。

邵洵美的文学道路和出版事业

我钻进图书馆，埋头于泛黄发脆了的书刊里，没料到，当年的出版物包括爸爸自己办的众多出版物里竟有他大量的文章和诗作，令我一期接一期地翻，一篇接一篇地读，欲罢不能。由于我个人涉猎有限，目前仅寻得爸爸的诗作近百首，文章近五百余篇，著作及译作十七本，他主办的报刊十四种。现在，我尝试着综合分析其一生的文学道路及出版方向与读者分享，疏漏谬误之处，敬祈指正。

一、诗

1935 年出版的《中国新文学大系》（诗集）中引用沈从文对邵洵美的诗的评论："以官能的颂歌那样感情写成他的诗集。赞美生，赞美爱，然而显出唯美派的人生的享乐，对于现世的夸张的贪恋，对于现世又仍然看到空虚。"

赵毅衡评价邵洵美：这位著名的唯美诗人，但却是一位认真的、勤奋的、论述系统的诗歌评论家，写的诗论在七十年后，依然值得我们好好读。

可惜，《中国新文学大系》编者当时没有注意他以笔名发表的抗战诗歌。

早期 1924～1936 年

邵洵美是受古诗的熏陶启蒙的，及至中学时读了英诗，想用旧体诗翻译，失败后改用白话来译，从而得到启示，写起新诗来。他最早发表的诗，题为《浪花》，刊于《民国日报》"觉悟" 1924 年 3 月 17 日。后来他才读到中国作家的新诗，知道这类工作正有许多前辈在努力。他十七岁负笈英伦，接触到当时在英国文坛盛行的唯美流派。那时他正值炽烈的青春期，对世界充满梦幻，于是模仿他们作诗，并试图解脱传统的束缚，以爱和美为主题创作。他沉醉于艳丽的字眼、新奇的词句、铿锵的音节，写了大量抒情诗。回国后刊于 1927—1930 年间的《狮吼》《金屋月刊》《雅典》和《一般》杂志的也大多如此。同时，他译了不少英诗。1927 年他的第一本诗集《天堂与五月》问世。次年出版第二本《花一般的罪恶》；同年又有译诗集《一朵朵玫瑰》和诗的论文集《火与肉》出版。然而，现实生活时时促他从"吟花咏月"中醒来，他领悟到"不如当柴炭去燃烧那冰冷的人生"。这是他那两本诗集里用作"序诗"的同一首诗的末句。1929 年，他译了英国最有名的插图画家 Aubrey Beardsley 的诗，出版《琵亚词侣诗画集》，诗是画家自己配的，和画一样美，洵美译得也美。这本薄薄的精美的小书花了大工本，为的是"献给爱诗爱画的朋友们"。

这时，他和诗人徐志摩相识，成了莫逆之交。他们和孙大雨一起创办《诗刊》。洵美的诗有了提高，懂得诗不能只是字面上的雕琢所展示的意义，应当有"诗的意象"。他开始摆脱"少壮的炫耀"，在"肌理"上用功夫。但他依旧在格律上模仿外国诗，注重"字眼的秩序"、"形式的完美"、"精炼的体裁"和"最纯粹的情感意境"等，只是在题材上有所变化，这一点从他在

《诗篇》月刊上发表的和后来收入他第三本诗集《诗二十五首》里的某几首诗中可以看出。期间他尝试了纯粹诗。

1931年徐志摩不幸飞机失事罹难，洵美悲恸欲绝，从此难有心思写诗，只是在空闲时对新诗的理论和发展方面作些研究，这可见于他发表在《人言》周刊的《一个人的谈话》。这时期他也研究现代美国诗坛的概况。1936年，他为推进新诗发展，出版了《新诗库》，为十位诗人各出一本，包括他自己的《诗二十五首》。他只挑出"勉强见得来人的二十五首"，可见他对自己过去的一些尝试有所否定。

中期　1937～1939年

"八一三"日军侵占上海，邵洵美一家从杨树浦逃进租界。一夜之间几乎倾家荡产。在孤岛上海艰辛的环境里，他所有的刊物都被迫停刊，不再需要他为之编、写和操心，倒是闲了下来，他对新诗在中国的现状进行概括。1937年，他为前一年刊于上海英文月刊《天下》的一篇"新诗历程"写了续篇；还居然埋头复习中国经典古籍《论语》，探讨孔夫子对诗的论述，用英文写了篇《孔子论诗》发表在次年的《天下》。当时，那篇论著在印度引起很大的反响。

他失去了书店，失去了印刷厂，但他"愈是在困难的环境中，愈是要立定自己的主意，管住自己的情感"。1938年，他借用外国友人的名义和力量创办了抗日刊物《自由谭》月刊。在该刊他发表了一首从内容到文笔都与他过去的诗作迥然不同的长诗《游击歌》。那是从他即兴为两位英国友人创作的一首英文诗译过来的，是一首联系实际生活、反映民众呼声的创作，其中"没有一句舞文弄墨"，也正符合他自己当时宣传抗日的"纯粹的心境"。那时，他厌恶在抗日诗歌里加入"风花雪月"类字句，当时香港《大公报》对这首《游击歌》予以很高的评价："……最满意的是《游击歌》。这是一首出色的'民歌',也是新诗。可是那种运用民歌的手法的娴熟,不是许多学文学大众化的人们所能及的。我们希望有人把它谱出来,结果一定不会坏。"他也是用那种纯粹的心境译了英国作家 W．H．Auden(奥登)的诗《中国兵》刊于《自由谭》。

其间,他曾在英文抗日刊物 *Candid Comment*(《直言评论》)以笔名或不署名发表过一些英诗和唐诗宋词、抗日军歌的英译。与此同时,他在 1938—1939 年间将其新诗理论研究的三十一篇文章连续发表在《中美日报》"集纳"副刊专栏"金曜诗话"。

后期　1955～1968 年

其后漫长的十来年他不曾再提笔写诗论诗或译诗。直到 50 年代初,他开始从事外国文学的翻译工作。他翻译了英国著名诗人雪莱的《解放了的普罗密修斯》与《麦布女王》、拜伦的《青铜时代》及泰戈尔的《家庭与世界》。那些诗的翻译难度很高,他十分投入,十分用功。与佘贵堂合译的《玛丽·巴顿》里面诗歌、民谣达半百余,他为之花了很多心思,这是他自己最满意的译作。

邵洵美晚年病中写了一些旧体诗叙怀。对于他年轻时写大量新诗,老来却写起旧诗来,他自己说:"我的东西只能起一种作用,便是说,留作一种资料,说明中国历史上曾经有过这样一种东西,它反映了某些人的思想……将来或者把它们拿给文史资料参考编辑的负责人去看看,有没有用……"

二、文

邵洵美写过大量文章见诸报刊,他用不同文体写不同题材的文章。郁达夫和叶秋原曾经称赞他的短篇小说《搬家》;沈从文则赞美他的散文《一个人的谈话》。

早期　1925～1931 年

邵洵美的文章首见于《民国日报》"觉悟"1925 年 2 月 13 日，题为"易形"。归国后无论是《狮吼》、《金屋月刊》、《时代画报》、《新月》或《真美善》等刊物上他所发表的文章都是以写身边的人、事、物为内容，纯文艺的为多，也有介绍国内外诗人、作家、画家的文章；他还写过几篇短篇小说。对于他发表在《狮吼》的短篇小说《搬家》，郁达夫称赞说："……大有 George Moore（乔治·摩尔）的风味，是近来少见的飘逸的文章。这一类东西希望多多出现，可以转换空气……"叶秋原来信说："这是我近来看得最得意的一篇……'性爱'本来是文学上的一个重要的题材，但是文学家的抒写，是不入于流俗……你的《搬家》的确为我国小说界开了一个新纪元——至少发现了一条新光……说起来，洵美，我倒喜欢你多做小说少做诗。我以为你的小说更能尽量表出你的天才；你的小说，实在足以见露了你，认识了你……"

中期　1932～1943 年

十九路军在上海闸北与日军浴血奋战的炮火猛烈地冲击了邵洵美。他即时办了份《时事日报》，以图片为主，把事件的真相和前线的消息传递给市民。

接着，他在《时代》署名发表了《容忍的罪恶》一文，敦促政府不可再容忍日军蚕食我国领土，必须起来抵抗。这是他第一篇结合国家安危写的文章。自此，他时常以笔名"郭明"发表时事评论。

1934 年，他特地出版一份《人言周刊》，亲自担任主编，更紧密结合时局，一连写了数十篇时评。他敏感地分析国际动态并联系我国处境，警惕地提醒人们：日本正在伺机以动，呼吁"中国应有准备"，还抨击政府抗日不力、压制民主等等。

此时，邵洵美办的幽默杂志《论语》半月刊的主编林语堂与陶亢德相继离去。自第 83 期起洵美接手主编，他写了许多幽默笔触的文字，有个阶段几乎每期一两篇。面对国难当头，时局不宁，人民生活没有保障，他的文章里隐隐透出"含泪苦笑"，不少文章借幽默手法影射政府治国无方，利用"春秋笔法"对付政府限制言论自由的举措。

1936 年初，他写了篇署名文章刊于《时代》，题名"激昂慷慨的文字忽然少了"，笔端饱含义愤，抗议政府钳制人民言论："此刻民众已有一致的抗敌的决心，政府却迟迟没有表示；编者为民众说话，却受到干涉，警告，乃至处分。"该文同时在《人言》周刊刊出。

西安事变之后，邵洵美写了本两万余字的小册子——《〈蒋委员长西安半月记〉〈蒋夫人西安回忆录〉读后感》，免费赠送《论语》半月刊的订户，声援国共合作抗日。

这一个时期，邵洵美正探索以各种文体写作。他写政论文、幽默小品、随笔、散文……其中，长篇小说有：连载于《时代》的《贵族区》，连载于《辛报》的半自传性小说《儒林新史》，还有为徐志摩发表于《新月》未竟的小说《珰女士》写的续篇，连载于《人言》。他也写了多篇文艺评论，其中连载于《人言周刊》的《一个人的谈话》长达两万余字，涉及故事、诗歌、小说、艺术、戏剧、电影、文学评论诸领域。沈从文读后来信赞美说："这是一篇诗一般的散文。"后写许多推动新文学发展文章。

"孤岛"时期以美国作家 Emily Hahn（项美丽）的名义编辑出版的抗日宣传刊物《自由谭》月刊，实际上编辑是邵洵美一人，其中以编辑名义写的文字与大半稿件全出自他的手笔。他以多种笔名发表，尽情发泄心中的愤怒，以事实向世人控诉日军在华的暴行，动员民众起来抗日，提出"抵抗是惟一出路，和平是出卖国家和民族"，斥责投靠日寇的汪精卫和当了大汉奸的亲弟弟邵式军。他尽力搜集资料，向民众报告国内外新闻和报道各条抗日战线的战报。他提醒世人："法西斯的声势一天天嚣张起来，结果美利坚也难免灾害，美利坚只有修改'中立法'，方可以救人救己。'养虎伤身'之诚谁也看得到的。"圣诞节来临，孤岛上海还很热闹，洵美指责那些人"根本没有灵魂"……"应当记得12月25日也是'中华民族复兴节'，纪念'复兴节'不应当太注重蒋介石在西安的脱险，要知道，这次全民抗战的实现也是那时候萌芽的"。他呼吁留在上海未去大后方的文人团结合作。该刊也有他的署名文章，一篇连载的《一年在上海》是述说"八一三"后这一年里他的亲身经历。在这种特殊时期，他竟然还能够冷静地以史学家的眼光写了篇《战争文学》，呼吁人们关注这个问题："……这种战争文学却能在文学上占有永久的位置……它们在目前或许受不到人们应得的注意；但是在将来，那么，文学线索之延续却会完全是它们的功劳。而在几千百年后，要想明白这一次大战的真相时，或当我们失望于历史刻版式的记载时，这一种战争文学便会表演，使时代重现的奇迹"；"在战争中，正是我们产生史诗的好机会。我相信真正的文学天才是绝不会把它轻易放过"。

该刊不少文章是从他和项美丽合办的英文姐妹版 *Candid Comment* 上撷取来，由他译成中文的，《关于游击队的论辩》就是其中的一篇。原文是他自己以 Big Brother 化名发表的。英文版也有他不少以笔名发表的文章，其中也有一些是他从《自由谭》译过来的。毛泽东的《论持久战》一文由杨刚英译连载于 *Candid Comment*，《自由谭》也特地介绍给读者。

当时在上海以英商名义办的中文报《大英夜报》时常刊登反对日伪的文章，邵洵美是股东之一。一度他为《大英夜报》写社论，每周三篇，很紧张，很辛苦，但他乐在其中。

上海沦陷期邵洵美蛰居霞飞路家中，日夜以书为友纾解郁闷。这期间他害了场大病。病中以欣赏邮票为消遣并发现方寸之间原来大有文章。他感到当时国内集邮者多数带有盲目性，便动了念头要写点文章来引导。于是他用功翻阅资料，向前辈讨教，研究起"邮学"来。大病初愈的他，执著地一连六十天不间断，发表《中国邮票讲话》六十讲，连载于1943年上海《新申报》。这些文章让集邮者对中国邮票发行的历史有个系统的认识，也学到一些集邮必备的常识和方法，深受读者欢迎，不少读者来信，要求印成单行本发行。他还写了不少集邮专题的文章刊于《国粹邮刊》和《人生》杂志。

后期　1946～1957年

抗战胜利后，邵洵美任《见闻》时事周报总编辑，实际上不久他便到美国去了。在第1期他发表了《赶快写定我们的战史》一文。他对当时的时局颇有感喟："……多少人在长叹息：和平得太快了，真的打回来，多光荣，又多可以增强我们的自信心？仿佛说'悉备图籍献还'的，便不算数，便不足珍贵，便可以随便糟蹋；来的易的，原是贱的。'接收'之可以为'劫收'者，其在斯乎。"他说，写战史的目的是"说明这次抗战的时代性，和它的永恒的可宝贵性……不知认识战争的，莫谈建设和平……一是要写成活的史；二是要自己来写"（不要等外国人来写），"写史要客观，要把握这个'正'字。"

战后复刊的《论语》半月刊基本上是由邵洵美亲自编辑的。他又借用幽默的"春秋笔法"批评政府的政策法令；批评官场的腐败与没有言论自由；钳制新闻自由的假民主等等。他是拿着笔杆"到老虎头上拍苍蝇"。在他一连二十多期的"编辑随笔"中常常语带双关，读来令人发笑，然而他是"我笑着为要免得哭"。

1948年起物价飞涨，民不聊生，出台的"新经济政策"朝令夕改。老百姓遭受莫大损失，他为老百姓代言，写了《直言谈相》指名道姓。这时他行文遣词已抛却了"论语气度"，破了"论语戒条"，《论语》差点被禁。

1949年春，解放军势如破竹，大举南下。国民党政府被迫迁台。一时间，政府要员、社会名流、有钱有势之辈有的举家出逃，有的正计划出逃。邵洵美写了篇《逃亦有道》，冷嘲热讽，并直言不讳地联系"蒋总统"的"引退"，《论语》受到了警告。

他最后发表的一篇文章《读毛主席关于诗的一封信》，刊于1957年《上海文艺月刊》，实际上是一篇诗论。

三、翻　译

邵洵美发表的译作并不算多，然而却获得了较高的评价：秦瘦鸥撰文指出："……邵洵美写过大量新诗，然而比较起来，他在翻译方面贡献更大。翻译诗歌难度更高，但他译的拜伦、雪莱、泰戈尔诸人的诗作，都能符合'信、达、雅'三项要求。"赵毅衡提到"邵洵美所译的雪莱的几部长诗，难读，更难译，但他译笔华美而熨帖，才气纵横。"

早期　1924～1937年

邵洵美在上海教会中学里打下英文基础，刊于1924年《民国日报》"觉悟"的丁尼孙（Alfred Tennyson）的诗《别》是他最早的译作。赴英留学仅两年，选修的是经济系，但他出于对英国文学的热爱，课余在慕尔老师指导下，大量阅读文学作品，翻译英诗，进步极快。他对英语和英文写作的掌握可以说是从自学中提高的。

回国后他不断在刊物上向读者介绍外国文学家的优秀作品。

1928年他把自己崇拜的九位海外诗人的作品译了集成《一朵朵玫瑰》出版；次年为答谢他敬重的英国作家乔治·摩尔赠书给他，他译了其中的一节，以原书名"我的死了的生活的回忆"出版回赠。

他曾在多种刊物上发表过译文，也试用不同的笔调来译，在《论语》半月刊上发表的《碧眼儿日记》是以道地的苏白译的，句句令人忍俊不禁，是他深得个中妙旨的杰作。

中期　1938～1943年

除了英译汉，他也尝试汉译英。他译唐诗宋词，还译自己的诗，译《论语》中孔夫子的经典语句，也译沈从文的小说《边城》刊于英文月刊《天下》。在"孤岛"时期办《自由谭》和 *Candid Comment* 期间，他做了大量的双语对译的工作。1943年，他沉迷于集邮，写了许多集邮文章之外，他还用心地译注了绵嘉义的《海关首次大龙票重要资料》，这是一篇重要的华邮史料，对研究大龙票是极有价值的参考资料。

后期　1953～1966年

他积累了几十年的翻译经验，加上他中文英文俱佳的有利条件，所以自50年代初，他开始翻译外国文学著作，自然也是得心应手，成绩斐然了。

他的译著有：乔治·摩尔的《我的死了的生活的回忆》；马克·吐温的《汤姆·莎耶侦探案》（含《双料侦探案》）；盖斯凯尔夫人的《玛丽·巴顿》；雪莱的《解放了的普罗密修斯》和《麦布女王》；拜伦的《青铜时代》（集于《拜伦政治讽刺诗》一书）；泰戈尔的《家庭与世界》和《四章书》等。

四、出　　版

诗人卞之琳曾撰文谈到邵洵美醉心办出版，"……赔完巨万家产"，"衣带渐宽终不悔"。

黄苗子说：《时代画报》《时代漫画》和《万象》，对中国漫画的发展起很大的作用，漫画的发展也影响到绘画的发展。如果没有洵美，没有时代图书公司，中国的漫画不会像现在这样发展。

早期　1924～1937 年

1924 年 4 月 17 日在上海，他与吴济柔合作出版《济美社刊》第 1 期，是他实践的第一个出版梦。1926 年，在英国，他醉心于古希腊女诗人莎弗，翻着字典，把所发现的她的诗（五六十个断篇）翻译出来，凭想象，编成一个短剧，由海法书店印刷发行。

1928 年起，他先后成立"金屋书店"、"上海时代图书公司"、"第一出版社"，其间接办"上海新月书店"，先后拥有报刊十二种之多。

自接办《狮吼》月刊后，他办刊物的兴致愈来愈浓。他除了创办金屋书店，出版《狮吼复活号》外，还有《金屋月刊》。合资的上海时代图书公司出版了《时代画报》、《时代漫画》、《时代电影》、《文学时代》、《万象》月刊、《论语》半月刊、《十日谈》旬刊、《人言周刊》、《声色画报》。上海时代图书公司在它最兴旺的 1934～1935 年间同时出版的刊物多达七种，每隔五天至少有两种刊物出笼。他入股新月书店，并参与了书店的管理与发行，编辑出版《新月》月刊、《诗刊》，还参与出版绿社的《诗篇》月刊。（"一·二八"时独立出版《时事日报》共 16 期）。

邵洵美办出版是把它作为一种终生的事业，全然不为盈利。他经常亏损累累营运艰辛，乃至周转不灵、入不敷出，但他再困难再窘迫也依然乐此不疲。

他办书店出刊物的方向可以说是从"唯美"到"现代"，再到"紧跟时代"。他办出版纯粹是爱好文学艺术，既可以发表自己的作品，也可与同行相互切磋，让他们有挥毫之地，有展示才华的场所。他甚至为帮助朋友纾难，去接办《时代画报》和"新月书店"。

起初他办"金屋"，人称他的出版物"是上海最精致、最讲究，也是最昂贵的"。现实使他明白生活不是梦，办出版必须反映时代。为推动文化的发展，他首先办画报，认为"使不识字的从图画里得到相当的知识，开始想识字，养成读书的习惯。图画能走到文字走不到的地方，或是文字所没有走到的地方……"他一连创办了三份画报：《时代画报》、《时代漫画》和《万象》。后来他办出版的兴趣一发不可收拾，想在文化的各个领域都出一份刊物，于是《时代漫画》、《时代电影》、《文学时代》相继问世。他总是追求完美，为印出更精美的画报，他特地从德国进口当时最先进的影写版印刷机，成立上海时代印刷厂；也曾出过一份力求外表精致，内容水准较高的《万象》月刊。为了引导读者重视科学，书店除文艺书刊外还出版了《时代科学图画丛书》；为推进新诗发展，他冒赔本风险出版《新诗库》，还为青年诗人出诗集，并为他作序；为推动漫画发展，《时代漫画》出版过"全国无名作家专号"，还征集儿童画，印了赠送订户。他提携新人，也尊重老作家，出版巴金等作家写的《自传丛书》。他出了大量外国优秀文学的译本，同时也推荐中国的古典文学，介绍中国现代文学。他为推广"幽默"，出版幽默杂志《论语》半月刊和《论语丛书》。他也尝试过出版一种双语刊物：《声色画报》。他之所以倾全力投入出版事业，即便到后来资金阙如，也不放弃。归根到底，他抱有一个宗旨：推动中国的文化，甘愿做一个"文化的护法"。而这个理想，起始于在法国的留学生们组建的"天狗会"。他有个痴心，想仿效英国新闻大王北岩爵士拥有几百万读者的成功之路。

然而 20 世纪 30 年代的中国正面临日本军队入侵，人民无法安居乐业。炮火从东北、华北蔓延到邵洵美的身边。"一·二八"事件催他猛醒，他及时出版了《时事日报》，他的《时代》等刊物也紧跟时局报道各地群众的抗议呼声，爱国抗敌的激情继续渗透在他而后创办的多种刊物里。即或是《论语》半月刊，也以幽默笔触表达作者和编者这种心声。日军不断进犯，祖国山河破碎，而国军却节节败退。政府的不抵抗激怒中国人民，也使邵洵美无法平静，他于是创办"给青年人有个泄愤场所"的《十日谈》旬刊，然而因它的"横冲直撞"在多个省份被禁而不能续办。未几，他又创办"不说鬼话"、"让人有听话说话的场所"的《人言》周刊。他亲任主编，每期写一篇，抗日爱国之情溢于言表；连一向以"幽默"博得读者会心一笑的《论语》半月刊也走向"文字更求其能应时代的需要"。

中期　1938～1941 年

"八一三"战火中，邵洵美一家仅带细软逃离杨树浦，家产几乎尽失，但他振作起来，利用洋人的名义、外商的力量，在租界内继续办出版，出版的《自由谭》及其英文姐妹版 *Candid Comment* 完全以抗日为主题。当时稿源难组，几乎全凭他一己之力编辑出版。（助手仅王永禄一人，英文版一部分编辑工作由项美丽动手，还有半个助编，一个大学生——经叔平。）他们还秘密印刷了毛泽东著的《论持久战》英文版的单行本，一部分经由中共地下渠道发行；另一部分则由邵洵美亲自驾车与王永禄秘密投入上海洋人的寓所或别墅的信箱（邵洵美的夫人盛佩玉也曾参与）。1941 年邵洵美还曾参与编辑出版《天下》月刊最末两期。

后期　1946～1950 年

抗战胜利后，他一度参加上海的英文报《自由论坛报》的编务，并任《见闻》时事周报的总编。他的印刷厂复业，向银行贷款筹得资金，再办书店，更名为"上海时代书局"。

《论语》半月刊复刊之后，他全身心投入其编辑出版工作，几乎每一期都写一篇"编辑随笔"。战后形势令他失望，他直言不讳指责当局，《论语》差一点遭封。这时期他经济上一直拮据，总是想方设法，东挪西借维持《论语》，直到1949年5月出版最末一期（177期）。其间，1946年第121期，因新闻审查部门禁刊其中一文，邵洵美悍然撕页发行，作无声的抗议。这本幽默刊物自1932年创办，其间"八一三"停刊到抗日胜利复刊，从不脱期，这在当时中国出版界也是难得的一例。

邵洵美亲自主编的刊物有：《狮吼复活号》、《金屋月刊》、《时事日报》、《论语》半月刊、《人言周刊》、《声色画报》、《自由谭》和《见闻》。参与编辑的有：《时代画报》、《十日谈》旬刊、《诗刊》、《新月》月刊、《诗篇》、*Candid Comment*（《直言评论》）和 *Shanghai Herald*（《自由西报》）。

解放之后，他依然不愿放弃出版事业，因书店资金不足，曾寻求友人合股，出过一批书籍，并且重新出版了《论语丛书》。终因各种原因，维持不久即告结业。自此，他的出版事业画上了句号。

邵洵美曾用笔名、化名：

绍、朋史、明史、荆蕴、唐尧、郭明、明、明言、月言、言言、浩文、文、平、邵浩文、盛浩文、辛墨雷（Shing Mo-lei）、闲宝、逸名、闲大、忙蜂、都仁、钟国仁、邵年、年、初盦、护封、龙头楼主、荀枚，以及化名：刘舞心、Big Brother、Pan Heh-ven、记者、编者等。

2015 年版自序

邵绡红

我的爸爸是什么人？生活里一次次在拷问。

1955 年，我在大学申请入团遭拒，理由是："你崇拜你的爸爸。"我很诧异。我爸爸是个整天埋头书报的人，解放前写文章编杂志，我是知道的；也听说他年轻时是个诗人。我暗忖，自己从来没有以此向同学夸说什么，表现出我对爸爸的"崇拜"呀！因为我从没读过他的作品。不过，沦陷时期他拒绝日伪拉拢，没有跟我几个叔叔一样落水做汉奸，我颇为他骄傲，但是我也没有向人炫耀过啊。政治课的教育使我认识到自己"出身"很不好，因为我知道爸爸是书店、印刷厂的老板，在故乡有祖传田地和祠堂。虽然因经济来源不靠农业收入，"成分"定为"工商业主"，可是，过年墙上的神像穿着晚清的朝服，我疑虑不安。后来学习了《延安文艺座谈会上的讲话》，我明白，爸爸属于"小资产阶级知识分子"。我想，他写的诗和文章必然跟无产阶级文学格格不入。好在我学医，不搞文学，不会受他的"坏影响"吧。"出身不能选择，道路可以自己走。"

那个时候爸爸以翻译外国文学作品为业。说实话，我从来没看过他在翻译什么书。1956 年我毕业了，分配到南京工作。次年夏天回家，爸爸给我看他刚出版的雪莱的诗剧《解放了的普罗密修斯》。那时他手头上还在译拜伦的政治讽刺诗等等。他兴奋地告诉我，《诗刊》又出版了，他写了一篇文章。我为爸爸重又拾起笔杆高兴。——万万没有料到，1958年秋他被捕入狱！真是飞来横祸。家里被抄了个底朝天。接着，因"犯人家属"必须离开上海的政策，大弟弟远赴青海。家破我承担，从此妈妈和小弟弟来南京跟我一起生活。这时我默默地问，爸爸究竟是什么样的一个人？他是个"反动人物"吗？他有什么历史问题？

我们在狱外苦熬，爸爸在狱内苦熬，那正是全国饥饿的年月。1962年春他回家了。家，早已没有。凄苦饥饿寒冷的牢狱生涯令他身患重疴。严重的肺气肿、心脏病，呼吸窘迫日夜咳喘，挤在我哥那家徒四壁仅有一桌一榻的屋里。他不提狱中遭的罪，只有一句话："我是无罪释放的。"——出版社又送来要译的书，他带病伏案。当病情逐渐好转，生机复现之际，突然，翻天覆地的动乱袭来！全乱了。造反派掐断了他的收入，缺医少药，三餐不继，他病情加重。加之运动失控，一个个噩耗传来，否极泰来已完全无望。哀莫大于心死，他选择了放弃。

黑暗终于过去，1978年，春风又回大地。妈妈素来悲喜不形于色。她对我爸始终抱有信心。然而，直到1985年2月我们才收到上海市公安局给邵洵美平反的"决定书"。前一年，我单位领导对我宣布"你的老案，现在了结了。"原来，爸爸的问题，对我有这么大的影响！妈妈不愿邵洵美的名字不明不白被蒙尘被湮没。1978年，当上海译文出版社准备重新出版过去的书，她便向出版社力争，《玛丽·巴顿》依然署上了爸爸的笔名。因爸爸入狱的变故搁置未出版的译作，拜伦的《青铜时代》和雪莱的《麦布女王》，在妈妈的争取下先后于1981、1983年问世；还有人民文学出版社的泰戈尔的《家庭与世界》，1987年也得以出版。当获悉中国现代文学史的研究将实事求是展开，她便从自己写好了的回忆文字里摘要写成《忆邵洵美》，1982年在南京师范学院的刊物上发表。为了写这篇文章，妈妈翻出她珍藏的旧物。我第一次读到爸爸印成铅字的诗文。不意妈妈的文章一出，激起的反响不小，多地报刊出现忆邵评邵的文章。不少声音述说邵洵美之"被埋没了数十年"，缘于他跟鲁迅的纠葛。他们摘出鲁迅著作里的语句。我于是一一找来捧读，鲁迅先生确实有不少篇文章道及我爸。毛主席称鲁迅是文化"旗手"；那么，我翻着书页第三次寻思：我的爸爸邵洵美到底写了些什么？做了些什么？是不是真如鲁迅写得那么不齿于人？

　　二十年了！我自六十到八十，埋头于爸爸的文字堆，回溯他短短的六十二年人生，旨在从他文学道路的足迹里，探寻他的思绪、他的作为，来认识他到底是什么样的一个人，也想从收集到的各种资料来证实他的言行是否不悖。这艰巨的工程始于妈妈病重时对我的嘱咐。当她意识到自己已病入膏肓，便语重心长地对我说："有人要写你爸爸的传记。我写了三十万字的日记，都在里面了。再写，就应当写他文学方面的。"她写下两位辞典编辑的名字，叫我记得和他们联系。之前，她已经把爸爸两本诗集交付上海书店影印出版。生活拮据的她将爸爸译作的稿酬买了许多书赠送爸爸的老友，并央请老友撰写回忆文章。做这些，是她在尽力为被歪曲被埋没的邵洵美正名。妈妈所做的这些触动了我，我开始着意向她，向家人、长辈，向爸爸的老友、同人打探往昔的家事，爸爸的故事。1989年夏，妈妈病逝。三年后《中国现代作家大辞典》和《中国文学家辞典》（现代第五分册）相继出版，妈妈没来得及看到。为配合这两本辞典的出版，在找不到当时合伙人的情况下，她努力回忆，请爸爸的朋友帮助回忆。给辞典提供的资料虽然不够周全，甚至还有点错误，但想想，妈妈当年并不介入爸爸的出版业务，能够理出这么多内容，已经十分了不起了。就是这些，为我寻找爸爸的足迹引领了一条捷径。我是解放后成长的，在爸爸身边二十多年，但对他的著作和出版事业，可以说几乎一无所知。动乱的十年招致我大女儿精神分裂，我丈夫又患上抑郁症，我个人的家庭乱麻一团，待到1995年，老夏病逝，我方才抽得出身来，解我心中的疑团。

花了四年时间宁沪往来，搜集资料。1999年因我儿在美国，带着半箱资料我去了芝加哥。临行哥哥专门为我写了本备忘录，分题叙述关于爸爸的资料，题为"家事"。他越洋答复我问题的信札过百。我在照顾小孙孙的同时完成了初稿。经过不少前辈、朋友的帮助，指点，特别是上海书店的完颜绍元先生一再鼓励和竭力支持，一本试图记录爸爸一生的书——《我的爸爸邵洵美》终于问世，那是十年前，2005年。书到手，欣喜和遗憾同时涌上心头：检读全文发现有很多错，不少事情没有写清楚，疑点重重。

妈妈的三十万字"日记"已由我妹妹邵阳夫妇整理，在2004年出版，书名《盛氏家族·邵洵美与我（盛佩玉回忆）》。我没有读过妈妈的原稿。没有想到，几十年前的往事她记得如此详尽，仿佛历历在目。从她的叙述，她珍藏的诗文，留下的爸爸片纸只字的手迹，从她描述的与百十位友人的交往，我看到爸爸一生的轨迹，看到爸爸的追求和爱憎。我也从这本珍贵的回忆录中读到许多资料，印证了我的记述；同时也发现我漏却了许多内容，有的细节的描述略有误差。两书对照，哥哥提供的大量资料中，有许许多多是实情，但极少数亦有出入，还有一些属于口耳相传。书成后这些年，对邵洵美的回忆者和研究者逐渐多了起来，我有机会读到许多文章，还有不少旧书刊重版，可以补充或纠正我原先获得的素材。我还获得不少资料，来自前辈和爸爸的

476

老友、同人；来自热心的朋友们，有作家、画家、藏书家、翻译家、教授、研究员、编辑、研究生，以及读者。十年过去，我的书页上补缀斑斑！

从七十我迈过了八十。这十年，我的脚步没有停留，一面，我继续搜集爸爸遗落的作品，多达百余篇。一面，整理了"副产品"（为写书集得的成箱复印件）。2008 年出版了《邵洵美作品系列》第一辑五卷：诗歌卷《花一般的罪恶》、小说卷《贵族区》、随笔卷《不能说谎的职业》、艺文闲话《一个人的谈话》和回忆录《儒林新史》；2012 年又出版了第二辑四卷：译作卷《一朵朵玫瑰》、时评卷《时代讲话》、邮话卷《谈集邮》和编辑随笔卷《自由谭》。妹妹邵阳夫妇和弟弟邵小罗大力协助我，尤其是邵小罗为整理爸爸那七十篇集邮文章大费周章。那一摞《中国邮票讲话》的复印件因为原载报纸的年代久远，字迹模糊；当年的编辑校对质量又给我们带来很多困难；加之，爸爸这部稿子不是六十讲写就了付样的，常常一篇篇赶稿，因而不时有文字或图片错置，隔几天发表更正。图片核对是一桩头痛的事，图片模糊更需要费心思去辨认，去别的资料里寻找同样的邮票拍摄或扫描来替代。这本《谈集邮》的编纂工作着实让他花了很多心力。第三辑，包括诗论卷、书话卷和拾遗的作品，我们也争取在近期出版。

为出版爸爸的文集，这十年里我一篇篇阅读，一篇篇细嚼，结合他的所作所为，逐步从认识爸爸到了解爸爸。我体会到他读书做学问之认真，寻找到他的文学思想的转变，探索到他的"诗探索"之路，领会到他办出版的奢想与计划，他对推动文化进步的一贯热情。沿着他一生的足迹，品味到他的为人之道，处世哲学，他的天真，他的风趣幽默，他的理想主义，他对真理的信念，也获知他和众多友人间的故事，以及他的爱国热忱与抗日情结。同时也在他的文字里感受到战争的残酷与时代的变迁对他的理想的打击。逐渐，一个完整的邵洵美隐约地显现。我越来越感到厘清新的资料把邵洵美写得更清楚一些的必要。

是天时地利人和，造就这个机缘。"天时"者时运也。造化让我活到八十，思维尚清晰。21世纪中国大环境开放，随着现代史、现代文学史的研究，对30年代上海滩文学社团的客观评价，研究者关注到邵洵美这个人物在其中的活动，涌现了许多实事求是评说邵洵美的声音。人们正视邵洵美，报刊上出现许多文章述及他；传记类书籍将邵洵美成章收录的不在少数；有相当多的年轻学者在做"邵洵美研究"。从中国知网看到各地大学研究生以"邵洵美"为课题的有三十多位，这是可喜的。老天爷眷顾我这个老妪，居然学会上网，足不出户能知天下事。在网上我读到许多有关资料，了解到许多有关人物；还能听到读者对我的工作的反响和质疑。更为高兴的是，找到了必要的知情人。

地利和人和：2004年我回国了，回到上海，又能钻进图书馆，收集到更多资料。并幸得上海书店完颜先生和上海图书馆的张伟先生鼓励，出版邵洵美文集的巨大工程得以启动。意想不到的是，在上海图书馆巧遇当时在华师大读硕的王京芳，她的研究课题正是"邵洵美"。多年来她一直不厌其烦地给我很多很多帮助。再没想到，年底我离开上海，到北京定居。我的天地更宽了。环境变了，有机会见到爸爸的老友、老同事，有机会读到与他同时代的老作家的文章和研究那个时代及那时代文学艺术作品的文章。这是在国外无法企及的优势。于是我重新检视自己参考的资料，发现自己的疏忽、误解和无知。我不能以爸爸一生遭遇之复杂，文学活动之丰富造成资料杂多，来原谅自己；也不能以我动手晚，缺少第一手资料或是当时身在国外无法一一考证为借口。读者会以为"传主"的女儿执笔，内容应当全部翔实。更令我不安的是，读到不少评说邵洵美的文章书籍，以拙作的内容为蓝本，尤其是拙作被研究者当做重要的参考资料。我担心，以讹传讹，因我的失误贻误他人的研究。如今，到了该出版这一本书的时候。完颜绍元先生为我争取了这个机会。

许多盘旋在我脑海的疑问在这本书里大多已经得到了解答，我应当向读者说明：

1. 他的文学道路怎么起步的？

1924年他就有诗文、译作刊出，并有了结社办刊的乐趣。那时他十八岁。第一份他主编出版的《狮吼》名"复活号"，有其曲折的故事。金屋书店是他办杂志从初执牛耳到后来大展宏图，积累写作、翻译、办刊经验和积聚人脉的重要基础。

2. 为什么他不屈不挠倾其所有办出版？

追本溯源，在法国结识的那批中国留学生，对法国交际社会推动文化进步的方式颇感兴趣，构成了他以文化事业为理想。中国笔会的工作也就成为他揽在自己身上的责任。

幽默杂志《论语》半月刊是他文学事业的成功之作，也是他广交友朋的重要媒介。前辈回顾《论语》创办的原始计划没有得到全面落实的缘由；母亲回忆胜利后《论语》复刊，她独当一面实施的经过；挖掘资料证实了我目睹《论语》撕页发行的是1947年的第121期。为了《论语》继续生存，保留这一借"春秋笔法"为民众泄愤的刊物，爸爸立决撕页发行，同时，这无声的抗议，也为以后进一步发声作必要铺垫。

从他创办的十四份刊物和他主编的七份刊物的编辑随笔类文章，看到他在编辑学方面荟聚的学问；同时也明了了他在这几十年中为《新月》《十日谈》《人言周刊》《时代漫画》和《论语》等刊物与当局新闻审查部门周旋斗争的经历。

3. 鲁迅先生有不少文章涉及邵洵美，是广为人知的。邵洵美是否一如他笔下所述？

本书还原一个真实的邵洵美。至于他在狱中对贾植芳先生说，"我的文章，是写得不好，但实实在在是我自己写的。鲁迅先生在文章中说我是'捐班'，是花钱雇人代写的，这是天大的误会。我尊敬鲁迅先生，但对他轻信流言又感到遗憾。"我注意到，在1936年鲁迅先生离世前，我爸爸步入文坛将近十年，他发表的文章（除诗歌、小说、译文）已达三百余篇，包括时评政论八十多篇。那时，他正担任《人言周刊》和《论语》半月刊的主编；而鲁迅先生提到"捐班"的那篇文章写在1933年的时候，爸爸已经有《狮吼》、《金屋月刊》、《诗刊》、《新月》、《十日谈》和《时代画报》的编辑经验，各类文章发表一百多篇。"捐班"之说，何理之有？

4. 追踪我爸爸与画家的结交，初始是在法国，回国后美术界的朋友圈日益扩大。1929年举办第一届全国美术展览会，文坛画界分工负责具体事务。在几个月的相处中张光宇与邵洵美彼此印象加深，兴趣相投，开启了他们往后合作创业的渊源。

漫画家黄苗子回忆往昔，认为"如果没有洵美，没有时代图书公司，中国的漫画不会像现在这样发展"。令我惊讶的是，回顾爸爸的一生，无论是他的爱好，他的作品，他的友人，他的事业成就，他的历险故事，乃至于他艰辛投入半生精力的出版事业打上句号，总有与漫画、漫画家相关的事例。我想，"没有那批漫画家朋友，爸爸的一生不会有那么多欢乐和精彩。"

5. 看爸爸出版的画报，结合他与漫画家们交往的情节，深感他们交情甚笃；也了解到漫画家们当年在上海用他们的画笔与恶势力斗争，他们秘密集会，组织漫画家协会，辛勤举办全国第一届漫画展览会，乃至"八一三"烽火起，他们迅速组织起来，投入抗日救亡活动，体会到那些作品令人捧腹的漫画家们有一颗颗严肃的心灵。

6. 爸爸和画家们多年合作愉快，又为什么他要写一篇《一个艺术家的劝告》? 张光宇兄弟脱离"时代"去创办《独立漫画》又是为什么? 而今，听到了知情人的说法。

7. 众所周知邵洵美早年是个唯美诗人。为什么他后来怀有坚定的抗日情结?

原来，是"一·二八"的战火迫使他从唯美、从纯文艺转身到现实。他忧国忧民，写了许多文章，分析国内外局势，呼吁警惕日寇入侵。"八一三"事变使他个人遭受莫大损失。国家的危难，百姓的灾殃，日军的暴行，租界上敌伪的罪恶行径，以及大批外国访华作家传来目睹日军施虐我百姓的讯息，不啻加深了他的国仇家恨，令他自觉地担当起宣传抗日的使命。纵然他经济上已捉襟见肘，仍力争外国友人支持，创办抗日杂志，并参与身边国共两方抗日的地下活动。

8. 1949年爸爸没有离开上海，他依然继续他的出版事业。时代书局还出版了大批书籍，没料到栽了个大跟斗。印刷厂为什么遭"军管"? 全家人为什么去北京? 听老工人一一道出。

9. 为什么50年代有人请我爸爸写稿评论《毛主席的关于诗的一封信》? 当时他是在译书，自从1933年他已经不再写诗，令我不解。

这些年我居然找到这不再写诗的诗人在上海孤岛期间发表的一系列诗论，多达三十一篇。显而易见，有人读过这些文章。

10. 纵观他的一生，他从来没有放弃对诗的膜拜。从收集到的资料里我厘清了他的诗路历程：战前他经历了懵懂的第一个时期，模仿的第二个时期，掌握了自己特色的第三个时期。在上海孤岛期间，他认清抗战中诗人的使命，那是他的第四个时期，与此同时进入他的第五个时期——新诗理论研究熟稔出笼的时期。晚年他悉心翻译英诗，乃是其诗路的第六个时期。

11. 爸爸一生锲而不舍推进新诗的发展，然而在他风烛残年，家书里却抄录了好些他的旧体诗。为什么？

在细读他过去的文章之后，我发现，在他推动新诗发展，钻研新诗理论的同时，旧诗的魅力始终盘旋在其心间。许多文章里他都曾经刻画过。他始终迷恋旧文学的"神趣"。

12. 他之所以"堂吉诃德"般的忙碌，之所以有"文坛孟尝君"之誉，搜集诸多事例，明白那并非他一时之念，而是他爱书爱友爱国的观念使然。

另外，还有不少细节需要补充更正，如：辗转寻找，发现了他的诗歌《蛇》与《新嫁娘》的首刊处；曾祖《使俄文稿》后记是谁写的，谜团终于破解；找到知情人，得以了解《自由西报》编辑部的组成，弄清了钱钟书与该报的关系；藏书票上的画像究竟是谁作的；《小姐须知》和《民间情歌》的混淆；《爱的叮嘱》的误读等等。

最最重要的是弄清了"我的爸爸邵洵美是什么样的一个人"。他从一个富家子弟对诗歌、文学的爱好步入编辑出版的爱好；从慷慨助人办出版到全身心投入出版，即便是"衣带渐宽"也还坚持做"文化的护法"，做他所谓的"第六种人"。他从一个崇尚唯美的新诗人转身而成为一个独立投身抗日宣传的爱国者。说到底，他其实是一个认真做学问的读书人。他读了书写书评，写文章，办杂志；同时总在思考，推敲新文学发展路上的问题。他，这个不再写诗的诗人，关注诗友的作品，新诗的历程；进而潜心研究新诗理论。他编刊物，写的编辑谈话几成一本编辑学。他批时弊，评政局，为说"人言"惹是非；文章连连，宛若一个时评家。他钻进邮学，写出邮话七十篇，跻身集邮界。他译书，针对不同读者用不同译笔；翻译古典文学寻觅参考资料一大堆；出妙招，以吴语翻译，把个姨太太刻画得活灵活现，妙趣横生，读译文如同看电影。然而，终其一生，邵洵美是个诗人。他写诗，译诗，出版诗友的诗。他关注诗坛的发展，研究新诗理论。抗战时期他谈诗人的使命；解放了，议新时代诗人该如何写诗。他对诗歌的膜拜是从踏上文学道路到生命的尽头一以贯之，并确有建树的。纵观他的一生，他看事物，待人处事，做生意，乃至他作为编辑，对作者对读者，他都是像在写诗一般地在抒情。一无所有的困顿中，仍然在怀念杜甫；即使身处囹圄之内，重病垂危之际，他还有雅兴作诗。他是一个天生的诗人。我以此纪念他，作为书名。

然而，我个人虽然为这本书操心了二十载，但这本书并不能视为"邵洵美传记"，而是追溯了他的一生的足迹，挖掘了他绝大多数的笔迹，企图从他的文字他的作为诠释他的思想；不过，我的能力我的眼界我的知识有太多的局限，我无力了解和剖析他经历的年代，他遭遇的环境，他所接触的人与事，他和他的同辈、朋友们对当时种种事件、思潮的观点和应对。我不是研读文学的，实在才疏学浅，更何况我们后人又如何能重现当时的实情？先人留下的文章，字里行间，有时并不完整；文学的笔触不一定是实况记录，甚或不足为凭。再者，作为邵洵美的女儿，来写邵洵美，难以避免主观上有意无意地溢美，而对他的缺点，会有意无意地作不切实际的辩解。我自知，对所有的一切，不能妄加评说；但有时，我又掺杂了自己的理解和想象。我所力求的是向读者提供的资料比《我的爸爸邵洵美》更多些，谬误和遗漏更少些。我只能在自己有限的涉猎范围里和可能的机遇里搜寻文字的见证。我明白，看邵洵美不能局限在邵洵美的文字里。我的视野应当更宽阔，还应当多读与他同时代作家的文章，至少他办的刊物，他的朋友们的刊物上的文章；更进一步，当时的文学圈里与他无甚交往的作家的文章，也要读。是后人把当年的作家分成"左、右"。毕竟，邵洵美作为主要人物之一涉足多个文学社团和国际笔会中国分会的活动，那是中国现代文学史的部分史料。应当说，我所收集的资料不足以真实反映史实。当初动笔写这本书，为的是纪念爸爸，料不到有那么多事情要做，资料发现越来越多。那时就深感自己动手太晚，前辈多已作古，只好从遗下的资料里觅线索。而今我已届耄耋之年，自知涉猎有限，又是文学的门外汉，无力完成此浩瀚的工程。这本书只能当作投石问路。拙作只是贡献给有兴味挖掘这口深井的学者作一些参考。谬误不足之处，万望识者指正。

在此衷心感谢帮助过我的诸位长辈亲友和单位：

丁聪、王京芳、王永禄、王志刚、方平、毕克官、吴中杰、李文俊、李辉、陈子善、杨绛、杨苡、郁风、张子清、张培基、张伟、施蛰存、赵毅衡、贾植芳、耿守忠、唐薇、钱佼汝、黄苗子、谢其章、韩晗、解志熙、Emily Hahn, Carola Vecchio, Wen-ling Liu, 南京市档案馆、现代文学馆、上海图书馆、镇江博物馆、盛档研究中心办公室、剑桥大学伊曼钮尔学院等。

2014 年春节于北京

2005 年版自序

邵绡红

　　我是抱着还事物本来面貌的态度动笔的。我不善写作，不会妙笔生花，我只是试图通过他的作为，他的作品，他在文学道路上的成长，画出我的爸爸——邵洵美，让读者看到他的思想，他的为人，他的一生。妈妈为了不让"邵洵美"这个名字被云雾湮没，以她七十岁高龄斗争了十年。我只是循着她的路走下去，谋求当代乃至后世的读者能对这位曾经醉心于写作，痴心于出版的邵洵美有一份理解；期望还会有人记得这位为推动中国文化发展，为宣传抗日尽过力的老文化人。

　　爸爸不相信世上只有一个上帝，因为人世间的事物太复杂太矛盾。他相信"人总是半神半兽的，一方面被美来沉醉；一方面又会被丑来牵缠"。他自己也不例外。生活在他那个变化万千的时代，他的一生有可圈可点之处，也有可批可贬之题。但他是个好人，作为诗人，他希望"点化"众生；作为写作家，他希望对时代作出反应；作为翻译家，他希望给外国优秀文学穿上中国的新装，让读者能欣赏到原著的精彩；作为出版家，他希望让能写能画之士有展示才华的园地，也能让大家有一吐为快的场所。作为一个中国人，他为维护民族尊严尽过一份力。年轻时他爱一切美的事物，他歌颂生，歌颂美；但他在文学道路上的成长时期正是国难当头，百姓遭殃的年代。在严峻的现实面前他不可能继续"唯美"，他从"吟花咏月"转为"慷慨激昂"，继而厌恶"风花雪月"。但他始终还是一个诗人。诗人对生活，对这个世界总是有期望，有幻想。然而，历史无情，接连的劫难降落在他的头上。爸爸走得太早了！

1999 年，我来美探亲前，又一次去拜访了老作家施蛰存，九十多岁病弱的施老伯重听，但记忆清晰，看着我写下的问句作答。他倚在叠高了的棉被上仰着头回忆往昔："你们搬到霞飞路后我才常去你家。以前静安寺的老宅也去过多次，和洵美一谈总是到深夜。有一次刚要走，徐志摩来了，大家又接着谈下去……"忽然，他神情严肃地说："你祖上两家和近代史都有关系。你太爷爷的《邵友濂日记》上海图书馆有，镇江博物馆也有。我建议你，复印了点注出版。"谈到我太外公盛宣怀的"愚斋"藏书，后来捐了出来，华师大分得一部分，施老伯有其油印目录。他又跟我谈爸爸的文章和诗，他说："谈文学，不能说色情不色情的"；"洵美早期是个诗人。他留英时正是 19 世纪王尔德、史文朋等唯美主义流派在英国盛行。洵美早期是唯美派，后来就不是唯美派了，就是现代的了。他跟徐志摩在一起，受徐志摩的影响；后来跟林语堂在一起，受林语堂影响。"施老伯不无深情地说："洵美是个好人，富而不骄，贫而不亏，即使后来，也没有没落的样子。"当听我说已收集到爸爸许多诗和文章时，他焦急地对我说："赶快！出一本《邵洵美纪念册》，一本《邵洵美文集》，赶快！"他的嘱咐给我信心，也给我压力。当时他答应出书时为我写序。遗憾的是，我来美一住五年，书还来不及付梓，施老伯却已仙逝！

其实那时我正在做这个工作。最初有让世人对我爸爸有个完整的了解的念头，是在 1982 年。那是在见到爸爸的"平反书"的三年前。当我给妈妈看《新文学史料》上一篇文章提到"研究中国现代文学史，对当年的文学家、文学流派应作客观的实事求是的分析和评价"，其后列的名单里有邵洵美的名字，妈妈喜上眉梢，她马上翻出一大堆自己的日记本和资料来。妈妈对爸爸是有信心的，她深信终有拨开云雾的一天。出乎我的意料，从不执笔的老妈，为南师大《文教资料简讯》写的《忆邵洵美》一文居然一炮打响。在帮助妈妈整理稿件时，我才知道，爸爸办过中英文两份抗日宣传刊物；也是自妈妈珍藏的诗集《诗二十五首》和几张《天下》月刊的散页上那篇 *Poetry Chronicle*（《新诗历程》）中，我才第一次读到爸爸的诗和文章，这才认识到爸爸文学事业中抗日爱国的一面和他推动中国新诗发展的执著。那时我便滋生了要全面了解爸爸的想法，开始有意无意地收集资料。我不时缠着妈妈讲"老辰光"的故事，每与前辈或亲友见面与通信，总请他们忆旧，特别是有关爸爸文学方面的。施蛰存、秦鹤皋、许国璋、方平以及《论语》半月刊的编辑之一的林达祖和跟随我爸爸办出版几十年的助手王永禄都给我很多帮助。我姑婆毓华、星华和堂哥伯礼、堂弟邵林、邵立也曾为我寻找资料。远在台北的老姑妈芸芝一次次让表妹小芸代笔作答。1995 年我去纽约，在老姨妈盛冠云（毓青）及爸爸的老友 Emily Hahn（项美丽）府上小住，与她们深谈，获得许多资料，充实了当时我将完成的《运命》书稿（那是应一位日本出版商之约，写爸爸，也写我的一生）。

那年，上海《世纪》杂志刊出我的《最初发表〈论持久战〉英译稿的杂志》一文，不久编辑部转来读者辛南生的来函，指出我将译者杨刚的笔名音译成"士敏"不当，因为杨刚原有个中文笔名叫"失名"。他说老作家萧乾知道。为了核实，经南师大教授杨苡介绍，我给萧乾先生去了信。萧老接信立即回复，并将我给他的信转给《世纪》编辑部（他本人也是该刊编委之一），可见老作家的认真。后来，《世纪》破例，在当年第 4 期刊出了"更正"。自此我与萧老不断通信，当时八十六岁高龄的老人对我这个陌生的晚辈每信必复，爱护有加。他信中说："我不曾有幸会过令尊洵美先生。他似应长我一辈，而且 30 年代初我在北平。"（他没见过我爸爸，而爸爸一向对他十分推崇。在我上中学时，就听爸爸不止一次提起过他的名字，说萧乾中英文都好，写的战地通讯极棒，没人比得上）。萧老还欣然为我答疑：关于我爸爸办的英文刊物 Candid Comment 的译名，他认为有"直话直说"之意，为此，我把原先译的"公正评论"改为"直言评论"。1996 年 5 月 5 日他在信中写道："我建议你把所掌握的有关令尊的事写成文章，交给《上海滩》杂志，因洵美先生是上海闻人，对文化文学事业贡献均很大。《上海滩》是一份受人重视的刊物，可附多帧照片。你也可附上我这封信，作为推荐。一定是篇好文章，题目可作《我的爸爸邵洵美》。北京的《人物》或《传记文学》也会愿意刊登。除了附照片，最好再附一页手稿，他的字也秀丽出色。希望你用心写，篇幅可略长，但宜利落。"他还特地抄下《上海滩》和《人物》杂志社的地址给我。当时他听说《上海滩》杂志社搬家，怕地址不确，没隔两天，我又收到他一封短笺，是他刚接到最新一期《上海滩》，确定原址未变，特地告诉我。7 月 11 日萧老又来信，信中写道："希望你鼓起勇气来，有杨苡作第一读者，就更有把握。建议你先写个提纲，把特别与文学艺术有关的事迹列出，有了骨再长肉，一定可以写好，可以给人民文学出版社的《新文学史料》主编李启伦，也可给《上海滩》，前者更有学术地位，一般读者均永久保存……"每读萧老的信，我总激动良久。这位素昧平生的老前辈对我的期望如此殷

488

切，如此谆谆教导，为我考虑得如此周详！这既是对晚辈的无私提掖，也包含着对邵洵美的尊重与理解。我实在不可辜负其所望，应当用心写。

由此，我在《运命》稿的基础上以爸爸为主线进行改写，书名遵照萧老之意改了。我钻进故纸堆，寻找爸爸的足迹，进入我原本不知道的他的生活、他的思想中去。读着爸爸的一篇篇文字，他的音容笑貌一次次重现在我眼前。我和爸爸一起回到那个岁月，与他一起笑，一起乐，一起愤慨惆怅，沿着历史的脚步一路走来。

资料是那么丰富，有限的时间内我读了近二十种刊物，近百本书，本本都有爸爸的影子。因赴美在即，来不及更广泛地去翻其他报刊，遗漏的肯定不少；但就我手上有的，已足以反映邵洵美一生文学事业的印迹。资料不完全，只好以后补遗了！

然而要厘清发生在前四十年至一百年间的往事实非容易。年代久远了，记忆有时不一定可信。为了尽量使内容具体真实，我不惜花费很多时间把自己耳闻目睹的、亲友提供的资料与哥哥祖丞一一核对，与当年出版的书报杂志对照印证，以图去芜存真，重要的事件都做到有据可查。我翻史书、县志、家谱；亲自去南京市档案馆查阅 1927 年南京特别市政府秘书处清册；电邮英国剑桥大学查阅 1925 年学生档案；委托好友查阅联合国教科文组织旧档等等；也为了证实毛泽东的《论持久战》的译文刊于上海 *Candid Comment* 的真实性，求助于项美丽，她应我之求，委请美国专门收藏她作品的 Lilly Library（立立图书馆）（注：音译）的好友代为复印该刊寄我，以资确凿。

在我写这本书的过程中，哥哥祖丞、妹妹小燕和邵阳、吴立岚夫妇及弟弟小罗为我提供不少资料，他们又花好多时间读我的初稿，提出修改补充意见。尤其是哥哥，他的记忆力惊人，告诉我大量往事的细节，为此他给我的信件超过百封，还专门分题写了一本备忘录送给我参考。侄儿邵潜助我将照片、图片制成光盘。钱侥如、王志刚教授为搜寻资料费心费力。在此，谨向所有帮助我写这本书的前辈和亲友致谢。虽然其中好多位已于近年作古，但他们对我的支持和鼓励我将永远铭记在心。

我虽然力求资料翔实，但终究有许多事并非我亲身经历，还有不少实属口耳相传，失实之处，盼知情者不吝指正。

这本书从动笔到如今已整整十年，感谢完颜绍元先生的热忱鼓励和鼎力支持，这本书才得以出版。书中包含着我们兄弟姐妹对爸爸妈妈的思念，就当是一本《邵洵美纪念册》。我现已七十二岁啦，希望不久《邵洵美诗文集》也能和读者见面，我会继续努力的！

写于芝加哥

2004 年 2 月 14 日灯下

邵盛李人物关系表

人 物 关 系 图

①邵颐②邵友谦
子三
女一

长子①邵颐 { 李夫人（李昭庆女） 史夫人 } ——— 长子①邵云瑛（晼香）适蒯景生（蒯光典子）

幼子②邵桓娶盛夫人（盛稚蕙，又名蟠颐，习夫人出）盛宣怀女

② 邵云龙（邵洵）娶盛佩玉（盛宣怀孙女）（嗣邵颐）

子六 {
邵云鹏
邵云骏
邵云麒
邵云麟⑩（邵式军）
邵云骧
}

女一—邵云芝适郑綦良——女—郑小芸

子三 {
①邵祖丞（小美）
邵小马
邵小罗娶张简（⑪张冀女）
}

女六 {
邵绢玉
邵绢红适夏照滨
邵小咪咪
邵绢珠适陆吉平
邵小燕适俞龙法
邵小多（邵阳）⑫适吴立岚
}

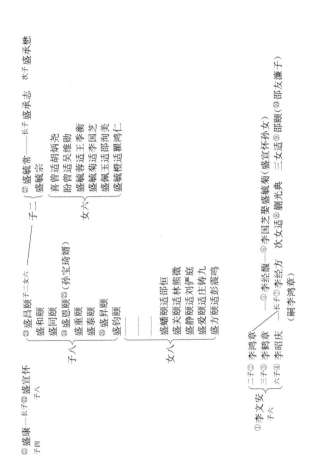

注释：

① 李文安　清廷刑部司法官，与曾国藩同年登科

② 李鸿章　直隶总督，北洋大臣

③ 李鹤章　甘肃甘凉兵备道

④ 李昭庆　记名盐运使，太常寺卿

⑤ 李经馥　曾纪泽婿，曾办印刷公司等

⑥ 李国芝　经营房产、上海实业银行

⑦ 李经方　第一任邮政总局局长，驻英参赞、驻日公使，出使英国大臣　嗣李鸿章

⑧ 蒯光典　清廷驻英留学生总监

⑨ 邵颐　户部郎中

⑩ 邵友濂　湖南巡抚、台湾巡抚，江苏苏淞太兵备道，出使俄国

⑪ 邵灿　吏部左侍郎兼署刑部右侍郎，军机大臣，漕运总督

⑫ 邵曰濂　太常寺正卿

⑬ 邵恒　上海圣芳济学院校董

⑭ 邵洵美　诗人、文学家、出版家、翻译家

⑮ 邵式军　伪苏浙皖统税局局长

⑯ 邵祖丞　上海时代中学教师

⑰ 张翼　20 世纪 30 年代著名影星

⑱ 夏照滨　南京大学外文系副教授

⑲ 陆吉平　（方平）翻译家，上海译文出版社编辑

⑳ 吴立岚　华东师范大学教育管理学院教授，中国心理协会专家委员

㉑ 盛康　浙江杭嘉湖兵备道、按察使、苏州留园主人

㉒ 盛宣怀　邮传部大臣、会办商务大臣，晚清洋务派代表

㉓ 盛昌颐　湖北德安府知府，曾为抗击倭寇侵扰出征高丽。

㉔ 盛恩颐　津浦铁路局局长，中国通商银行董事长，汉冶萍煤铁厂矿公司总经理，轮船招商局副董会长

㉕ 孙宝琦　民国北京政府国务总理

㉖ 盛昇颐　苏浙皖统税局局长，上海东华足球队常务理事，交通银行总行董事长

㉗ 盛毓常　经营房地产

图书在版编目（CIP）数据

　　我的父亲邵洵美 / 邵绡红著. — 上海：上海书店
出版社, 2023.3
　　ISBN 978-7-5458-2216-8

　　Ⅰ.①我… Ⅱ.①邵… Ⅲ.①邵洵美—传记 Ⅳ.
①K825.4

　　中国版本图书馆CIP数据核字（2022）第185868号

责任编辑　邓小娇　王　郡
封面设计　汪　昊

我的父亲邵洵美

邵绡红　著

出　　版　上海书店出版社
　　　　　　（201101　上海市闵行区号景路159弄C座）
发　　行　上海人民出版社发行中心
印　　刷　苏州市越洋印刷有限公司
开　　本　890×1240　1/32
印　　张　16
字　　数　350,000
版　　次　2023年3月第1版
印　　次　2023年3月第1次印刷
ISBN 978-7-5458-2216-8/K·457
定　　价　98.00元